AF393073

FYLATOS PUBLISHING

Παναγιώτης Ιωαννίδης & Δέσποινα Τσουνάκα

Αναπτύξτε
ΕΠΙΓΝΩΣΗ, ΥΠΕΥΘΥΝΟΤΗΤΑ & ΠΛΗΡΟΤΗΤΑ
στην ερωτική σχέση σας

Τόμος Ι

Εκδόσεις Φυλάτος
Fylatos Publishing
MMXX

Ευχαριστούμε τους δασκάλους μας Kain Ramsay, Joeel and Natalie Rivera και Peggy Guglielmino για όλη τη γνώση και όλα τα μαθήματα που μας προσέφεραν και, μέσω αυτών, βελτιώσαμε τον εαυτό μας και τη σχέση μας σε πολύ μεγάλο βαθμό. Ευχαριστούμε όλους τους ανθρώπους από το οικογενειακό μας περιβάλλον που μας στηρίζουν όλα αυτά τα χρόνια…

Περιεχόμενα

Πρόλογος

Όταν γνωριστήκαμε, ήμασταν και οι δύο πολύ νεαροί σε ηλικία και ανώριμοι. Δε γνωρίζαμε ποιοι ήμασταν και τι ακριβώς θέλαμε και δε θέλαμε να κάνουμε στη ζωή μας. Ζούσαμε σε μία θολούρα. Μέσα σ' αυτήν τη θολούρα όμως, ένα μόνο πράγμα ήταν από αρχή ξεκάθαρο μέσα μας, ότι θέλαμε να είμαστε συνέχεια μαζί και να βιώνουμε κάθε πτυχή της ζωής μαζί. Είχαμε ολική άγνοια από πολλά πράγματα στη ζωή, όμως η αγάπη μας ήταν η μία και μοναδική αξία, που δε διαπραγματευόμασταν ποτέ, σε καμία περίπτωση, για κανέναν άλλον άνθρωπο και για κανέναν απολύτως λόγο. Μπορεί κάποιες φορές να ψάχναμε να βρούμε την πληρότητα σε εξωτερικά πράγματα, όμως πάντα συνειδητοποιούσαμε ότι η πληρότητα υπάρχει μέσα μας και στη μεταξύ μας σχέση. Πάντα η αγάπη και η ένωσή μας ήταν οι κατευθυντήριες γραμμές μας στη ζωή.

Το βιβλίο αυτό λοιπόν ονομάζεται «Μαζί», γιατί εξετάζει τη δύναμη της ερωτικής και συντροφικής ένωσης ως ένα θαύμα της ύπαρξης, που οδηγεί μόνο σε θαύματα και εξέλιξη. Από τότε που ξεκινήσαμε τη σχέση μας θέλαμε να είμαστε συνέχεια μαζί όσο αδύνατον και να φαινόταν πολλές φορές, λόγω απόστασης κατά τον πρώτο χρόνο της σχέσης μας, ηλικίας, οικονομικών δυσκολιών και οικογενειακών ζητημάτων. Τίποτα και κανένας δε μας σταμάτησε ποτέ. Δε συμβιβαστήκαμε με τα «θέλω» άλλων ανθρώπων ή με κάτι λιγότερο από την αγνή ένωσή μας. Θέλαμε να ζούμε μαζί, να αποκτάμε κάθε εμπειρία μαζί, να μεγαλώνουμε μαζί, να τολμάμε μαζί, να κάνουμε λάθη μαζί, να αποτυγχάνουμε μαζί, να μαθαίνουμε μαζί, να πετυχαίνουμε μαζί, να εργαζόμαστε μαζί, να γνωρίζουμε τον κόσμο μαζί, να γεράσουμε μαζί και να κάνουμε τα πάντα μαζί, πορευόμενοι χέρι-χέρι στο μονοπάτι της ατελείωτης προόδου. Αυτό το πετύχαμε από πολύ νωρίς στη ζωή μας με ασταμάτητη ατομική και συντροφική εργασία, ενδοσκόπηση, αφοσίωση, δέσμευση, ειλικρίνεια, αυστηρότητα, πειθαρχία, έρωτα, πάθος, συγχώρηση, ευγνωμοσύνη, απογύμνωση και αγάπη. Βρήκαμε το «τι», το «γιατί» και το «πώς» μας. Το «τι» είναι το Μαζί. Το «γιατί» είναι το Μαζί. Το «πώς» είναι το Μαζί.

Έτσι, ενωμένοι πλέον ξεπερνάμε κάθε δυσκολία μαζί και πετυχαίνουμε κάθε στόχο μαζί. Είμαστε ατρόμητοι. Αυτό θέλουμε να εμπνεύσουμε μέσα από το παρόν βιβλίο και τον δεύτερο τόμο του και αυτή είναι η κληρονομιά αγάπης και αλήθειας που χτίζουμε, ότι μαζί στη συντροφική σχέση μπορούμε να πετύχουμε τα πάντα. Τίποτα δεν είναι ανέφικτο. Αν η αγάπη σας είναι η πρώτη προτεραιότητα στη ζωή σας, θα αντιμετωπίσετε πιο εύκολα κάθε εμπόδιο που θα συναντήσετε μπροστά σας. Αν η αγάπη σας είναι αληθινή, τότε δε θα αφήσετε ποτέ ο ένας τον άλλον, δε θα τα παρατήσετε ποτέ ό,τι και να γίνεται και θα είστε πάντα μαζί. Επιλέξτε το «μαζί», διώξτε το «εγώ» και πετάξτε ψηλά.

Εισαγωγή

Η συγγραφή αυτού του βιβλίου ξεκίνησε όταν ξεκίνησε και η συγκατοίκησή μας. Ως νέοι άνθρωποι με έρωτα, πάθος, θέληση για εξέλιξη, αλλά και λάθη, αδυναμίες και ελαττώματα, όταν ξεκινήσαμε να συγκατοικούμε, αντιμετωπίσαμε πολλές δυσκολίες και παρουσιάσαμε πολλές αρνητικές και μη υγιείς συμπεριφορές. Φυσικά, παρουσιάσαμε τέτοιου τύπου συμπεριφορές και πριν τη συγκατοίκηση, αλλά όλα τα αρνητικά μας στοιχεία αυξήθηκαν/βγήκαν περισσότερο προς τα έξω όταν ξεκινήσαμε να ζούμε μαζί.

Κάθε φορά που αντιμετωπίζαμε μία δυσκολία, μία πρόκληση, κάποιο πρόβλημα ή απλά καβγαδίζαμε και ξεσπούσαμε ο ένας στον άλλον, λόγω άγνοιας και αδυναμίας, συζητούσαμε με τις ώρες για να μπορέσουμε να κατανοήσουμε τον εαυτό μας και ο ένας τον άλλον. Αναρωτιόμασταν τι μπορούσαμε να κάνουμε ατομικά και συντροφικά για να βελτιωθούμε. Από την αρχή της σχέσης μας είχαμε ο ένας τον άλλον ως πρώτη προτεραιότητα σε κάθε περίπτωση και έτσι δε θέλαμε να συνεχίσουμε να συγκρουόμαστε και μάλιστα χωρίς να ξέρουμε πολλές φορές το «γιατί».

Οπότε, ξεκινήσαμε να παρατηρούμε τον εαυτό μας, τη συμπεριφορά μας, τις σκέψεις μας, τα συναισθήματά μας και συζητούσαμε ατελείωτες ώρες γι' αυτά.

Μετά από κάθε συζήτηση γράφαμε τα μαθήματα που πήραμε, τη γνώση που αποκτήσαμε και το τι συνειδητοποιήσαμε ότι χρειάζεται να κάνουμε για να βελτιωθούμε και να αλλάξουμε την κάθε αρνητική κατάσταση και συμπεριφορά μας. Μ' αυτόν τον τρόπο μαθαίναμε καλύτερα τον εαυτό μας και ο ένας τον άλλον και ξεκαθαρίζαμε την ταυτότητά μας, τις προτεραιότητές μας και τον σκοπό της ζωής και της σχέσης μας.

Παράλληλα, διαβάζαμε συνεχώς άρθρα και βιβλία ψυχολογίας και αυτοβελτίωσης για να αποκτήσουμε σχετικές γνώσεις και να τις εφαρμόσουμε στη ζωή μας. Από αυτά που μαθαίναμε κρατούσαμε μόνο ό,τι είχε θετικά αποτελέσματα στη ζωή μας μετά από προσωπική δοκιμή. Μ' αυτόν τον τρόπο εξελίσσαμε τη σχέση μας με ραγδαίους ρυθμούς. Ήμασταν διατεθειμένοι και αποφασισμένοι να γνωρίσουμε τον εαυτό μας και ο ένας τον άλλον όσο καλύτερα και πιο ουσιαστικά μπορούσαμε. Μετά από δύο χρόνια συνεχούς ενασχόλησης με τη βελτίωση της σχέσης μας, αποφασίσαμε να χρησιμοποιήσουμε όλο αυτό το υλικό που γράφαμε μέσα από τις εμπειρίες μας και να γράψουμε ένα μοναδικό βιβλίο για τη βελτίωση των συντροφικών σχέσεων.

Επιπλέον, μέσα από τη συγγραφή του βιβλίου, αυξήθηκε το πάθος μας για μάθηση και πρόοδο και έτσι ξεκινήσαμε να εκπαιδευόμαστε σε διάφορες επιστήμες, όπως το life coaching, για να βελτιώσουμε ακόμα περισσότερο τη σχέση μας, αλλά και να είμαστε σε θέση να βοηθήσουμε καλύτερα άλλους ανθρώπους να βελτιώσουν τη δική τους σχέση. Μέσα από τις σπουδές μας αυτές, σε συνδυασμό με την προσωπική εμπειρία και πρόοδο στη σχέση μας, μετά από πολλή εσωτερική εργασία δημιουργήσαμε το δικό μας σύστημα βελτίωσης των συντροφικών σχέσεων, το οποίο ονομάζουμε «μέθοδο της αλληλοπληρότητας».

Η μέθοδος της αλληλοπληρότητας δημιουργήθηκε μέσα από ένα ταξίδι τεσσάρων χρόνων ασταμάτητης αγάπης, δυσκολιών και προβλημάτων, εσωτερικού πόνου, απογοήτευσης, ακόμα και απελπισίας, μέσα από χαρές και λύπες, αλλά πάνω απ' όλα -το τονίζουμε ξανά- με πραγματική και ανιδιοτελή αγάπη. Όσο εξελισσόμαστε και αναπτυσσόμαστε εμείς μαζί, τόσο θα εξελίσσουμε και θα αναπτύσσουμε και τη μέθοδό μας αυτή...

Η αλληλοπληρότητα είναι ένας δικός μας όρος, που συνδέεται άρρηκτα με την ανιδιοτελή αποδοχή και την ανιδιοτελή αγάπη. Δημιουργήσαμε αυτόν τον όρο, γιατί πολύ απλά δεν υπάρχει κάποιος όρος που να εκφράζει με σαφήνεια την ολική ένωση μεταξύ δύο ανθρώπων, που ενώνονται σε κάθε επίπεδο και με γνώμονα την πραγματική αγάπη. Σε όλη την πορεία του βιβλίου αναπτύσσουμε αυτήν τη μέθοδό μας και στο τελευταίο κεφάλαιο εμβαθύνουμε στον όρο της αλληλοπληρότητας και στην επίτευξή της. Οτιδήποτε αναλύουμε στους δύο τόμους και όλη η μέθοδος της αλληλοπληρότητας είναι κάτι βιωματικό για εμάς, που έχουμε δημιουργήσει, εφαρμόσει, μεταβάλλει και σταθεροποιήσει μέσα σε όλα αυτά τα χρόνια. Δεν αναφέρουμε τίποτα που να μην έχουμε βιώσει πρώτα εμείς και να μην το γνωρίζουμε πολύ καλά στην πράξη.

Το βιβλίο λοιπόν, και η μέθοδος της αλληλοπληρότητας αναπτύσσονται με τον εξής τρόπο:

1) Κατανόηση του εαυτού και του συντρόφου.

α) Ο κάθε σύντροφος ξεκινάει την αυτογνωσία του ατομικά.

β) Οι σύντροφοι αναπτύσσουν μαζί την επίγνωσή τους ο ένας για τον άλλον.

Αυτό επιτυγχάνεται μέσα από μία σειρά μοντέλων κατανόησης του εαυτού.

2) Οι σύντροφοι αναγνωρίζουν τη σημασία των δυναμικών του θηλυκού και αρσενικού εαυτού του καθενός και εντοπίζουν και διορθώνουν προβληματικές συμπεριφορές στη σχέση τους.

3) Οι σύντροφοι χτίζουν γερά θεμέλια εμπιστοσύνης με περαιτέρω εμβάθυνση στην αυτογνωσία και την επίγνωση. Καλλιεργούν υπευθυνότητα και ωριμότητα με τη βοήθεια άλλων μοντέλων κατανόησης της ανθρώπινης ύπαρξης.

4) Οι σύντροφοι ανακαλύπτουν την αλληλοπληρότητα, η οποία όταν αρχίσει δεν τελειώνει ποτέ και είναι μία διαδικασία, μία πνευματική κατάσταση και ένας τρόπος ζωής συνεχούς εξέλιξης και προόδου για το ζευγάρι. Οι σύντροφοι κατανοούν ακόμα περισσότερο τις δυναμικές των θηλυκών και αρσενικών στοιχείων τους.

5) Έχοντας γνωρίσει σε βάθος τον εαυτό και τον σύντροφό τους, θέτουν μαζί συγκεκριμένους στόχους για τη ζωή και τη σχέση τους και έχουν όλα τα εργαλεία και εφόδια που χρειάζονται για να τους υλοποιήσουν στο συντομότερο δυνατό χρονικό διάστημα (αυτό το βήμα αναλύεται στον δεύτερο τόμο).

Βλέπετε ότι πριν μιλήσουμε για την πραγματική αγάπη και την αλληλοπληρότητα, θα αναπτύξουμε πολλά άλλα σημαντικά θέματα. Αυτό το κάνουμε διότι, για να βιώσουμε πραγματική αγάπη και να φτάσουμε σε αλληλοπληρότητα, χρειάζεται να κάνουμε πολλή προσωπική και συντροφική εργασία και ενδοσκόπηση.

Η μέθοδος της αλληλοπληρότητας λοιπόν, αναπτύσσεται σε δύο τόμους βιβλίων. Στον πρώτο τόμο ασχολούμαστε περισσότερο με τη βαθιά κατανόηση όλων των παραπάνω εννοιών, με πρακτικό τρόπο παράλληλα, και στον δεύτερο τόμο με ακόμα περισσότερα και ακριβή πρακτικά βήματα, που μπορεί να ακολουθήσει ένα ζευγάρι για τη βελτίωση της σχέσης και την επίτευξη των στόχων του. Είναι δύο βιβλία, που απαιτούν πολλές αναγνώσεις και πολλή πράξη από μέρος του αναγνώστη. Τα βιβλία αυτά απευθύνονται σε ζευγάρια, όμως μπορούν να ωφελήσουν πάρα πολύ και ανθρώπους που δε βρίσκονται ακόμη σε σχέση και θέλουν να βρουν τον σύντροφο της ζωής τους. Είμαστε σίγουροι ότι αυτά τα δύο βιβλία θα σας βοηθήσουν να εξελίξετε τη σχέση σας σε κάθε επίπεδο, είτε αντιμετωπίζετε πολλές δυσκολίες, είτε όχι, αν αναζητάτε την ουσία μέσα σας και είστε άνθρωποι που πράττουν. Είμαστε πολύ ενθουσιασμένοι να μοιραστούμε όλον αυτόν τον πλούτο μαζί σας.

Ετοιμαστείτε να ξεχάσετε οτιδήποτε περιοριστικό, επιφανειακό και ρηχό ξέρετε για τις ερωτικές σχέσεις και τον γάμο μέσα από τους γονείς, τους θείους, τους παππούδες, τους φίλους, το σχολείο, την κοινωνία, τον γείτονα απέναντι, κάθε άνθρωπο που ζει τη ζωή εγκλωβισμένος σε μία σχέση συμβιβασμών και μιζέριας και τους αυτοαποκαλούμενους γκουρού των «τέλειων» σχέσεων.

Ετοιμαστείτε να εξερευνήσετε τη σχέση με τον εαυτό σας και τον σύντροφό σας σε βάθος και να ξεκινήσετε ένα ταξίδι αυτογνωσίας και αδιάκοπης εργασίας και ένωσης με τον σύντροφό σας που θα σας οδηγήσει στην αλήθεια του εαυτού σας και στη ζωή και σχέση που πραγματικά θέλετε και αξίζετε. Η μέθοδος της αλληλοπληρότητας, όπως αναπτύσσεται στα βιβλία της σειράς, θα σας βοηθήσει να κάνετε θαύματα στη σχέση με τον σύντροφό σας, όχι γιατί σας το λέμε εμείς, αλλά γιατί την έχουμε δομήσει με τέτοιον τρόπο που ως αναγνώστες καλείστε να λάβετε ολική ευθύνη του εαυτού σας, των πράξεών σας, των αποτελεσμάτων της ζωής σας και να λαμβάνετε μαζική δράση με σκοπό την αυτοβελτίωση καθημερινά. Επομένως, όποιος άνθρωπος και όποιο ζευγάρι ακολουθήσει τη μέθοδο, απαντήσει σε όλα τα ερωτήματα που θέτουμε και εργαστεί σε όλες τις ασκήσεις του δεύτερου τόμου είναι σίγουρο ότι θα έχει τρομερά αποτελέσματα.

Εδώ λοιπόν, είναι σημαντικό να προσθέσουμε ότι εμείς είμαστε ειδικοί μόνο της δικής μας ζωής και σχέσης και όχι όλων των σχέσεων γενικότερα. Ό,τι γράφουμε σ' αυτό το βιβλίο είναι η δική μας αλήθεια, γνώση και κατανόηση των συντροφικών σχέσεων και σκοπός μας είναι να βοηθήσουμε όσα περισσότερα ζευγάρια μπορούμε. Εσείς από την άλλη, είστε οι αποκλειστικοί ειδικοί του δικού σας εαυτού και μόνο εσείς γνωρίζετε πραγματικά μέσα σας ποια είναι η αλήθεια. Έχετε όλα τα εφόδια που χρειάζεστε για να δημιουργήσετε τη σχέση που θέλετε και μέσα από τα εργαλεία που σας προσφέρουμε έχετε την ευκαιρία να ανακαλύψετε αυτά τα εφόδια, να τα αξιοποιήσετε και να μεταμορφωθείτε ως άνθρωποι. Γι' αυτόν τον λόγο, δεν υποσχόμαστε μαγικές λύσεις, δε σας λέμε πώς να ζείτε με τον σύντροφό σας, αλλά σας προκαλούμε να πάρετε την ολική ευθύνη του εαυτού σας και να εργαστείτε σε βάθος με τα εργαλεία που σας δίνουμε για να βρείτε τις απαντήσεις της ύπαρξής σας μόνοι σας. Αν λοιπόν το κάνετε αυτό, κατανοήσετε και εφαρμόσετε ό,τι διαβάσετε στους δύο τόμους, και συγκεκριμένα ό,τι από αυτά συμβαδίζει με την αλήθεια του εαυτού σας, θα γίνετε καπετάνιοι της ζωής σας και θα πιλοτάρετε μαζί το πλοίο της σχέσης σας, φτάνοντας σε πολύ υψηλά επίπεδα ενότητας και πληρότητας με τον σύντροφό σας...

1

Γνωριμία και κατανόηση
του εαυτού και του συντρόφου

Οι άνθρωποι είμαστε πολυδιάστατα όντα και λειτουργούμε με τόσους πολλούς και διαφορετικούς τρόπους, οι οποίοι μάλιστα συνδέονται με ακόμα περισσότερους τρόπους μεταξύ τους και έτσι είναι δύσκολο να τους εντοπίσουμε και να τους κατανοήσουμε όλους. Γι' αυτόν τον λόγο υπάρχουν τόσοι κλάδοι στην ψυχολογία και πολλές άλλες επιστήμες και πρακτικές, που ασχολούνται με την ανθρώπινη ύπαρξη, όπως το life coaching, η υπνοθεραπεία, ο νευρογλωσσικός προγραμματισμός, η ενσυνειδητότητα, οι νευροεπιστήμες, η κοινωνιολογία και πολλές άλλες. Ένας κλάδος από μόνος του δεν μπορεί να εξηγήσει με καθολικό τρόπο το ποιοι ακριβώς είμαστε ως άνθρωποι και γιατί συμπεριφερόμαστε με τους τρόπους που συμπεριφερόμαστε. Μάλιστα όλες οι επιστήμες, μαζί και η φιλοσοφία, δυσκολεύονται να εξηγήσουν το μυστήριο της ανθρώπινης ύπαρξης. Αυτό γιατί, όχι μόνο όλοι μας λειτουργούμε με αμέτρητους τρόπους, αλλά ο καθένας μας ανταποκρίνεται με πολύ διαφορετικό και μοναδικό τρόπο σε όλους αυτούς τους τρόπους σκέψης, συμπεριφοράς και ύπαρξης, τους οποίους μοιραζόμαστε όλοι μας.

Γι' αυτόν τον λόγο, εμείς συνδέουμε ό,τι καλύτερο έχουμε μάθει από όλους τους κλάδους που έχουμε μελετήσει, με τις προσωπικές μας εμπειρίες, για να οδηγηθούμε στην καλύτερη κατανόηση του εαυτού μας. Μ' αυτόν τον τρόπο δημιουργήσαμε μια σειρά από μοντέλα κατανόησης του εαυτού, μελετώντας κάποιους δασκάλους μας και κρίνοντας με βάση τα δικά μας προσωπικά βιώματα και τις δικές μας επιτυχίες, αλλά και τα λάθη μας. Τα μοντέλα αυτά είναι τρόποι οπτικής αναπαράστασης των διεργασιών που λαμβάνουν χώρα μέσα μας και μας βοηθούν να ξεκαθαρίσουμε τους τρόπους με τους οποίους λειτουργούμε εσωτερικά (σε επίπεδο πνευματικό, νοητικό και συναισθηματικό), αλλά και εξωτερικά (συμπεριφορές και σχέσεις με άλλους ανθρώπους). Είναι ο δικός μας τρόπος κατανόησης του εαυτού μας και δε σημαίνει ότι είναι η απόλυτη αλήθεια. Παρ' όλα αυτά πιστεύουμε ότι θα σας ωφελήσουν πάρα πολύ.

Η ύπαρξη του ανθρώπου είναι χαοτική και για να την κατανοήσουμε όσο καλύτερα γίνεται, χρειάζεται να ακολουθήσουμε την απλότητα. Έτσι, ο λόγος που χρησιμοποιούμε είναι απλός και καθημερινός, χωρίς περιττολογίες, αερολογίες και λόγια εντυπωσιασμού. Ωστόσο, τα βιβλία μας είναι δύσκολα αναγνώσματα, γιατί απαιτούν μεγάλη προσοχή, συνεχή εργασία, ενδοσκόπηση και πράξη. Η απλή ανάγνωσή τους δεν είναι από μόνη της αρκετή. Επίσης, τυχόν επαναλήψεις, που μπορεί να βρείτε στο παρόν βιβλίο, έχουν γίνει σκόπιμα. Αυτό γιατί, γνωρίζουμε ότι πολλοί άνθρωποι έχουν εγκλωβιστεί σε περιοριστικές νοοτροπίες και έτσι χρειάζονται ένα γερό ταρακούνημα και πολλές υπενθυμίσεις για να βελτιωθούν, όπως χρειαζόμασταν κι εμείς παλιότερα.

Σκοπός μας λοιπόν, είναι αυτοί οι δύο τόμοι να είναι απολύτως ξεκάθαροι για να μπορούν να εφαρμοστούν εύκολα από κάθε αναγνώστη ανεξαιρέτως φύλου, καταγωγής και κοινωνικής κατάστασης. Η ζωή και η συντροφική σχέση δε χρειάζεται να είναι πολύπλοκες. Χρειάζεται να είναι απολαυστικές και προοδευτικές. Αρκετά όμως με τα εισαγωγικά. Ας μπούμε στην ουσία!

Το πρώτο κεφάλαιο του παρόντος βιβλίου και η μέθοδος της αλληλοπληρότητας ξεκινάει και αναλύει το ζήτημα της αυτογνωσίας, καθώς αν κάποιος δε γνωρίζει και δεν κατανοεί σε βάθος και με αλήθεια τον εαυτό του, δε θα μπορέσει να γνωρίσει και να κατανοήσει κανέναν άλλον άνθρωπο. Γι' αυτόν τον λόγο, αυτό το κεφάλαιο είναι το μεγαλύτερο του βιβλίου, μαζί φυσικά με το τελευταίο κεφάλαιο της αλληλοπληρότητας και της αγάπης. Καθώς αν δε χτίσουμε πρώτα μια δυνατή και υγιή σχέση με τον εαυτό μας, δε θα μπορέσουμε να αναπτύξουμε μια δυνατή και υγιή σχέση με τον σύντροφό μας.

Έτσι, το απαιτούμενο πρώτο βήμα για ένα ζευγάρι, που οδεύει στο μονοπάτι της συνεχούς βελτίωσης, αλλά και για κάθε άνθρωπο, που δε βρίσκεται ακόμη σε σχέση ή γάμο, είναι η αυτογνωσία, η οποία είναι βέβαια μια ατελείωτη διαδικασία. Είναι η αληθινή γνωριμία με τον εαυτό του και των κυριότερων τρόπων με τους οποίους λειτουργεί ως οντότητα. Μόνο τότε θα μπορέσει να γνωρίσει ουσιαστικά τον σύντροφό του και να ζήσουν μαζί μια γαλήνια, υγιή και πλήρη ζωή.

Επομένως, σ' αυτό το κεφάλαιο θα αναπτύξουμε τη σχέση που έχουμε ως άνθρωποι με τον εαυτό μας και μέσω αυτής θα μπορέσετε να γνωρίσετε και να κατανοήσετε καλύτερα και τον σύντροφό σας. Αναπτύσσοντας δηλαδή την αυτογνωσία σας, την αληθινή γνώση του εαυτού σας, θα αναπτύσσετε και την επίγνωση για τον σύντροφό σας, την αληθινή γνώση του συντρόφου σας (θα αναπτύξουμε την επίγνωση ακόμα περισσότερο στο τρίτο κεφάλαιο). Κάθε μοντέλο του εαυτού, που θα αναπτύξουμε παρακάτω, μας βοηθάει να γνωρίσουμε:

α) τον εαυτό μας

β) τον σύντροφό μας

γ) τα κοινά στοιχεία με τον σύντροφό μας

δ) τα διαφορετικά στοιχεία με τον σύντροφό μας

ε) πώς μπορούμε να ενωθούμε στη σχέση με τον σύντροφό μας, αξιοποιώντας τόσο τα κοινά, όσο και τα διαφορετικά στοιχεία μας

στ) πώς μπορούμε να ενωθούμε στη σχέση με τον σύντροφό μας, ενισχύοντας τα θετικά στοιχεία μας και αντιμετωπίζοντας τα αρνητικά στοιχεία μας.

Να επισημάνουμε ότι, σε πολλά σημεία του βιβλίου και κυρίως στο τέλος κάθε θέματος που θα αναπτύσσουμε στην πορεία, γράφουμε κάποιες ερωτήσεις ενδοσκόπησης. Οι ερωτήσεις αυτές έχουν σκοπό να σας βοηθήσουν να εξετάσετε τον εαυτό και τη σχέση σας σε βάθος, να αξιολογήσετε τον εαυτό και τη σχέση σας και έτσι να κάνετε μία εποικοδομητική κριτική του εαυτού και της σχέσης σας, με σκοπό πάντα τη βελτίωσή σας και όχι την αυτοκαταδίκη.

Απαντώντας σ' αυτές τις ερωτήσεις, μπορείτε να γνωρίσετε πολύ καλύτερα τον εαυτό σας και να βρείτε τα σημεία στα οποία χρειάζεται να βελτιωθείτε, καθώς και να εντοπίσετε διάφορες δυσλειτουργίες στη σχέση σας και να τις διορθώσετε χτίζοντας μία υγιή συνεργασία και αλληλοβοήθεια με τον σύντροφό σας. Προτείνουμε να γράφετε τις απαντήσεις όπου σας βολεύει, και να μη σκέφτεστε απλά τις απαντήσεις. Η αποτύπωση των απαντήσεων βοηθάει πολύ στη συγκράτησή τους και στην καλύτερη κατανόησή τους.

Σ' αυτές τις ερωτήσεις λοιπόν βρίσκεται όλη η ουσία, καθώς είναι όλη η ουσιαστική εργασία που χρειάζεται να κάνετε εσείς για να βρείτε τις απαντήσεις μέσα σας, μιας και αυτές τις απαντήσεις δεν μπορούμε να σας τις δώσουμε ούτε εμείς, ούτε κάποιος άλλος άνθρωπος.

1.1 Το μοντέλο του απεριόριστου εαυτού

Το πρώτο μοντέλο κατανόησης του εαυτού, που θα αναπτύξουμε, είναι βαθύτατα εμπνευσμένο από τις διδασκαλίες του δασκάλου μας Kain Ramsay, του οποίου οι διδασκαλίες μας βοήθησαν πάνω απ' όλα να βελτιωθούμε σε τρομερά μεγάλα επίπεδα στη δική μας ζωή, αλλά και να αναπτύξουμε τα δύο αυτά βιβλία στη σημερινή τους μορφή, καθώς και να δημιουργήσουμε κάποια από τα μοντέλα που θα δείτε στη συνέχεια. Το μοντέλο αυτό λοιπόν, είναι ένα από τα βασικότερα και το ονομάζουμε «μοντέλο του απεριόριστου εαυτού». Στοχεύει στη βοήθεια της ανακάλυψης της αλήθειας του εαυτού και του συντρόφου σας.

Όπως βλέπουμε στο παρακάτω σχήμα υπάρχουν δύο πτυχές του εαυτού μας: ο περιορισμένος εαυτός και ο απεριόριστος εαυτός. Οι περισσότεροι άνθρωποι δυστυχώς λειτουργούν, παίρνουν

Το μοντέλο του απεριόριστου εαυτού

Περιορισμένος Εαυτός	Απεριόριστος Εαυτός
1) Ποιοι νομίζουμε ότι είμαστε	1) Ποιοι πραγματικά είμαστε
2) Πόσο καλοί νομίζουμε ότι είμαστε	2) Πόσο εκφράζουμε το ποιοι είμαστε
3) Πώς είμαστε	3) Τι έχει περισσότερη αξία για εμάς
4) Τι πιστεύουμε	4) Τι δεν αποδεχόμαστε ποτέ

Περιορισμένη και περιοριστική ιδέα για τον εαυτό μας	Η ωμή αλήθεια του εαυτού μας (πληρότητα, ελευθερία, γαλήνη και απεριόριστες δυνατότητες)

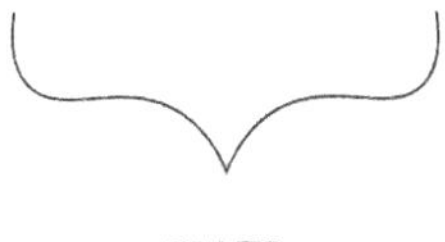

ΓΙΑΤΙ;

(Εμείς επιλέγουμε αν θα λειτουργούμε με τον περιορισμένο ή τον απεριόριστο εαυτό μας)

αποφάσεις και πράττουν στη ζωή με βάση τον περιορισμένο εαυτό τους. Αυτό συμβαίνει, γιατί κανείς δεν τους δίδαξε ποτέ πώς να χαρακτηρίζουν τον εαυτό τους με αλήθεια και πώς να αξιοποιούν το απεριόριστο δυναμικό της ύπαρξής τους. Αν θέλουμε όμως, να ζούμε μια πλήρη και γαλήνια ζωή με τον σύντροφό μας, είναι πολύ σημαντικό να πάψουμε να λειτουργούμε με τον περιορισμένο εαυτό και να βγάλουμε στην επιφάνεια τον απεριόριστο εαυτό μας. Πώς γίνεται όμως αυτό; Γίνεται με ξεκάθαρη κατανόηση των δύο αυτών πτυχών του εαυτού μας.

1.1.1 Ο περιορισμένος εαυτός

Αρχικά, θα εξετάσουμε τον περιορισμένο εαυτό. Ο περιορισμένος εαυτός αποτελείται από πράγματα που κάνουμε και όχι από το ποιοι είμαστε στον πυρήνα μας. Είναι η λανθασμένη εικόνα που έχουμε για τον εαυτό μας και σχετίζεται περισσότερο με τις αντιλήψεις, συμπεριφορές και πράξεις μας. Το ποιοι πραγματικά είμαστε θα αναλυθεί στη συνέχεια όταν αναπτύξουμε τα χαρακτηριστικά του απεριόριστου εαυτού.

Ας αναλύσουμε λοιπόν, τα στοιχεία του περιορισμένου εαυτού:

1) Το πρώτο στοιχείο του περιορισμένου εαυτού είναι το «Ποιοι νομίζουμε ότι είμαστε». Το κυριότερο λάθος που κάνουν πολλοί άνθρωποι είναι το να χαρακτηρίζουν και να κρίνουν τον εαυτό τους με βάση διάφορες ταμπέλες, τις οποίες είτε βάζουν οι ίδιοι στον εαυτό τους, είτε άλλοι άνθρωποι σε αυτούς.

Αυτές οι ταμπέλες είναι συνήθως:

α) Οι κοινωνικοί ρόλοι που έχουν (μητέρα, πατέρας, αδερφός, αδερφή, σύζυγος, φίλος, φίλη, συνάδελφος κτλ.).

β) Το επάγγελμα και διάφορες άλλες δραστηριότητες που κάνουν (μουσικός, χορεύτρια, ποδηλάτης, προγραμματιστής, διευθυντής, επιχειρηματίας κτλ.).

γ) Οι πολιτικές και θρησκευτικές απόψεις τους (χριστιανός, μουσουλμάνος, άθεος, δεξιός, αριστερός, δημοκράτης, εθνικιστής κτλ.).

δ) Οι σεξουαλικές προτιμήσεις και το φύλο (ετερόφυλος, ομοφυλόφιλος, άφυλο, γυναίκα, άνδρας κτλ.).

ε) Οι διατροφικές συνήθειες (κρεατοφάγος, χορτοφάγος κτλ.).

στ) Η καταγωγή, η εθνικότητα και το χρώμα του δέρματος (Έλληνας, Αμερικανός, λευκός, μαύρος κτλ.).

ζ) Οι νοοτροπίες (χωριάτης, πρωτευουσιάνος, συντηρητικός, φιλελεύθερος κτλ.).

2) Παράλληλα, κρίνουν θετικά ή αρνητικά το αν και πόσο «καλοί» ή «κακοί» είναι με βάση τις παραπάνω ταμπέλες. Δηλαδή, αν είναι καλοί ή κακοί γονείς, αδέρφια, συνάδελφοι, μουσικοί, επιχειρηματίες, χριστιανοί, άθεοι, ετερόφυλοι, ομοφυλόφιλοι, χορτοφάγοι, φιλελεύθεροι ή οτιδήποτε άλλο πιστεύουν ότι είναι.

Το πρόβλημα με τους δύο αυτούς τρόπους χαρακτηρισμού είναι ότι δε σχετίζονται με το ποιοι πραγματικά είμαστε, αλλά με το τι κάνουμε. Η σύγχυση προκύπτει και από τη χρήση της γλώσσας, καθώς τείνουμε να λέμε «είμαι μητέρα», «είμαι μουσικός», «είμαι χριστιανός», «είμαι χορτοφάγος» κτλ. και έτσι πιστεύουμε ότι είμαστε αυτές οι ταμπέλες. Όμως, όλα αυτά είναι απλά πράγματα που κάνουμε.

Ας δούμε κάποια παραδείγματα για να γίνει αυτό περισσότερο κατανοητό. Η μητέρα βοηθάει ένα παιδί να μεγαλώσει, του παρέχει φαγητό, φροντίδα, ζεστασιά κτλ. Ο μουσικός συνθέτει ή παίζει μουσική. Ο χριστιανός προσεύχεται και συμμετέχει σε μυστήρια. Ο χορτοφάγος τρώει συγκεκριμένες τροφές. Ο ετερόφυλος και ο ομοφυλόφιλος κάνουν σχέσεις και έχουν σεξουαλικές επαφές με κάποιους ανθρώπους διαφορετικού ή ίδιου φύλου αντίστοιχα. Όλα τα παραπάνω είναι πράξεις και όχι το ποιοι είμαστε. Είναι πράγματα εξωτερικά, που δε σχετίζονται με την ουσία και την ύπαρξή μας και έτσι δεν υπάρχει λόγος να κρίνουμε τον εαυτό μας με βάση αυτά.

Φυσικά, είναι σημαντικό να κάνουμε συνέχεια το καλύτερο που μπορούμε για να επιτελούμε τους ρόλους μας, αλλά σε καμία περίπτωση δε χρειάζεται να ζούμε με γνώμονα τους ρόλους αυτούς ή οποιαδήποτε άλλη ταμπέλα. Αυτό είναι πολύ σημαντικό, καθώς αν πιστεύουμε ότι είμαστε οι ρόλοι που έχουμε και τα πράγματα που κάνουμε, μπορεί να οδηγηθούμε σε μεγάλες απογοητεύσεις.

Παραδείγματος χάριν, κάποιος που παίζει κιθάρα, έχει σκοπό να γίνει ένας από τους καλύτερους κιθαρίστες και αφιερώνει τον περισσότερο χρόνο του για να φαίνεται αυτός ο σπουδαίος κιθαρίστας. Αν πάθει κάποιο ατύχημα και δεν μπορεί να ξαναπαίξει κιθάρα, πιθανότατα θα βρεθεί σε μία κατάσταση απελπισίας και μιζέριας, καθώς στα μάτια του θα έχει χάσει τον ίδιο του τον εαυτό και τον λόγο ύπαρξής του. Πλέον, η πλαστή εικόνα που έχει για τον εαυτό του, «κιθαρίστας», δεν υφίσταται. Ενώ, αν δε χαρακτηρίζει τον εαυτό του με βάση την ικανότητά του να παίζει κιθάρα, αλλά με βάση το ποιος είναι πραγματικά (που θα αναπτύξουμε στη συνέχεια), τότε δε θα φτάσει σε κατάσταση απελπισίας αν δεν μπορέσει να ξαναπαίξει κιθάρα ποτέ. Θα νιώσει άσχημα, αλλά δε θα έχει έρθει το τέλος του κόσμου και έτσι θα μπορέσει να συνεχίσει τη ζωή και την εξέλιξή του με μεγαλύτερη ευκολία.

Αυτό το παράδειγμα, μπορεί να εφαρμοστεί και σε οτιδήποτε άλλο αφορά τα πράγματα που κάνουμε ή τους κοινωνικούς μας ρόλους. Σας προκαλούμε λοιπόν, να εξετάσετε με τον ίδιο τρόπο τον εαυτό σας, τα πράγματα που εσείς κάνετε, καθώς και τους ρόλους που επιτελείτε και θα δείτε από μόνοι σας ότι όλα αυτά περιορίζουν τις δυνατότητές σας και σας εγκλωβίζουν σε μία μονόπλευρη και μικρή θέαση του εαυτού σας.

3) Το τρίτο στοιχείο του περιορισμένου εαυτού είναι η προσωπικότητα. Η προσωπικότητα είναι η φυσική κλίση, προτίμηση και επιλογή έκφρασης του εαυτού μας. Δεν είναι το ποιοι είμαστε, αλλά το πώς τείνουμε να είμαστε. Είναι μία κατευθυντήρια γραμμή, που μας ωθεί σε συγκεκριμένους τρόπους έκφρασης και συμπεριφοράς, λόγω α) του DNA μας και β) του περιβάλλοντός μας, δηλαδή της ανατροφής μας και της συναναστροφής με άλλους ανθρώπους. Οπότε, μπορούμε εμείς να την κατευθύνουμε και να την αλλάξουμε σε μεγάλο βαθμό και δεν είναι κάτι που μένει σταθερό και αμετάβλητο. Υπάρχουν πολλοί τύποι προσωπικότητας και διάφορες εξηγήσεις. Εμείς θα επικεντρωθούμε στα βασικότερα στοιχεία της προσωπικότητας, καθώς και στο ότι δεν είναι ένας ωφέλιμος τρόπος χαρακτηρισμού του εαυτού μας.

Οι βασικότεροι τύποι προσωπικότητας είναι η εσωστρέφεια και η εξωστρέφεια. Εσωστρεφείς είναι οι άνθρωποι, που έχουν τη φυσική τάση να κλείνονται στον εαυτό τους, να είναι προσεκτικοί στο τι λένε και με ποιους συναναστρέφονται, να είναι παρατηρητικοί και επιλεκτικοί, να μην ανοίγονται εύκολα σε άλλους ανθρώπους και να ψάχνουν την ουσία σε μια συζήτηση και έναν άνθρωπο, και όχι την επιφάνεια. Εξωστρεφείς είναι οι άνθρωποι, που έχουν τη φυσική τάση να ανοίγονται σε πολλούς ανθρώπους, ακόμη κι αν δεν έχουν στενή σχέση με αυτούς, να εκφράζουν την άποψή τους συνέχεια και να προσπαθούν να επικοινωνούν και να συνδέονται, έστω και σε επιφανειακό επίπεδο, με τον οποιονδήποτε.

Όλοι μας τείνουμε περισσότερο είτε προς τη μία κατεύθυνση, είτε προς την άλλη και καμία από τις δύο δεν είναι μόνο θετική ή μόνο αρνητική. Και οι δύο όμως, μπορούν να προκαλέσουν διάφορες συναισθηματικές καταστάσεις και συμπεριφορές, οι οποίες προκαλούν εύκολα διαταραχές ή συγκρούσεις στις σχέσεις μας με άλλους ανθρώπους.

Έτσι, προκύπτουν και άλλες ταμπέλες ή τύποι προσωπικότητας, όπως αγχώδης, ντροπαλός, νευρικός, κλειστός, απότομος, συναισθηματικός, ζηλιάρης, ενθουσιώδης, φοβισμένος, παράτολμος, ήσυχος, κριτικός, υποτακτικός, κυρίαρχος, σκληρός, τελειομανής, διστακτικός κτλ. Όλα αυτά δεν αντικατοπτρίζουν το ποιοι είμαστε, αλλά το πώς είμαστε πολλές ή κάποιες φορές.

Το πρόβλημα είναι ότι, αν κρίνουμε τον εαυτό μας με βάση την προσωπικότητά μας, αυτόματα φυλακίζουμε οι ίδιοι τον εαυτό μας σε τόσο στενά και συγκεκριμένα μοτίβα συμπεριφοράς και έκφρασης, υπαγορεύοντας στον εαυτό μας ότι «πρέπει» να συμπεριφερόμαστε με τον «τάδε» τρόπο, γιατί είμαστε ο «τάδε» τύπος προσωπικότητας ή ότι αφού είμαστε ο «τάδε» τύπος προσωπικότητας, το μόνο φυσιολογικό είναι να συμπεριφερόμαστε με αντίστοιχο τρόπο. Αυτό είναι καταστροφικό.

Παραδείγματος χάριν, αν θεωρεί και χαρακτηρίζει κανείς τον εαυτό του ως εσωστρεφή, ντροπαλό και αγχώδη, τότε θα συμπεριφέρεται με αντίστοιχο τρόπο, που δε θα κάνει πουθενά καλό στη ζωή του. Δηλαδή, μπορεί στη σχέση με τον σύντροφό του να κλείνεται, να κρύβει πράγματα γιατί ντρέπεται, να αγχώνεται συχνά για το τι θα πει και πώς θα μιλήσει και όλο αυτό να το θεωρεί φυσιολογικό. Αυτό θα προκαλέσει αργά ή γρήγορα φθορά στη σχέση.

Από την άλλη, αν κάποιος χαρακτηρίζει τον εαυτό του ως εξωστρεφή, κυρίαρχο και νευρικό μπορεί να μη σκέφτεται το πώς να μιλήσει στον σύντροφό του και να μιλάει παρορμητικά χωρίς λογική, να μη σέβεται τη διαφορετικότητα του συντρόφου του, να τον κρίνει αρνητικά χωρίς δεύτερη σκέψη και να θεωρεί αυτόν τον τρόπο έκφρασης και συμπεριφοράς φυσιολογικό. Πάλι, όλο αυτό θα προκαλέσει φθορά στη σχέση.

Ειδικά, σε μία σχέση που και οι δύο σύντροφοι λειτουργούν κατά κύριο λόγο με βάση την προσωπικότητά τους και ο καθένας έχει πολύ διαφορετική προσωπικότητα, είτε θα συγκρούονται συχνά, είτε θα χάσουν το πάθος και το ενδιαφέρον τους με τον καιρό. Αυτό δε σημαίνει βέβαια ότι η προσωπικότητα είναι κάτι ολικά το αρνητικό, αλλά κάτι που χρειάζεται να γνωρίζουμε, να κατανοούμε και να μη γινόμαστε έρμαιό του.

Επομένως, η προσωπικότητα, παρόλο που είναι κάτι που όλοι μας έχουμε, δεν είναι ο καλύτερος τρόπος χαρακτηρισμού του εαυτού μας, ούτε το ποιοι πραγματικά είμαστε. Είναι ένα σύνολο τρόπων συμπεριφοράς και έκφρασης, που μόνο όταν ανακαλύψουμε ποιοι πραγματικά είμαστε μπορούμε να τους αλλάξουμε και να τους αξιοποιήσουμε με υγιή τρόπο, που θα ενισχύει την πρόοδο της σχέσης μας και δε θα τη βλάπτει...

4) Το τέταρτο στοιχείο του περιορισμένου εαυτού είναι οι πεποιθήσεις μας. Οι πεποιθήσεις είναι ιδέες βαθιά ριζωμένες μέσα μας και φαίνονται ως αποδεδειγμένες αλήθειες. Είναι συμπεράσματα, που βγάλαμε μέσα από εμπειρίες του παρελθόντος και νομίζουμε ότι είναι η αποκλειστική πραγματικότητα. Οι πεποιθήσεις μας συνήθως λειτουργούν ως παρωπίδες, που μπλοκάρουν τον νου μας και μας οδηγούν στο να βλέπουμε τη ζωή μονόπλευρα και με περιορισμένους ορίζοντες. Σχηματίστηκαν κατά κύριο λόγο όταν ήμασταν μικρά παιδιά μέσα από μία σειρά ίδιων ή παρόμοιων γεγονότων που ζήσαμε. Πεποιθήσεις όμως, μπορούμε να δημιουργήσουμε και ως ενήλικες και αυτό σημαίνει, ότι κάθε αρνητική πεποίθηση που έχουμε χτίσει ως παιδιά μπορούμε να την αλλάξουμε στο παρόν.

Οι πεποιθήσεις μπορεί να είναι κοινωνικές επιταγές, προκαταλήψεις και κανόνες που εμείς έχουμε βάλει στον εαυτό μας ή κανόνες, που μας δίδαξαν άλλοι άνθρωποι (συνήθως γονείς, δάσκαλοι και άνθρωποι που έπαιξαν μεγάλο ρόλο στην ανατροφή μας) όταν ήμασταν παιδιά. Δεν είναι απλές γνώμες και απόψεις, αλλά πολύ πιο βαθιά στοιχεία, τα οποία καθορίζουν δραματικά το πώς βλέπουμε τον εαυτό μας, τη ζωή, τον κόσμο και άλλους ανθρώπους.

Με βάση λοιπόν τις πεποιθήσεις, που έχουμε, καθορίζουμε:

• Τι «πρέπει» και «δεν πρέπει να κάνουμε» (π.χ. «Πρέπει να σέβομαι τους μεγαλύτερούς μου», «Δεν πρέπει να λέω την αλήθεια αν ξέρω ότι μπορεί να στενοχωρήσει κάποιον άλλον»).

• Τι μπορούμε και τι δεν μπορούμε να κάνουμε (π.χ. «Μπορώ να γίνω πλούσιος», «Δεν μπορώ να γίνω πλούσιος»).

• Τι είναι «καλό» και σωστό και τι «κακό» και λάθος στη ζωή (π.χ. «Είναι καλό να δείχνεις χαρούμενος όταν συναναστρέφεσαι με άλλους ανθρώπους», «Είναι κακό να έχεις πολλά χρήματα, γιατί το πολύ χρήμα βγαίνει μόνο από εκμετάλλευση»).

• Τα αποτελέσματα που προσδοκούμε βασισμένοι σε παρελθοντικά αποτελέσματα (π.χ. «Παλιά είχα αποτύχει στις εξετάσεις, άρα θα αποτύχω και σήμερα», «Επειδή με χώρισε μία κοπέλα στο παρελθόν, δε θα μπορέσω να βρω τον σύντροφο της ζωής μου ποτέ»). Πόσο εγκλωβισμένοι είμαστε στο παρελθόν ή στο μέλλον και πόσο ζούμε στο παρόν (π.χ. «Παλιότερα ήταν καλύτερες εποχές, ενώ τώρα χάλασε ο κόσμος», «Όταν θα φτιάξω τη δική μου επιχείρηση θα είμαι ευτυχισμένος»).

• Αν οι άνθρωποι είναι «καλοί» ή «κακοί» («Όλοι οι άντρες είναι κακοί», «Όλες οι γυναίκες είναι κατώτερες»).

• Ποιοι νομίζουμε ότι είμαστε με βάση το τι κάνουμε και τους ρόλους που έχουμε («Είμαι ένας καλός μουσικός», «Είμαι μία κακή αδερφή», όπως εξηγήσαμε παραπάνω).

• Τι πιστεύουμε για την ύπαρξη και τη δημιουργία των ανθρώπων και του κόσμου («Δημιουργηθήκαμε από τους πιθήκους και όποιος πιστεύει το αντίθετο είναι βλάκας», «Δημιουργηθήκαμε από το σύμπαν και όσοι πιστεύουν σε κάποια θρησκεία έχουν άδικο»).

Όπως βλέπετε, αυτά τα είδη πεποιθήσεων δεν είναι απλές γνώμες, όπως π.χ. «μου αρέσει το χρώμα μπλε» ή «η εθνική Αργεντινής είναι η καλύτερη ομάδα ποδοσφαίρου», αλλά πολύ δυνατά «πιστεύω» τα οποία μπορούν να είναι:

α) είτε εγκλωβιστικά

β) είτε βοηθητικά και ενδυναμωτικά.

Επίσης, μπορεί να σχετίζονται:

α) είτε με την αλήθεια

β) είτε με την ψεύτικη αντίληψη της πραγματικότητας από μέρους μας.

Οι πεποιθήσεις είναι πολύ σημαντικές, γιατί ό,τι πιστεύουμε επηρεάζει σε μεγάλο βαθμό την καθημερινότητα, τη σχέση μας και τη ζωή στο σύνολό της. Αυτό συμβαίνει, γιατί τις περισσότερες φορές πράττουμε ανάλογα με το τι πιστεύουμε.

Δηλαδή, αν πιστεύει κανείς ότι είναι άξιος και ικανός να πετύχει σπουδαία πράγματα, κατά πάσα πιθανότητα θα τα πετύχει. Αν, από την άλλη, πιστεύει ότι δεν είναι άξιος και ικανός να πετύχει σπουδαία πράγματα, τότε μάλλον θα αποτύχει. Άρα, οι πεποιθήσεις μπορούν να μας οδηγήσουν σε επιτυχίες ή αποτυχίες στη ζωή και στη σχέση μας.

Όμως, το ότι πιστεύουμε κάτι, δε σημαίνει ότι είναι αλήθεια και αυτό είναι απολύτως αναγκαίο να το κατανοήσουμε. Δηλαδή, μπορεί να πιστεύουμε ότι δεν είμαστε άξιοι, όμως αυτό να είναι ένα ψέμα και στην πραγματικότητα να είμαστε ικανοί να πετύχουμε τους στόχους μας, αλλά εξαιτίας αυτής της πεποίθησής μας να μην τολμάμε να κάνουμε αυτό που επιθυμούμε. Μπορεί όμως, να πιστεύουμε ότι είμαστε σπουδαίοι και τρανοί και αυτό να μην ανταποκρίνεται στην πραγματικότητα και έτσι να οδηγηθούμε σε αλαζονεία, η οποία μπορεί να προκαλέσει φθορά στη σχέση με τον σύντροφό μας. Οπότε, αυτό που πρέπει να βρούμε είναι η αλήθεια, η ισορροπία και ο ρεαλισμός και να μην καθοδηγούμαστε τυφλά από αυτά που πιστεύουμε.

Επίσης, οι πεποιθήσεις μας μπορεί να μας οδηγήσουν πολύ εύκολα σε διαμάχες με άλλους ανθρώπους και ειδικά με τον σύντροφό μας. Αυτό συμβαίνει, γιατί τις περισσότερες φορές οι πεποιθήσεις λειτουργούν ως παρωπίδες και δε μας επιτρέπουν να δούμε την αλήθεια ή να ακούσουμε μία οπτική διαφορετική από τη δική μας. Γι' αυτόν τον λόγο, υπάρχουν άνθρωποι, που είναι ρατσιστές και σεξιστές, άλλοι καταλήγουν να μαλώνουν για το ποια διατροφή είναι η καλύτερη, ποια πολιτική ιδεολογία είναι η «σωστή», ζευγάρια να καβγαδίζουν για το ποιος έχει δίκιο και ποιος άδικο, ή ακόμα και να σκοτώσει κανείς στο όνομα της θρησκείας του, δηλαδή σε κάτι που απλά πιστεύει ότι είναι σωστό.

Με λίγα λόγια, οι πεποιθήσεις μας μάς αποτρέπουν συχνά από το να αποδεχτούμε τη διαφορετικότητα. Επομένως, είναι κρίσιμο να απελευθερωθούμε από τις πεποιθήσεις μας, στην ουσία από τις εγκλωβιστικές, και να μην παίρνουμε αποφάσεις στη ζωή με βάση αυτές, γιατί δεν είναι οι καλύτεροι κριτές και μάλιστα πολλές φορές μας κατευθύνουν να κάνουμε απεχθείς πράξεις ή πράξεις που αργότερα μετανιώνουμε.

Πολλές φορές βέβαια, αν οι πεποιθήσεις μας είναι βοηθητικές και δεν ανταποκρίνονται πολύ στην πραγματικότητα, μπορούν να είναι όντως χρήσιμες. Δηλαδή, μπορεί να πιστεύουμε ότι μπορούμε να χτίσουμε μία ζωή και σχέση με αφθονία υλικών και πνευματικών αγαθών, παρόλο που τώρα έχουμε οικονομικές δυσκολίες και εντάσεις στη σχέση μας. Αυτή η πεποίθηση μπορεί να μας οδηγήσει σε αντίστοιχες πράξεις που θα μας οδηγήσουν σ' αυτήν τη ζωή που θέλουμε. Μπορεί να ψάξουμε να βρούμε νέα δουλειά, να μάθουμε τρόπους να βγάζουμε περισσότερα χρήματα, να βελτιώσουμε τις επικοινωνιακές μας δεξιότητες και οτιδήποτε άλλο θα μας βοηθήσει να χτίσουμε αυτήν τη ζωή και τη σχέση που επιθυμούμε. Έτσι, οι βοηθητικές πεποιθήσεις, ακόμη κι αν δεν είναι αλήθεια στην παρούσα χρονική στιγμή, μπορούν να μας βοηθήσουν να προοδέψουμε και να βελτιώσουμε τη σχέση μας.

Ολοκληρώνοντας, τώρα που είδατε και τα τέσσερα στοιχεία του περιορισμένου εαυτού, μπορείτε να κατανοήσετε γιατί κάθε ένα από αυτά είναι ένας περιορισμένος, περιοριστικός, εγκλωβιστικός και μάλιστα πολλές φορές επιζήμιος και αναληθής τρόπος για να χαρακτηρίζουμε τον εαυτό μας και τον σύντροφό μας. Το νόημα και η πραγματική ελευθερία βρίσκεται σε άλλες πτυχές της ύπαρξης που θα αναπτύξουμε παρακάτω.

Ώρα για ενδοσκόπηση

- Εσείς λειτουργείτε με βάση τον περιορισμένο εαυτό σας;
- Κρίνετε τον εαυτό σας με βάση το τι κάνετε, πόσο καλά κάνετε αυτό που κάνετε και με βάση το πόσα υλικά αγαθά έχετε;
- Γνωρίζετε ποιοι είστε σε βάθος μέσα σας;
- Κρίνετε τον εαυτό σας με βάση την προσωπικότητά σας και το πώς τείνετε να συμπεριφέρεστε;
- Γνωρίζετε ποιες είναι οι εγκλωβιστικές πεποιθήσεις σας;

Αν ναι, ποιες είναι και πού σας ωφελούν; Αν όχι, θέλετε να τις εντοπίσετε και να τις αλλάξετε;

- Αναρωτηθείτε για κάθε μία πεποίθησή σας, αν σας εξυπηρετεί στη ζωή και στη σχέση σας. Αν δε σας εξυπηρετεί, τότε ποιος ο λόγος για να πιστεύετε σ' αυτήν;
- Αναρωτηθείτε αν και πόσο σας ωφελεί να κρίνετε τον εαυτό σας και τον σύντροφό σας με βάση όλα τα στοιχεία του περιορισμένου εαυτού σας.
- Τι θα κάνετε για να αλλάξετε κάθε εγκλωβιστικό και περιοριστικό τρόπο θέασης του εαυτού και του συντρόφου σας;

1.1.2 Ο απεριόριστος εαυτός

Μέχρι στιγμής αναπτύξαμε το ποιοι δεν είμαστε, το τι κάνουμε, το τι πιστεύουμε και την προσωπικότητά μας (το πώς είμαστε). Αν όμως, αφαιρέσουμε όλα αυτά, τότε ποιοι είμαστε; Μπορείτε να απαντήσετε σ' αυτήν την ερώτηση; Ποιος/ποια είσαι χωρίς καμία ταμπέλα και πεποίθηση;

1) Το ποιοι πραγματικά είμαστε ονομάζεται ταυτότητα και είναι το πρώτο και κυριότερο στοιχείο του απεριόριστου εαυτού, αλλά και γενικότερα όλης της ύπαρξής μας ως ανθρώπινες οντότητες. Είναι η ουσία και η αλήθεια μας. Η ταυτότητά μας αποτελείται από:
α) ποιοτικά χαρακτηριστικά γνωρίσματα
β) καταστάσεις της ύπαρξής μας

ΠΟΙΟΤΙΚΑ ΧΑΡΑΚΤΗΡΙΣΤΙΚΑ ΓΝΩΡΙΣΜΑΤΑ	ΚΑΤΑΣΤΑΣΕΙΣ ΥΠΑΡΞΗΣ
Ώριμος	Αγάπη
Υπεύθυνος	Υγεία
Δυνατός	Πληρότητα
Άξιος	Αλληλοπληρότητα
Ικανός	Πρόοδος
Θαρραλέος	Εξέλιξη
Αποφασιστικός	Ευγνωμοσύνη

<table>
<tr><td>Αποφασισμένος</td><td>Συγχώρηση</td></tr>
<tr><td>Έξυπνος</td><td>Ειρήνη</td></tr>
<tr><td>Χαρισματικός</td><td>Ισορροπία</td></tr>
<tr><td>Ιδιοφυής</td><td>Ελευθερία</td></tr>
<tr><td>Ευρηματικός</td><td>Πλούτος</td></tr>
<tr><td>Ειλικρινής</td><td>Αφθονία</td></tr>
<tr><td>Αυθεντικός</td><td>Επιτυχία</td></tr>
<tr><td>Γαλήνιος</td><td>Ενότητα</td></tr>
<tr><td>Συμπονετικός</td><td>Πνευματικότητα</td></tr>
<tr><td>Δημιουργικός</td><td>Πραότητα</td></tr>
<tr><td>Παθιασμένος</td><td>Βοήθεια</td></tr>
<tr><td>Αστείος</td><td>Προσφορά</td></tr>
<tr><td>Αισιόδοξος</td><td>Στήριξη</td></tr>
<tr><td>Δοτικός</td><td>Ανιδιοτέλεια</td></tr>
<tr><td>Υπομονετικός</td><td>Σεβασμός</td></tr>
<tr><td>Επίμονος</td><td>Εκτίμηση</td></tr>
<tr><td>Σταθερός</td><td>Αρμονία</td></tr>
<tr><td>Αξιόπιστος</td><td></td></tr>
<tr><td>Έμπιστος</td><td></td></tr>
<tr><td>Προοδευτικός</td><td></td></tr>
<tr><td>Αγνός</td><td></td></tr>
<tr><td>Πιστός</td><td></td></tr>
<tr><td>Ταπεινός</td><td></td></tr>
<tr><td>Στοργικός</td><td></td></tr>
</table>

Όπως βλέπετε από αυτές τις δύο λίστες, η ταυτότητα δεν έχει όρια και περιορισμούς, δεν έχει ταμπέλες και ψευδείς αντιλήψεις, αλλά αλήθεια. Αποτελείται εξ ολοκλήρου από θετικά χαρακτηριστικά γνωρίσματα και από διάφορες καταστάσεις ύπαρξης, τις οποίες ενσαρκώνουμε.

Όλοι μας ανεξαιρέτως είμαστε υπεύθυνοι, ώριμοι, δυνατοί, άξιοι, ειλικρινείς και όλα τα υπόλοιπα χαρακτηριστικά γνωρίσματα από την πρώτη λίστα. Απλά κάποιοι από εμάς τα εξασκούμε και τα βγάζουμε περισσότερο προς τα έξω, ενώ κάποιοι άλλοι τα θάβουν βαθιά μέσα τους.

Αυτό συμβαίνει κυρίως λόγω άγνοιας, η οποία ενισχύεται από τις εγκλωβιστικές πεποιθήσεις μας και από την ψευδή εικόνα που έχουμε για τον εαυτό μας, όπως εξηγήσαμε στον περιορισμένο εαυτό. Οπότε, όταν συμπεριφερθούμε ανώριμα ή ανεύθυνα, δε σημαίνει ότι είμαστε ανώριμοι και ανεύθυνοι άνθρωποι, αλλά ότι είμαστε ώριμοι και υπεύθυνοι άνθρωποι, που είχαμε μία δυσκολία να εκφράσουμε την ωριμότητα και υπευθυνότητά μας και κάναμε μία ανώριμη πράξη. Αν κάποια στιγμή πούμε ψέματα, δε σημαίνει ότι είμαστε ψεύτες, αλλά ότι είμαστε ειλικρινείς άνθρωποι, που λόγω κάποιας αδυναμίας είπαμε κάποιο ψέμα. Αν κάποια στιγμή νιώσουμε φόβο για το μέλλον μας, δε σημαίνει ότι είμαστε απαισιόδοξοι, αλλά ότι είμαστε αισιόδοξοι άνθρωποι, που νιώσαμε απλά φόβο μία συγκεκριμένη στιγμή.

Αυτό γίνεται διότι κανείς από εμάς δεν είναι τέλειος και ποτέ δε θα γίνει. Όλοι μας, όσο πολύ και να ασχολούμαστε με την προσωπική και συντροφική ανάπτυξή μας, πάντα θα έχουμε πολλά περιθώρια για βελτίωση. Έτσι, είμαστε ατελείς υπεύθυνοι, ατελείς δυνατοί, ατελείς αισιόδοξοι, ατελείς δημιουργικοί, ατελείς ειλικρινείς κτλ. Πάντα θα μπορούμε να γίνουμε ακόμα περισσότερο υπεύθυνοι, υπομονετικοί και όλα τα υπόλοιπα χαρακτηριστικά γνωρίσματα της πρώτης λίστας, όσο κι αν βελτιωνόμαστε.

Όλοι κάνουμε λάθη και έχουμε αδυναμίες. Τα λάθη και οι αδυναμίες μας είναι οι δάσκαλοι, που μας βοηθούν να εκφράσουμε την αληθινή ταυτότητά μας με τον πιο αυθεντικό και ολοκληρωμένο τρόπο, βασισμένο στη διαρκή εξέλιξη. Γι' αυτό, είναι σημαντικό να κατανοήσουμε ότι δεν είμαστε οι πράξεις μας. Κάθε φορά που κάνουμε μία αρνητική πράξη, έχουμε τη δυνατότητα να τη σταματήσουμε ή να την αλλάξουμε και να τη βελτιώσουμε, γιατί βαθιά μέσα μας είμαστε όλες οι ποιότητες που αναπτύξαμε παραπάνω.

Αναρωτηθείτε αν μπορείτε να γίνετε και να είστε περισσότερο υπεύθυνοι, ώριμοι, αποφασιστικοί, παθιασμένοι, τολμηροί, γαλήνιοι, ικανοί και οποιοδήποτε άλλο ποιοτικό χαρακτηριστικό γνώρισμα είστε. Είναι βέβαιο ότι μπορείτε, αλλά το ερώτημα είναι αν είστε διατεθειμένοι.

Με βάση τα παραπάνω λοιπόν, όταν χαρακτηρίζει κανείς τον εαυτό του ως ειλικρινή, τότε τι είναι πιο πιθανό, να λέει ψέματα ή να λέει την αλήθεια; Αν χαρακτηρίζει κανείς τον εαυτό του ως ψεύτη, τότε τι είναι πιο πιθανό, να λέει ευκολότερα την αλήθεια ή ψέματα; Βλέπουμε ότι η ταυτότητα είναι ένας οδηγός θετικών πράξεων. Γνωρίζοντας και δηλώνοντας ότι είμαστε όλα τα ποιοτικά χαρακτηριστικά γνωρίσματα της πρώτης λίστας, είναι πολύ πιο πιθανό να κάνουμε αντίστοιχες πράξεις. Κάθε φορά που βλέπουμε τον εαυτό μας να οδηγείται σε ανωριμότητα, ανειλικρίνεια, φόβο, απαισιοδοξία, αναποφασιστικότητα κτλ., η ταυτότητά μας θα μας υπενθυμίζει την αλήθεια μας και θα είναι πολύ πιο εύκολο να μη συμπεριφερθούμε με κάποιον αρνητικό τρόπο, αλλά με κάποιον θετικό, που θα βοηθήσει εμάς και τη σχέση μας.

Επιπλέον, εκτός από τα ποιοτικά χαρακτηριστικά γνωρίσματά μας, είμαστε ή μπορούμε να γίνουμε και η έκφραση και η ενσάρκωση μεγάλων δυνάμεων της ζωής, όπως η αγάπη, η υγεία, η αφθονία, η ευγνωμοσύνη, η συγχώρηση κτλ. Όταν λέμε ενσάρκωση αυτών των δυνάμεων, εννοούμε την πλήρη έκφρασή τους μέσα από καθετί που κάνουμε στη ζωή. Είναι καταστάσεις της ίδιας μας της ύπαρξης.

Έτσι, όλοι μας μπορούμε να προωθούμε την αγάπη στη σχέση μας, να ζούμε με απόλυτη ευγνωμοσύνη για οτιδήποτε έχουμε στη ζωή, να είμαστε υγιείς και να ζούμε με αφθονία. Αναγνωρίζοντας ότι έχουμε τη δυνατότητα να είμαστε η ίδια η αγάπη, καταλαβαίνετε ότι είναι πιο εύκολο να εκφράζουμε αγάπη στη ζωή μας και να συμπεριφερόμαστε με τον πιο όμορφο τρόπο στον σύντροφό μας. Όταν αναγνωρίζουμε ότι είμαστε η ίδια η υγεία, είναι εύλογο ότι κάνουμε ό,τι χρειάζεται για να είμαστε υγιείς, όπως γυμναστική, ισορροπημένη διατροφή, διαλογισμό κτλ. Το ίδιο ακριβώς ισχύει και για κάθε άλλη κατάσταση και δύναμη της δεύτερης λίστας...

Η ταυτότητά μας λοιπόν, είναι ένας διευρυμένος τρόπος θέασης και χαρακτηρισμού του εαυτού μας και μας βοηθάει να μην κρίνουμε τον εαυτό μας αρνητικά και να μην οδηγούμαστε στην αυτοκαταστροφή. Φυσικά, η ταυτότητα χρειάζεται την ισορροπία για να μη φτάσουμε σε επίπεδα αλαζονείας και θεοποιήσουμε τον εαυτό μας. Είναι σπουδαίο να είμαστε ταπεινοί. Είναι σημαντικό να αναγνωρίζουμε όλα τα θετικά στοιχεία μας και να πορευόμαστε με αυτά, αντί να καταδικάζουμε τον εαυτό μας λόγω των στιγμών αδυναμίας. Παράλληλα όμως, να αναγνωρίζουμε ότι κάνουμε λάθη και έχουμε ελαττώματα, που χρειάζονται βελτίωση. Αντί να χαρακτηρίζουμε τον εαυτό μας μέσα από τα λάθη μας, επιλέγουμε να τον χαρακτηρίζουμε από τα θετικά και έτσι διορθώνουμε και ελαττώνουμε τα λάθη μας ευκολότερα, καθώς επικεντρωνόμαστε στην ουσία και την πρόοδο και όχι στην αδυναμία και την αυτοκαταδίκη.

Αν λοιπόν, ξεκινήσετε να συμπεριφέρεστε με γνώμονα την αληθινή ταυτότητά σας και δείτε την απεραντοσύνη της, μπορείτε να τη μετατρέψετε σε μία πολύ δυνατή βοηθητική πεποίθηση, η οποία θα αντικαταστήσει παλιές, εγκλωβιστικές πεποιθήσεις και θα είναι ένα φως προόδου στη ζωή και στη σχέση σας, γιατί θα είναι μία πεποίθηση που εκτός από βοηθητική είναι και αληθινή.

2) Το δεύτερο στοιχείο του απεριόριστου εαυτού είναι το πόσο πολύ εκφράζουμε και βιώνουμε την αληθινή ταυτότητά μας. Δηλαδή, πόσο υπεύθυνοι, ώριμοι, δυνατοί, δημιουργικοί, ειλικρινείς, αποφασιστικοί, δοτικοί, ταπεινοί κτλ. είμαστε; Και αντίστοιχα πόσο πολύ βιώνουμε τη ζωή με αγάπη, υγεία, αφθονία, ευγνωμοσύνη, συγχώρηση, εξέλιξη, ισορροπία, ενότητα κτλ.; Αυτές είναι δύο ερωτήσεις που σας προκαλούμε να αναρωτηθείτε.

Μάλιστα, αφού απαντήσετε σ' αυτές τις ερωτήσεις για κάθε ένα στοιχείο που περιλαμβάνουν οι δύο λίστες της ταυτότητας, αναρωτηθείτε πόσο διατεθειμένοι είστε να βελτιωθείτε σε κάθε ένα από αυτά. Σας διαβεβαιώνουμε ότι θα ανακαλύψετε πολλά για τον εαυτό σας και θα ξεκινήσετε έτσι μία πορεία αυτοβελτίωσης, αλλά και καλύτερης κατανόησης του συντρόφου σας. Τέλος, προσθέστε κι άλλα στοιχεία σε αυτές τις δύο λίστες, που θεωρείτε ότι λείπουν και αφορούν την αλήθεια του εαυτού σας.

3) Αφού αναπτύξαμε την ταυτότητά μας, το ποιοι πραγματικά είμαστε, τώρα είναι η ώρα να δούμε το τρίτο στοιχείο του απεριόριστου εαυτού, που είναι οι αξίες. Οι αξίες είναι οτιδήποτε έχει μεγαλύτερη αξία για εμάς. Είναι κάποιες από τις κινητήριες δυνάμεις μας στη ζωή και καθορίζουν σε μεγάλο βαθμό τις πράξεις μας και το πώς βιώνουμε τις σχέσεις μας με άλλους ανθρώπους και επομένως και με τον σύντροφό μας. Οι αξίες μας συνδέονται σε πολύ μεγάλο βαθμό με την ταυτότητα και την αλήθεια μας. Όλοι μας έχουμε τις ίδιες αξίες μέσα μας, απλά ο καθένας τις έχει σε διαφορετική θέση προτεραιότητας, ανάλογα με το πού βρίσκεται στη ζωή του και ανάλογα με τις εμπειρίες και τα βιώματά του.

Οι αξίες μας λειτουργούν σε ασυνείδητο επίπεδο και γι' αυτό είναι σημαντικό να τις εντοπίσουμε και να τις ξεκαθαρίσουμε μέσα μας σε συνειδητό επίπεδο. Πετυχαίνοντάς το αυτό, μπορούμε να λέμε «ναι» και «όχι», ατομικά και ως ζευγάρι, μόνο εκεί που πραγματικά θέλουμε να λέμε «ναι» και «όχι», γιατί θα είμαστε πολύ ξεκάθαροι ως προς το τι πραγματικά έχει μεγάλη αξία για εμάς.

Οι αξίες συνδέονται με τόσους πολλούς διαφορετικούς τρόπους μεταξύ τους και μπορούν να γραφτούν πολλά βιβλία αποκλειστικά και μόνο γι' αυτές. Γι' αυτό εμείς θα δώσουμε μια πολύ απλή εξήγηση, έτσι ώστε να μπορέσετε εσείς να βρείτε τις δικές σας αξίες, το πώς σας κινητοποιούν στη ζωή και να τις μοιραστείτε με τον σύντροφό σας, καθώς και ο σύντροφός σας με εσάς. Έτσι, θα μπορέσετε να κατανοήσετε πολύ καλύτερα ο ένας τον άλλον και να ορίσετε μία κοινή πορεία στη ζωή.

Κάποιες από τις κυριότερες αξίες είναι οι εξής:
- Αγάπη
- Υγεία
- Πληρότητα και αλληλοπληρότητα
  (θα αναπτυχθεί αργότερα)
- Αλήθεια
- Αυθεντικότητα
- Χρόνος
- Γαλήνη
- Ελευθερία
- Σύνδεση
- Ενότητα
- Πρόοδος
- Αλλαγή
- Πίστη
- Αναγνωρισιμότητα
- Ασφάλεια
- Ρίσκα
- Άνεση
- Βοήθεια, συνεισφορά
- Δύναμη
- Επιτυχία
- Καλοπέραση

Τώρα που βλέπετε κάποιες από τις πολύ βασικές αξίες που όλοι μας έχουμε μέσα μας, αναρωτηθείτε ποιες είναι οι πιο σημαντικές για εσάς. Κάποιες αξίες θα λειτουργούν ως ένα στο ίδιο επίπεδο. Παραδείγματος χάριν η αγάπη, η πληρότητα και η πρόοδος πάνε πάντα μαζί, όπως θα εξηγήσουμε στο τελευταίο κεφάλαιο. Πάντα κάποιες αξίες όμως, θα «θυσιάζονται», γιατί κάποιες άλλες θα είναι πιο ψηλά σε προτεραιότητα.

Δηλαδή, θυσιάζετε την πρόοδό σας για την ασφάλεια; Αυτό σημαίνει ότι θυσιάζετε την προσωπική και συντροφική εξέλιξή σας, επειδή ξέρετε ότι για να προοδέψετε θα χρειαστεί να αντιμετωπίσετε την αλήθεια του εαυτού σας και έτσι να βγείτε από την ψεύτικη ασφάλεια που έχετε χτίσει γύρω σας. Θυσιάζετε την υγεία για την επιτυχία; Αυτό σημαίνει ότι θυσιάζετε τη σωματική και ψυχική σας υγεία για να δουλεύετε σκληρά και έτσι να φαίνεστε επιτυχημένοι στα μάτια άλλων ανθρώπων. Θυσιάζετε την αυθεντικότητα και την αλήθεια για την αναγνωρισιμότητα; Αυτό σημαίνει ότι δεν εκφράζετε την αλήθεια του εαυτού σας από φόβο μήπως δε γίνετε δεκτοί από άλλους ανθρώπους και δε σας θεωρούν σημαντικούς. Θυσιάζετε τον χρόνο σας για τη σύνδεση; Αυτό σημαίνει ότι θυσιάζετε τον πολύτιμο χρόνο σας με ανθρώπους, με τους οποίους δεν ταιριάζετε, γιατί φοβάστε να μείνετε μόνοι σας. Θυσιάζετε την αλλαγή για την άνεση; Αυτό σημαίνει ότι επιλέγετε να μείνετε στάσιμοι, γιατί φοβάστε να βγείτε από τη ζώνη της άνεσής σας. Θυσιάζετε τη γαλήνη για τη δύναμη; Αυτό σημαίνει ότι θυσιάζετε την εσωτερική σας γαλήνη και ειρήνη με σκοπό να φαίνεστε πιο δυνατοί στον κόσμο και να αποκτήσετε φαινομενική δύναμη. Θυσιάζετε τη βοήθεια για τη δύναμη; Αυτό σημαίνει ότι θυσιάζετε το να βοηθήσετε άλλους ανθρώπους, για να αποκτήσετε περισσότερη δύναμη και κύρος εσείς.

Βλέπετε πώς λειτουργούν οι αξίες και πώς όταν δίνουμε σε κάποια προτεραιότητα, αναγκαστικά θα βάλουμε σε δεύτερη μοίρα κάποια άλλη. Γι' αυτό, χρειάζεται να ασχοληθούμε και να εργαστούμε πάρα πολύ πάνω στις αξίες μας, για να ζούμε τη ζωή που πραγματικά θέλουμε.

Καμία αξία δεν είναι αποκλειστικά αρνητική ή θετική. Το πώς τις χρησιμοποιούμε όμως, μπορεί να έχει θετικά ή αρνητικά αποτελέσματα στη ζωή μας. Δηλαδή, αν δεν έχουμε ως πρώτη προτεραιότητα την αγάπη και την πληρότητα, τότε πώς περιμένουμε να χτίσουμε μία υγιή και ισορροπημένη σχέση με τον σύντροφό μας; Αν δεν έχουμε πολύ ψηλά την αξία της προόδου και της αλλαγής, πώς περιμένουμε να βελτιωθούμε; Αν βάζουμε πάνω απ' όλα τη σύνδεση με άλλους ανθρώπους και πιο κάτω την αυθεντικότητά μας, πώς περιμένουμε να έχουμε ουσιαστικές και ειλικρινείς σχέσεις με άλλους ανθρώπους; Αν η πίστη στον εαυτό μας δεν είναι ψηλά, τότε πώς περιμένουμε να πετύχουμε τους στόχους μας;

Αναρωτηθείτε λοιπόν, ατομικά και μαζί με τον σύντροφό σας αυτές τις ερωτήσεις και δώστε ξεκάθαρες απαντήσεις, ώστε να χτίσετε ένα κοινό μονοπάτι στη ζωή και να μην έχετε μια σχέση, που ακολουθεί δύο διαφορετικούς δρόμους, λόγω διαφορετικών αξιών. Είναι κρίσιμο ως ζευγάρι να μοιράζεστε τις ίδιες αξίες και προτεραιότητες.

Αφού ξεκαθαρίσετε τις αξίες σας μπορεί να αντιληφθείτε ότι, μετά από κάποιο χρονικό διάστημα, αυτές αλλάζουν μέσα σας σε προτεραιότητα. Αυτό είναι φυσιολογικό, καθώς ανάλογα με το πού βρισκόμαστε στη ζωή μας, αλλάζουν και τα πράγματα που μας κινητοποιούν. Έτσι, αν έχετε χτίσει μία ασφαλή και άνετη ζωή και σχέση, πλέον δε θα κινητοποιείστε ολικά από αυτό, γιατί το πετύχατε και μπορείτε να δώσετε χώρο στην αξία των ρίσκων, για να προοδέψετε περισσότερο, δοκιμάζοντας νέα πράγματα.

Όμως όταν πραγματικά φτάσετε σε ένα επίπεδο που έχετε πολύ ξεκάθαρη εικόνα για την αλήθεια του εαυτού σας, τότε οι αξίες σας μπορεί να σταθεροποιηθούν και να έχετε μόνο μικρές αλλαγές στη λίστα προτεραιότητάς σας. Αυτό θα γίνει, γιατί πολύ απλά ξέρετε πολύ καλά τον εαυτό σας και τον σύντροφό σας. Αυτό δε σημαίνει όμως, ότι θα μείνετε στάσιμοι. Σημαίνει ότι ως πιο συνειδητοποιημένοι άνθρωποι εξελίσσεστε με μεγαλύτερη σταθερότητα και βεβαιότητα, και αυτό είναι πολύ σπουδαίο επίτευγμα στη ζωή και στη συντροφική σχέση.

4) Αφού ξεκαθαρίσουμε τις αξίες μας, το επόμενο βήμα προς τον απεριόριστο εαυτό είναι το να ξεκαθαρίσουμε τα «απόλυτα όχι» μας. Τα «απόλυτα όχι» είναι οτιδήποτε δε θέλουμε να ανεχτούμε για κανέναν λόγο στη ζωή και στη σχέση μας. Είναι πράξεις και συμπεριφορές, που δε θέλουμε να δεχτούμε και δεσμευόμαστε να μην κάνουμε ποτέ. Αυτό μπορεί να περιλαμβάνει πολύ αυτονόητα και άκρως αναγκαία πράγματα, όπως το ότι ποτέ δε θα ασκήσουμε σωματική βία στον σύντροφό μας. Αυτό είναι ένα «απόλυτο όχι», που επιβάλλεται να υπάρχει σε κάθε σχέση ανεξαιρέτως. Δυστυχώς όμως, δεν το ακολουθούν πολλά ζευγάρια. Άλλα «απόλυτα όχι» μπορεί να είναι πολύ προσωπικά, ανάλογα με τη μοναδικότητα του κάθε ανθρώπου και ζευγαριού...

Όπως λοιπόν, εργαστήκαμε πάνω στο τι αξίζει περισσότερο για εμάς και τη σχέση μας, είναι εξίσου σημαντικό να βρούμε μέσα μας οτιδήποτε δε θέλουμε να αποδεχτούμε στη ζωή μας. Εμείς παραδείγματος χάριν, έχουμε μειώσει δραματικά τις εντάσεις μεταξύ μας, μόνο και μόνο γιατί είμαστε πολύ ξεκάθαροι στο τι δεν αποδεχόμαστε. Έτσι, γνωρίζουμε πολύ καλά το τι δε δεχόμαστε και οι δυο μας και συμπεριφερόμαστε με ανάλογο τρόπο, που προλαμβάνει φασαρίες και εντάσεις. Δεν περιμένουμε από τον σύντροφο να διαβάσει τη σκέψη μας και να βρει τι είναι αυτό που δε δεχόμαστε, αλλά το ξεκαθαρίζουμε με ειλικρίνεια.

Βρείτε τα «απόλυτα όχι» στη ζωή σας και σας διαβεβαιώνουμε ότι θα ξεκαθαρίσουν πολύ τη σχέση σας και θα λύσετε έτσι διαφόρων ειδών δυσκολίες και κόντρες.

Αυτά είναι λοιπόν, τα τέσσερα στοιχεία του απεριόριστου εαυτού. Τώρα που γνωρίσατε το ποιος ακριβώς είναι ο περιορισμένος εαυτός και ποιος ο απεριόριστος, μπορείτε να ξεκινήσετε το μονοπάτι της αυτογνωσίας, αυτής της ασταμάτητης γνωριμίας με τον εαυτό σας και έτσι να γνωρίσετε σε βάθος τον σύντροφό σας και να αποδεχτείτε τη διαφορετικότητα και την αλήθεια του.

Τώρα μπορείτε να δείτε ότι, είτε λειτουργούμε περισσότερο με τον περιορισμένο εαυτό, είτε με τον απεριόριστο, αυτό είναι αποκλειστικά επιλογή και ευθύνη μας. Κάθε ημέρα επιλέγουμε το ποιοι είμαστε και το πώς συμπεριφερόμαστε. Η μόνη βελτίωση που υπάρχει στον κόσμο είναι να επιλέξουμε να είμαστε όσο πιο πιστοί γίνεται στην αλήθεια του εαυτού μας, που είναι η ταυτότητά μας. Αυτό επιτυγχάνεται με το να δεσμευόμαστε στο να είμαστε καλύτεροι απ' ότι ήμασταν την προηγούμενη ημέρα και να γίνουμε καλύτεροι αύριο απ' ότι είμαστε σήμερα.

Είτε επιλέγουμε να χαρακτηρίζουμε τον εαυτό και τον σύντροφό μας από αυτά που κάνουμε, τους ρόλους μας, τις συμπεριφορές μας, τις πεποιθήσεις μας και τα λάθη μας, είτε από την αλήθεια μας, τα ποιοτικά χαρακτηριστικά γνωρίσματά μας και τις αξίες μας, εμείς είμαστε ολικά υπεύθυνοι. Το πώς κρίνουμε τον εαυτό μας και τον σύντροφό μας θα καθορίσει τον βαθμό της υγείας και της προόδου που θα βιώσουμε στη σχέση και στη ζωή μας.

Το μοντέλο του απεριόριστου εαυτού έχει στη βάση του ένα τεράστιο «ΓΙΑΤΙ» (βλ. σελ. 23), για να μας υπενθυμίζει να ρωτάμε «γιατί» κάθε φορά που παίρνουμε αποφάσεις, κάνουμε πράξεις και θεωρούμε ότι κάτι είναι αλήθεια. Να ρωτάμε, γιατί θεωρώ ότι αυτή η πεποίθησή μου είναι αλήθεια; Γιατί συμπεριφέρομαι έτσι; Γιατί έκανα λάθος; Γιατί δε μίλησα με σεβασμό στον σύντροφό μου; Γιατί η «τάδε» αξία είναι σημαντική για εμένα και τον σύντροφό μου; Το «γιατί» πάντα θα μας βοηθάει να βρούμε την αλήθεια και να πετάξουμε τα σκουπίδια και οτιδήποτε δε μας εξυπηρετεί από τη ζωή μας.

Ώρα για ενδοσκόπηση

- Εσείς λειτουργείτε με τον απεριόριστο εαυτό σας;
- Γνωρίζετε ποια είναι η αληθινή ταυτότητά σας;
- Ενσαρκώνετε τις δυνάμεις της ύπαρξης, που αναπτύξαμε παραπάνω;
- Βλέπετε τον εαυτό σας και τον σύντροφό σας με τη διευρυμένη αλήθεια του απεριόριστου εαυτού ή με την περιορισμένη αντίληψη του περιορισμένου εαυτού;
- Έχετε ξεκάθαρες τις αξίες σας στη ζωή και στη σχέση με τον σύντροφό σας;
- Έχετε ίδιες αξίες και προτεραιότητες στη ζωή και στη σχέση με τον σύντροφό σας;
- Έχετε ξεκαθαρίσει ατομικά, αλλά και μαζί με τον σύντροφό σας τι δεν αποδέχεστε σε καμία περίπτωση στη ζωή και στη σχέση σας;
- Αναρωτιέστε «γιατί» κάθε φορά που κάνετε κάτι στη ζωή σας, είτε είναι θετικό είτε αρνητικό; Απαντάτε στο «γιατί» με ωμή ειλικρίνεια ή με βάση τις εγκλωβιστικές πεποιθήσεις σας;
- Είναι ωφέλιμο για εσάς να λειτουργείτε με βάση τον περιορισμένο εαυτό ή με τον απεριόριστο εαυτό σας;

1.2 Το μοντέλο του ισορροπημένου εαυτού

Το δεύτερο μοντέλο, που θα αναπτύξουμε, το ονομάζουμε «μοντέλο του ισορροπημένου εαυτού» και μας βοηθάει να είμαστε ισορροπημένοι στις συμπεριφορές μας και στις σχέσεις μας με άλλους ανθρώπους.

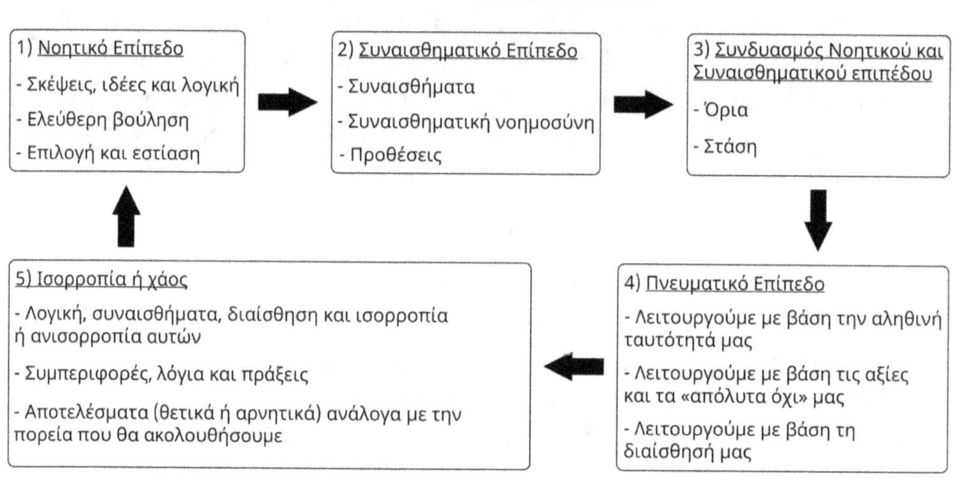

Όπως βλέπουμε στο παραπάνω σχήμα, έχουμε τρία επίπεδα με βάση τα οποία λειτουργούμε: το νοητικό, το συναισθηματικό και το πνευματικό. Πολύ απλά, μπορούμε να πούμε ότι το νοητικό επίπεδο αφορά τις σκέψεις μας, την επιλογή εστίασης σε αυτές, τις ιδέες και τη λογική. Το συναισθηματικό επίπεδο αφορά τα συναισθήματα, τη συναισθηματική νοημοσύνη και τις προθέσεις μας. Το πνευματικό επίπεδο αφορά τον απεριόριστο εαυτό μας (όπως αναπτύξαμε στο προηγούμενο μοντέλο), τη διαίσθησή μας και τους πιο υγιείς τρόπους με τους οποίους μπορούμε να λειτουργούμε. Κάθε ένα από αυτά τα επίπεδα αλληλεπιδρούν μεταξύ τους και μας οδηγούν σε συγκεκριμένες πράξεις και συμπεριφορές. Για να ζήσουμε μία ισορροπημένη ζωή και να χτίσουμε μία ισορροπημένη σχέση, είναι αναγκαίο να κατανοήσουμε τον τρόπο με τον οποίο συνδέονται αυτά τα τρία επίπεδα και το πώς μπορούν να μας επηρεάσουν θετικά ή αρνητικά.

1) Το νοητικό επίπεδο, όπως είπαμε παραπάνω, σχετίζεται με τις σκέψεις μας. Είναι σημαντικό να κατανοήσουμε ότι δεν μπορούμε να ελέγξουμε όλες τις σκέψεις μας. Οι περισσότερες σκέψεις έρχονται στον νου μας μέσω των πέντε αισθήσεών μας ή λόγω κάποιας ανάμνησης.

Παραδείγματος χάριν, ακούμε ένα τραγούδι και αυτόματα σκεφτόμαστε μία συναυλία που πήγαμε πριν από καιρό ή μυρίζουμε ένα φαγητό και αυτόματα σκεφτόμαστε ένα όμορφο δείπνο που είχαμε με τον σύντροφό μας ή βλέπουμε έναν ελκυστικό άνθρωπο και σκεφτόμαστε να βγούμε μαζί του. Αυτές τις σκέψεις είναι αδύνατον να τις ελέγξουμε, καθώς προκύπτουν αυτόματα λόγω κάποιας αίσθησης ή ανάμνησης. Οπότε, κάθε φορά που σκέφτεστε κάτι αρνητικό ή ακόμα και κάτι πολύ άσχημο και ίσως ακραίο, μην καταδικάζετε τον εαυτό σας, γιατί πολύ απλά μπορεί να προέκυψε για κάποιον λόγο αυτόματα.

Εκεί όμως που έχουμε δύναμη, είναι η ελεύθερη βούλησή μας. Παρόλο που πολλές φορές έρχονται σκέψεις στον νου μας μέσω των αισθήσεων και των αναμνήσεών μας, μπορούμε να σκεφτούμε και συνειδητά θετικά ή αρνητικά πράγματα. Δηλαδή, μπορούμε να φέρουμε στον νου μας μία θετική ή αρνητική σκέψη χωρίς να χρειάζεται να μεσολαβήσει κάποια αίσθηση ή ανάμνηση. Για παράδειγμα, μπορεί να μαγειρεύουμε και εκείνη τη στιγμή να σκεφτούμε το λαμπρό μέλλον μας, την προαγωγή στη δουλειά μας ή ένα δώρο που θέλουμε να κάνουμε στον σύντροφό μας, γιατί πολύ απλά επιλέγουμε εκείνη τη στιγμή να σκεφτούμε κάτι τέτοιο. Το ίδιο μπορεί να συμβεί φυσικά και με μία αρνητική σκέψη. Με λίγα λόγια, λόγω της ελεύθερης βούλησής μας μπορούμε να σκεφτούμε οτιδήποτε θέλουμε ανεξάρτητα από τις αισθήσεις και τις αναμνήσεις μας.

Η ελεύθερη βούληση όμως, μας επιτρέπει να κάνουμε και κάτι ακόμα πολύ σημαντικό. Μέσω της ελεύθερης βούλησής μας έχουμε την επιλογή εστίασης. Όπως είπαμε παραπάνω, μπορούμε να σκεφτούμε συνειδητά πολλά πράγματα, όμως τις περισσότερες φορές οι σκέψεις μας έρχονται αυτόματα στον νου μας. Τις σκέψεις λοιπόν, που έρχονται στον νου μας αυτόματα, δεν μπορούμε να τις ελέγξουμε, όμως έχουμε τη δυνατότητα να επιλέξουμε σε ποιες από αυτές θα εστιάσουμε και ποιες θα απορρίψουμε ή θα παραβλέψουμε. Έτσι, αν έρθει μία απαισιόδοξη σκέψη στον νου μας, έχουμε τη δυνατότητα να εστιάσουμε σε αυτήν ή να την προσπεράσουμε. Το ίδιο ισχύει και για τις αισιόδοξες και θετικές σκέψεις. Δεν ελέγχουμε το πότε και αν θα έρθουν πολλές από αυτές στον νου μας, όμως μπορούμε να επιλέξουμε να εστιάσουμε σε αυτές ή απλά να τις παρατηρήσουμε και να τις αφήσουμε. Το ίδιο ισχύει και για τις σκέψεις που φέρνουμε συνειδητά στον νου μας. Μπορούμε να συνεχίσουμε να εστιάζουμε σε αυτές αν είναι θετικές ή να τις προσπεράσουμε αν είναι αρνητικές και επιζήμιες για τη νοητική υγεία μας.

Κάθε σκέψη στην οποία εστιάζουμε μπορεί να επαναληφθεί πιο εύκολα στο μέλλον. Δηλαδή, όσο εστιάζουμε σε μία σκέψη, τόσο πιο πιθανό γίνεται να έρθει ξανά στον νου μας και να γίνει μία δυνατή ιδέα, ίσως και εμμονή. Πολλές φορές μάλιστα η ιδέα που έχει δημιουργηθεί μέσα από τη συνεχή εστίαση σε μία σκέψη, μπορεί να σταθεροποιηθεί πολύ βαθιά μέσα μας και να γίνει μία πεποίθηση εγκλωβιστική ή βοηθητική, ανάλογα με το αν η ιδέα αυτή είναι αρνητική ή θετική. Παραδείγματος χάριν, αν κάποιος σκεφτεί ότι δεν αξίζει σαν άνθρωπος (επειδή απέτυχε σε κάποιες εξετάσεις, του το είπαν άλλοι άνθρωποι κτλ.) και εστιάζει σ' αυτό, τότε θα δημιουργηθεί η ιδέα ότι είναι ανάξιος και αν επιμείνει σ' αυτήν την ιδέα, είναι πολύ πιθανό να μετατραπεί με τον καιρό σε μία εγκλωβιστική πεποίθηση, που θα προκαλέσει πολλές δυσκολίες στη ζωή του.

Επομένως, είναι απαραίτητο:
α) να μην κατηγορούμε τον εαυτό μας για τυχόν αρνητικές σκέψεις, καθώς δεν έχουμε ολικό έλεγχο επάνω τους και
β) να εξασκήσουμε τη δύναμη της εστίασής μας, γιατί είναι η μόνη δύναμη που έχουμε πάνω στις σκέψεις μας, είτε τις φέρνουμε συνειδητά στον νου μας, είτε έρχονται αυτόματα.

Η λογική, που υπάρχει και αυτή στο νοητικό επίπεδο, μπορεί να μας βοηθήσει στην κατάλληλη επιλογή σκέψεων και στην εστίασή τους. Βέβαια η λογική δεν είναι πάντα ένας υγιής τρόπος επιλογής, όπως πολλοί πιστεύουν, γιατί είναι ένας μονόπλευρος τρόπος και περιοριστικός. Είναι μία μόνο οπτική και όχι η συνολική εικόνα. Πολλές φορές μάλιστα, η λογική μπορεί να μας οδηγήσει σε παρανοήσεις, γιατί μπορεί να επηρεάζεται από την πλαστή και περιοριστική πραγματικότητα που έχουν χτίσει οι εγκλωβιστικές πεποιθήσεις μας. Οπότε, χρειάζεται να αξιολογούμε τη λογική μας και να μη λειτουργούμε αποκλειστικά με αυτήν.

2) Όταν εστιάζουμε σε μία σκέψη για πολλή ώρα ή πολλές φορές, μπορούμε πολύ εύκολα να οδηγηθούμε στο συναισθηματικό επίπεδο. Κάθε σκέψη στην οποία εστιάζουμε μας προκαλεί αντίστοιχα συναισθήματα. Έτσι, αν επικεντρωθούμε σε μία σκέψη, που σχετίζεται με τη μελλοντική επιτυχία ενός στόχου, θα νιώσουμε χαρά και ενθουσιασμό. Αν όμως επικεντρωθούμε σε μία σκέψη, που σχετίζεται με μία αποτυχία μας, θα νιώσουμε στενοχώρια ή απογοήτευση.

Είναι σημαντικό να κατανοήσουμε ότι τα συναισθήματά μας έρχονται και φεύγουν. Δεν είναι μόνιμες καταστάσεις που πρέπει να μας καθορίζουν, ούτε βέβαια είμαστε οτιδήποτε νιώθουμε. Δεν είμαστε λοιπόν, χαρούμενοι, λυπημένοι, νευριασμένοι, απογοητευμένοι κτλ., όπως τείνουμε να λέμε π.χ. «είμαι χαρούμενος». Αλλά νιώθουμε χαρά, λύπη, θυμό κάποιες μόνο στιγμές και οτιδήποτε νιώθουμε αλλάζει συνέχεια, οπότε και γι' αυτόν τον λόγο δεν είμαστε τα συναισθήματά μας. Όταν απελευθερωθούμε από την εγκλωβιστική πεποίθηση, πως είμαστε οτιδήποτε νιώθουμε, θα φύγουμε από το συναισθηματικό χάος στο οποίο μπορούμε εύκολα να φυλακιστούμε.

Τα συναισθήματα, που προκύπτουν από τις ενισχυμένες σκέψεις μας, επηρεάζουν τις προθέσεις μας. Εδώ, είναι σημαντικό να προσθέσουμε, ότι οι προθέσεις μας είναι αποτέλεσμα των καλύτερων πληροφοριών που έχουμε συλλέξει από την παιδική ηλικία μέχρι σήμερα, και τις περισσότερες φορές συνδέονται με ένα ή περισσότερα συναισθήματα. Γι' αυτόν τον λόγο, κανείς στην ουσία δεν έχει κακές προθέσεις, απλά λειτουργεί συναισθηματικά και ανώριμα, γιατί είχε μέχρι στιγμής περιορισμένα ερεθίσματα στη ζωή και δεν πήρε ακόμη τα μαθήματα που χρειαζόταν.

Τα συναισθήματα και οι συναισθηματικά φορτισμένες προθέσεις σχετίζονται με τη συναισθηματική νοημοσύνη μας. Η συναισθηματική νοημοσύνη είναι η ικανότητά μας να αναγνωρίζουμε και να ελέγχουμε με υγιή τρόπο τα συναισθήματά μας. Πετυχαίνοντάς το αυτό, μπορούμε να αναγνωρίζουμε και να κατανοούμε με επιτυχία και τα συναισθήματα άλλων ανθρώπων και ειδικά του συντρόφου μας, με τον οποίο είμαστε στενά συνδεδεμένοι. Το πόσο ανεπτυγμένη συναισθηματική νοημοσύνη έχουμε θα καθορίσει σε μεγάλο βαθμό τις προθέσεις μας.

3) Ανάλογα με το επίπεδο συναισθηματικής φόρτισης και τις προθέσεις, που επηρεάζονται από αυτήν, ο καθένας θα υιοθετήσει μια συγκεκριμένη στάση. Όμως, εδώ έρχονται τα όρια, τα οποία θα επηρεάσουν και αυτά πολύ τη στάση μας. Τα όρια είναι απλά οι φωνές της λογικής, που μας λένε να φρενάρουμε τα συναισθήματα, που παίρνουν μεγάλες διαστάσεις όσο εστιάζουμε σε αυτά και τα τρέφουμε. Τα όρια προέρχονται από το νοητικό επίπεδο και σχετίζονται με τη λογική. Έτσι, το νοητικό και το συναισθηματικό επίπεδο βρίσκονται σε μία σύγχυση. Είναι οι στιγμές, κατά τις οποίες αισθανόμαστε ότι κάτι είναι «σωστό», και επειδή το νιώθουμε, το θεωρούμε αυτόματα αληθινό, αλλά ταυτόχρονα σκεφτόμαστε λογικά, κάτι το οποίο αντιτίθεται σε αυτό που νιώθουμε.

Παραδείγματος χάριν, ένα ζευγάρι έχει έναν καβγά και ο ένας σύντροφος νιώθει θυμό (συναισθηματικό επίπεδο), που καθοδηγεί τη συμπεριφορά του, αλλά παράλληλα σκέφτεται (νοητικό επίπεδο) ότι η συμπεριφορά του δεν είναι υγιής και ότι είναι καλό να βάλει κάποια όρια, για να μη χειροτερέψει η κατάσταση. Αυτή είναι η σύγχυση μεταξύ των δύο αυτών επιπέδων και το πόσο τα όριά μας θα καθορίσουν τη στάση μας.

4) Μέσα σ' αυτήν τη σύγχυση, έρχεται και ένα ακόμα στοιχείο. Αυτό το στοιχείο είναι η διαίσθηση, που ανήκει στο πνευματικό επίπεδο. Η διαίσθηση είναι η αίσθηση γνώσης ότι κάτι είναι σωστό ή λάθος. Είναι μία «φωνή» πέρα από τη λογική και τα συναισθήματα. Δε σχετίζεται με αυτό που σκεφτόμαστε ότι είναι σωστό, ούτε με αυτό που νιώθουμε ότι είναι σωστό. Αφορά αυτό που ξέρουμε βαθιά μέσα μας ότι είναι σωστό.

Έτσι, με βάση το προηγούμενο παράδειγμα, η διαίσθηση μπορεί να «πει» στον σύντροφο, ότι ο θυμός του είναι δικαιολογημένος, γιατί αδικήθηκε (παίρνει δηλαδή το μέρος των συναισθημάτων), ή να ενισχύσει τη λογική δείχνοντας ότι τα συναισθήματά του είναι παράλογα, γιατί έχει άδικο. Η χρυσή τομή όμως, βρίσκεται όταν αυτά τα τρία στοιχεία (λογική, συναίσθημα και διαίσθηση) βρίσκονται σε ισορροπία. Δηλαδή, ο σύντροφος να κρίνει σφαιρικά την κατάσταση και τον εαυτό του με τον συνδυασμό όλων αυτών, για να βρει την αλήθεια.

Έτσι, στο παράδειγμά μας, αν ο σύντροφος είχε εξισορροπήσει όλα τα επίπεδα, μπορεί να έβγαζε το εξής συμπέρασμα: Ότι συμπεριφέρθηκε ανώριμα, επειδή αντέδρασε τόσο έντονα και συναισθηματικά, παρόλο που είχε δίκιο σε έναν βαθμό. Δεν υπολόγισε όμως, την πλευρά και την οπτική του συντρόφου του, γιατί τον κατέκλυσαν τα συναισθήματά του. Οπότε, η λύση είναι να ηρεμήσει, να ζητήσει συγνώμη και να συζητήσει ήρεμα με τον σύντροφό του ξανά, χωρίς να επηρεάζεται μόνο από ένα επίπεδο, αλλά να κρίνει με βάση όλα αυτά και την οπτική του συντρόφου του.

Αυτό είναι το πνευματικό επίπεδο και λειτουργούμε ευκολότερα με βάση αυτό, όταν λειτουργούμε με βάση τον απεριόριστο εαυτό και την αληθινή ταυτότητά μας. Δηλαδή, με τα ποιοτικά χαρακτηριστικά γνωρίσματα του εαυτού μας και με τις δυνάμεις που μπορούμε να ενσαρκώσουμε στη ζωή, όπως την αγάπη. Το πνευματικό επίπεδο οδηγεί σε σεβασμό, κατανόηση και ρεαλισμό. Όταν λειτουργούμε με βάση το πνευματικό επίπεδό μας δεν κρίνουμε τις καταστάσεις μονόπλευρα, αλλά εξετάζουμε κάθε εκδοχή και οτιδήποτε συμβαίνει μέσα μας με ωριμότητα, ισορροπία και με βάση το ποιοι πραγματικά είμαστε και όχι με ταμπέλες ή με εγκλωβιστικές πεποιθήσεις ή με ψυχρή λογική ή με συναισθηματικά ξεσπάσματα.

5) Είτε επικρατήσει μέσα μας το νοητικό, είτε το συναισθηματικό, είτε το πνευματικό επίπεδο θα κάνουμε συγκεκριμένες πράξεις. Το επίπεδο ωριμότητας των πράξεων θα κριθεί από την επιλογή μας αυτήν. Επομένως, αν επιλέξουμε τη λογική, μπορεί να δράσουμε με έναν πολύ επιφανειακό τρόπο χωρίς μεγάλο ενδιαφέρον για τον σύντροφο. Αν επιλέξουμε τα συναισθήματα, είναι πολύ πιθανό να αντιδράσουμε εντελώς ανώριμα και να ξεσπάσουμε. Αν όμως, επιλέξουμε το πνευματικό επίπεδο, θα συμπεριφερθούμε με έναν πιο ώριμο και ισορροπημένο τρόπο.

Τις συμπεριφορές που βασίζονται στη λογική και στο συναίσθημα τις ονομάζουμε ανώριμες αντιδράσεις και είναι αυτόματες, ενώ τις συμπεριφορές, που βασίζονται στην αλήθεια και στο πνευματικό επίπεδο, τις ονομάζουμε ισορροπημένες και ώριμες αντιδράσεις και είναι συνειδητοποιημένες και ελεγχόμενες από εμάς.

Κάθε πράξη και συμπεριφορά μας θα μας οδηγήσει σε ένα αντίστοιχο αποτέλεσμα στη ζωή και στη σχέση μας. Το αποτέλεσμα μπορεί να είναι θετικό ή αρνητικό και εξαρτάται ολικά από την όλη διαδικασία, όπως την εξηγήσαμε παραπάνω.

Επομένως, για να συνοψίσουμε: Όταν έρχονται σκέψεις στον νου μας είναι πολλές φορές εκτός του ελέγχου μας, όμως έχουμε τη δυνατότητα να επιλέξουμε πού θα εστιάσουμε. Ανάλογα με το πού θα εστιάσουμε, θα νιώσουμε αντίστοιχα συναισθήματα, τα οποία θα επηρεάσουν τις προθέσεις μας. Ανάλογα πάλι με τα όρια που έχουμε ως άνθρωποι, θα ακολουθήσουμε μία συγκεκριμένη στάση και η στάση αυτή θα ενισχυθεί είτε από τη λογική, είτε από τα συναισθήματά, είτε από τη διαίσθηση, είτε από την ισορροπία όλων αυτών. Μ' αυτόν τον τρόπο θα πούμε συγκεκριμένα λόγια και θα κάνουμε συγκεκριμένες πράξεις, οι οποίες θα έχουν αρνητικά ή θετικά αποτελέσματα στη ζωή μας και ανάλογα με αυτά τα αποτελέσματα θα έρθουν νέες σκέψεις και ο κύκλος συνεχίζεται από την αρχή.

Για μία ισορροπημένη ζωή και σχέση με τον σύντροφό μας λοιπόν, χρειάζεται να βρισκόμαστε πρώτα σε εσωτερική ισορροπία. Χρειάζεται να μην κατευθυνόμαστε από τα συναισθήματά μας, ούτε να λειτουργούμε μόνο με βάση την ψυχρή λογική, ούτε βέβαια να κάνουμε ό,τι κάνουμε μόνο με βάση τη διαίσθησή μας. Η ισορροπία ανάμεσα στη λογική, τα συναισθήματα και τη διαίσθηση, καθώς και ο απεριόριστος εαυτός μας θα μας οδηγήσει στην αλήθεια, η οποία είναι ο μόνος υγιής κριτής της ζωής και του εαυτού μας.

Χρησιμοποιείστε αυτό το μοντέλο για να βελτιώσετε τις συμπεριφορές σας, χτίζοντας εσωτερική ισορροπία και γαλήνη.

Ώρα για ενδοσκόπηση

- Εσείς έχετε παρατηρήσει πόσο έλεγχο δίνετε στις σκέψεις σας και κυρίως στις αρνητικές;
- Εστιάζετε συνήθως στις θετικές ή στις αρνητικές σκέψεις σας;
- Πόσο εύκολα μπορείτε να παραβλέψετε τις αρνητικές σκέψεις σας και να εστιάσετε στις θετικές και ωφέλιμες;
- Κρίνετε τον εαυτό σας και τον σύντροφό σας αρνητικά για τις αρνητικές σκέψεις σας;
- Μπορείτε να ελέγξετε εύκολα τα συναισθήματά σας ή σας ελέγχουν αυτά;
- Επιτρέπετε στα συναισθήματά σας να βλάψουν τη σχέση με τον σύντροφό σας;
- Πόσο ανεπτυγμένη συναισθηματική νοημοσύνη έχετε;
- Έχετε ασχοληθεί με τις προθέσεις, τα όρια, τη στάση σας και τη μεταξύ τους αλληλεπίδραση; Υιοθετείτε μία ώριμη ή ανώριμη στάση συνήθως;
- Ακούτε τη φωνή της διαίσθησής σας; Όταν παίρνετε αποφάσεις κρίνετε με βάση τη λογική, τα συναισθήματα, τη διαίσθηση ή με την ισορροπία αυτών;
- Πόσο συχνά λειτουργείτε με το πνευματικό επίπεδό σας;
- Επικρατεί χάος ή ισορροπία εσωτερικά σας; Αν επικρατεί χάος, τι χρειάζεται να κάνετε για να το αλλάξετε; Αν επικρατεί ισορροπία, τι χρειάζεται να κάνετε για να τη διατηρήσετε;
- Επικρατεί χάος ή ισορροπία στη σχέση με τον σύντροφό σας; Αν επικρατεί χάος, τι χρειάζεται να κάνετε για να το αλλάξετε; Αν επικρατεί ισορροπία, τι χρειάζεται να κάνετε για να τη διατηρήσετε;

1.3 Το μοντέλο του εξελιγμένου εαυτού

Το επόμενο μοντέλο το ονομάζουμε «μοντέλο του εξελιγμένου εαυτού» και μας βοηθάει να λειτουργούμε με το πνευματικό επίπεδο και με βάση την αλήθεια του εαυτού μας για να πετύχουμε οτιδήποτε θέλουμε στη ζωή. Είναι το μοντέλο της επιτυχίας στη ζωή γενικά, και στη συντροφική σχέση ειδικά.

<u>Το μοντέλο του εξελιγμένου εαυτού</u>

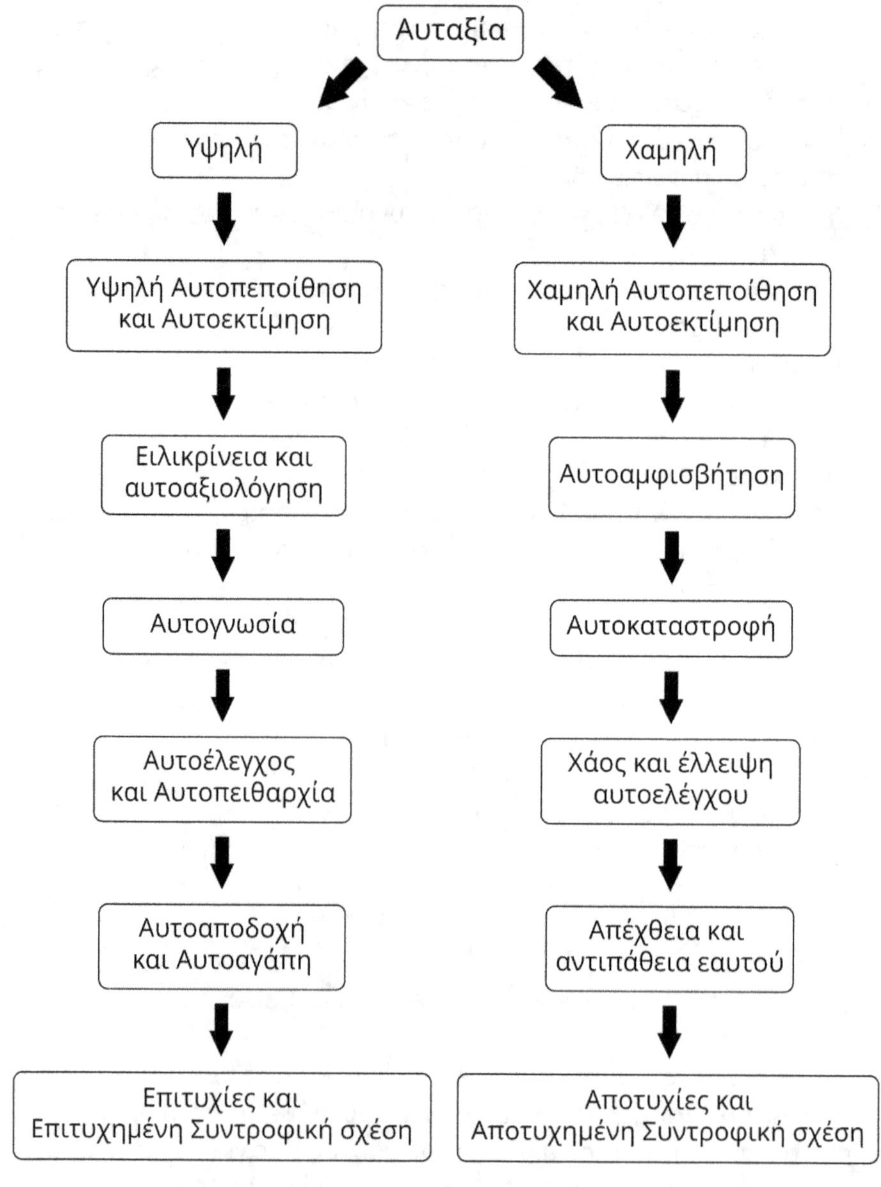

1) Όπως βλέπουμε στο παραπάνω σχήμα, όλα ξεκινούν από την αυταξία μας. Αυταξία είναι η μεγάλη ή μικρή αξία, που προσδίδουμε σ' εμάς. Αν χαρακτηρίζουμε τον εαυτό μας από το τι κάνουμε, το πόσο καλά κάνουμε αυτά που κάνουμε και τις πεποιθήσεις μας, δηλαδή με βάση τον περιορισμένο εαυτό, τότε είναι πολύ πιθανό να «τοποθετήσουμε» πολύ μικρή αξία στον εαυτό μας και να τον κρίνουμε με έναν πολύ εγκλωβιστικό τρόπο. Αν, από την άλλη, χαρακτηρίζουμε τον εαυτό μας με βάση το ποιοι πραγματικά είμαστε (ταυτότητα) και το σύνολο του απεριόριστου εαυτού, τότε είναι πιο πιθανό να «τοποθετήσουμε» πολύ μεγαλύτερη αξία στον εαυτό μας.

2) Το πόσο θεωρούμε άξιο τον εαυτό μας θα καθορίσει την αυτοπεποίθηση και την αυτοεκτίμησή μας. Αυτοπεποίθηση είναι η πεποίθηση που έχουμε για τον εαυτό μας. Είναι το τι πιστεύουμε για εμάς σήμερα σχετικά με το τι μπορούμε να κάνουμε καλά ή όχι. Η αυτοπεποίθησή μας δηλαδή, αφορά κυρίως το τι πιστεύουμε για τις δεξιότητές μας και το πόσο ικανοί είμαστε να φέρουμε σε πέρας κάποιες εργασίες, π.χ. αν έχουμε υψηλή αυτοπεποίθηση στην δουλειά μας ή αν έχουμε υψηλή αυτοπεποίθηση στο να παίζουμε ποδόσφαιρο. Δηλαδή, αν πιστεύουμε ότι είμαστε καλοί/κακοί στη δουλειά μας και αν πιστεύουμε ότι είμαστε καλοί/κακοί στο να παίζουμε ποδόσφαιρό. Όσο περισσότερο εξασκούμαστε σε κάτι, όπως στη δουλειά μας, στο ποδόσφαιρο, στη μουσική και σε οτιδήποτε άλλο, τόσο περισσότερο αυξάνεται η αυτοπεποίθησή μας.

Από την άλλη, αυτοεκτίμηση είναι το πόσο πολύ εκτιμάμε τον εαυτό μας. Η αυτοεκτίμηση αφορά περισσότερο τον εσωτερικό μας κόσμο και το αν εκτιμάμε τον εαυτό μας, όχι για τις ικανότητές μας και το τι κάνουμε καλά ή όχι, αλλά για το ποιοι πραγματικά είμαστε. Δηλαδή, αν εκτιμάμε το ότι είμαστε ειλικρινείς ή αν πιστεύουμε ότι είμαστε ψεύτες, ή αν εκτιμάμε ότι είμαστε δυνατοί ή αν πιστεύουμε ότι είμαστε αδύναμοι. Δε σχετίζεται με τις ικανότητές μας, αλλά με την ταυτότητά μας.

Αν έχουμε χαμηλή αυταξία, δεν αναγνωρίζουμε δηλαδή τον εαυτό μας ως άξιο άνθρωπο, τότε και η αυτοπεποίθηση και αυτοεκτίμησή μας θα είναι χαμηλές. Έτσι, θα βλέπουμε κάθε αποτυχία και δυσκολία στη ζωή μας ως έναν ακόμα λόγο για να επιβεβαιώνει ότι είμαστε ανάξιοι. Αν έχουμε υψηλή αυταξία, αναγνωρίζουμε δηλαδή τον εαυτό μας ως άξιο άνθρωπο, τότε η αυτοπεποίθηση και η αυτοεκτίμησή μας θα είναι υψηλές και συνέχεια θα αναπτύσσονται και θα αυξάνονται. Έτσι, θα βλέπουμε κάθε αποτυχία και δυσκολία στη ζωή μας ως ευκαιρίες βελτίωσης και ως προκλήσεις εξέλιξης επιβεβαιώνοντας ότι είμαστε άξιοι άνθρωποι. Μ' αυτόν τον τρόπο αλληλοσυνδέεται η αυταξία με την αυτοπεποίθηση και αυτοεκτίμησή μας. Το πώς βλέπουμε τον εαυτό μας τώρα, θα καθορίσει σε πολύ μεγάλο βαθμό τις αποφάσεις μας στη ζωή και στη σχέση μας.

3) Ανάλογα με την αυτοπεποίθηση και αυτοεκτίμησή μας θα είμαστε είτε ειλικρινείς, είτε θα αμφισβητούμε τον εαυτό μας. Ειλικρινείς είμαστε όταν έχουμε υψηλή αυτοπεποίθηση και αυτοεκτίμηση. Κατανοούμε ότι είμαστε ατελείς και κάνουμε λάθη, όμως αναγνωρίζουμε και τα θετικά στοιχεία μας, που είναι πολλά. Ψάχνουμε, βρίσκουμε και αναγνωρίζουμε την ολική αλήθεια για τον εαυτό μας. Κάνουμε επομένως, μια εποικοδομητική αυτοκριτική ή καλύτερα αυτοαξιολόγηση με σκοπό την αυτοβελτίωσή μας και φτάνουμε σε επίπεδα ισορροπημένου αυτοθαυμασμού και βαθιάς εμπιστοσύνης στον εαυτό μας.

Αντιθέτως, φτάνουμε σε αυτοαμφισβήτηση, όταν έχουμε χαμηλή αυτοπεποίθηση και αυτοεκτίμηση. Επειδή, επικεντρωνόμαστε στα αρνητικά στοιχεία μας, στις αδυναμίες και στα λάθη μας ή και σε μία ψευδή εικόνα για τον εαυτό μας και δεν πιστεύουμε ότι είμαστε άξιοι και ικανοί άνθρωποι, ξεκινάμε να αμφισβητούμε οτιδήποτε κάνουμε. Εδώ, η αυτοκριτική είναι ολικά αρνητική και όχι εποικοδομητική. Αποτέλεσμα είναι το αυτο-σαμποτάζ, όπου βρίσκουμε συνέχεια δικαιολογίες και προωθούμε μία συνεχή αναβλητικότητα. Έτσι, μένουμε στάσιμοι ή, ακόμα χειρότερα, παίρνουμε την κατηφόρα.

4) Η εποικοδομητική αυτοαξιολόγηση μάς βοηθάει στο ταξίδι της αυτογνωσίας. Αξιολογώντας συνέχεια τα θετικά και αρνητικά στοιχεία μας, τα λάθη και τις επιτυχίες μας, φτάνουμε σε μια βαθύτερη κατανόηση του εαυτού μας και έτσι το ταξίδι της αυτογνωσίας παίρνει μια ακόμα πιο όμορφη πορεία.

Από την άλλη, η αρνητική αυτοκριτική και η προσήλωση στα λάθη μας οδηγεί αργά ή γρήγορα σε αυτοκαταστροφή εσωτερική και έπειτα εξωτερική όσον αφορά τη σχέση μας με τον σύντροφό μας και άλλους ανθρώπους.

5) Το ταξίδι της αυτογνωσίας μάς βοηθάει στο να αποκτήσουμε αυτοέλεγχο μέσω της αυτοπειθαρχίας. Ο υγιής αυτοέλεγχος είναι στην ουσία ο υγιής τρόπος με τον οποίο ελέγχουμε τα συναισθήματά μας και λειτουργούμε με το πνευματικό επίπεδο, όπως αναπτύξαμε στο προηγούμενο μοντέλο. Ο υγιής αυτοέλεγχος δεν έχει να κάνει καθόλου με την καταπίεση των συναισθημάτων μας, ούτε με την παρουσίαση ενός προσωπείου σε άλλους ανθρώπους για κοινωνικούς λόγους.

Πολλοί άνθρωποι πιστεύουν ότι ο αυτοέλεγχος είναι όταν νιώθεις συγκεκριμένα συναισθήματα, αλλά δεν τα εκφράζεις και τα καταπνίγεις για να μην παρεξηγηθούν άλλοι άνθρωποι γύρω σου, στους οποίους πιστεύεις πως πρέπει να δείχνεις ένα συγκεκριμένο «φαίνεσθαι». Αυτό είναι καταπίεση και κάποια στιγμή θα χρειαστεί να ξεσπάσουμε τα συναισθήματα, τα οποία καταπνίγουμε. Αυτό είναι, που οδηγεί έναν πατέρα, ο οποίος έχει προβλήματα στη δουλειά του, αλλά δεν εκφράζεται γιατί μπορεί να απολυθεί, να ξεσπάσει με βία πάνω στη γυναίκα και στα παιδιά του, όταν γυρίσει στο σπίτι.

Επομένως, για να μη φτάνουμε ούτε στην πρώτη κατάσταση, όπου καταπιέζουμε τα συναισθήματά μας, ούτε όμως στη δεύτερη, όπου αντιδρούμε συναισθηματικά και ξεσπάμε σε άλλους ανθρώπους, επιλέγουμε να εξασκήσουμε και να αποκτήσουμε υγιή αυτοέλεγχο. Με λίγα λόγια, να εξασκήσουμε το προηγούμενο μοντέλο του ισορροπημένου εαυτού και να μάθουμε να εστιάζουμε σε αυτά που θέλουμε και όχι σε αυτά που δε θέλουμε. Έτσι, θα συνεχίσουμε να νιώθουμε διάφορα άσχημα συναισθήματα, όμως σε πολύ μικρό βαθμό και σε πολύ μικρή συχνότητα. Οπότε, αν πορευόμαστε στο μονοπάτι της αυτογνωσίας μπορούμε να αναπτύξουμε τον υγιή αυτοέλεγχό μας, ενώ αν είμαστε στο μονοπάτι της αυτοκαταστροφής θα ζούμε σε ένα χάος.

6) Το επίπεδο αυτοελέγχου, που έχουμε καλλιεργήσει, αν είναι υψηλό θα μας κατευθύνει σε αυτοαποδοχή και αυτοαγάπη. Αν όμως είναι χαμηλό, θα μας οδηγήσει σε απέχθεια για τον εαυτό μας. Αυτό συμβαίνει, γιατί μέσω του αυτοελέγχου και της αυτογνωσίας ερχόμαστε πιο κοντά με τον ίδιο τον εαυτό μας και βρισκόμαστε σε μία κατάσταση πνευματικής ισορροπίας. Σεβόμαστε τον εαυτό μας και ξέρουμε ότι είμαστε ικανοί και άξιοι άνθρωποι να διαχειριστούμε με ώριμο και υγιή τρόπο οτιδήποτε μας συμβαίνει. Αυτό είναι το έδαφος κατά το οποίο μεγαλώνει και δυναμώνει η αποδοχή του εαυτού μας και η αγάπη για τον εαυτό μας, που είναι μία από τις μεγαλύτερες μορφές αγάπης. Είναι το επίπεδο, κατά το οποίο γινόμαστε η ίδια η αγάπη, όπως εξηγήσαμε στο πρώτο μοντέλο του απεριόριστου εαυτού.

Αν βέβαια, ακολουθήσουμε την πορεία της χαμηλής αυταξίας, που οδηγεί σε χαμηλό αυτοέλεγχο, σε ξεσπάσματα και αυτοκαταστροφή, τότε μπορεί να φτάσουμε σε απέχθεια του εαυτού μας. Μπορούμε να καταλήξουμε να αντιπαθούμε τον εαυτό μας, που είναι το χειρότερο στάδιο, στο οποίο μπορεί να φτάσει κανείς, γιατί οδηγεί σε πολύ σκοτεινές και ακραίες συμπεριφορές.

7) Τέλος, εφόσον αγαπάμε τον εαυτό μας, τότε μπορούμε να αγαπήσουμε και τον σύντροφό μας και να οδηγηθούμε σε μία επιτυχημένη σχέση και ζωή. Αντίθετα, αν δεν αγαπήσουμε τον εαυτό μας, θα καταλήξουμε σε αποτυχίες στη σχέση και στη ζωή μας. Η επιτυχία και η αποτυχία βέβαια είναι μοναδικές σε κάθε άνθρωπο και αποτελούν την εικόνα του μελλοντικού εαυτού μας. Ξεκινώντας λοιπόν, από την αυταξία και την εικόνα που έχουμε σήμερα για τον εαυτό μας, θα χτίσουμε και μία αντίστοιχη εικόνα για τον μελλοντικό εαυτό μας, που θα σχετίζεται είτε με επιτυχία, είτε με αποτυχία.

Όλη η παραπάνω πορεία, δε λειτουργεί μόνο με τον τρόπο που περιγράψαμε και υπάρχουν πολλοί τρόποι με τους οποίους οι έννοιες που αναπτύξαμε συνδέονται μεταξύ τους. Αυτό το μοντέλο περιγράφει τη συνηθέστερη σύνδεση και πορεία, που βλέπουμε εμείς, από την τωρινή εικόνα του εαυτού μας, προς τη μελλοντική εικόνα, η οποία είτε θα εκφράζει αγάπη για τον εαυτό μας, είτε αντιπάθεια. Εργαστείτε σε όλη αυτήν τη διαδικασία αυτογνωσίας, αναγνωρίστε την αξία σας, αξιολογήστε τον εαυτό σας με ειλικρίνεια και δεσμευτείτε στη συνεχή αυτοβελτίωσή σας, πάνω απ’ όλα με αγάπη για τον εαυτό σας. Μ’ αυτόν τον τρόπο μπορείτε να πετύχετε με μεγαλύτερη άνεση οτιδήποτε επιθυμείτε. Ένα ζευγάρι, που και οι δύο σύντροφοι πορεύονται με την αληθινή αξία τους και την αγάπη του εαυτού τους μπορεί να κάνει θαύματα.

Ώρα για ενδοσκόπηση

- Εσείς θεωρείτε τον εαυτό σας άξιο; Αν ναι, γιατί; Αν όχι, γιατί;
- Θεωρείτε τον σύντροφό σας άξιο; Αν ναι, γιατί; Αν όχι, γιατί;
- Έχετε υψηλή ή χαμηλή αυτοπεποίθηση και αυτοεκτίμηση;
- Αξιολογείτε με ειλικρίνεια και σεβασμό τον εαυτό σας και τη σχέση με τον σύντροφό σας ή αμφισβητείτε τον εαυτό σας και τη σχέση σας;
- Πορεύεστε στη ζωή αναπτύσσοντας την αυτογνωσία σας ή βρίσκεστε σε ένα μονοπάτι αυτοκαταστροφής;
- Αναπτύσσετε τον υγιή αυτοέλεγχό σας; Αν ναι, πώς ακριβώς το κάνετε; Αν όχι, γιατί δεν το κάνετε;
- Αποδέχεστε τον εαυτό σας με όλα τα ελαττώματά σας; Αν ναι, γιατί; Αν όχι, γιατί;
- Αποδέχεστε τον σύντροφό σας με όλα τα ελαττώματά του; Αν ναι, γιατί; Αν όχι, γιατί;
- Αν οι απαντήσεις σας στις παραπάνω ερωτήσεις τείνουν προς μία αρνητική θέαση του εαυτού και της σχέσης με τον σύντροφό σας, τι χρειάζεται να κάνετε για να αλλάξετε αυτόν τον τρόπο θέασης;

1.4 Το μοντέλο του υπαρξιακού εαυτού

Το μοντέλο αυτό το ονομάζουμε «μοντέλο του υπαρξιακού εαυτού» και σχετίζεται με την ανακάλυψη του σκοπού της ύπαρξής μας στο σύνολό της.

Όπως έχουμε δει μέχρι στιγμής, κάθε άνθρωπος παίρνει αποφάσεις στη ζωή και στη σχέση του βασισμένος στα παρακάτω:

- Την αληθινή του ταυτότητα και το επίπεδο ανάπτυξης της αυτογνωσίας του.
- Τις αξίες και τις κινητήριες δυνάμεις, που έχει μέσα του, είτε τις γνωρίζει, είτε όχι.
- Τις εγκλωβιστικές και μη πεποιθήσεις για τον εαυτό του και την κοινωνία.
- Τη συναισθηματική νοημοσύνη του.

- Την ικανότητά του να ελέγχει με υγιή τρόπο τα συναισθήματά του.
- Τις καλύτερες πληροφορίες που έχει συλλέξει μέχρι τώρα (οι οποίες καθορίζουν τις προθέσεις του).
- Τα καλύτερα μαθήματα που έχει πάρει στη ζωή του.
- Τη συνολική ισορροπία ανάμεσα στο νοητικό, συναισθηματικό και πνευματικό επίπεδο λειτουργίας του.
- Την αυταξία και την αγάπη του εαυτού του.

Όμως, οι διάφοροι τρόποι με τους οποίους αντιλαμβανόμαστε τον εαυτό μας, τον σύντροφό μας και τον κόσμο, λειτουργούμε, συμπεριφερόμαστε και πράττουμε δεν τελειώνουν εδώ. Κινητοποιούμαστε σε πολύ μεγάλο βαθμό από τον σκοπό για τον οποίο υπάρχουμε. Πώς μπορούμε να βρούμε αυτόν τον σκοπό, λοιπόν;

1) Για να βρούμε τον σκοπό της ύπαρξής μας, είναι ωφέλιμο να κατανοήσουμε και να ξεκαθαρίσουμε πρώτα κάποιες ακόμα αλήθειες για τον εαυτό μας:

<u>Το μοντέλο του υπαρξιακού εαυτού</u>

| - Τι θέλουμε
- Τι δε θέλουμε
- Ανάγκες
- Αρχές | ➡ | <u>Σκοπός Ύπαρξης</u>
- Σκοπός Ζωής
- Σκοπός Σχέσης
- Κληρονομιά
- Όραμα | ➡ | <u>Στόχοι</u>
- μακροπρόθεσμοι
- μεσοπρόθεσμοι
- βραχυπρόθεσμοι | ➡ | Προσδοκίες
Πρότυπα (Στάνταρντ) |

α) Όπως βλέπουμε στο παραπάνω σχήμα, όλοι μας έχουμε διάφορα «θέλω» και «δε θέλω». Δηλαδή, τι θέλουμε και τι δε θέλουμε στη ζωή και στη σχέση μας. Τα «θέλω» μας μπορούμε να τα ξεκαθαρίσουμε πολύ εύκολα, όταν ξεκαθαρίσουμε τις αξίες μας (που αναπτύξαμε στο πρώτο μοντέλο) και τις βάλουμε σε προτεραιότητα.

Παραδείγματος χάριν, αν η αξία της προόδου είναι πολύ ψηλά, τότε μπορεί να θέλουμε να εκπαιδευτούμε στην ψυχολογία ή να διαβάσουμε ένα βιβλίο προσωπικής και συντροφικής ανάπτυξης. Αν η αξία της επιτυχίας είναι πολύ ψηλά, τότε μπορεί να θέλουμε να πάρουμε προαγωγή στην εργασία μας. Αν η αξία της ασφάλειας είναι πολύ ψηλά, τότε μπορεί να θέλουμε να αγοράσουμε ένα σπίτι, που μας παρέχει ζεστασιά και άνεση. Αν η αξία των ρίσκων είναι πολύ ψηλά, τότε μπορεί να θέλουμε να δημιουργήσουμε τη δική μας επιχείρηση. Μ' αυτόν τον τρόπο μπορούμε να είμαστε πολύ ξεκάθαροι στο τι ακριβώς θέλουμε.

Όσον αφορά το τι δε θέλουμε, μπορούμε να το ξεκαθαρίσουμε πολύ εύκολα, έχοντας ξεκαθαρίσει ήδη τα «θέλω» μας, αλλά και μέσω των «απόλυτων όχι» μας (μοντέλο του απεριόριστου εαυτού). Μέσα από αυτά, μπορούμε να καθορίσουμε τι δε θέλουμε στη ζωή και στη σχέση μας. Προσοχή όμως, τα «απόλυτα όχι» αφορούν πράγματα που δεν ανεχόμαστε για κανέναν λόγο, ενώ τα «δε θέλω» μας καθορίζουν πράγματα, που απλά δε μας αρέσουν και μπορούμε να ανεχτούμε και να δεχτούμε σε συγκεκριμένες περιστάσεις. Παραδείγματος χάριν, ένα «απόλυτο όχι» είναι το να μη δεχόμαστε να μιλήσουμε υβριστικά στον σύντροφό μας και να μη μας μιλήσει υβριστικά και αυτός. Ενώ, ένα «δε θέλω» μπορεί να είναι ότι ο ένας σύντροφος δε θέλει να διασκεδάζει σε νυχτερινά κέντρα, ενώ ο άλλος το θέλει. Στην πρώτη περίπτωση τα πράγματα είναι πολύ σοβαρά και απόλυτα. Στη δεύτερη όμως, δεν υπάρχει κάποιο σοβαρό πρόβλημα.

Ξεκαθαρίζοντας ως ζευγάρι το τι θέλει και τι δε θέλει ο καθένας στη ζωή μπορεί να σας βοηθήσει να προλάβετε διάφορες διαμάχες και παρεξηγήσεις και να αλλάξετε τη σχέση σας προς το καλύτερο, παρόλο που φαίνεται κάτι πολύ απλό...

β) Εκτός όμως, από το τι θέλουμε και τι δε θέλουμε υπάρχει και το τι χρειαζόμαστε και τι δε χρειαζόμαστε. Έτσι, μπορεί να θέλουμε να περνάμε όλη την ημέρα μας στις καφετέριες, ίσως επειδή η αξία της άνεσης είναι πολύ ψηλά, όμως να μην το χρειαζόμαστε, γιατί δε μας ωφελεί. Επίσης, μπορεί να μη θέλουμε να μελετήσουμε τον εαυτό μας σε βάθος, ίσως γιατί η αξία της προόδου είναι χαμηλά, όμως να χρειάζεται να το κάνουμε για να βελτιώσουμε τη ζωή και τη σχέση μας. Επομένως, βλέπουμε ότι είναι σημαντικό να εξισορροπήσουμε αυτά που θέλουμε και δε θέλουμε με αυτά που χρειαζόμαστε και δε χρειαζόμαστε, για να παίρνουμε υγιείς αποφάσεις. Αν δεν τα εξισορροπήσουμε, κινδυνεύουμε να κατευθυνόμαστε από εντελώς ανούσια «θέλω» ή να εγκλωβιζόμαστε σε πράγματα, που εσφαλμένα πιστεύουμε ότι χρειαζόμαστε.

Το τι πραγματικά χρειαζόμαστε μπορούμε να το βρούμε, όταν γνωρίσουμε και ξεκαθαρίσουμε τις ανάγκες μας. Οι ανάγκες είναι κι αυτές κινητήριες δυνάμεις στη ζωή, όπως είναι οι αξίες, όμως πολλές φορές μπορούν να μας οδηγήσουν σε αρνητικά αποτελέσματα, αν δεν τις κατανοήσουμε και λειτουργούμε αυτόματα με βάση αυτές.

Έχουμε ζωώδεις και ποιοτικές ανάγκες. Οι ζωώδεις ανάγκες σχετίζονται κυρίως με την επιβίωσή μας, όπως είναι η ανάγκη για νερό και φαγητό και η ανάγκη για στέγη και ζεστασιά. Σ' αυτές τις ανάγκες όμως, συγκαταλέγονται και η ανάγκη για σεξουαλική επαφή, αλλά και ανάγκες αναγνωρισιμότητας, αποδοχής και κοινωνικοποίησης, κατά τις οποίες προσπαθούμε να καλύψουμε εσωτερικά κενά και όχι να συνδεθούμε ουσιαστικά με κάποιον άλλον άνθρωπο.

Στις ποιοτικές ανάγκες συναντάμε την ανάγκη για βελτίωση, αλλαγή και πρόοδο και την ουσιαστική και σε βάθος σύνδεση με άλλους ανθρώπους και κυρίως με τον σύντροφό μας. Εδώ, κατανοούμε και τη συσχέτιση των αναγκών με τις αξίες μας.

Επομένως, είναι φανερό πως όλοι μας χρειάζεται να καλύψουμε τις βασικές ανάγκες για τροφή, νερό και στέγη, για να μπορέσουμε να επικεντρωθούμε στην πρόοδο και εξέλιξή μας. Επιπλέον, είναι κρίσιμο να μην υποκύπτουμε σε ανάγκες αποδοχής και αναγνωρισιμότητας και να είμαστε δυνατοί και ώριμοι άνθρωποι, που βασιζόμαστε στην αλήθεια της ταυτότητάς μας και έτσι δε χρειαζόμαστε την αποδοχή και έγκριση κανενός ανθρώπου. Μόνο τότε, θα λειτουργούμε με ανώτερες ανάγκες ουσιαστικής σύνδεσης με άλλους ανθρώπους και τον σύντροφό μας, καθώς ο λόγος σύνδεσης δεν είναι η έγκριση και η επιβεβαίωση από κάποιον άλλον, αλλά η κοινή πρόοδος και εξέλιξη μαζί.

Μ' αυτόν τον τρόπο λειτουργεί ένας πραγματικός ενήλικος. Στα παιδιά όμως, είναι πολύ σημαντικό να κάνουμε το καλύτερο που μπορούμε, για να καλύψουμε τις ανάγκες για ζεστασιά, αποδοχή και επιβεβαίωση, καθώς αν δεν καλυφθούν επαρκώς σε νεαρή ηλικία, είναι πολύ πιθανό να παρουσιάσουν διάφορες δυσλειτουργικές συμπεριφορές με τον σύντροφό τους όταν μεγαλώσουν. Αυτό θα το δούμε στο δεύτερο κεφάλαιο...

γ) Έχοντας ξεκαθαρίσει τα «θέλω» και τις ανάγκες μας, μπορούμε να ορίσουμε και τις αρχές μας. Οι αρχές είναι ένα σύνολο δηλώσεων, που θεωρούμε ωφέλιμες και χρήσιμες για τη ζωή και τη σχέση μας, και με βάση αυτές υιοθετούμε μία στάση στη ζωή. Κάθε άνθρωπος και ζευγάρι έχει διαφορετικές αρχές. Μερικές από αυτές μπορεί να είναι οι εξής:

1. Η αγάπη μας είναι πάντα η πρώτη προτεραιότητα.
2. Απολαμβάνουμε τη ζωή και δεν παραπονιόμαστε.
3. Κανείς δεν είναι θύμα στη ζωή γενικά και στη σχέση μας ειδικά.
4. Είμαστε κύριοι του εαυτού μας και μόνο εμείς έχουμε τον έλεγχο του νου μας.
5. Η ζωή είναι όμορφη και οι δυσκολίες είναι ευκαιρίες βελτίωσης.

Οι αρχές μας μπορούν να παίξουν μεγάλο ρόλο στη διαμόρφωση της ζωής και της σχέσης μας.

2) Έχουμε δει λοιπόν, ότι το τι θέλουμε και δε θέλουμε, οι ανάγκες και οι αρχές μας είναι κρίσιμες στις αποφάσεις που παίρνουμε καθημερινά. Πώς σχετίζονται όμως, με τον σκοπό της ύπαρξής μας; Σχετίζονται στενά, καθώς μπορούν να μας βοηθήσουν να τον ανακαλύψουμε, γιατί μας δείχνουν πολλά πράγματα για τον εαυτό μας. Εμείς χωρίζουμε τον σκοπό της ύπαρξής μας σε τέσσερα μέρη. Έχουμε τον σκοπό της ζωής, τον σκοπό της σχέσης μας, την κληρονομιά μας και το όραμά μας. Όλα αυτά απαρτίζουν τον σκοπό για τον οποίο υπάρχουμε.

α) Ο σκοπός ζωής προφανώς και είναι υψίστης σημασίας. Δυστυχώς, πολλοί άνθρωποι δεν έχουν ιδέα ποιος είναι ο σκοπός της ζωής τους. Χωρίς σκοπό στη ζωή όμως, είμαστε σαν φτερά στον άνεμο, χωρίς προορισμό, νόημα, αυτογνωσία, επίγνωση και έλεγχο της ίδιας μας της ζωής. Ο δικός μας σκοπός ζωής παραδείγματος χάριν, είναι να είμαστε μαζί, υγιείς, με αγάπη, αλληλοπληρότητα (θα αναλυθεί στο τελευταίο κεφάλαιο) και την αλήθεια του εαυτού μας. Πάνω σ' αυτόν τον σκοπό χτίζουμε όλους τους στόχους μας και με βάση αυτόν κάνουμε οτιδήποτε κάνουμε στη ζωή. Έτσι, το σύνολο των συμπεριφορών και πράξεών μας καθοδηγείται από την αγάπη, την υγεία, την αλληλοπληρότητα και την αλήθεια μας και προφανώς μας βοηθάει σε πολύ μεγάλο βαθμό στη ζωή και στη σχέση μας.

Ο σκοπός ζωής σε ένα ζευγάρι πρέπει να είναι κοινός, αλλιώς οι σύντροφοι δε θα προχωρούν μαζί στη ζωή και προς την ίδια κατεύθυνση. Δηλαδή, και οι δύο σύντροφοι χρειάζεται να έχουν τον ίδιο σκοπό ζωής, διαφορετικά ο καθένας θα ακολουθήσει πολύ διαφορετικό μονοπάτι με πιθανό αποτέλεσμα να καταλήξουν απλά να μένουν στο ίδιο σπίτι και να είναι αυτή η σχέση ή ο γάμος τους και τίποτα περισσότερο. Ο σκοπός της ζωής μας ορίζει σε πολύ μεγάλο βαθμό το τι κάνουμε, πού πηγαίνουμε και πού θέλουμε να πάμε στη ζωή. Οπότε, είναι πολύ σημαντικό να ορίσετε μαζί, ως ζευγάρι, τον σκοπό της ζωής σας για να μπορέσετε να αναπτυχθείτε μαζί.

β) Ο σκοπός της σχέσης είναι εξίσου σημαντικός με τον σκοπό της ζωής. Αναρωτηθήκατε ποτέ γιατί έχετε σχέση με τον σύντροφό σας; Έχετε σχέση για να καλύψετε εσωτερικά κενά και να σας επιβεβαιώσει ο σύντροφος ότι αξίζετε; Έχετε σχέση για να περνάτε «καλά» και να βγαίνετε για καφέδες; Έχετε σχέση γιατί σας προξένεψαν; Έχετε σχέση γιατί ο σύντροφός σας είναι πλούσιος; Έχετε σχέση γιατί είστε απλά ερωτευμένοι; Έχετε σχέση γιατί αγαπιέστε; Για ποιον λόγο είστε μαζί; Προβληματιστείτε πάνω σε αυτές τις ερωτήσεις και συνεχίστε να διαβάζετε το βιβλίο αργότερα.

Ο σκοπός σε μία ερωτική σχέση είναι πάντα η αλληλοπληρότητα, την οποία θα αναπτύξουμε στο τελευταίο κεφάλαιο. Με λίγα λόγια όμως, μπορούμε να πούμε ότι ο σκοπός της σχέσης και του γάμου είναι η πρόοδος και η αγάπη. Μέσα από τη σχέση και την ένωση με τον σύντροφό μας παίρνουμε υπέροχα μαθήματα στη ζωή, αναπτύσσουμε την αυτογνωσία μας, καλλιεργούμε τον σεβασμό και την κατανόησή μας, μαθαίνουμε να αγαπάμε τον εαυτό μας και έτσι αγαπάμε και τον σύντροφό μας, οδεύοντας σε ένα μονοπάτι συνεχούς εξέλιξης. Όλα αυτά συμβαίνουν σε τόσο μεγάλη ένταση και ισχύ, που δεν μπορούμε να τα βιώσουμε σε καμία άλλη ανθρώπινη σχέση, παρά μόνο στη συντροφική. Οπότε, βρείτε μέσα σας την ουσία και την αλήθεια του λόγου για τον οποίο έχετε σχέση με τον σύντροφό σας και μη μείνετε στην επιφάνεια. Τολμήστε να βουτήξετε σε βαθιά νερά και να βρείτε την ουσία.

γ) Αφού ξεκαθαρίσουμε τον σκοπό της ζωής και της σχέσης μας μπορούμε να ανακαλύψουμε το τρίτο επίπεδο του σκοπού της ύπαρξής μας, που είναι η κληρονομιά μας. Η κληρονομιά είναι οτιδήποτε θα αφήσουμε στον κόσμο μετά τον θάνατό μας. Είναι ο τρόπος μας ώστε να συμβάλουμε στη βελτίωση της ανθρωπότητας. Είναι το αποτύπωμά μας για να γίνει ο κόσμος ένα καλύτερο μέρος. Το παρόν βιβλίο παραδείγματος χάριν, είναι ένα μέρος της δικής μας κληρονομιάς, που θα συνεχίσει να υπάρχει και να βοηθάει ανθρώπους ακόμη κι όταν δε θα βρισκόμαστε εμείς στη ζωή.

δ) Το τέταρτο επίπεδο του σκοπού της ύπαρξής μας είναι το όραμά μας. Το όραμά μας αποτελεί πολύ απλά το πώς θέλουμε να μας θυμούνται άλλοι άνθρωποι τώρα, αλλά και μετά τον θάνατό μας. Θέλουμε να μας θυμούνται ως νευρικούς, ως αδιάφορους, ως αγχώδεις ή να μη μας θυμούνται καθόλου; Ή μήπως θέλουμε να μας θυμούνται ως δυνατούς και συμπονετικούς ανθρώπους; Παραδείγματος χάριν, το δικό μας όραμα είναι να μας θυμούνται ως ένα αγαπημένο ζευγάρι, που προσφέρουμε βοήθεια με κάθε δυνατό τρόπο σε άλλους ανθρώπους και ζευγάρια.

Αυτά είναι λοιπόν, τα τέσσερα στοιχεία του σκοπού της ύπαρξής μας. Άρα, εν συντομία, με βάση ό,τι είπαμε παραπάνω, ο δικός μας σκοπός ύπαρξης ως ζευγάρι είναι να είμαστε μαζί, υγιείς, με αγάπη και αλληλοπληρότητα, με γνώμονα τη συνεχή πρόοδό μας και κάνοντας το καλύτερο που μπορούμε για να βοηθήσουμε άλλα ζευγάρια να εξελιχθούν και να βιώσουν πραγματική αγάπη, μέσα από την κληρονομιά που δημιουργούμε. Ο σκοπός ύπαρξης μπορεί να οριστεί με απόλυτη βεβαιότητα, μετά από πολλή προσωπική και συντροφική εργασία και με βάση όλα τα μοντέλα του εαυτού, που έχουμε αναπτύξει μέχρι στιγμής σ' αυτό το κεφάλαιο. Τώρα μπορείτε να κατανοήσετε ακόμα περισσότερο πώς τα «θέλω», οι ανάγκες και οι αρχές μας συνδέονται με τον σκοπό ύπαρξης. Βρείτε κι εσείς τον δικό σας σκοπό ύπαρξης, με πνευματική εργασία πάνω στα τέσσερα επίπεδά του.

3) Όταν είμαστε απολύτως βέβαιοι για τον σκοπό της ύπαρξής μας μπορούμε να θέσουμε τους στόχους μας στη ζωή και στη σχέση μας. Αν θέτουμε στόχους χωρίς να γνωρίζουμε τον σκοπό της ύπαρξής μας, τότε κατά πάσα πιθανότητα οι στόχοι αυτοί δε θα έχουν ουσία και δε θα τους πετύχουμε, γιατί δε θα έχουμε αληθινά και δυνατά κίνητρα για να τους πετύχουμε. Οπότε, πάντα έρχεται πρώτος ο σκοπός και μετά οι επιμέρους στόχοι. Οι στόχοι μπορεί να είναι μακροπρόθεσμοι, μεσοπρόθεσμοι ή βραχυπρόθεσμοι και συνδέονται αναπόσπαστα με τον σκοπό μας και με φιλοδοξίες και πόθους μας. Κάθε στόχος χρειάζεται ένα πλάνο ενεργειών και αφοσίωση για να εξασφαλίσουμε την επιτυχία του. Με την επίτευξη των στόχων ασχολούμαστε εκτενώς στον δεύτερο τόμο.

4) Ανάλογα τον σκοπό και τους στόχους μας, θα έχουμε κάποιες προσδοκίες ή κάποια πρότυπα (στάνταρντ). Οι προσδοκίες είναι τα αποτελέσματα, που περιμένουμε, υποθέτουμε και φανταζόμαστε ότι θα έχουμε. Συνήθως, δεν είναι ρεαλιστικές και έχουν να κάνουν με το τι περιμένουμε από άλλους ανθρώπους και καταστάσεις, και όχι τόσο από τον εαυτό μας. Είναι ένας δυσλειτουργικός τρόπος σκέψης, που τις περισσότερες φορές δε βασίζεται στην πραγματικότητα. Πολλές φορές μάλιστα, θεωρούμε ως δεδομένο αυτό που περιμένουμε να γίνει.

Λόγου χάρη, μία προσδοκία μπορεί να είναι ότι περιμένουμε ο σύντροφός μας να αγοράσει σε εμάς ένα δώρο, γιατί κι εμείς του αγοράσαμε ένα δώρο πριν από λίγες ημέρες. Μία άλλη προσδοκία μπορεί να είναι ότι θα μας δώσουν προαγωγή, γιατί είχαμε υψηλότερες επιδόσεις στη δουλειά μας αυτόν τον μήνα. Μία ακόμα προσδοκία μπορεί να είναι ότι ο σύντροφός μας θα μας υποδεχτεί με αγκαλιές και φιλιά, όταν γυρίσουμε στο σπίτι μετά από τη δουλειά. Όπως βλέπετε, οι προσδοκίες έχουν να κάνουν με το τι φανταζόμαστε εμείς ότι θα κάνουν άλλοι άνθρωποι, χωρίς να έχουμε καμία απόδειξη και έλεγχο ότι θα κάνουν αυτό που περιμένουμε.

Από την άλλη, τα πρότυπα (στάνταρντ) είναι οι όροι, τους οποίους καθορίζουμε εμείς σχετικά με το τι δεχόμαστε και τι δε δεχόμαστε στη ζωή. Είναι τα όρια κάτω από τα οποία δε θέλουμε να «πέσουμε» σε καμία περίπτωση. Τα πρότυπα συνδέονται πολύ με τις αρχές, τις αξίες και τα «απόλυτα όχι» μας και είναι ένας ποιοτικός τρόπος σκέψης και πιο ρεαλιστικός απ' ότι είναι οι προσδοκίες.

Ένα πρότυπο μπορεί να είναι το ότι δε δεχόμαστε να συναναστρεφόμαστε με ανθρώπους, οι οποίοι δε μας σέβονται και δε μας εκτιμούν. Ένα άλλο πρότυπο μπορεί να είναι ότι δε δεχόμαστε να μη δώσουμε τον καλύτερο εαυτό μας στην επίτευξη του στόχου μας. Ένα άλλο πρότυπο είναι ότι εκτιμούμε πολύ τον χρόνο μας και τον αξιοποιούμε με τον καλύτερο δυνατό τρόπο και δε δεχόμαστε να τον σπαταλήσουμε. Εδώ βλέπουμε, ότι τα πρότυπα αφορούν το τι κάνουμε εμείς και τι περιμένουμε εμείς από τον εαυτό μας και όχι από κάποιον άλλον άνθρωπο.

Τα πρότυπα είναι από τη μία σίγουρα μέσα μας και μας βοηθούν να έχουμε μία υψηλής ποιότητας ζωή, όμως από την άλλη, έχουν ανοικτό το ενδεχόμενο της αποτυχίας, καθώς δε θεωρούμε τίποτα δεδομένο. Αυτό σημαίνει ότι μπορεί κάποιες φορές να μην ανταποκριθούμε στα υψηλά πρότυπά μας, γιατί απλά δεν είμαστε τέλειοι. Αυτό μας βοηθάει να χτίσουμε μία ισορροπία ανάμεσα στους υψηλούς και δύσκολους στόχους μας, στην επιτυχία τους και στην αποδοχή της αλήθειας ότι δε θα πηγαίνουν όλα όπως ακριβώς τα οργανώνουμε. Είναι ένας πολύ όμορφος και ώριμος συνδυασμός του ρεαλισμού με την ελευθερία και μάλιστα, μας βοηθάει να έχουμε υψηλότερα ποσοστά επιτυχίας στους στόχους μας...

Οι προσδοκίες και τα πρότυπα μπορούν να συνδεθούν με διάφορους τρόπους μεταξύ τους:

α) Ο υγιής και ώριμος τρόπος, κατά τον οποίο έχουμε υψηλά πρότυπα στη ζωή και στη σχέση μας, αλλά χαμηλές ή και μηδενικές προσδοκίες. Έχουμε υψηλά πρότυπα, γιατί αναγνωρίζουμε την υψηλή αξία μας και έτσι δε δεχόμαστε κάτι λιγότερο από αυτό που αξίζουμε. Γι' αυτόν τον λόγο, λαμβάνουμε δράση για να πετύχουμε αυτό που θέλουμε, χωρίς όμως να θεωρούμε τίποτα ως δεδομένο αποτέλεσμα ή να περιμένουμε κάτι από άλλους ανθρώπους.

β) Ο παράτολμος και υπερβολικός τρόπος, κατά τον οποίο έχουμε υψηλά πρότυπα και υψηλές προσδοκίες. Συνήθως, σ' αυτό το επίπεδο πιστεύουμε ότι τα ξέρουμε όλα, λειτουργούμε με αλαζονεία και θέτουμε υπερβολικούς και μη ρεαλιστικούς στόχους, τους οποίους είναι πολύ δύσκολο να τους υλοποιήσουμε. Πολλοί άνθρωποι μάλιστα αρρωσταίνουν από αυτήν την εμμονή επίτευξης στόχων και την αλαζονεία.

γ) Ο ανεύθυνος τρόπος, κατά τον οποίο έχουμε χαμηλά πρότυπα και υψηλές προσδοκίες και περιμένουμε πολλά από άλλους ανθρώπους, αλλά όχι από εμάς. Ρίχνουμε, συνήθως, την ευθύνη σε άλλους ανθρώπους και απλά περιμένουμε θετικά πράγματα να μας συμβούν χωρίς να κάνουμε κάτι για να συμβούν. Επίσης, θέτουμε μικρούς στόχους ή δεν έχουμε καθόλου στόχους και σκοπό στη ζωή, γιατί ζούμε με μηχανικό τρόπο χωρίς ουσία και ευθύνη.

δ) Ο αδύναμος τρόπος, κατά τον οποίο έχουμε χαμηλά πρότυπα και χαμηλές προσδοκίες. Εδώ γινόμαστε θύματα, που αναβάλλουμε συνεχώς οτιδήποτε ξέρουμε ότι είναι χρήσιμο να κάνουμε. Δεν έχουμε κανένα απολύτως νόημα στη ζωή και γι' αυτό δεν περιμένουμε τίποτα από τη ζωή και τον εαυτό μας. Έτσι, δε λαμβάνουμε καμία δράση και ευθύνη. Είναι μία κατάσταση αυτολύπησης...

Εσείς έχετε αναρωτηθεί ποτέ σε ποιο από τα παραπάνω στάδια βρίσκεστε; Αν όχι, αναρωτηθείτε τώρα. Αν ναι, αναρωτηθείτε ξανά για να βεβαιωθείτε ότι είστε στο υγιές μονοπάτι. Η στάση, που αποκτάμε απέναντι στις προσδοκίες και στα πρότυπά μας, μπορεί να μας οδηγήσει σε μεγάλες επιτυχίες στη ζωή ή σε αποτυχίες και μιζέρια. Όσον αφορά τη σχέση με τον σύντροφό μας, το μόνο που έχουμε να ρωτήσουμε είναι αν δεχόμαστε από εμάς και τον σύντροφό μας να μη βρισκόμαστε στον πρώτο και υγιή και ώριμο τρόπο και να επιλέξουμε έναν από τους υπόλοιπους τρεις.

Σ' αυτό το μοντέλο είδαμε ότι τα «θέλω» και «δε θέλω» μας, μαζί με τις ανάγκες και τις αρχές μας μπορούν να μας βοηθήσουν να ορίσουμε τον σκοπό της ύπαρξής μας. Ο σκοπός της ύπαρξής μας αποτελείται από τον σκοπό ζωής, τον σκοπό της σχέσης, την κληρονομιά και το όραμά μας και είναι πολύ σημαντικό να τα ορίσουμε μαζί με τον σύντροφό μας και με βάση την αλήθεια μας. Όταν βρούμε τον σκοπό της ύπαρξής μας, τότε μπορούμε να θέσουμε και τους κατάλληλους στόχους, η επιτυχία των οποίων θα κριθεί, σε μεγάλο βαθμό, από τη σχέση που έχουμε με τις προσδοκίες και τα πρότυπά μας.

Ώρα για ενδοσκόπηση

- Εσείς έχετε ξεκαθαρίσει ατομικά και με τον σύντροφό σας τι θέλετε και τι δε θέλετε στη ζωή και στη σχέση σας;
- Έχετε ξεκαθαρίσει ατομικά και με τον σύντροφό σας ποιες είναι οι ανάγκες σας στη ζωή και στη σχέση σας;
- Έχετε ξεκαθαρίσει ατομικά και με τον σύντροφό σας ποιες είναι οι αρχές σας στη ζωή και στη σχέση σας;
- Ξέρετε ποιος είναι ο σκοπός της ζωής σας;

- Ξέρετε ποιος είναι ο σκοπός της σχέσης με τον σύντροφό σας;
- Ξέρετε ποια είναι η κληρονομιά, που εσείς θέλετε να αφήσετε στον κόσμο;
- Ξέρετε ποιο είναι το δικό σας όραμα για το μέλλον;
- Θέτετε ξεκάθαρους στόχους που αντανακλούν τον σκοπό της ύπαρξής σας;
- Αν η απάντηση στις παραπάνω ερωτήσεις είναι «ναι», αναρωτηθείτε αν είστε απολύτως βέβαιοι και ξεκάθαροι μ' αυτά.
- Αν η απάντηση στις παραπάνω ερωτήσεις είναι «όχι», αναρωτηθείτε γιατί και βρείτε τι χρειάζεται να κάνετε για να ξεκαθαρίσετε όλα τα παραπάνω μέσα σας.
- Έχετε υψηλές ή χαμηλές προσδοκίες στη ζωή και στη σχέση με τον σύντροφό σας;
- Έχετε υψηλά ή χαμηλά πρότυπα (στάνταρντ) στη ζωή και στη σχέση με τον σύντροφό σας;

1.5 Το μοντέλο του αντιδραστικού εαυτού

Το μοντέλο αυτό το ονομάζουμε «μοντέλο του αντιδραστικού εαυτού» και μας βοηθάει να κατανοήσουμε τους κύριους αρνητικούς τρόπους με τους οποίους λειτουργούμε, έτσι ώστε να μπορέσουμε να τους ελέγξουμε και να μη βλάπτουμε τη σχέση με τον σύντροφό μας. Μας βοηθάει επίσης, να κατανοήσουμε ακόμα καλύτερα κάποια στοιχεία που ήδη αναπτύξαμε μέχρι τώρα. Έχει πολλά κοινά με τον περιορισμένο εαυτό του πρώτου μοντέλου.

Το μοντέλο αυτό σχετίζεται με την επιβίωση και προστασία μας και κατευθύνεται από το εγωιστικό, χειριστικό και κτητικό μέρος του εαυτού μας. Αυτό το μέρος του εαυτού μας είναι ανασφαλές και οδηγείται από τον φόβο και το άγχος και έτσι μας προκαλεί περισσότερο φόβο, άγχος και ανασφάλεια. Προσπαθεί να προστατεύεται διαρκώς από άλλους ανθρώπους και καταστάσεις και επιθυμεί να παίρνει πάντα αυτό που θέλει από άλλους ανθρώπους. Αποτέλεσμα είναι η δημιουργία ανούσιων, επιφανειακών και προβληματικών σχέσεων ή η καταστροφή των σχέσεών μας. Ας δούμε λοιπόν, τα στοιχεία του.

<u>Το μοντέλο του αντιδραστικού εαυτού</u>

<u>Εγωιστικό, χειριστικό και κτητικό μέρος του εαυτού μας</u>

1) Ζωώδεις και κατώτερες ανάγκες

2) Εγκλωβιστικές πεποιθήσεις

3) Ανώριμο παιδί

4) Φόβος

<u>Συναισθηματικές και ανώριμες αντιδράσεις</u>

- Άμυνα

- Επίθεση

Σκοπός των αντιδράσεων αυτών είναι η επιβίωση

<u>Λύση</u>

- η εστίαση σε οτιδήποτε θετικό

- Ο απεριόριστος και ο ισορροπημένος εαυτός μας

1) Όπως βλέπουμε στο παραπάνω σχήμα, το πρώτο στοιχείο του εγωιστικού, χειριστικού και κτητικού μέρους του εαυτού μας είναι οι ζωώδεις και κατώτερες ανάγκες μας. Όπως εξηγήσαμε στο προηγούμενο μοντέλο, όλοι μας έχουμε κάποιες ανάγκες από τις οποίες κινητοποιούμαστε. Αν δεν καλύψουμε τις πολύ βασικές ανάγκες για τροφή, νερό και στέγη κατανοείτε ότι είναι εύλογο να δράσουμε με αρνητικούς τρόπους, ακόμα και βίαιους απέναντι σε άλλους ανθρώπους, ώστε να μπορέσουμε να επιβιώσουμε. Αυτό συμβαίνει, γιατί η ζωή μας εξαρτάται κυριολεκτικά από το φαγητό, το νερό και τη στέγη. Έτσι, αν δεν τα έχουμε αυτά επαρκώς μπορεί να οδηγηθούμε σε ακραίες συμπεριφορές. Σ' αυτό το επίπεδο λειτουργούμε περισσότερο υλικά και όχι πνευματικά. Λειτουργούμε, δηλαδή με ζωώδη ένστικτα συντήρησης και διατήρησης της ζωής και όχι με ένστικτα προόδου και εξέλιξης.

Παράλληλα με τις ανάγκες για τροφή, νερό και στέγη υπάρχουν κι άλλες ανάγκες, οι οποίες είναι και αυτές ανάγκες επιβίωσης. Οι ανάγκες αυτές είναι η αποδοχή και η κοινωνικοποίηση. Πολλοί άνθρωποι πιστεύουν ότι αυτές είναι ανωτέρου επιπέδου ανάγκες, όμως δεν είναι.

Ως άνθρωποι είμαστε από τη φύση μας όντα, που ό,τι κάνουμε το κάνουμε σε επίπεδο σχέσεων με άλλους ανθρώπους. Όλοι μας ζητάμε τη σύνδεση με άλλους ανθρώπους, γιατί δεν υπάρχουμε για να ζούμε σε απομόνωση. Η ανθρωπότητα εξελίχθηκε και συνεχίζει να εξελίσσεται, γιατί οι άνθρωποι συνεργάζονται μεταξύ τους για ένα καλύτερο αύριο. Έτσι, οι γονείς εργάζονται για να παρέχουν στο παιδί τους, τα ζευγάρια είναι μαζί για να προοδέψουν και να βελτιωθούν, οι φίλοι διατηρούν σχέσεις για να διασκεδάζουν και να αλληλοστηρίζονται. Ό,τι κάνουμε το κάνουμε πάντα όχι μόνο για τον εαυτό μας, αλλά και για κάποιον άλλον.

Και θα ρωτήσετε, πού είναι το κακό εδώ; Φυσικά και δεν υπάρχει κάτι αρνητικό εδώ. Το πρόβλημα συναντάται όταν η σύνδεση, που ψάχνουμε σε άλλους ανθρώπους, δεν προέρχεται από την αλήθεια της ταυτότητάς μας και τις ποιοτικές αξίες μας, αλλά από κατώτερες ανάγκες για αποδοχή. Οι ανάγκες αυτές μας οδηγούν στο να επιλέγουμε τη σύνδεση με άλλους, μόνο και μόνο γιατί φοβόμαστε την απόρριψη και τη μοναξιά. Οι ανάγκες αυτές είναι εγωιστικές, καθώς θέλουμε να χτίσουμε σχέσεις για να καλύψουμε κενά και ανασφάλειες μέσα μας. Το κίνητρο εδώ είναι καθαρά η κάλυψη αναγκών και όχι η αγάπη, η πρόοδος ή η ουσιαστική σύνδεση. Γι' αυτόν τον λόγο, βλέπετε ανθρώπους να έχουν πολλούς φίλους με τους οποίους απλά διασκεδάζουν και δε συζητάνε τίποτα ουσιαστικό για την εξέλιξή τους, γιατί η σχέση έχει σκοπό την κάλυψη της αποδοχής και της ανασφάλειας. Έτσι, με την παραμικρή αφορμή η φιλία μπορεί να χαθεί, αν δεν καλύπτει πλέον αυτές τις εγωιστικές ανάγκες.

Ένα άλλο παράδειγμα είναι, ότι κάποια ζευγάρια είναι μαζί, για να νιώσουν ότι κάποιος τους αποδέχεται. Έτσι, κάνουν σχέσεις με τον οποιονδήποτε, ερωτεύονται παροδικά και επιφανειακά και καβγαδίζουν με το παραμικρό. Ξεσπάνε ο ένας στον άλλον και καταλήγουν να μην μπορούν να διαχειριστούν τίποτα στη σχέση τους λόγω άγνοιας και είτε χωρίζουν, είτε συμβιβάζονται και ζούνε διαφορετικές ζωές, έχοντας διαφορετικούς φίλους, διαφορετικά ενδιαφέροντα, διαφορετικές αξίες, διαφορετικό σκοπό και διαφορετικούς στόχους, μένοντας απλά στο ίδιο σπίτι. Αν χωρίσουν, μετά θα βρουν άλλον σύντροφο και θα ξαναχωρίσουν και ούτω καθεξής. Αυτό γίνεται, γιατί ο σκοπός της σχέσης δεν είναι η αγάπη. Αυτοί οι άνθρωποι κάνουν σχέσεις για να καλύψουν ανάγκες αποδοχής λόγω ανασφάλειας και ανωριμότητας και έτσι η συντροφική σχέση γίνεται μία απλή σχέση όπως όλες οι άλλες, με τη διαφορά ότι εδώ υπάρχει και η σεξουαλική επαφή.

Ένας άνθρωπος που είναι ώριμος και ασφαλής με την ταυτότητά του, δε θα χρειαστεί να καλύψει ποτέ ανάγκες αποδοχής και ανασφάλειας, καθώς θα ξέρει πολύ καλά ποιος είναι και τι θέλει και θα κινητοποιείται στη σχέση με τον σύντροφό του από την αγάπη και την πρόοδο. Αυτό που θα ψάχνει να βρει στη σχέση δε θα είναι η αποδοχή, αλλά η πληρότητα και έπειτα η αλληλοπληρότητα, που θα εξηγήσουμε αναλυτικά στο τελευταίο κεφάλαιο. Επομένως, το πρόβλημα δεν είναι η κοινωνικοποίηση και η αποδοχή, αλλά ο λόγος από τον οποίο παρακινούμαστε για να κοινωνικοποιηθούμε και να βιώσουμε αποδοχή. Το κάνουμε από ανασφάλεια ή το κάνουμε γιατί είμαστε απολύτως βέβαιοι για την αλήθεια μας και θέλουμε να προοδέψουμε μαζί με άλλους ανθρώπους;

Καταλαβαίνετε λοιπόν, ότι αν κινητοποιούμαστε από ανάγκες για αποδοχή λόγω ανασφάλειας, δε θα μπορέσουμε να δημιουργήσουμε ποτέ μία ισορροπημένη, υγιή και ολοκληρωμένη σχέση με τον σύντροφό μας. Αντιθέτως, αν κινητοποιούμαστε από την αγάπη και την αλήθεια, θα μπορέσουμε να ενωθούμε με τον σύντροφό μας σε κάθε επίπεδο της ύπαρξής μας. Αναρωτηθείτε αν οι σχέσεις (συντροφική, φιλικές, οικογενειακές κτλ.) που έχετε, κατευθύνονται από ανασφάλεια ή από ουσιαστική σύνδεση.

2) Εκτός από τις ζωώδεις ανάγκες και τις ανάγκες που προκύπτουν από την ανασφάλεια και την άγνοια, έχουμε όπως είπαμε και στο μοντέλο του απεριόριστου εαυτού, διάφορες εγκλωβιστικές πεποιθήσεις, οι οποίες είναι το δεύτερο μέρος του εγωιστικού, χειριστικού και κτητικού μέρους του εαυτού μας, όπως αποτελούν μέρος και του περιορισμένου εαυτού.

Μία εγκλωβιστική πεποίθηση μπορεί να είναι ότι οι άντρες είναι ανώτεροι και οι γυναίκες κατώτερες. Μία άλλη, ότι πρέπει να είμαστε πάντα με κάποιον ερωτικό σύντροφο κι ας μην υπάρχει αγάπη, γιατί έτσι μας δίδαξε η κοινωνία. Μία άλλη, ότι ο δικός μας τρόπος σκέψης είναι ο μόνος σωστός τρόπος σκέψης και αντίληψης των πραγμάτων. Βλέπετε, ότι αυτές οι πεποιθήσεις θα προκαλέσουν φθορά στη σχέση. Προφανώς ο σεξισμός δε χρειάζεται ανάλυση. Μία σχέση, στην οποία ο ένας σύντροφος είναι σεξιστής είναι μη υγιής και δεν μπορεί να ανθίσει. Μία σχέση, που οι σύντροφοι δεν έχουν ιδέα γιατί είναι μαζί, δεν μπορεί να προχωρήσει εύκολα σε ουσία και νόημα. Μία σχέση, που ο ένας σύντροφος πιστεύει πως μόνο αυτός έχει δίκιο σε κάθε περίπτωση, θα οδηγήσει σε ατελείωτες συγκρούσεις και δε θα μπορέσει να αναπτυχθεί.

Οι εγκλωβιστικές πεποιθήσεις μας λοιπόν, είναι ένα τεράστιο εμπόδιο στη δημιουργία μίας ουσιαστικής και μόνιμης σχέσης αγάπης.

Εσείς ποιες εγκλωβιστικές πεποιθήσεις έχετε, που δημιουργούν εντάσεις στην καθημερινότητα και στη σχέση με τον σύντροφό σας και είναι ωφέλιμο να τις αλλάξετε άμεσα;

3) Το τρίτο μέρος του εγωιστικού, χειριστικού και κτητικού μέρους του εαυτού μας είναι το ανώριμο παιδί μέσα μας. Ως παιδιά είχαμε ανάγκες για αποδοχή και επιβεβαίωση, οι οποίες δεν καλύφθηκαν ολικά. Αυτό συνέβη διότι οι γονείς μας ήταν ατελείς άνθρωποι, που έκαναν απλά το καλύτερο που μπορούσαν και ως ανώριμα και ακατέργαστα παιδιά δε μας ήταν αρκετό. Ο νους των παιδιών έχει περιορισμένη αντίληψη σε θέματα ωριμότητας, καθώς ακόμη βρίσκεται σε ένα στάδιο μάθησης βασικών στοιχείων της ζωής. Έτσι, αν ένα παιδί δεν πάρει αυτό που θέλει ή χρειάζεται, θα κλάψει, θα φωνάξει, θα θυμώσει κτλ. Αυτοί είναι ασυνείδητοι τρόποι χειρισμού και επίκλησης της προσοχής με σκοπό να επιτευχθεί αυτό που θέλει.

Το ανώριμο παιδί συνεχίζει να υπάρχει μέσα μας και εξαιτίας της άγνοιας του εαυτού μας βγαίνει αυτόματα προς τα έξω, όταν είμαστε ενήλικες και δε γίνεται αυτό που θέλουμε. Έτσι, σε ένα ζευγάρι, αν ο ένας σύντροφος θέλει να πάει διακοπές σε ένα συγκεκριμένο μέρος, αλλά ο άλλος σύντροφος δε θέλει, τότε αν ο πρώτος σύντροφος δεν είναι ώριμος ενήλικος, είναι πολύ πιθανό να αντιδράσει ανώριμα και συναισθηματικά, να θυμώσει και να φωνάξει βγάζοντας προς τα έξω το ανώριμο παιδί μέσα του. Δηλαδή, θα αντιδράσει στον σύντροφό του, όπως αντιδρούσε στους γονείς του όταν ήταν παιδί και δε γινόταν αυτό που ήθελε.

Δυστυχώς, πολλά ζευγάρια λειτουργούν τις περισσότερες φορές στο συναισθηματικό επίπεδο του ανώριμου παιδιού. Είναι σωματικά ενήλικες, αλλά πνευματικά μικρά παιδάκια, που ζητούν την προσοχή και δε δέχονται το «όχι» ως απάντηση. Κατανοείτε ότι καμία σχέση δεν μπορεί να είναι υγιής όταν ο ένας ή και οι δύο σύντροφοι σκέφτονται και συμπεριφέρονται σαν ανώριμα παιδιά. Το ζήτημα αυτό θα αναλυθεί ακόμα περισσότερο στο επόμενο κεφάλαιο, που θα ασχοληθούμε με τις κυριότερες αρνητικές συμπεριφορές ανάμεσα σε ένα ζευγάρι.

Αναρωτηθείτε πότε και πόσες φορές λειτουργείτε χειριστικά και κτητικά ως ανώριμα παιδάκια στη σχέση με τον σύντροφό σας...

4) Το τέταρτο και τελευταίο στοιχείο του εγωιστικού, χειριστικού και κτητικού μέρους του εαυτού είναι οι φόβοι μας. Οι φόβοι συνδέονται και με τις κατώτερες ανάγκες μας, και με την ανασφάλεια, και με τις εγκλωβιστικές πεποιθήσεις μας, και με την ανώριμη και παιδική πλευρά μας. Ο φόβος πέρα από ένα συναίσθημα είναι και ένας μηχανισμός άμυνας και επιβίωσης. Ως μηχανισμός άμυνας και επιβίωσης, ο φόβος μάς ενημερώνει για κινδύνους, όπως μια πυρκαγιά, μία πλημμύρα, την κόρνα ενός αυτοκινήτου όταν περνάμε τον δρόμο και το ύψος όπου αν πέσουμε από ένα συγκεκριμένο ύψος μπορεί να τραυματιστούμε ή ακόμα και να χάσουμε τη ζωή μας. Έτσι, ο φόβος είναι ένας τρόπος που μας αποτρέπει από το να ρισκάρουμε τη ζωή μας και μας προφυλάσσει από κακουχίες και δυσκολίες. Ο φόβος αυτός είναι ένας μηχανισμός επιβίωσης, ήδη από τις εποχές που ο άνθρωπος έπρεπε να αντιμετωπίσει πολύ ακραίες καταστάσεις, όπως ακραία καιρικά φαινόμενα ή ακόμα και να γίνει τροφή των θηρευτών. Αυτοί οι φόβοι υπάρχουν μέχρι και σήμερα μέσα μας.

Όμως, στη σύγχρονη ζωή οι καταστάσεις, που αντιμετωπίζουμε, είναι σπάνια επικίνδυνες ή τουλάχιστον όχι τόσο επικίνδυνες, όπως παλιότερα. Έτσι, πολλές φορές φοβόμαστε αυτόματα καταστάσεις, είτε φανταστικές, είτε πραγματικές, οι οποίες δεν αποτελούν καθόλου κίνδυνο και αυτές οι καταστάσεις μάς οδηγούν στο να επικεντρωθούμε στο άγχος μας και να το ενισχύσουμε. Παραδείγματος χάριν, μπορεί να φοβηθούμε και να αγχωθούμε να ζητήσουμε σε ραντεβού ένα άτομο που μας αρέσει ή να φοβηθούμε και να αγχωθούμε να μιλήσουμε σε ένα μεγάλο κοινό ή να φοβηθούμε και να αγχωθούμε να ζητήσουμε αύξηση στη δουλειά μας ή να φοβηθούμε και να αγχωθούμε πριν πάμε σε μία συνέντευξη για εργασία ή να φοβηθούμε και να αγχωθούμε να εκφραστούμε αυθεντικά και να πούμε τη γνώμη μας ή να φοβηθούμε και να αγχωθούμε για το τι μπορεί να σκεφτεί κάποιος άλλος για εμάς.

Όλα αυτά είναι αστεία, αλλά δυστυχώς το εγωιστικό μέρος του εαυτού τα θεωρεί κινδύνους και έτσι δημιουργεί δυσκολίες στις ζωές πολλών ανθρώπων. Αυτό συμβαίνει επειδή αυτό το μέρος του εαυτού μας είναι ρυθμισμένο να μας προστατεύει και έτσι θέλει να μας «προστατέψει» από αυτούς τους θεωρητικούς κινδύνους και τους άλλους ανθρώπους. Για παράδειγμα, αν πει κάτι ο σύντροφός μας, με το οποίο εμείς δε συμφωνούμε, πάνω στη διαφωνία μπορεί να δημιουργηθεί μία φασαρία. Τότε, το εγωιστικό μέρος του εαυτού μας βγαίνει μπροστά για να μας προστατέψει και να υπερασπιστούμε τον εαυτό μας. Αυτό μπορεί να οδηγήσει σε ακόμα μεγαλύτερη σύγκρουση. Γι' αυτόν τον λόγο, είναι σημαντικό να πάρουμε συνειδητά τον έλεγχο του εαυτού μας και να κατανοούμε ποιοι είναι οι πραγματικοί κίνδυνοι, όπως μία φωτιά, ένας σεισμός κτλ., και τι όχι, όπως μία διαφωνία με τον σύντροφο ή οι σκέψεις ενός άλλου ανθρώπου. Μ' αυτόν τον τρόπο, όταν πάει να προκληθεί κάποια ένταση, θα γνωρίζουμε πώς λειτουργούμε

εμείς και ο σύντροφός μας και θα μπορούμε πιο εύκολα να ελέγ-
ξουμε τον εαυτό μας ή να βοηθήσουμε τον σύντροφο...

5) Βλέπουμε λοιπόν, ότι κάποια από τα παραπάνω στοιχεία
του εγωιστικού μέρους του εαυτού μας ή ο συνδυασμός όλων
μπορούν να προκαλέσουν προβλήματα στη σχέση μας. Αυτό γίνε-
ται, γιατί τόσο οι ανάγκες, όσο και οι πεποιθήσεις και οι φόβοι μας
είναι βαθιά ριζωμένοι μέσα μας και εκρήγνυνται αυτόματα.

Έτσι, αντιδρούμε συναισθηματικά και ανώριμα σε διάφορα
ερεθίσματα, σε λόγια του συντρόφου, στη γλώσσα του σώματος
που βλέπουμε ή επειδή δεν καλύφτηκαν κάποιες κατώτερες ανά-
γκες αποδοχής ή και λόγω της ίδιας μας της φαντασίας και το τι
συμβαίνει αποκλειστικά μέσα στον δικό μας νου.

Η αυτόματη αντίδραση μπορεί να είναι είτε η άμυνα, είτε η επί-
θεση. Και οι δύο όμως αντιδράσεις είναι ουσιαστικά αμυντικές. Αν
αντιδράσουμε με άμυνα, συνήθως λέμε «μα δε φταίω εγώ», «πώς
μου μιλάς έτσι;», «εγώ συμπεριφέρομαι καλύτερα από εσένα», «μη
με κατηγορείς», «μα τι έκανα δηλαδή;», «δεν μπορώ να καταλάβω
πού είναι το πρόβλημα» κτλ. Αν αντιδράσουμε με επίθεση συνή-
θως λέμε «εσύ φταις», «είναι δικό σου λάθος», «είσαι άχρηστος/η»,
«δεν κάνεις αρκετά», «δεν είσαι αρκετά καλός/ή», «κάνε αυτό που
σου λέω» κτλ.

Όλες αυτές οι αντιδράσεις είναι ανώριμες και χωρίς σκέψη
και επίγνωση. Γίνονται αυτόματα, όταν δεν έχουμε αυτοέλεγχο
με σκοπό την «επιβίωσή» μας. Πολλές φορές οι αντιδράσεις αυτές
έχουν και εκδικητικό χαρακτήρα, ακόμη κι αν δεν το καταλαβαί-
νουμε, καθώς αντιδρούμε αυτόματα για να εκδικηθούμε κάτι που
έκανε ο σύντροφός μας (ή και κάποιος άλλος άνθρωπός) στο πα-
ρελθόν και θέλουμε να ξεσπάσουμε οτιδήποτε έχει κρατηθεί μέσα
μας. Αυτό είναι ένα από τα κυριότερα προβλήματα που βλέπουμε
να αντιμετωπίζουν πολλά ζευγάρια στη σχέση τους. Μάλιστα, ανά-
λογα με το επίπεδο ανωριμότητας και την ολική έλλειψη αυτοελέγ-
χου, μπορεί να προκληθεί και σωματική βία κι αυτά τα πράγματα
είναι πολύ σοβαρά.

Δυστυχώς, ο νους μας εντοπίζει και επικεντρώνεται πολύ πιο
εύκολα στα αρνητικά στοιχεία ή σ' αυτά τα οποία θεωρεί αρνητικά,
γι' αυτό και πολλές φορές μαλώνουμε πολύ εύκολα και γρήγορα
με τον σύντροφό μας. Αυτές οι αντιδράσεις διορθώνονται μόνο

όταν αντιληφθούμε ότι συμπεριφερόμαστε έτσι, το γιατί αντιδράμε έτσι και αποφασίσουμε και δεσμευτούμε να μη λειτουργούμε με το εγωιστικό μέρος του εαυτού μας.

Η λύση είναι να καλλιεργήσουμε και να αναπτύξουμε ισορροπημένες και ώριμες αντιδράσεις, όπως αναφέραμε στο μοντέλο του ισορροπημένου εαυτού και να συνειδητοποιούμε και να ελέγχουμε πάντα οτιδήποτε κάνουμε. Είναι δηλαδή, αναγκαίο να εκπαιδεύσουμε τον νου μας να εστιάζει στα θετικά και στην ευγνωμοσύνη μέχρι να μας γίνει συνήθεια και να μάθουμε να λειτουργούμε με τον απεριόριστο και τον ισορροπημένο εαυτό μας, καθώς και με κάθε άλλο θετικό στοιχείο της ύπαρξής μας, που αναπτύξαμε μέχρι στιγμής.

Είδαμε ότι το εγωιστικό, χειριστικό και κτητικό μέρος του εαυτού μας εκφράζεται πολύ εύκολα και αυτόματα, γιατί είναι ριζωμένο μέσα μας και αποσκοπεί στην επιβίωση και την προστασία μας. Πολλές φορές, όμως, δε μας εξυπηρετεί αλλά μας βλάπτει, γιατί βασίζεται σε ψεύτικα πράγματα και σε παρανοήσεις, προκαλώντας δυσκολίες στη σχέση με τον σύντροφό μας, αλλά και σε όλη την υπόλοιπη ζωή μας. Οπότε, είναι κρίσιμο να εργαστούμε με προσοχή και προσήλωση πάνω σε όλα τα στοιχεία του αντιδραστικού εαυτού μας, να τα κατανοήσουμε και να τα αποδεχτούμε ως ένα αναπόσπαστο μέρος της ύπαρξής μας, έτσι ώστε να τα διαχειριστούμε με υγιή τρόπο και να μη δημιουργούμε ανούσιες και απερίσκεπτες εντάσεις στη ζωή και στη σχέση μας...

Ώρα για ενδοσκόπηση

- Εσείς πόσο συχνά λειτουργείτε με τον αντιδραστικό εαυτό σας;
- Πώς συμπεριφέρεστε όταν λειτουργείτε με τον αντιδραστικό εαυτό σας; Τι κάνει ο σύντροφός σας όταν σας βλέπει να συμπεριφέρεστε έτσι; Αντιδρά ανώριμα ή σας βοηθάει;
- Πώς συμπεριφέρεται ο σύντροφός σας όταν λειτουργεί με τον αντιδραστικό εαυτό του; Τι κάνετε εσείς όταν βλέπετε τον σύντροφό σας να συμπεριφέρεται έτσι; Αντιδράτε ανώριμα ή τον βοηθάτε;
- Πόσο συχνά επηρεάζεστε αρνητικά από τις ζωώδεις ανάγκες σας;

- Πόσο συχνά επηρεάζεστε αρνητικά από τις εγκλωβιστικές πεποιθήσεις σας;
- Πόσο συχνά επηρεάζεστε αρνητικά από το ανώριμο παιδί που είναι κρυμμένο μέσα σας;
- Πόσο συχνά επηρεάζεστε αρνητικά από τους φόβους και την ανασφάλειά σας;
- Πόσο συχνά αμύνεστε στον σύντροφό σας;
- Πόσο συχνά επιτίθεστε στον σύντροφό σας;
- Μπορείτε να επιστρέψετε γρήγορα στον απεριόριστο και ισορροπημένο εαυτό σας όταν λειτουργείτε με τον αντιδραστικό εαυτό σας;
- Τι θα κάνετε για να πάψετε να λειτουργείτε με τον αντιδραστικό εαυτό σας;

1.6 Το μοντέλο του θηλυκού και αρσενικού εαυτού

Το επόμενο μοντέλο το ονομάζουμε «μοντέλο του θηλυκού και αρσενικού εαυτού» και μας βοηθάει να κατανοήσουμε τις δυναμικές των θηλυκών και αρσενικών στοιχείων ανάμεσα σε ένα ζευγάρι. Τα θηλυκά και αρσενικά στοιχεία είναι κινητήριες δυνάμεις της σχέσης, και οι δυναμικές είναι ο τρόπος με τον οποίο συνδέονται ομαλά ή συγκρούονται τα θηλυκά και αρσενικά στοιχεία που έχει ο κάθε σύντροφος. Ας δούμε λοιπόν, τι συμβαίνει μ' αυτά.

Οι άνθρωποι συνήθως έχουν πρόβλημα στη σχέση τους όταν νομίζουν πως δεν καταλαβαίνουν τον σύντροφό τους. Ο άντρας δεν κατανοεί τη γυναίκα του και η γυναίκα δεν κατανοεί τον άντρα της. Έτσι, μαλώνουν μεταξύ τους ή φτάνουν σε σημείο μετά από καιρό να συμβιβάζονται και να μην ασχολούνται σε βάθος ο ένας με τον άλλον και η σχέση τους κινείται σε επιφανειακά επίπεδα. Πολλοί επίσης, μιλούν για τα μυστικά της γυναίκας και τα μυστικά του άντρα. Όμως, η αλήθεια είναι ότι και οι άντρες και οι γυναίκες λειτουργούμε ακριβώς με τους ίδιους τρόπους. Δηλαδή, όλοι μας λειτουργούμε με όλους τους τρόπους, που αναπτύξαμε σ' αυτό το κεφάλαιο μέχρι στιγμής, ανεξαιρέτως του φύλου ή των σεξουαλικών προτιμήσεών μας. Φυσικά, υπάρχουν βιολογικές και ορμονικές διαφορές ανάμεσα στους άντρες και στις γυναίκες, οι οποίες επηρεάζουν σε έναν βαθμό τη νοητική και τη συναισθηματική κυρίως φύση μας και έτσι διαφοροποιούμαστε λίγο. Αλλά, πνευματικά, δηλαδή σε επίπεδο ταυτότητας, όλοι λειτουργούμε με τους ίδιους τρόπους. Οπότε, δεν υπάρχουν μυστικά για να κατανοήσουμε τους άντρες ή τις γυναίκες. Αυτό που χρειάζεται να κατανοήσουμε πολύ καλά είναι τα θηλυκά και αρσενικά στοιχεία, που όλοι μας ανεξαιρέτως έχουμε μέσα μας.

Όλοι οι άνθρωποι, είτε είμαστε άντρες, είτε γυναίκες έχουμε και θηλυκά και αρσενικά στοιχεία. Δηλαδή, ένας άντρας εκτός από αρσενικά στοιχεία έχει και θηλυκά και μία γυναίκα εκτός από θηλυκά στοιχεία έχει και αρσενικά. Η διαφορά σε όλους μας βρίσκεται στον βαθμό στον οποίο έχουμε αυτά τα στοιχεία μέσα μας και στο πώς και πόσο τα εκφράζουμε. Αν το κατανοήσουμε και το αποδεχτούμε αυτό, θα είναι χρυσάφι στην επιτυχία της σχέσης με τον σύντροφό μας.

Τα θηλυκά και αρσενικά στοιχεία μπορεί να είναι:
- χαρακτηριστικά της ταυτότητάς μας
- συναισθήματα
- συμπεριφορές

Εμείς έχουμε χωρίσει τα στοιχεία αυτά σε θηλυκά και αρσενικά με βάση το πώς τα κατανοούμε εμείς, πώς εκφράζονται στη δική μας σχέση, αλλά λαμβάνοντας υπόψη και τι θεωρούν πολλοί άλλοι άνθρωποι. Οπότε, δε σημαίνει ότι είναι όλα έτσι ακριβώς όπως τα παρουσιάζουμε, ούτε φυσικά έχουμε κάποιον σκοπό να ενισχύσουμε οποιουδήποτε είδους στερεότυπα. Το κάνουμε ξεκάθαρα για να κατανοήσουμε καλύτερα τι συμβαίνει στις συντροφικές σχέσεις και να εξαλείψουμε διάφορα στερεότυπα, που κάνουν τεράστια ζημιά στη ζωή πολλών ζευγαριών. Ας δούμε λοιπόν, ποια είναι τα σημαντικότερα από τα θηλυκά και αρσενικά στοιχεία:

ΘΗΛΥΚΑ ΣΤΟΙΧΕΙΑ	ΑΡΣΕΝΙΚΑ ΣΤΟΙΧΕΙΑ
Ηρεμία	Δύναμη
Γαλήνη	Θυμός
Χάδια, αγκαλιές	Επιβλητικότητα
Γλύκα	Κυριαρχία
Γέλιο	Ένταση
Χαρά	Σοβαρότητα
Φόβος	Θάρρος
Θλίψη	Λύση προβλημάτων
Θύμα	Ήρωας
Ντροπή	Δυναμισμός
Κλάμα	Μαχητικότητα
Ενθουσιασμός	Ωριμότητα
Συναισθηματισμοί	Υπευθυνότητα
Ανασφάλεια	Ασφάλεια
Χειραγώγηση	Βεβαιότητα
Ζεστασιά	Σταθερότητα
Δημιουργικότητα	Εφευρετικότητα
Παθητικότητα	Ενεργητικότητα
Ύπαρξη (είμαι)	Πράξη (κάνω)

Αυτές οι δύο λίστες προφανώς μπορούν να περιλαμβάνουν πολλά ακόμα στοιχεία, αλλά εμείς χρησιμοποιούμε εδώ τα πολύ βασικά. Εσείς μπορείτε να προσθέσετε κι άλλα θηλυκά και αρσενικά στοιχεία, που βλέπετε στον εαυτό σας και στον σύντροφό σας. Χρειάζεται επίσης, να έχουμε στον νου μας ότι όλα τα στοιχεία κάθε λίστας μπορεί να έχουν και θετική και αρνητική υπόσταση, ανάλογα με το πώς τα εκφράζουμε και πώς τα αξιοποιούμε. Κάποια τείνουν περισσότερο στο θετικό και άλλα στο αρνητικό και προτείνουμε να τα εξετάσετε σε βάθος. Με βάση αυτές τις λίστες λοιπόν, βλέπετε ότι ένας άντρας δεν έχει μόνο τα στοιχεία από τη λίστα του αρσενικού και μία γυναίκα δεν έχει μόνο τα στοιχεία από τη λίστα του θηλυκού. Όλοι μας παρουσιάζουμε μία μίξη όλων αυτών των στοιχείων, τα οποία εκφράζονται σε διαφορετικές αναλογίες και με πολύ μοναδικό τρόπο στον καθένα μας.

Οπότε, οι άντρες αναγνώστες αν θέλουν μπορούν να πουν ότι δε γελούν ή δε χαίρονται ή δε φοβούνται ή δεν ενθουσιάζονται ή δεν ντρέπονται ποτέ. Μπορούν επίσης, να πουν ότι δε θέλουν γαλήνη και ειρήνη στη ζωή ή ότι δεν έχουν υπάρξει ποτέ χειριστικοί. Το ίδιο και οι γυναίκες αναγνώστριες μπορούν να πουν ότι δε θυμώνουν ή δε νιώθουν θάρρος ή ότι δεν είναι καθόλου ώριμες και σταθερές. Όποιος αρνείται ότι έχει και αρσενικά και θηλυκά στοιχεία είναι είτε ανασφαλής, είτε υποκριτής, είτε έχει απλά άγνοια του εαυτού του.

Πολλοί άντρες μάλιστα, φοβούνται (θηλυκό στοιχείο) να παραδεχτούν ότι έχουν συναισθήματα ή ότι κλαίνε ή ότι θέλουν χάδια και αγκαλιές για να μη θιχτεί η αρρενωπότητά τους. Αυτό είναι ξεκάθαρη ανασφάλεια, η οποία μάλιστα είναι στοιχείο του θηλυκού εαυτού. Βλέπουμε λοιπόν, ότι ακόμη κι όταν δε θέλουμε να εκφράσουμε τα στοιχεία, που είναι αντίθετα του φύλου μας, πάλι θα βγουν στην επιφάνεια με κάποιον τρόπο, γιατί είναι απλά αναπόσπαστο μέρος της ύπαρξής μας.

Από την άλλη, είναι όντως πιθανό οι άντρες να παρουσιάσουν περισσότερα αρσενικά στοιχεία και οι γυναίκες περισσότερα θηλυκά. Υπάρχουν όμως, άντρες που παρουσιάζουν πολλά θηλυκά στοιχεία και γυναίκες, που παρουσιάζουν πολλά αρσενικά στοιχεία και αυτό είναι φυσιολογικό. Δηλαδή, μπορεί ένας άντρας να είναι πολύ γαλήνιος ή ενθουσιώδης και μία γυναίκα να είναι πολύ δυναμική και επιβλητική. Έτσι, ένας ομοφυλόφιλος άντρας ή μία λεσβία γυναίκα μπορεί να παρουσιάσουν πιο έντονα τα στοιχεία του αντίθετου φύλου και αυτό να φαίνεται περίεργο σε άλλους ανθρώπους, οι οποίοι οδηγούνται σε ρατσιστικές και ομοφοβικές συμπεριφορές, πάλι λόγω άγνοιας ή εγκλωβιστικών πεποιθήσεων (φοβούνται αυτό που δεν κατανοούν). Η έλξη όμως από το ίδιο φύλο είναι κάτι το φυσιολογικό, γιατί μας ελκύει η ταυτότητα και η ουσία ενός ανθρώπου, καθώς και ο πλούτος των δυναμικών ανάμεσα στα θηλυκά και αρσενικά στοιχεία του εαυτού του και στο πώς αυτά συνδυάζονται με τα δικά μας.

Επομένως, στην ουσία δεν υπάρχουν πολλές και ουσιαστικές διαφορές μεταξύ αντρών και γυναικών, παρά μόνο λίγες και για να κατανοήσει ένας άντρας καλύτερα μία γυναίκα και μία γυναίκα καλύτερα έναν άντρα χρειάζονται δύο πράγματα:

• Να κατανοήσουν όλα τα μοντέλα του εαυτού του πρώτου κεφαλαίου, γιατί τα στοιχεία αυτών των μοντέλων υπάρχουν σε όλους τους ανθρώπους ανεξαιρέτως. Εδώ, χρειάζεται μεγάλη εσωτερική εμβάθυνση και εργασία με τον εαυτό τους.

• Να κατανοήσουν ότι έχουν μέσα τους και θηλυκό και αρσενικό εαυτό, απλά σε διαφορετικές αναλογίες. Αυτό είναι που μας κάνει όλους μοναδικούς και η ισορροπία του θηλυκού και αρσενικού εαυτού μας είναι κλειδί για την ανάπτυξη της σχέσης μας με τον σύντροφό μας, είτε ο σύντροφός μας είναι διαφορετικού φύλου, είτε του ίδιου φύλου.

Πώς μπορούν τα θηλυκά και τα αρσενικά στοιχεία να εκφραστούν σε μία συντροφική σχέση;

1) Όταν και οι δύο σύντροφοι εκφράζουν ταυτόχρονα μόνο στοιχεία του αρσενικού εαυτού, είναι πιο πιθανό, είτε να είναι πολύ ενεργητικοί και παραγωγικοί (θετική ένωση των κοινών αρσενικών στοιχείων), είτε να συγκρουστούν και να καβγαδίσουν (αρνητικός συνδυασμός των κοινών αρσενικών στοιχείων).

2) Όταν εκφράζουν ταυτόχρονα και οι δύο μόνο στοιχεία του θηλυκού εαυτού μπορούν να βρεθούν είτε σε ισορροπία και γαλήνη (θετική ένωση των κοινών θηλυκών στοιχείων), είτε να βαρεθούν και να είναι παθητικοί και αναβλητικοί (αρνητικός συνδυασμός των κοινών θηλυκών στοιχείων).

3) Αν ο ένας σύντροφος εκφράζει τα αρσενικά στοιχεία του και ο άλλος τα θηλυκά, μπορούν είτε να βρεθούν σε ισορροπία μεταξύ τους, είτε να βοηθήσει ο ένας τον άλλον να ηρεμήσει (αν βρίσκεται σε κατάσταση θυμού παραδείγματος χάριν) και να προλάβουν μία διαμάχη, που και οι δύο αυτοί συνδυασμοί οδηγούν σε θετικά μόνο αποτελέσματα. Εδώ κατανοούμε, ότι χρειάζεται να προσέχουμε πολύ το πώς ενώνουμε και συνδυάζουμε αυτά τα στοιχεία, καθώς ή θα βοηθήσουν πολύ τη σχέση μας ή θα τη βλάψουν...

Τώρα έχετε τη δυνατότητα να κατανοήσετε ακόμα περισσότερο τον εαυτό σας και τον σύντροφό σας και να ανακαλύψετε πολλούς λόγους για τους οποίους μπορεί να έρχεστε σε σύγκρουση.

Το σημαντικότερο όμως, είναι να αποδεχτείτε και να αγκαλιάσετε και τον θηλυκό και τον αρσενικό εαυτό σας και να είστε εναρμονισμένοι με όλα τα στοιχεία σας. Έτσι, θα μπορέσετε να αγκαλιάσετε και να αποδεχτείτε κάθε πτυχή του συντρόφου σας και να τον αγαπήσετε γι' αυτό που πραγματικά είναι. Δεχτείτε τη διαφορετικότητά σας και χρησιμοποιείστε τον θηλυκό και αρσενικό εαυτό σας με ελευθερία, χωρίς ντροπές και για όφελος της σχέσης σας.

Οι δυναμικές των στοιχείων του θηλυκού και αρσενικού εαυτού δεν τελειώνουν εδώ και υπάρχουν ακόμα περισσότεροι τρόποι με τους οποίους μπορούμε να ενωθούμε με τον σύντροφό μας. Στο τελευταίο κεφάλαιο της αλληλοπληρότητας θα μπούμε σε ακόμα περισσότερες λεπτομέρειες επί του θέματος.

Ώρα για ενδοσκόπηση

- Εσείς ποια θηλυκά στοιχεία παρατηρείτε στον εαυτό σας;
- Ποια αρσενικά στοιχεία παρατηρείτε στον εαυτό σας;
- Ποια θηλυκά στοιχεία παρατηρείτε στον σύντροφό σας;
- Ποια αρσενικά στοιχεία παρατηρείτε στον σύντροφό σας;
- Ντρέπεστε για τα θηλυκά και αρσενικά στοιχεία σας ή είστε άνετοι με αυτά; Τα δέχεστε ή τα απορρίπτετε; Αν τα απορρίπτετε, γιατί το κάνετε;
- Ντρέπεστε για τα θηλυκά και αρσενικά στοιχεία του συντρόφου σας ή είστε άνετοι με αυτά; Τα δέχεστε ή τα απορρίπτετε; Αν τα απορρίπτετε, γιατί το κάνετε;
- Πώς συνδέονται τα θηλυκά και αρσενικά στοιχεία που παρουσιάζετε εσείς και ο σύντροφός σας; Βρίσκονται σε ισορροπία ή συγκρούονται; Αν βρίσκονται σε ισορροπία, τι κάνετε που σας βοηθάει να πετύχετε αυτήν την ισορροπία; Αν συγκρούονται, γιατί γίνεται αυτό; Τι χρειάζεται να κάνετε για να μη συγκρούονται;

1.7 Το μοντέλο του σεξουαλικού/ερωτικού εαυτού

Αυτό το μοντέλο το ονομάζουμε «μοντέλο του σεξουαλικού/ερωτικού εαυτού» και μας βοηθάει να κατανοήσουμε πόσο υγιής είναι η ερωτική και σεξουαλική σχέση που έχουμε με τον σύντροφό μας, η οποία εξαρτάται πολύ από το πόσο ουσιαστική σχέση έχουμε με τον εαυτό μας.

Η σεξουαλικότητα είναι ένα μέρος του εαυτού μας. Είναι στενά συνδεδεμένη με την εκάστοτε ανθρώπινη κοινωνία και τον πολιτισμό. Συνδέεται επίσης, με την τεκνοποίηση και τη διαιώνιση του ανθρώπινου είδους. Υπάρχουν πολλές απόψεις για τη σεξουαλικότητα, όμως το κυριότερο που χρειάζεται να κατανοήσουμε είναι οι δύο βασικοί τρόποι με τους οποίους μπορεί να εκφραστεί. Για εμάς, η σεξουαλικότητα μπορεί να είναι μία κατώτερη έκφραση του εαυτού μας ή μία ανώτερη έκφραση του εαυτού μας.

Αποτελούμαστε λοιπόν, από τον κατώτερο σεξουαλικό/ερωτικό εαυτό και από τον ανώτερο σεξουαλικό/ερωτικό εαυτό.

Ο κατώτερος σεξουαλικός/ερωτικός εαυτός έχει τα εξής στοιχεία:

α) Κατευθυνόμαστε κυρίως από το παροδικό συναίσθημα του έρωτα και όχι από την αγάπη (οι διαφορές του έρωτα και της αγάπης θα αναλυθούν στο τελευταίο κεφάλαιο).

β) Απαιτούμε από τον σύντροφό μας συχνές σεξουαλικές επαφές, γιατί είναι ο κυριότερος ή ο μόνος λόγος που έχουμε σχέση. Αναζητάμε την ποσότητα των σεξουαλικών επαφών και όχι την ποιότητα.

γ) Όσον αφορά τη σεξουαλική και ερωτική ζωή μας δε συνδεόμαστε με ουσιαστικό τρόπο. Θέλουμε να έχουμε μόνο σωματική σεξουαλική επαφή και δεν ξέρουμε πώς είναι να ενωνόμαστε πνευματικά με τον σύντροφό μας. Αναζητάμε μόνο τη δική μας σωματική ικανοποίηση.

δ) Ο σύντροφός μας δε μας ελκύει σεξουαλικά πλέον και το σεξ γίνεται ένα «πρέπει».

ε) Σκεφτόμαστε άλλους ανθρώπους σεξουαλικά ή ακόμα και ποθούμε άλλους ανθρώπους σεξουαλικά.

στ) Σκεφτόμαστε να απατήσουμε τον σύντροφό μας...

Η κατώτερη μορφή έκφρασης του κατώτερου σεξουαλικού/ερωτικού εαυτού είναι το να απατήσουμε τον σύντροφό μας ή να χωρίσουμε και να πάρουμε διαζύγιο.

Ο ανώτερος σεξουαλικός/ερωτικός εαυτός
έχει τα εξής στοιχεία:

α) Κατευθυνόμαστε από πραγματική αγάπη και παράλληλα συνεχίζουμε να είμαστε ερωτευμένοι.

β) Δεν απαιτούμε τίποτα από τον σύντροφό μας, γιατί τον αγαπάμε. Το σεξ για εμάς δεν είναι μία ζωώδης ανάγκη, αλλά ένας σωματικός και πνευματικός τρόπος ένωσης με τον σύντροφό μας.

γ) Ενωνόμαστε με τον σύντροφό μας ολικά. Δεν κινητοποιούμαστε από την παροδική σωματική απόλαυση, αλλά από την αγνή ένωση, η οποία μας δίνει τελικά πολύ περισσότερη απόλαυση.

δ) Ο σύντροφός μας μάς ελκύει σεξουαλικά και δεν κρίνουμε τις σεξουαλικές επαφές από τη συχνότητα, αλλά από την ποιότητα. Επίσης, δεν κρίνουμε τη σχέση μας με βάση το σεξ, αλλά με το σύνολο των τρόπων, που εμείς και ο σύντροφός μας λειτουργούμε, συμπεριφερόμαστε, συνδεόμαστε και ενωνόμαστε. Το σεξ είναι αποκλειστικό και ειλικρινές «θέλω» και για τους δύο συντρόφους.

ε) Δεν ποθούμε κανέναν άλλον άνθρωπο σεξουαλικά. Αν σκεφτούμε όμως, ερωτικά κάποιον άλλον άνθρωπο, γιατί δεν ελέγχουμε πάντα ποιες σκέψεις έρχονται στον νου μας, απλά το προσπερνάμε και είμαστε απόλυτα ειλικρινείς με τον σύντροφό μας, ο οποίος και μας κατανοεί.

στ) Θέλουμε να ζήσουμε μαζί με τον σύντροφό μας κάθε στιγμή και όλη μας τη ζωή και μάλιστα ξέρουμε ότι θα ζήσουμε μαζί όλη τη ζωή μας. Ο σύντροφός μας είναι η πρώτη προτεραιότητά μας και ζούμε με αλληλοπληρότητα.

Η ανώτερη μορφή έκφρασης του ανώτερου σεξουαλικού/ερωτικού εαυτού είναι το να νιώθουμε, να ξέρουμε και να βιώνουμε τη ζωή ως ένα πνεύμα, ένας νους, μία ψυχή και ένα σώμα. Αυτό είναι το ανώτερο επίπεδο στο οποίο μπορούμε να φτάσουμε με τον σύντροφό μας και θα το αναλύσουμε στο τελευταίο κεφάλαιο της αλληλοπληρότητας...

Όπως βλέπουμε παραπάνω, αλλά και όπως αναφέραμε σε προηγούμενο μοντέλο, τα σεξουαλικά ένστικτα είναι πολλές φορές κατώτερες ανάγκες μικρής ποιότητας με σκοπό την παροδική απόλαυση. Οπότε, είναι φυσιολογικό για όλους μας να κάνουμε κάποιες φορές σεξουαλικές σκέψεις για άλλους ανθρώπους πέρα από τον σύντροφό μας. Πολύ απλά μπορεί να έχουν προκληθεί από κάποιο ερέθισμα ή κάποια ανάμνηση. Ξέρουμε ότι σ' αυτό δεν έχουμε έλεγχο. Όμως έχουμε έλεγχο στο αν θα εστιάσουμε και θα θρέψουμε αυτές τις σκέψεις. Οπότε, χρειάζεται να έχουμε πλήρη επίγνωση τού γιατί σκεφτήκαμε κάτι τέτοιο και να αναρωτηθούμε αν είναι απλή σκέψη, που έρχεται και φεύγει και οπότε δεν της δίνουμε σημασία, ή αν είναι όντως ανάγκη λόγω προβληματικής υπάρχουσας σχέσης με τον σύντροφό μας χωρίς νόημα και πληρότητα.

Οι σκέψεις, οι πόθοι, οι ανάγκες και οι αξίες μας, που σχετίζονται με τη σεξουαλικότητά μας, μπορούν να μας δείξουν την αλήθεια τού αν λειτουργούμε με τον κατώτερο ή με τον ανώτερο σεξουαλικό εαυτό μας. Έτσι, μπορούμε να κατανοήσουμε, αν όντως αγαπάμε τον σύντροφό μας ή αν είμαστε σε σχέση συμβιβασμού, η οποία κινείται στα πλαίσια του κατώτερου σεξουαλικού εαυτού. Με το να κατανοήσουμε και να αποδεχτούμε τη σεξουαλικότητα και τα κατώτερα ένστικτά μας, μπορούμε να αναπτυχθούμε και να ανεβούμε στην ανώτερη φύση της, που είναι μόνο η απόλυτη ένωση με τον σύντροφό μας. Μόνο τότε μπορούμε να βιώσουμε την πληρότητα με τον σύντροφό μας. Αν φτάσετε σε επίπεδα πληρότητας με τον σύντροφό σας και δεν κινητοποιείστε από τον παροδικό σωματικό οργασμό, θα βιώσετε πνευματικό οργασμό, ο οποίος οδηγεί φυσικά σε ακόμα μεγαλύτερο σωματικό οργασμό. Αυτό συμβαίνει, γιατί δε θα κάνετε σεξ απλά για να νιώσετε «ωραία» κάποια στιγμή και για να καλύψετε μία ζωώδη φυσική ανάγκη, αλλά για να συνδεθείτε και να ενωθείτε ακόμα περισσότερο μεταξύ σας. Έτσι, η απόλαυση είναι ακόμα μεγαλύτερη και αληθινή, γιατί δεν είστε γυμνοί μόνο σωματικά, αλλά και πνευματικά. Δείχνετε την απόλυτη αλήθεια σας ο ένας στον άλλον και μάλιστα, βιώνετε την αλήθεια σας μαζί. Είστε ενωμένοι σε κάθε επίπεδο και με γνήσια επίγνωση του ποιοι είστε και τι θέλετε από τη ζωή και τη σχέση σας.

Προβληματιστείτε πάνω στις παρακάτω ερωτήσεις για να δείτε αν ο σύντροφός σας είναι ο άνθρωπος με τον οποίο θα απογυμνωθείτε ολικά μπροστά του, εκφράζοντας την απόλυτη αλήθεια και ουσία σας ή αν είναι ένας από τους πολλούς σεξουαλικούς συντρόφους με τον οποίο συμβιβάζεστε.

Ώρα για ενδοσκόπηση

- Εσείς λειτουργείτε με τον κατώτερο ή με τον ανώτερο σεξουαλικό/ερωτικό εαυτό σας;
- Ποιος είναι ο λόγος της σεξουαλικής σχέσης με τον σύντροφό σας;
- Τι είναι το σεξ για εσάς;
- Είστε ενωμένοι με τον σύντροφό σας πνευματικά ή έχετε σεξουαλικές επαφές μόνο για να ικανοποιήσετε ο ένας τον άλλον ή ακόμα χειρότερα να ικανοποιήσει μόνο ο ένας τον άλλον ή να ικανοποιήσει ο καθένας μόνο τον εαυτό του;
- Ποθείτε σεξουαλικά μόνο τον σύντροφό σας ή και άλλους ανθρώπους;
- Έχετε γνώση των σεξουαλικών σκέψεών σας; Σκέφτεστε άλλους ανθρώπους σεξουαλικά; Αν ναι, γιατί το κάνετε; Εστιάζετε σε αυτές τις σκέψεις; Αν ναι, γιατί;
- Είναι ο σύντροφός σας ο μόνος άνθρωπος με τον οποίο θέλετε να είστε μαζί σεξουαλικά;

1.8 Το μοντέλο του πλήρους αντανακλαστικού εαυτού

Αυτό είναι το τελευταίο μοντέλο αυτού του κεφαλαίου και το ονομάζουμε «μοντέλο του πλήρους αντανακλαστικού εαυτού». Το μοντέλο αυτό μας βοηθάει να κατανοήσουμε έναν από τους κυριότερους τρόπους με τους οποίους μπορούμε να έρθουμε πιο κοντά και να ενωθούμε με τον σύντροφό μας. Είναι το μοντέλο της ένωσης του ζευγαριού.

Μέσα απ' όλα τα μοντέλα του εαυτού μάθατε πολλά για τον εαυτό σας, αλλά και για τον σύντροφό σας. Όλα τα προηγούμενα μοντέλα αφορούν κυρίως την κατανόηση τού πώς λειτουργεί ο καθένας μας ατομικά. Έτσι, μπορείτε να κατανοήσετε πολύ καλά πώς λειτουργείτε εσείς ατομικά, αλλά και πώς λειτουργεί ο σύντροφός σας ατομικά και να βρείτε τους τρόπους με τους οποίους μπορείτε να συνδεθείτε και να ενωθείτε μαζί. Το μοντέλο του πλήρους αντανακλαστικού εαυτού ασχολείται ακόμα περισσότερο με την ένωση και τον κοινό τρόπο λειτουργίας των δύο συντρόφων.

Το μοντέλο του πλήρους αντανακλαστικού εαυτού

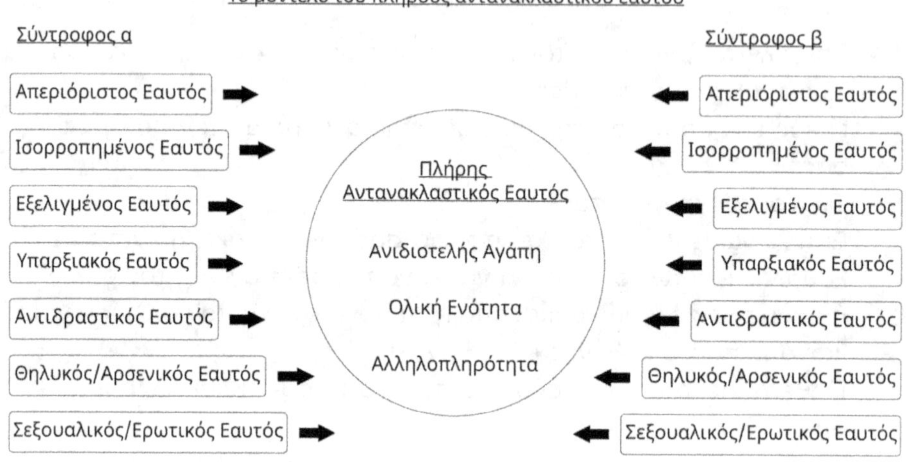

Όπως βλέπουμε στο παραπάνω σχήμα, το μοντέλο αυτό είναι συνδυασμός όλων των παραπάνω μοντέλων και συσχετίζει εμάς με τον σύντροφό μας.

Ποιος είναι όμως ο πλήρης αντανακλαστικός εαυτός μας; Ο πλήρης αντανακλαστικός εαυτός είναι ένας όρος που δημιουργήσαμε εμείς, γιατί δεν υπάρχει κάποιος αντίστοιχος όρος, που να μας καλύπτει και να περιγράφει επαρκώς τον άνθρωπο με τον οποίο μπορούμε να ενωθούμε ολικά.

Ο πλήρης αντανακλαστικός εαυτός δεν είναι ένας οποιοσδήποτε σεξουαλικός και ερωτικός σύντροφος. Είναι ο άνθρωπος, ο οποίος προορίζεται να είναι μαζί μας σε όλη τη ζωή μας. Είναι ο ερωτικός σύντροφος και σύζυγος με τον οποίο βιώνουμε μαζί κάθε πτυχή της ζωής και είμαστε ολικά ενωμένοι. Είναι ο άνθρωπος με τον οποίο είμαστε πλέον ένα και το αυτό. Είναι πραγματικά η αντανάκλαση του εαυτού μας. Είναι η αντανάκλαση των ίδιων αξιών, «θέλω» και σκοπού ύπαρξης με εμάς. Είναι η αντανάκλαση των ίδιων και των αντίθετων στοιχείων του θηλυκού και αρσενικού εαυτού μας. Είναι η αντανάκλαση όλων των τρόπων με τους οποίους λειτουργούμε εμείς, και εμείς είμαστε η αντανάκλαση όλων των τρόπων με τους οποίους λειτουργεί αυτός/ή. Μέσω αυτής της αντανάκλασης μπορούμε να κατανοήσουμε ακόμα καλύτερα τόσο τον εαυτό μας, όσο και τον σύντροφό μας και να βελτιώσουμε τα λάθη μας γρηγορότερα. Είναι ο άνθρωπος με τον οποίο είμαστε πλήρεις ατομικά και μαζί φτάνουμε σε ακόμα υψηλότερα επίπεδα ένωσης και αλληλοπληρότητας (θα αναλυθεί στο τελευταίο κεφάλαιο).

Ξέρουμε ότι η ιδέα του πλήρους αντανακλαστικού εαυτού ακούγεται τρελή και εξωγήινη σε πολλούς ανθρώπους. Αυτό συμβαίνει, γιατί δυστυχώς οι περισσότεροι άνθρωποι έχουν πολύ μέτρια και υποτιμημένα ερεθίσματα και εμπειρίες όσον αφορά την ερωτική σχέση και τον γάμο. Πάρα πολλοί άνθρωποι έχουν σχέση ή έχουν παντρευτεί λόγω ενός «πρέπει» της κοινωνίας ή της οικογένειας, ή από ανάγκη και ανασφάλεια ή για τα χρήματα ή από αρχικό έρωτα, που κατέληξε σε συμβιβασμό, ή από οποιονδήποτε άλλον κενό λόγο. Έτσι, δεν έχουν βιώσει ποτέ ένωση και πραγματική αγάπη με τον σύντροφό τους για να μπορούν να ξέρουν τι σημαίνει να ενώνεσαι με τον σύντροφό σου και να αγαπιέστε.

Πολλοί άνθρωποι μάλιστα, βρίσκονται σε γάμο πολλών χρόνων χωρίς να έχουν την παραμικρή ιδέα γιατί είναι παντρεμένοι και έκαναν παιδιά, και έτσι ζουν σαν δύο ξένοι στο ίδιο σπίτι. Τέτοιες εγκλωβιστικές πεποιθήσεις και περιορισμένες εμπειρίες έχουν οδηγήσει πολλούς ανθρώπους να πιστεύουν ότι είναι αδύνατον να υπάρξει μία ουσιαστική σχέση με ανιδιοτελή αγάπη, που και τα δύο άτομα γίνονται κυριολεκτικά ένα πνεύμα, ένας νους, μία ψυχή και ένα σώμα. Το μόνο που γνωρίζουν δυστυχώς είναι να συμβιβαστούν σε σχέση ή γάμο, γιατί απλά θέλουν να έχουν κάποιον μαζί τους λόγω αδυναμίας και φόβου τού να μην είναι μόνοι τους και υπεύθυνοι για τον εαυτό τους.

Με λίγα λόγια, κάποιοι άνθρωποι έμαθαν ότι η σχέση και ο γάμος είναι ένας τρόπος επιβεβαίωσης της αξίας τους. Άλλοι έμαθαν ότι η σχέση και ο γάμος είναι μία κατάσταση στην οποία μπορούν να εκφράσουν την κτητικότητά τους και να νιώθουν καλά, γιατί νομίζουν ότι τους ανήκει ο σύντροφος και, έπειτα, ότι τους ανήκουν και τα παιδιά που θα κάνουν. Άλλοι πάλι έμαθαν, ότι η σχέση και ο γάμος είναι ο κανόνας που πρέπει να ακολουθήσουν, γιατί η κοινωνία τούς δίδαξε ότι πρέπει να παντρευτούν, να κάνουν παιδιά, να δουλεύουν σκληρά και να ζουν για να ικανοποιούν άλλους ανθρώπους. Άλλοι δυστυχώς έμαθαν ότι ο γάμος εκτός από ένα «πρέπει» είναι και ένα πρόβλημα. Τα πρότυπα γάμου που έβλεπαν από τους γονείς τους, όταν ήταν παιδιά, δεν ήταν υγιή. Οι γονείς αυτών των ανθρώπων είχαν έναν νεκρό γάμο συμβιβασμού. Έτσι, ως παιδιά, έμαθαν ότι ο γάμος είναι ένας συμβιβασμός γεμάτος προβλήματα και διαμάχες, με αποτέλεσμα να χτίσουν έναν παρόμοιο νεκρό γάμο και οι ίδιοι τους.

Ωστόσο, η σχέση με τον σύντροφο και ο γάμος δεν έχει καμία απολύτως σχέση με όλες τις παραπάνω εγκλωβιστικές πεποιθήσεις. Υπάρχει πολύ μεγάλη ουσία στη σχέση και στον γάμο και μπορείτε να τη βιώσετε, όπως τη βιώνουμε εμείς. Μπορείτε να ζήσετε μία ουσιαστική, πανέμορφη και προοδευτική ζωή με τον σύντροφό σας και συγκεκριμένα με τον πλήρη αντανακλαστικό εαυτό σας. Εμείς προτείνουμε να πάψετε να αντιλαμβάνεστε τη σχέση με τον σύντροφό σας με περιοριστικό τρόπο και να τη δείτε ως μία οδό προόδου με απεριόριστες δυνατότητες, αν φυσικά δεν το κάνετε ήδη.

Στην ουσία λοιπόν, ο πλήρης αντανακλαστικός εαυτός μας είναι ο άνθρωπος με τον οποίο θα ενωθούμε μετά από πολλή προσωπική, αλλά και συντροφική εργασία. Είναι ο άνθρωπος με τον οποίο νιώθουμε από την αρχή αυτήν την ξεχωριστή έλξη και τον έντονο έρωτα. Αλλά η σύνδεση δεν τελειώνει σ' αυτήν την έλξη. Μετά χρειάζεται συνεχής εργασία και βελτίωση. Είναι ο άνθρωπος στον οποίο θέλουμε να δώσουμε και θα δώσουμε όλον τον χρόνο και την ουσία μας. Είναι ο άνθρωπος με τον οποίο θα απογυμνωθούμε ολικά ψυχικά και πνευματικά, όπως είπαμε και στο προηγούμενο μοντέλο. Είναι ο άνθρωπος με τον οποίο μοιραζόμαστε τις ίδιες αξίες και τον ίδιο σκοπό ύπαρξης. Είναι ο άνθρωπος, ο οποίος είναι πάντα η πρώτη προτεραιότητα στη ζωή μας. Είναι ο άνθρωπος με τον οποίο γνωρίσαμε την πραγματική αγάπη και βιώσαμε πολλές προκλήσεις, δυσκολίες και κακουχίες και όμως, ανεξάρτητα των δυσκολιών, συνεχίσαμε να είμαστε μαζί από αγάπη και συνειδητή επιλογή. Είναι ο άνθρωπος με τον οποίο περνάμε υπέροχα μαζί, ακόμη κι όταν απλά κοιτάζουμε ο ένας τον άλλον, χωρίς να κάνουμε κάτι άλλο. Είναι ο άνθρωπος με τον οποίο όχι απλά δε βαριόμαστε ο ένας τον άλλον, αλλά θέλουμε να περνάμε ακόμα περισσότερο χρόνο μαζί.

Αυτή η ένωση με τον πλήρη αντανακλαστικό εαυτό μοιάζει με μαγεία, αλλά είναι ρεαλισμός και κάτι που πραγματικά μπορείτε να βιώσετε, αν δεν το βιώνετε ήδη. Είναι δύσκολο όμως, καθώς απαιτεί θάρρος, αφοσίωση, δέσμευση, ωριμότητα, δύναμη και συνεχή εξέλιξη με ολική απογύμνωση. Η σχέση με τον πλήρη αντανακλαστικό εαυτό είναι κάτι που όλοι μας μπορούμε να δημιουργήσουμε και να βιώσουμε, όμως ελάχιστοι άνθρωποι το κατορθώνουν, γιατί ελάχιστοι άνθρωποι είναι αποφασισμένοι μέσα τους να ζήσουν μία γαλήνια ζωή με πραγματική αγάπη, καθώς αυτό χρειάζεται τεράστια εσωτερική και συντροφική εργασία. Η σχέση με τον πλήρη αντανακλαστικό εαυτό μας απαιτεί διαρκή παραδοχή των λαθών μας, διόρθωση και αλλαγή των κακών συνηθειών μας, αλλαγή των εγκλωβιστικών πεποιθήσεών μας και ολική απογύμνωση μπροστά στον σύντροφό μας, στον οποίο είμαστε ανοιχτά βιβλία χωρίς κανένα απολύτως μυστικό ή ψέμα. Αποδεχόμαστε τον πλήρη αντανακλαστικό εαυτό μας με όλα τα λάθη και τις αδυναμίες του και αγκαλιάζουμε και αγαπάμε τη διαφορετικότητά του. Μαζί με τον πλήρη αντανακλαστικό εαυτό μας γινόμαστε κάθε ημέρα καλύτεροι και πιο συνειδητοποιημένοι άνθρωποι.

Η σχέση με τον πλήρη αντανακλαστικό εαυτό είναι το μονοπάτι της αλήθειας και η αλήθεια είναι δύσκολη και επίπονη για πολλούς ανθρώπους και γι' αυτό, ελάχιστοι βιώνουν τέτοιου υψηλού επιπέδου σχέση ή γάμο. Όλο αυτό είναι ανεκτίμητο και δεν μπορεί να περιγραφεί αξιοπρεπώς με λόγια, γιατί είναι πραγματικά ένα θαύμα της ζωής που μπορούμε να βιώσουμε μόνο με έναν άνθρωπο...

Τώρα που κατανοήσατε ποιος είναι ο πλήρης αντανακλαστικός εαυτός, μπορείτε να κατανοήσετε ευκολότερα και τη σύνδεση και ένωσή σας με αυτόν. Όλα τα μοντέλα του εαυτού συνδυάζονται για να ενωθούμε με τον σύντροφό μας, τον πλήρη αντανακλαστικό εαυτό μας. Όταν ο κάθε σύντροφος εργαστεί πολύ πάνω σε όλα αυτά τα μοντέλα θα είναι σε θέση να έχει μία ξεκάθαρη κατανόηση του εαυτού του. Θα γνωρίζει τα θετικά στοιχεία του και τα ελαττώματά του. Θα γνωρίζει τους θετικούς και αρνητικούς τρόπους, με τους οποίους λειτουργεί και έτσι θα μάθει να συμπεριφέρεται πολύ πιο ώριμα και με επίγνωση. Εφαρμόζοντας όλα αυτά καθημερινά, ο κάθε σύντροφος θα γίνεται συνέχεια ένας πολύ πιο υπεύθυνος και δυνατός άνθρωπος και μάλιστα θα είναι σε θέση να κατανοεί σε βάθος και τον σύντροφό του. Όλα τα θετικά και αρνητικά στοιχεία, που ξέρει για τον εαυτό του, θα μπορεί να τα αναγνωρίσει και στον σύντροφό του, φυσικά με τον τρόπο που εκφράζονται μοναδικά στον σύντροφο και έτσι θα μπορεί να τον σεβαστεί και να τον εκτιμήσει περισσότερο.

Γνωρίζοντας όλα αυτά λοιπόν, και μετά από όλη αυτήν την ασταμάτητη εσωτερική εργασία, οι σύντροφοι μπορούν να αναπτύξουν τη σχέση τους σε υψηλά επίπεδα. Ξεφεύγουν πλέον από τις χαμηλές ανάγκες για επιβίωση και αποδοχή, δεν επηρεάζονται από τις εγκλωβιστικές πεποιθήσεις τους και λειτουργούν με βάση την αλήθεια του εαυτού τους, την αληθινή ταυτότητά τους, τις αξίες, τα «απόλυτα όχι» και τον ανώτερο σεξουαλικό/ερωτικό εαυτό τους. Γνωρίζουν τον σκοπό της σχέσης και του γάμου τους, που είναι η πρόοδος και η αγάπη (η αλληλοπληρότητα) και λειτουργούν με βάση αυτόν.

Όταν εργαστείτε τόσο πολύ πάνω στον εαυτό και στη σχέση σας, θα βιώσετε για πρώτη φορά βαθιά ένωση στη ζωή σας και όσο πιο πολύ ενώνεστε, τόσο πιο ελεύθεροι θα είστε από κατώτερες ανάγκες και θα κινητοποιείστε από την ένωση και την αγάπη σας.

Πλέον, μπορείτε να εντοπίσετε και να διώξετε τις εγκλωβιστικές πεποιθήσεις σας, να κατανοήσετε τα ένστικτα επιβίωσης και να μην τα ενισχύετε άλλο, αλλά να τα ελέγχετε με υγιή τρόπο. Μπορείτε επίσης, να έχετε ξεκάθαρη εικόνα της ταυτότητάς σας και του τι ακριβώς θέλετε στη ζωή. Με όλα αυτά τα μοντέλα, που σας δόθηκαν, μπορείτε να κάνετε τρομερά μεγάλες αλλαγές στη ζωή και στη σχέση σας μαζί.

Όπως βλέπετε στο παραπάνω σχήμα του μοντέλου, η εργασία που κάνετε ατομικά πάνω σε όλα αυτά τα μοντέλα και η εργασία που κάνει ο πλήρης αντανακλαστικός εαυτός σας πάνω στα ίδια μοντέλα, ενώνονται και έτσι ενώνεστε κι εσείς. Με το να αναπτύσσει ο καθένας την αυτογνωσία του ατομικά, μπορείτε να αναπτύξετε την επίγνωση, που έχετε για τον σύντροφό σας, τον πλήρη αντανακλαστικό εαυτό σας, μαζί. Όταν είστε το φως, το παράδειγμα και το πρότυπο ο ένας για τον άλλον θα μπορέσετε να γίνετε μαζί, ως ένα, το φως και πηγή έμπνευσης και για άλλους ανθρώπους.

Φυσικά, την ιδέα του πλήρους αντανακλαστικού εαυτού θα την κατανοήσετε καλύτερα όταν καταγράψετε τις απαντήσεις των ερωτήσεων που θέτουμε σε κάθε ενότητα όλου του βιβλίου και τις συζητήσετε με τον σύντροφό σας σε βάθος, καθώς και όταν ασχοληθείτε με τις πρακτικές ασκήσεις του δεύτερου τόμου, αφού η ιδέα του πλήρους αντανακλαστικού εαυτού δεν είναι κάτι το φιλοσοφικό, αλλά κάτι εντελώς πρακτικό, που βιώνουμε κάθε ημέρα.

Αυτό λοιπόν, είναι το μοντέλο του πλήρους αντανακλαστικού εαυτού και η ένωση των δύο συντρόφων μετά από προσωπική εργασία πάνω στην αυτογνωσία τους. Με βάση οτιδήποτε αναπτύξαμε στο μοντέλο του θηλυκού και αρσενικού εαυτού, στο μοντέλο του σεξουαλικού/ερωτικού εαυτού και σ' αυτό το μοντέλο του πλήρους αντανακλαστικού εαυτού μας, μπορείτε να πάρετε μία πρώτη εικόνα της αλληλοπληρότητας, που θα αναπτύξουμε στο τελευταίο κεφάλαιο. Σε όλη όμως την υπόλοιπη πορεία του βιβλίου, θα μπορέσετε να αποκτήσετε μία ακόμα πιο ξεκάθαρη και ολοκληρωμένη εικόνα του πλήρους αντανακλαστικού εαυτού και της σχέσης με αυτόν.

Ώρα για ενδοσκόπηση

- Εσείς είστε σε σχέση με τον πλήρη αντανακλαστικό εαυτό σας ή με κάποιον τυχαίο ερωτικό σύντροφο; Αν είστε σε σχέση με κάποιον τυχαίο ερωτικό σύντροφο, γιατί είστε; Ποιο είναι το νόημα της σχέσης αυτής, αν δεν είναι η σχέση με τον πλήρη αντανακλαστικό εαυτό σας;
- Αν είστε σε σχέση με τον πλήρη αντανακλαστικό εαυτό σας, πώς είστε σίγουροι ότι αυτός ο άνθρωπος είναι ο πλήρης αντανακλαστικός εαυτός σας;
- Μπορείτε να αποτυπώσετε ξεκάθαρα σε ένα χαρτί όλους τους τρόπους με τους οποίους ενώνεστε με τον πλήρη αντανακλαστικό εαυτό σας; Πώς βιώνετε αυτήν την ένωση στην καθημερινότητά σας;
- Τι χρειάζεται να κάνετε καθημερινά για να διατηρήσετε την ένωση με τον πλήρη αντανακλαστικό εαυτό σας;
- Τι χρειάζεται να κάνετε για να ενωθείτε ακόμα περισσότερο με τον πλήρη αντανακλαστικό εαυτό σας; Ποια θετικά στοιχεία σας χρειάζεται να αναπτύξετε; Ποια αρνητικά στοιχεία σας χρειάζεται να διορθώσετε;

1.9 Ανακεφαλαίωση

Τώρα, που αναπτύξαμε όλα τα μοντέλα του εαυτού, είστε σε θέση να κατανοείτε πολύ καλά το πώς και γιατί σκέφτεστε, αισθάνεστε, συμπεριφέρεστε, πράττετε και λειτουργείτε. Μπορείτε να προβληματιστείτε και να εργαστείτε πάνω σε όλες αυτές τις πτυχές του εαυτού σας, για να ξεκινήσετε την ανάπτυξη της αυτογνωσίας σας και έπειτα να είστε σε θέση να κατανοείτε πλήρως και τον σύντροφό σας, για να μπορέσετε να ενωθείτε και να βιώσετε πραγματική αγάπη και αλληλοπληρότητα.

Ο εαυτός λοιπόν, είναι το σύνολο των τρόπων με τους οποίους λειτουργούμε (θετικά ή αρνητικά) ως ανθρώπινες οντότητες και περιλαμβάνει όλα τα στοιχεία τα οποία εξηγήσαμε σε κάθε ένα από τα μοντέλα του κεφαλαίου αυτού. Με λίγα λόγια, ο εαυτός είναι η ίδια μας η ύπαρξη. Μην συγχέετε όμως τον εαυτό με την ταυτότητα. Η ταυτότητα (το ποιοι πραγματικά είμαστε σε βάθος μέσα μας) είναι ένα μέρος μόνο του εαυτού και ένας από τους πιο βασικούς και ποιοτικούς τρόπους με τους οποίους μπορούμε να λειτουργούμε και να ζούμε.

Ας δούμε λοιπόν ξανά, κάθε ένα από τα στοιχεία του εαυτού μας, για να τα κατανοήσουμε ακόμα καλύτερα. Θα τα ταξινομήσουμε σε ολικά θετικά και βοηθητικά στοιχεία, ολικά αρνητικά και περιοριστικά στοιχεία, και στοιχεία που ανάλογα με το επίπεδο κατανόησης και επίγνωσής μας μπορούν να είναι είτε θετικά, είτε αρνητικά.

ΟΛΙΚΑ ΘΕΤΙΚΑ ΣΤΟΙΧΕΙΑ	ΟΛΙΚΑ ΑΡΝΗΤΙΚΑ ΣΤΟΙΧΕΙΑ	ΕΙΤΕ ΘΕΤΙΚΑ, ΕΙΤΕ ΑΡΝΗΤΙΚΑ ΣΤΟΙΧΕΙΑ
Ταυτότητα	Ψευδής αντίληψη εαυτού/τι κάνουμε	Προσωπικότητα
Κατάσταση ύπαρξης	Εγκλωβιστικές πεποιθήσεις	Νοητικό επίπεδο
Βοηθητικές πεποιθήσεις	Αυτοαμφισβήτηση	Συναισθηματικό επίπεδο

Αξίες	Αυτο-σαμποτάζ	Επιλογή εστίασης
«Απόλυτα όχι»	Αυτοκαταστροφή	Όρια
Πνευματικό επίπεδο	Απέχθεια εαυτού	Στάση
Ισορροπία	Προσδοκίες	Λογική
Ειλικρίνεια	Εσωτερικό ανώριμο παιδί	Διαίσθηση
Εποικοδομητική αυτοαξιολόγηση	Φόβοι	Συμπεριφορές
Ισορροπημένος αυτοθαυμασμός	Ανασφάλεια (ανάγκη/ αναζήτηση αποδοχής)	Πράξεις
Αυτογνωσία	Άμυνα	Αυταξία
Αυτοπειθαρχία	Επίθεση	Αυτοπεποίθηση
Αυτοέλεγχος	Αυτόματες και ανώριμες αντιδράσεις	Αυτοεκτίμηση
Ισορροπημένες και ώριμες αντιδράσεις	Κατώτερος σεξουαλικός/ερωτικός εαυτός	«Θέλω» - «δε θέλω»
Αυτοαποδοχή		Ανάγκες
Αυτοαγάπη		Στόχοι
Αρχές		Προτεραιότητες
Σκοπός ύπαρξης		Θηλυκά στοιχεία
Πρότυπα (στάνταρντ)		Αρσενικά στοιχεία
Ανώτερος σεξουαλικός/ ερωτικός εαυτός		

Αυτοί λοιπόν, είναι οι βασικότεροι τρόποι με τους οποίους λειτουργούμε ως άνθρωποι. Βέβαια, υπάρχουν πολλοί περισσότεροι τρόποι με τους οποίους λειτουργούμε, όπως για παράδειγμα το συνειδητό, το υποσυνείδητο και το ασυνείδητο επίπεδο, όμως εμείς αναπτύξαμε αυτούς τους τρόπους, που είναι κρίσιμοι για την αυτογνωσία μας, αλλά και για την ανάπτυξη των συντροφικών σχέσεων. Στον δεύτερο τόμο θα αναφέρουμε κάποιους ακόμα τρόπους με τους οποίους λειτουργούμε και σε επόμενο βιβλίο, θα ασχοληθούμε με ακόμα περισσότερα χαρακτηριστικά της ύπαρξής μας.

Το γιατί όμως, η κάθε μία από τις παραπάνω τρεις λίστες περιλαμβάνει τα στοιχεία που περιλαμβάνει, δε θα το αναλύσουμε, έτσι ώστε να προβληματιστείτε εσείς πάνω σε αυτά. Αναρωτηθείτε τον λόγο για τον οποίο κάποια στοιχεία είναι ωφέλιμα, κάποια βλαβερά και κάποια μπορούν να είναι, είτε ωφέλιμα, είτε βλαβερά ανάλογα τους με το πώς τα αξιοποιούμε.

Σας προκαλούμε για άλλη μία φορά να εργαστείτε πάρα πολύ πάνω σε όλες αυτές τις έννοιες, πριν συνεχίσετε στο επόμενο κεφάλαιο. Οτιδήποτε αναπτύσσουμε σ' αυτό το βιβλίο αφορά πάρα πολύ τη δική μας οπτική και είναι σημαντικό να βρείτε τις δικές σας ερωτήσεις, αλλά και τις δικές σας απαντήσεις, που αφορούν όλα αυτά τα ζητήματα. Δεν υπάρχει πάντα μόνο μία «σωστή» απάντηση σε μία ερώτηση, ειδικά όσον αφορά την ανθρώπινη ύπαρξη. Επομένως, η εσωτερική αναζήτηση και η ανακάλυψη της αλήθειας του εαυτού μας είναι ζητήματα που χρειάζεται να κάνουμε μόνοι μας και μαζί με τον σύντροφό μας, αξιοποιώντας διάφορα εργαλεία και γνώση, που αποκτάμε κατά τη διάρκεια της ζωής μας. Ας έχουμε ανοιχτούς ορίζοντες, για να εξελισσόμαστε ακόμα περισσότερο, όσο αποκτάμε νέες γνώσεις και εφαρμόζοντάς τες.

Αξιοποιείστε λοιπόν, όλα αυτά τα στοιχεία του εαυτού σας με επίγνωση και προς όφελός σας για να βελτιώσετε τον εαυτό σας, τη ζωή και τη σχέση σας. Γίνετε κύριοι του εαυτού σας και καλλιεργήστε ολικό έλεγχο των πράξεων και των συμπεριφορών σας.

Στο επόμενο κεφάλαιο, θα ασχοληθούμε με τις βασικότερες αρνητικές συμπεριφορές, που παρουσιάζουν πολλά ζευγάρια, τις οποίες, όταν τις αναγνωρίσετε και τις αποδεχτείτε, θα μπορέσετε να τις διορθώσετε και να μην τις επαναλάβετε χρησιμοποιώντας ό,τι μάθατε από το πρώτο κεφάλαιο και τα μοντέλα του εαυτού...

2

Κύριες αρνητικές συμπεριφορές και καταστάσεις
σε ένα ζευγάρι

Αυτό το κεφάλαιο πραγματεύεται τις πολύ βασικές αρνητικές συμπεριφορές ανάμεσα σε ένα ζευγάρι, καθώς και τις αρνητικές καταστάσεις, στις οποίες μπορούμε να εγκλωβιστούμε μέσα στη ζωή και στη σχέση μας. Θα σας προκαλέσει με πολλούς τρόπους και θα σας βοηθήσει να εντοπίσετε πολλά λάθη και ελαττώματα στις συμπεριφορές σας, αλλά και να ξεκινήσετε να πράττετε με πιο ώριμο και συνειδητοποιημένο τρόπο. Θα δείτε ακόμα περισσότερο πώς εκφράζονται στοιχεία του περιορισμένου, του αντιδραστικού και του κατώτερου σεξουαλικού/ερωτικού εαυτού σας και θα ανακαλύψετε πώς να σταματήσετε να λειτουργείτε με αυτούς τους αρνητικούς τρόπους.

Όλες αυτές τις συμπεριφορές που αναλύουμε σ' αυτό το κεφάλαιο, τις έχουμε κάνει φυσικά κι εμείς λίγο, πολύ, πάρα πολύ ή ακόμη και με τραγική ένταση στη σχέση μας και κάποιες τις παρουσιάζουμε μέχρι και σήμερα. Αυτό το λέμε, γιατί είναι φυσιολογικό να συμβούν λόγω της ατελούς μας φύσης και γιατί όσο και να εργαστούμε με τον εαυτό μας και τη σχέση μας, πάλι θα χρειαζόμαστε πολύ περισσότερη ατομική και συντροφική εργασία. Οπότε, μην πανικοβάλλεστε και μη θεωρήσετε ότι δεν υπάρχει ελπίδα για τη σχέση σας. Αν υπάρχει πραγματική αγάπη όλα λύνονται.

Εξετάζοντας λοιπόν τις συμπεριφορές στη συντροφική σχέση μας, μπορούμε να κατανοήσουμε ακόμα καλύτερα τον εαυτό μας και τον σύντροφό μας. Για να είμαστε ξεκάθαροι όμως, όταν αναφερόμαστε στη σχέση με τον σύντροφό σας, αναφερόμαστε στη σχέση με τον πλήρη αντανακλαστικό εαυτό σας, δηλαδή τον άνθρωπο, τον οποίο αγαπάτε και με τον οποίο ξέρετε ότι θέλετε να ζήσετε όλη τη ζωή σας μαζί. Μιλάμε για τον άνθρωπο που ακόμη κι αν δεν είστε απολύτως βέβαιοι για τη σχέση σας, επειδή είστε σε πολύ αρχικό στάδιο (κάτι που είναι φυσιολογικό), θέλετε να δοκιμάσετε να πετύχετε στη σχέση σας, γιατί υπάρχουν πιθανότητες να είναι η σχέση της ζωής σας.

Σε καμία περίπτωση δεν αναφερόμαστε σε σχέσεις της πλάκας με τον κάθε άνθρωπο, που έχετε σεξουαλική επαφή. Αυτό το ξεκαθαρίζουμε, γιατί δυστυχώς πολλά ζευγάρια, που έχουμε γνωρίσει, νομίζουν επειδή έχουν σεξουαλικές επαφές με κάποιον άνθρωπο και περνάνε λίγο χρόνο μαζί για βόλτες, ότι αυτό είναι μία σοβαρή σχέση. Επομένως, κάθε αναφορά μας σε συντροφική σχέση, σχετίζεται αποκλειστικά και μόνο με τη σχέση, στην οποία είμαστε απολύτως συνειδητοποιημένοι και αγαπάμε τον σύντροφό μας, και απλά δε γνωρίζουμε ακόμη τόσο βαθιά τον εαυτό μας, δεν έχουμε αναπτύξει τον απαραίτητο αυτοέλεγχο και έτσι δε γνωρίζουμε τους κατάλληλους τρόπους για να συμπεριφερόμαστε.

Επίσης, πριν ξεκινήσουμε να αναλύουμε τις συμπεριφορές, είναι χρήσιμο να πούμε ότι τα προβλήματα στη ζωή έχουν να κάνουν με θέματα υγείας, με πολύ σοβαρά οικονομικά ζητήματα, με αυτοκαταστροφικές τάσεις και με σωματική κακοποίηση και κάθε είδους βία. Οτιδήποτε άλλο αντιμετωπίζουμε, όπως ένας λεκτικός καβγάς με τον σύντροφό μας ή η έκθεση διαφορετικών απόψεων, είναι απλά μία δυσκολία ή πρόκληση για να μας βοηθήσει να βελτιωθούμε. Οπότε, με βάση αυτό αναρωτηθείτε πόσο σημαντικά και μεγάλα είναι τα «προβλήματα» στη ζωή και στη σχέση σας. Αυτή η οπτική θα σας βοηθήσει να μη διογκώνετε οτιδήποτε βιώνετε, να μην υπερβάλλετε και να βλέπετε την αλήθεια του μεγέθους και της σοβαρότητας μίας κατάστασης και συμπεριφοράς. Γιατί πολλές φορές τείνουμε να υπερβάλλουμε και να μεγαλώνουμε μέσα στη φαντασία μας οτιδήποτε βιώνουμε, με αποτέλεσμα να «βασανίζουμε» τον εαυτό μας για μικρά πράγματα.

Αυτό είναι σημαντικό να το κατανοήσουμε και να το αποτρέψουμε, καθώς πολλά από τα «προβλήματα», που βιώνουμε στη ζωή σχετίζονται με κάποιον άλλον άνθρωπο. Δηλαδή, μπορεί να έχουμε οικογενειακά «προβλήματα», «προβλήματα» με φίλους και συναδέλφους ή «προβλήματα» με τον σύντροφό μας. Επομένως, για να μη βλάπτουμε τη σχέση με τον σύντροφό μας, αλλά και τις άλλες κοινωνικές σχέσεις μας, είναι κρίσιμο να κρίνουμε κάθε κατάσταση με βάση την αλήθεια και όχι το τι θεωρούμε ως αλήθεια. Να αντιμετωπίζουμε κάθε κατάσταση με τη σοβαρότητα που της αρμόζει και ούτε να υπερβάλλουμε, ούτε όμως να γινόμαστε έρμαιο άλλων ανθρώπων, αλλά να βρισκόμαστε σε μία κατάσταση ωριμότητας και ισορροπίας...

Κάτι τελευταίο, που είναι εξίσου σημαντικό να έχουμε ως κύρια προϋπόθεση στη συντροφική μας σχέση, είναι το να συμπεριφερόμαστε στον σύντροφό μας με τον καλύτερο δυνατό τρόπο. Να του συμπεριφερόμαστε δηλαδή, και όπως θέλουμε να μας συμπεριφέρεται αυτός/ή, αλλά και με βάση τη μοναδικότητα και τα υγιή «θέλω» του. Να μην κάνουμε πράξεις, τις οποίες οι ίδιοι μας δε θέλουμε να κάνει ο σύντροφός μας σε εμάς και να σεβόμαστε τη διαφορετικότητά του. Αυτό σημαίνει να είμαστε η αγνή, αυθεντική και ειλικρινής αντανάκλαση ο ένας του άλλου. Αν, παραδείγματος χάριν, νιώθουμε ότι θέλουμε να φωνάξουμε στον σύντροφό μας ή να μιλήσουμε άσχημα ή να συμπεριφερθούμε με οποιονδήποτε άλλον αρνητικό τρόπο, ας σκεφτούμε πολύ σοβαρά τα εξής:

1. Αν ο σύντροφός μου μού συμπεριφερόταν μ' αυτόν τον τρόπο, θα μου άρεσε;
2. Θα συμπεριφερόμουν σε έναν άγνωστο άνθρωπο ή και σε έναν γνωστό με τον οποίο δεν έχουμε στενή σχέση, έτσι όπως συμπεριφέρομαι στον σύντροφό μου;
3. Αφού αγαπώ τον σύντροφό μου, γιατί του συμπεριφέρομαι έτσι;
4. Μήπως θεωρώ τον σύντροφό μου ως δεδομένο και ως ένα άτομο με το οποίο νιώθω τόσο οικεία, που καταλήγω να ξεσπάω άσχημα πάνω του, γιατί «δεν μπορώ» να το κάνω σε άλλους;
5. Μήπως υπάρχει καλύτερος και πιο αξιοπρεπής τρόπος συμπεριφοράς απέναντι στον σύντροφό μου;
6. Μήπως εγώ είμαι αυτός/ή που οφείλει να συμπεριφέρεται με καλύτερο τρόπο;
7. Η αρνητική συμπεριφορά μου πηγάζει από την αλήθεια του εαυτού μου (όπως εξηγήθηκε στο μοντέλο του απεριόριστου εαυτού στο πρώτο κεφάλαιο) ή από κατώτερα ένστικτα άμυνας και ανωριμότητα;
8. Αφού η αρνητική συμπεριφορά μου δε βρίσκεται σε εναρμόνιση με την ταυτότητά μου (υπεύθυνος, ώριμος, δυνατός, συμπονετικός κτλ.), τότε γιατί επιλέγω να συμπεριφέρομαι μ' αυτόν τον βλαβερό τρόπο;
9. Αφού εμένα δε μου αρέσει ο σύντροφός μου να μου συμπεριφέρεται με αρνητικό τρόπο και ούτε που θα τολμούσα να συμπεριφερθώ με ακραίο τρόπο σε γνωστούς ή αγνώστους, γιατί να το κάνω στον σύντροφό μου, ο οποίος είναι ο σημαντικότερος άνθρωπος στη ζωή μου;

10. Τι χρειάζεται να αλλάξω για να βελτιώσω την κάθε αρνητική συμπεριφορά μου;

Αυτές τις ερωτήσεις είναι πολύ χρήσιμο, αλλά και απαραίτητο να τις ρωτάτε στον εαυτό σας καθημερινά. Επίσης, όσο διαβάζετε αυτό το κεφάλαιο, σε κάθε μία συμπεριφορά ή κατάσταση που αναλύουμε, να αναρωτιέστε αν συμπεριφέρεστε έτσι και μετά να ρωτήσετε στον εαυτό σας αυτές τις δέκα ερωτήσεις. Μπορείτε έτσι να έρθετε αντιμέτωποι με τον εαυτό σας και να συνειδητοποιήσετε πολλά λάθη σας. Είναι ένας τρόπος ενδοσκόπησης και ανάληψης ευθυνών. Όταν και οι δύο σύντροφοι αναρωτηθείτε βαθιά μέσα σας αυτά τα ερωτήματα και απαντήσετε με ειλικρίνεια, θα μπορέσετε να κάνετε μεγάλες αλλαγές στις αρνητικές, για τη σχέση σας, συμπεριφορές...

2.1 Η σχέση δεν είναι πρώτη προτεραιότητα

Το βασικότερο ζήτημα σε μία συντροφική σχέση και ειδικά σε έναν γάμο δεν είναι κάποια αρνητική συμπεριφορά, αλλά το να μην είναι η σχέση μεταξύ των συντρόφων ή συζύγων η νούμερο ένα προτεραιότητα στη ζωή. Οπότε, πριν εξετάσετε τις αρνητικές συμπεριφορές σας είναι αναγκαίο να ξεκαθαρίσετε σε τι προτεραιότητα έχετε τη σχέση σας. Αν η συντροφική σχέση είναι για εσάς μία ακόμα κοινωνική σχέση, όπως όλες οι άλλες, τότε μην περιμένετε να βιώσετε ποτέ πραγματική αγάπη και πληρότητα. Αυτό είναι αυτονόητο, όμως δυστυχώς πάρα πολλά ζευγάρια δεν το έχουν καθόλου στον νου τους, γιατί δεν έχουν ξεκαθαρίσει μέσα τους την ταυτότητα, τις αξίες και τις προτεραιότητές τους, καθώς και τον σκοπό της ζωής και της σχέσης τους. Η σχέση με τον σύντροφό μας είναι η πιο στενή και ουσιαστική σχέση, που μπορούμε να κάνουμε στη ζωή (θα το αναλύσουμε με λεπτομέρεια στο τελευταίο κεφάλαιο). Ο σύντροφός μας είναι ο άνθρωπος, ο οποίος θα ενωθεί μαζί μας σε κάθε επίπεδο και μάλιστα ο μόνος άνθρωπος, με τον οποίο κάποια στιγμή θα δημιουργήσουμε μαζί ζωή, κάνοντας παιδιά, μέσα από αγνή αγάπη. Αυτό το θαύμα της ζωής το βιώνουμε με έναν μόνο άνθρωπο. Η σχέση με αυτόν τον άνθρωπο είναι υγιές να είναι η πρώτη μας προτεραιότητα.

Προφανώς, δεν αναφερόμαστε σε ασυνείδητες επιλογές, που πολλές γυναίκες και πολλοί άντρες κάνουν παιδιά με τον οποιονδήποτε. Σ' αυτό το βιβλίο μιλάμε μόνο για ανθρώπους που είναι συνειδητοποιημένοι και θέλουν να πάνε ακόμα παραπέρα τη σχέση τους, γνωρίζοντας καλύτερα τον εαυτό τους και τον σύντροφό τους και μαθαίνοντας τρόπους για να ξεπεράσουν διάφορες δυσκολίες. Φυσικά, κάποιοι άνθρωποι που έκαναν ασυνείδητες πράξεις και λάθη στο παρελθόν, όπως το να κάνουν παιδιά με έναν άνθρωπο που γνώρισαν ένα βράδυ μεθυσμένοι, μπορούν να γίνουν συνειδητοποιημένοι άνθρωποι και να κάνουν πιο υγιείς επιλογές στο παρόν και στο μέλλον. Το παρελθόν δεν καθορίζει το αν και πόσο θα πάρουμε τη ζωή στα χέρια μας και αν και πόσο θα ωριμάσουμε πνευματικά σήμερα. Μεγαλύτερη σημασία έχει το τι επιλέγουμε να κάνουμε τώρα και πόσο δεσμευμένοι είμαστε στην προσωπική και συντροφική εξέλιξή μας. Εμείς θεωρούμε ότι εσείς, ως αναγνώστες, είστε συνειδητοποιημένοι άνθρωποι και γι' αυτό σας μιλάμε με την ανάλογη ωριμότητα και ειλικρίνεια, καθώς και τον ανάλογο σεβασμό.

Επομένως, αν η σχέση με τον σύντροφό μας δεν είναι η νούμερο ένα προτεραιότητα στη ζωή μας, πώς περιμένουμε να είναι μία υγιής και ισορροπημένη σχέση αγάπης; Αν, παραδείγματος χάριν, έχουμε την καριέρα μας ως πρώτη προτεραιότητα, τότε πώς περιμένουμε να ανθίσει η σχέση μας όταν βλέπουμε τον σύντροφό μας μόνο τα σαββατοκύριακα ή αργά το βράδυ μετά από πολλή κούραση; Αν η καλοπέραση και το να βγαίνουμε για καφέδες και ποτά με επιφανειακούς φίλους είναι πάνω από τη σχέση με τον σύντροφό μας, πώς περιμένουμε να αναπτυχθούμε μαζί με τον σύντροφό μας και όχι χώρια και να μη μείνουμε στάσιμοι; Αν δεν κάνουμε δραστηριότητες μαζί με τον σύντροφό μας και δεν είμαστε παραγωγικοί και δημιουργικοί μαζί, πώς περιμένουμε να διατηρήσουμε το πάθος και τον έρωτα στη σχέση; Αν δεν περνάμε ποιοτικό χρόνο με τον σύντροφό μας και επιλέγουμε να βλέπουμε τηλεόραση στον καναπέ, πώς περιμένουμε να μην οδηγήσουμε τη σχέση μας σε μία «νεκρή» κατάσταση συμβιβασμού;

Ακόμη κι αν βρίσκεστε σε γάμο, όπου έχετε παιδιά, πάλι αν η σχέση με τον σύντροφό σας δεν είναι πρώτη προτεραιότητα, δε θα μπορέσετε να αναπτυχθείτε. Η ανατροφή των παιδιών είναι, αν όχι η μεγαλύτερη ευθύνη, σίγουρα μία από τις μεγαλύτερες ευθύνες, που μπορούμε να αναλάβουμε ως άνθρωποι. Επομένως, είναι κρίσιμο τα παιδιά να γεννηθούν από πραγματική αγάπη και συνειδητή επιλογή του ζευγαριού και όχι από κάποιο «πρέπει», όπως «πρέπει να παντρευτούμε και να κάνουμε παιδιά, γιατί τα χρόνια περνάνε», ούτε από κάποιο ανώριμο λάθος ή απροσεξία. Αυτό είναι σημαντικό, καθώς αν δεν είναι ο λόγος η αγνή αγάπη, τότε είναι πιθανό τα παιδιά να ανατραφούν με έναν επιφανειακό και ανεπαρκή τρόπο.

Οι γονείς είναι κρίσιμο να είναι το υγιές πρότυπο αγάπης, αλληλοϋποστήριξης και ένωσης για τα παιδιά. Αν όμως, δεν έχουν τη σχέση τους ως πρώτη προτεραιότητα, τότε πώς θα μάθουν τα παιδιά ποια είναι η αγάπη; Αν οι γονείς δεν παραμένουν ερωτευμένοι, δε στηρίζουν ο ένας τον άλλον, δεν περνάνε χρόνο μαζί και έχουν μία τυπική σχέση, τότε πώς τα παιδιά θα χτίσουν μία υγιή και ισορροπημένη εικόνα συντροφικής σχέσης; Με το να βάζουν οι σύντροφοι τη σχέση τους χαμηλά, κάνουν ζημιά και στα παιδιά τους, καθώς τα παιδιά θα μάθουν ότι ο γάμος είναι κάτι το επιφανειακό, χωρίς αγάπη και μάλιστα με πολλά προβλήματα. Έτσι, είναι πολύ πιθανό τα παιδιά να δημιουργήσουν έναν παρόμοιο επιφανειακό γάμο στο μέλλον και να μη βιώσουν πραγματική αγάπη στη ζωή τους.

Σημαντικό είναι επίσης, οι γονείς να μην υποβαθμίσουν τη σχέση τους όταν γεννηθούν τα παιδιά. Γιατί, ναι μεν είναι αναγκαίο να κάνουν το καλύτερο που μπορούν για τα παιδιά τους, αλλά αν «ξεχάσει» ο ένας τον άλλον όσο μεγαλώνουν τα παιδιά, κατά πάσα πιθανότητα θα μετατραπούν σε μη υγιή πρότυπα γι' αυτά. Επομένως, δεν εννοούμε να παραμελήσουν τα παιδιά τους, αλλά να είναι τόσο δεμένοι και αγαπημένοι σαν ζευγάρι, που θα είναι μαζί οι καλύτεροι γονείς για τα παιδιά τους και θα μπορούν να εκφράσουν και τη συντροφική, αλλά και τη γονική αγάπη με τον καλύτερο δυνατό τρόπο.

Μάλιστα, όταν τα παιδιά μεγαλώσουν, φύγουν από το σπίτι και χτίσουν τη δική τους ζωή, οι γονείς θα έχουν μείνει με μία «νεκρή» σχέση και θα είναι σαν δύο ξένοι, αν έχουν υποβαθμίσει τη μεταξύ τους σχέση όλα αυτά τα χρόνια. Αυτό θα προκαλέσει μεγάλη απογοήτευση στο ζευγάρι και είναι άσχημο να συμβεί μετά από τόσα χρόνια γάμου...

Το υγιές είναι να γινόμαστε πιο δεμένοι με τον σύντροφό μας καθώς περνάνε τα χρόνια, και όχι να απομακρυνόμαστε, όπως συμβαίνει σε πολλά παντρεμένα ζευγάρια. Οπότε, η συντροφική σχέση είναι σημαντικό να είναι πάντα η πρώτη προτεραιότητα. Τότε είναι που θα μπορούν οι σύντροφοι να δώσουν όλη την απαραίτητη φροντίδα και προσοχή που χρειάζονται τα παιδιά τους, για να τα βοηθήσουν να γίνουν ώριμοι, δυνατοί και ανεξάρτητοι άνθρωποι, όταν μεγαλώσουν και είναι η ώρα να φύγουν και να κάνουν τη ζωή τους με τον δικό τους σύντροφο.

Βλέπουμε λοιπόν, πόσο σημαντικό είναι το ζευγάρι να έχει ως πρώτη προτεραιότητα τη σχέση τους και πόσο μεγάλη ευθύνη είναι αυτή, τόσο για τη δική τους εξέλιξη, όσο και για την κατάλληλη ανατροφή των παιδιών τους, αν αποφασίσουν να αναλάβουν μία τόσο μεγάλη ευθύνη. Αυτό θα γίνει ακόμα πιο ξεκάθαρο, όταν θα ασχοληθούμε με τις συμπεριφορές που είναι επηρεασμένες από το παρελθόν, στη συνέχεια του κεφαλαίου.

Προβληματιστείτε επομένως, σε οτιδήποτε αναπτύξαμε παραπάνω, για να βρείτε ποια είναι η αλήθεια για εσάς. Εργαστείτε επίσης, με πολλή προσοχή και ειλικρίνεια πάνω σε όλα τα μοντέλα του εαυτού, από το πρώτο κεφάλαιο και ειδικά πάνω στο μοντέλο του υπαρξιακού εαυτού, το οποίο αποσκοπεί στην ανακάλυψη του σκοπού της ύπαρξής μας και επομένως και του σκοπού της σχέσης μας. Βρείτε ατομικά, και έπειτα μαζί με τον σύντροφό σας, ποιος είναι ο σκοπός της σχέσης σας και ορίστε μαζί την πορεία της, χωρίς να την αφήνετε στην τύχη της.

Το να είμαστε βέβαιοι για τον σκοπό της σχέσης μας και να έχουμε τη σχέση μας ως πρώτη προτεραιότητα, είναι δύο από τις βασικότερες προϋποθέσεις για την επιτυχία μίας συντροφικής σχέσης, όπως θα δούμε αναλυτικότερα και στο επόμενο κεφάλαιο. Αν αυτές οι προϋποθέσεις δεν είναι τα βασικά θεμέλια της σχέσης, τότε δε θα μπορούμε να την εξελίξουμε.

Ώρα για ενδοσκόπηση

- Εσείς έχετε ως πρώτη προτεραιότητα στη ζωή σας τη σχέση με τον σύντροφό σας; Αν ναι, γιατί και πού σας ωφελεί αυτό; Αν όχι, γιατί; Είναι η σχέση με τον σύντροφό σας απλά μία τυπική σχέση;

- Βάζετε άλλους ανθρώπους πάνω από τον εαυτό σας, τον σύντροφό σας και τη μεταξύ σας σχέση; Αν ναι, γιατί το κάνετε; Πού σας ωφελεί αυτό;
- Τι χρειάζεται να κάνετε για να είναι η σχέση με τον σύντροφό σας πάντα η πρώτη προτεραιότητα στη ζωή σας;
- Τι χρειάζεται να κάνετε για να ανθίσει η σχέση με τον σύντροφό σας;

2.2 Κριτική, κατηγορία, υποβιβασμός και χλευασμός

Τώρα που θέσαμε γερές βάσεις προβληματισμού για τα θεμέλια μίας σχέσης και τις προτεραιότητές της, μπορούμε να εξετάσουμε τις κυριότερες αρνητικές συμπεριφορές και καταστάσεις, που μπορούμε να βιώσουμε στη σχέση μας. Ας ξεκινήσουμε με την αρνητική κριτική.

Έχετε κρίνει ποτέ αρνητικά τον σύντροφό σας; Έχετε κατηγορήσει ποτέ τον σύντροφό σας; Η απάντηση εδώ είναι μάλλον θετική και στις δύο ερωτήσεις. Δυστυχώς, η κριτική και η κατηγορία του συντρόφου είναι δύο από τις πιο συχνές συμπεριφορές στη σχέση. Μπορεί πολλές φορές να κρίνουμε τον σύντροφό μας εποικοδομητικά με σκοπό τη βελτίωσή του και την πρόοδο της σχέσης. Αυτό είναι υγιές, αν γίνει βέβαια με σεβασμό, κατανόηση και πρόθεση να βοηθήσουμε τον σύντροφο. Έτσι, η κριτική παίρνει τη χροιά της αξιολόγησης, που αποσκοπεί στην πρόοδο και στην περαιτέρω ένωση του ζευγαριού. Άλλες φορές μάλιστα, μπορεί να εντοπίσουμε μία αρνητική συμπεριφορά στον σύντροφό μας και να του πούμε ευγενικά την παρατήρησή μας. Έτσι, μπορεί να συζητήσουμε, αν όντως καταλάβαμε σωστά κι αν ναι, τότε να του ζητήσουμε με σεβασμό να την αλλάξει και να τον βοηθήσουμε. Αυτά είναι σημαντικό να συμβαίνουν σε ένα ζευγάρι και ο ένας να βοηθάει τον άλλον να διορθώσει αρνητικές συμπεριφορές μέσα από μία συζήτηση κατανόησης και αγάπης.

Δυστυχώς όμως, δε συμπεριφερόμαστε πάντα με τόσο ισορροπημένο και ειλικρινή τρόπο και καταφεύγουμε σε κριτική ή κατηγορία. Αυτό συμβαίνει, γιατί ο νους μας εστιάζει αυτόματα πιο εύκολα σε αρνητικά στοιχεία, όπως εξηγήσαμε στο πρώτο κεφάλαιο, στο μοντέλο του αντιδραστικού εαυτού. Η κριτική και η κατηγορία είναι συμπεριφορές, που σχετίζονται με το να ρίχνουμε το φταίξιμο στον σύντροφό μας και να μην παραδεχόμαστε τα λάθη μας ή την αρνητική συμπεριφορά μας.

Με λίγα λόγια, κατηγορούμε τον σύντροφό μας για τα δικά μας αρνητικά γνωρίσματα. Μπορεί να κρίνουμε τον σύντροφο ως ανασφαλή, επειδή είμαστε εμείς ανασφαλείς και δε μας αρέσει, ή μπορεί να κρίνουμε τον σύντροφο ως αυθάδη, ενώ είμαστε εμείς αυθάδεις. Μπορεί επίσης, να κατηγορήσουμε τον σύντροφό μας ότι έχει νεύρα, γιατί εμείς είμαστε θυμωμένοι εκείνη τη στιγμή ή ότι αγχώνεται με το παραμικρό, ενώ εμείς είμαστε αυτοί που έχουν τώρα άγχος. Μπορεί να φταίμε εμείς για κάτι άσχημο που συνέβη, όμως να το αρνούμαστε και να κατηγορούμε τον σύντροφο. Δηλαδή, οτιδήποτε αρνητικό κάνουμε εμείς και δε θέλουμε να το παραδεχτούμε, το «ρίχνουμε» πάνω στον σύντροφό μας, για να νιώθουμε εμείς καλύτερα. Γι' αυτόν τον λόγο, πολλοί άνθρωποι τείνουν να κατηγορούν τον σύντροφό τους για διάφορες δυσκολίες που έχουν στη σχέση τους ή για το παραμικρό που συμβαίνει, αλλά ποτέ τον εαυτό τους. Έτσι, δεν παίρνουν την ευθύνη του εαυτού, των συναισθημάτων και των πράξεών τους.

Βέβαια, μπορεί να κατηγορήσουμε τον σύντροφό μας για μία αρνητική συμπεριφορά ή ένα λάθος του, που είναι αληθινό και δε σχετίζεται με τη δική μας αδυναμία παραδοχής των λαθών μας. Όμως και πάλι, αυτός δεν είναι ένας ώριμος τρόπος αντιμετώπισης. Είναι προτιμότερο να μιλήσουμε ευγενικά στον σύντροφό μας και με σεβασμό να κάνουμε την παρατήρησή μας, όχι μόνο γιατί τον αγαπάμε και δε θέλουμε να του συμπεριφερόμαστε άσχημα, αλλά και γιατί, αν του πάμε κόντρα και τον κρίνουμε, είναι πολύ πιθανό να ενισχύσει την ήδη αρνητική συμπεριφορά του ως μία μορφή άμυνας και υπεράσπισης του εαυτού του. Επομένως, είναι εύλογο, ότι το να κρίνουμε και να κατηγορούμε τον σύντροφό μας δεν είναι ένας ισορροπημένος τρόπος συμπεριφοράς.

Άλλες φορές μάλιστα, μέσα από την κριτική του συντρόφου, μπορεί να προκύψει και χλευασμός ή υποβιβασμός. Όσο κρίνουμε αρνητικά τον σύντροφό μας, μπορούμε να πέσουμε ακόμα χαμηλότερα και να τον κοροϊδέψουμε. Όχι όμως με τη μορφή πειράγματος, που με αγνή διάθεση λέμε στην πλάκα κάποια αρνητικά στοιχεία του συντρόφου, για να τα βελτιώσει, όπως όταν αυτοσαρκαζόμαστε, αλλά για να προσπαθήσουμε να «ρίξουμε» ασυνείδητα ή και συνειδητά τον σύντροφό μας στο ίδιο χαμηλό επίπεδο, που βρισκόμαστε εμείς.

Έτσι, μπορούμε να πούμε «δεν μπορείς να καταφέρεις τίποτα, γιατί είσαι ανίκανος/η και ηλίθιος/α» ή «οτιδήποτε έχεις πετύχει το έκανες από τύχη, γιατί είσαι χαζός/ή». Αυτό συμβαίνει, γιατί νιώθουμε άσχημα με τον εαυτό μας. Έτσι, θέλουμε να υποβιβάσουμε τον σύντροφό μας, για να νιώσουμε καλύτερα εμείς. Δηλαδή, επειδή εμείς έχουμε «τοποθετήσει» χαμηλή αυταξία σε εμάς (μοντέλο του εξελιγμένου εαυτού), θέλουμε και ο σύντροφός μας να έχει χαμηλή αυταξία, έτσι ώστε να θεωρούμε ότι δεν είμαστε μόνο εμείς «ανίκανοι» ή οποιοσδήποτε άλλος χαρακτηρισμός. Σκοπός είναι να «ανεβούμε» εμείς πιο ψηλά στα μάτια μας «υποβιβάζοντας» τον σύντροφό μας, τον οποίο πιθανότητα ζηλεύουμε.

Ένα συχνό παράδειγμα προσπάθειας υποβιβασμού, είναι η απόκτηση του χρήματος. Δηλαδή, ένας άνθρωπος που δεν είναι οικονομικά άνετος, χλευάζει έναν πλούσιο, λέγοντας ότι έβγαλε τα χρήματά του μέσω εκμετάλλευσης. Αυτό το κάνει για να «υποβιβάσει» κάποιον άνθρωπο, τον οποίο ζηλεύει, γιατί έχει πετύχει κάτι που αυτός δεν μπόρεσε να πετύχει. Αυτή η συμπεριφορά συναντάται και στο πλαίσιο της σχέσης με τον σύντροφό μας, που αν ο ένας σύντροφος έχει μία επιτυχημένη καριέρα με πολλά χρήματα, ενώ ο άλλος δεν έχει, μπορεί ο δεύτερος να τον κρίνει, λέγοντας ότι δε βγάζει με την αξία του αυτά τα χρήματα. Αυτό συμβαίνει λόγω ζήλιας. Το υγιές όμως σε μία σχέση είναι να θαυμάζει και να βοηθάει ο ένας τον άλλον και να χαίρεται πραγματικά με τις επιτυχίες του συντρόφου του. Ακόμα καλύτερα, είναι να θέτουν οι σύντροφοι κοινούς στόχους και να τους πετυχαίνουν μαζί.

Προφανώς και κατανοείτε πόσο δυσλειτουργικές είναι οι συμπεριφορές της ζήλιας και του χλευασμού και πόσο πολύ χρήζουν άμεσης αλλαγής. Είναι σημαντικό να τονίσουμε, ότι παρόλο που ο σύντροφός μας μπορεί να μας χλευάζει και να θέλει να μας υποβιβάσει, κατά πάσα πιθανότητα είναι επειδή δε γνωρίζει κάποιον καλύτερο τρόπο για να εκφράσει τις εσωτερικές δυσκολίες που βιώνει. Δηλαδή, δε σημαίνει ότι δε μας αγαπάει, αλλά ότι δεν ξέρει πώς να εκφράσει την αγάπη του, γιατί δεν έχει ακόμη ξεκαθαρίσει την ταυτότητά του και δεν έχει εργαστεί επαρκώς με τον εαυτό του. Έτσι, κρίνει με βάση τις καλύτερες πληροφορίες που έχει συλλέξει μέχρι σήμερα (μοντέλο του ισορροπημένου εαυτού), οι οποίες δυστυχώς είναι περιορισμένες και περιοριστικές. Γι' αυτό, χρειάζεται κατανόηση και φυσικά βοήθεια από εμάς.

Σημαντικό είναι επίσης, να κατανοήσουμε ότι κανένας άνθρωπος, ούτε ο πλήρης αντανακλαστικός εαυτός μας, δεν μπορεί να μας «ανεβάσει» ή «κατεβάσει». Δηλαδή, κανένας δεν έχει τη δύναμη να αυξήσει ή να μειώσει την ποιότητα και την αλήθεια μας. Έτσι, είτε ο σύντροφός μας μάς εξυψώνει και μας θαυμάζει, είτε μας χλευάζει και μας βρίζει, δεν μπορεί να μας επηρεάσει, αν εμείς δεν το επιτρέψουμε. Αν γνωρίζουμε το ποιοι πραγματικά είμαστε, και είμαστε βέβαιοι και σταθεροί σ' αυτό, κανένας δεν μπορεί να μας επηρεάσει με κανέναν τρόπο στη ζωή. Αυτό είναι πραγματική δύναμη και θα το εξηγήσουμε και στο επόμενο κεφάλαιο που αναλύουμε την υπευθυνότητα και τη σχέση της με τα συναισθήματα και τις προσβολές.

Τώρα ξέρετε ότι αν ο σύντροφός σας σάς κρίνει, σας κατηγορεί ή σας χλευάζει δεν έχει τη δύναμη να σας επηρεάσει. Οπότε, μπορείτε εσείς ως πιο ώριμοι και δυνατοί άνθρωποι, να τον βοηθήσετε να διορθώσει τον αρνητικό τρόπο με τον οποίο εκφράζεται και συμπεριφέρεται ή ο σύντροφός σας να βοηθήσει εσάς, αν εσείς παρουσιάζετε συμπεριφορές κριτικής και υποβιβασμού.

Ώρα για ενδοσκόπηση

- Αναλογιστείτε λοιπόν, πότε και πόσες φορές κρίνετε, κατηγορείτε και χλευάζετε τον σύντροφό σας. Σκεφτείτε τους λόγους για τους οποίους συμπεριφέρεστε έτσι, για να μπορέσετε να λύσετε το ζήτημα από τη ρίζα του.
- Σκεφτείτε και βρείτε εναλλακτικούς τρόπους με τους οποίους μπορείτε να εκφραστείτε με περισσότερο σεβασμό και να μη «ρίχνετε» το φταίξιμο στον σύντροφό σας. Τι ακριβώς χρειάζεται να αλλάξετε σε κάθε μία από αυτές τις συμπεριφορές;
- Απαντήστε ξανά τις δέκα ερωτήσεις από την εισαγωγή του κεφαλαίου, αυτήν τη φορά συγκεκριμένα για την κριτική, την κατηγορία, τον υποβιβασμό και τον χλευασμό.

2.3 Χειραγώγηση, έλεγχος, κτητικότητα και απαιτήσεις

Μία ακόμα δυσλειτουργική συμπεριφορά, που μπορούμε να παρουσιάσουμε στη σχέση μας είναι η χειραγώγηση. Η χειραγώγηση είναι η συμπεριφορά κατά την οποία ο ένας σύντροφος θέλει να έχει τον έλεγχο στη σχέση, και για να το πετύχει αυτό, προσπαθεί με ύπουλο τρόπο να επηρεάσει τις επιλογές του συντρόφου του και να τον κατευθύνει. Ο σύντροφος που παρουσιάζει συμπεριφορές χειραγώγησης βασίζεται πολλές φορές σε προσδοκίες και εγκλωβιστικές πεποιθήσεις, που έχει χτίσει, για το πώς «πρέπει» να είναι η συντροφική σχέση και η συμπεριφορά του συντρόφου του. Η χειραγώγηση μπορεί πολύ εύκολα να καταστρέψει μία σχέση, αν οι σύντροφοι ή τουλάχιστον ο ένας από τους δύο δεν αντιλαμβάνονται ότι συμβαίνει και δε γνωρίζουν πώς να την αντιμετωπίσουν. Η χειραγώγηση συνδέεται επίσης, με πολλές άλλες αρνητικές συμπεριφορές, όπως την κτητικότητα, τις οποίες και θα αναλύσουμε.

Μπορούμε να συμπεριφερθούμε χειριστικά, είτε ασυνείδητα, χωρίς δηλαδή να το αντιλαμβανόμαστε, είτε συνειδητά με απόλυτη γνώση των πράξεών μας. Σε κάθε περίπτωση είναι κρίσιμο να σταματήσουμε να συμπεριφερόμαστε με αυτόν τον τρόπο, αλλιώς θα βλάψουμε τη σχέση μας. Η χειραγώγηση εκφράζεται συνήθως με τους ακόλουθους τρόπους:

α) Η χειραγώγηση πολλές φορές έχει σκοπό την κυριαρχία. Όπως είπαμε παραπάνω, ο σύντροφος, που συμπεριφέρεται χειριστικά, επιθυμεί να έχει το «πάνω χέρι» στη σχέση ή θέλει να νιώθει πως έχει το «πάνω χέρι» στη σχέση. Επειδή είναι ανασφαλής και έχει έντονη την ανάγκη της αποδοχής (όπως περιγράψαμε στο μοντέλο του αντιδραστικού εαυτού), θέλει να καλύψει αυτήν την ανάγκη και να «ανεβάσει» την αυταξία του, παίρνοντας τον έλεγχο της σχέσης.

Θέλει ο σύντροφός του να είναι υποτακτικός και να κάνει οτιδήποτε εξυπηρετεί τις ανάγκες και τα εγωιστικά «θέλω» του. Για να το πετύχει αυτό, παριστάνει το θύμα και τον αδικημένο, έτσι ώστε να «μετατρέψει» τον σύντροφό του σε «αληθινό θύμα», που έχει άγνοια της ύπουλης αυτής συμπεριφοράς. Δηλαδή, ο χειριστικός σύντροφος θα χρησιμοποιήσει τις ενοχές, τις τύψεις και τις απειλές, για να φανεί ως το θύμα της σχέσης και έτσι να εκμεταλλευτεί τα συναισθήματα του συντρόφου του και να τον «θυματοποιήσει».

Συμπεριφέρεται ανώριμα και ασυνείδητα. Μπορεί να συμπεριφερθεί όπως συμπεριφερόταν όταν ήταν παιδί για να πετύχει αυτό που θέλει. Με άλλα λόγια, μπορεί να πει ότι «μ' έκανες να νιώσω άσχημα, που δεν ήρθες να με πάρεις από τη δουλειά, ενώ χθες μου είπες ότι θα το κάνεις» (χρήση τύψεων) ή ότι «αν δεν έρθεις να με πάρεις από τη δουλειά αύριο, θα έχουμε πρόβλημα» (χρήση απειλής). Βλέπετε, ότι η ίδια η χρήση της γλώσσας είναι εντελώς χειριστική και μάλιστα χωρίς υπευθυνότητα.

Όπως όμως εξηγήσαμε και στη συμπεριφορά του υποβιβασμού, κανένας άνθρωπος δεν μπορεί να μας επηρεάσει αν δεν το επιτρέψουμε. Έτσι, οι ενοχές και οι απειλές δεν μπορούν να έχουν κανέναν αντίκτυπο, αν εμείς είμαστε δυνατοί και σταθεροί στην αλήθεια μας. Αν όμως δεν είμαστε, τότε μπορεί να εγκλωβίσουμε τον εαυτό μας σε μία κατάσταση συναισθηματικού χάους με τον σύντροφό μας, όπου νιώθουμε συνεχώς άσχημα για οτιδήποτε κάνουμε (ο χειριστικός σύντροφος πετυχαίνει τον σκοπό του) ή θα έρθουμε σε μεγάλες συγκρούσεις με τον σύντροφό μας, γιατί δε θα δεχόμαστε αυτήν τη συμπεριφορά (ο χειριστικός σύντροφος δεν πετυχαίνει τον σκοπό του). Φυσικά, το αποτέλεσμα και στις δύο αυτές εκδοχές είναι η πρόκληση βλάβης στη σχέση ή ακόμα και ο χωρισμός.

β) Εκτός από τον έλεγχο της σχέσης μέσα από τύψεις και απειλές, η χειραγώγηση μπορεί να εκδηλωθεί και με τη μορφή της κτητικότητας. Δηλαδή, ο ένας σύντροφος θέλει να νιώθει ότι «του ανήκει» ο άλλος. Αυτό πηγάζει από ανασφάλεια και ανάγκη αποδοχής, όπως και στην περίπτωση της κυριαρχίας. Ο σύντροφος, που εκφράζει κτητικότητα, θέλει απεγνωσμένα να νιώθει ότι κάποιος τον αποδέχεται και «του δίνει» αξία. Έτσι, προσκολλάται με τέτοιον τρόπο στον σύντροφό του, που θέλει να είναι «δικός του». Αυτό σημαίνει, ότι θέλει και πάλι να έχει τον έλεγχο των πράξεων του συντρόφου του, για να αισθάνεται καλά με τον εαυτό του.

Με βάση τον σύντροφο που παρουσιάζει κτητικότητα, ο σύντροφός του απαγορεύεται να έχει φίλους ή στενές σχέσεις με άλλους ανθρώπους ή να κάνει κάτι χωρίς την έγκριση του συντρόφου του. Αν δεν ικανοποιήσει τα εγωιστικά «θέλω» του συντρόφου του, ο οποίος παρουσιάζει κτητικότητα, τότε θα πρέπει να νιώσει άσχημα. Παραδείγματος χάριν, θα μπορούσε να πει στον σύντροφό του, ότι είναι απαράδεκτος που δεν τον προσκάλεσε για καφέ με τους φίλους του και έβαλε τη σχέση τους «κάτω» από τους φίλους.

Σε μία ισορροπημένη σχέση, οι σύντροφοι είναι υγιές να έχουν κοινούς φίλους και να κάνουν κυριολεκτικά τα πάντα μαζί. Αυτό όμως είναι υγιές να συμβαίνει από αγάπη και όχι από εξαναγκασμό ή καταπίεση. Αν ο ένας σύντροφος θέλει να κάνει κάτι μόνος του, είναι ελεύθερος να το κάνει. Γι' αυτόν τον λόγο, είναι σημαντικό, να ξεκαθαρίζουμε με τον σύντροφό μας τι θέλουμε και τι δε θέλουμε, για ποιους λόγους κάνουμε οτιδήποτε κάνουμε (μοντέλο του υπαρξιακού εαυτού) και να έχουμε και οι δύο τη σχέση μας ως πρώτη προτεραιότητα συνειδητά.

Επομένως, μπορούμε να ξεκαθαρίσουμε ότι θέλουμε να κάνουμε τα πάντα μαζί στη σχέση, αλλά είναι σημαντικό να είναι ένα κοινό «θέλω» σύνδεσης του ζευγαριού και όχι να γίνεται από ανάγκη και ανασφάλεια του ενός συντρόφου. Βλέπετε εδώ, πόσο μεγάλη σημασία έχει να προσδίδουμε μεγάλη αξία στον εαυτό μας, με βάση το ποιοι πραγματικά είμαστε, έτσι ώστε να μην έχουμε καμία ανάγκη να «πάρουμε» αξία από οτιδήποτε εξωτερικό όπως μία κατάσταση ή έναν άνθρωπο, δηλαδή τον σύντροφό μας. Αν γνωρίζουμε την αληθινή αξία μας και την αξία του συντρόφου μας, τότε είναι μόνο που μπορούμε να δημιουργήσουμε μία κοινή πορεία στη ζωή με κοινά «θέλω» και χωρίς την ανάγκη να ελέγξουμε ο ένας τον άλλον.

γ) Ένας άλλος τρόπος, με τον οποίο μπορεί να εκφραστεί η χειραγώγηση είναι τα παράπονα. Πολλές φορές για να πετύχουμε αυτό που θέλουμε τείνουμε να παραπονιόμαστε. Παραπονιόμαστε στον σύντροφο ότι δεν κάνει αρκετά για εμάς, δε συμπεριφέρεται όπως εμείς θέλουμε ή δε μας δίνει αυτά που θέλουμε. Παραπονιόμαστε για να «πιέσουμε» τον σύντροφό μας να κάνει αυτό που μας εξυπηρετεί. Έτσι, μετά τα παράπονα καταλήγουμε να έχουμε απαιτήσεις. Εδώ πλέον, απαιτούμε από τον σύντροφό μας να συμπεριφέρεται όπως θέλουμε εμείς. Οι απαιτήσεις μπορεί να ακολουθούνται και από απειλές, αλλά και αποποίηση της ευθύνης. Δηλαδή, μπορεί να απειλήσουμε τον σύντροφό μας ότι θα μαλώσουμε ή θα χωρίσουμε αν δεν ικανοποιήσει τις απαιτήσεις μας ή να απαιτήσουμε να σταματήσει μία συμπεριφορά που κάνει, τη στιγμή που συμπεριφερόμαστε κι εμείς με τον ίδιο τρόπο.

Ο υγιής όμως τρόπος είναι να ζητήσουμε ευγενικά από τον σύντροφό μας αυτό που θέλουμε και να αποφασίσουμε μαζί τι είναι καλύτερο να κάνουμε. Αν έχουμε απαιτήσεις από τον σύντροφό μας, σημαίνει ότι δεν τον αποδεχόμαστε ανιδιοτελώς και βασιζόμαστε σε ψευδείς προσδοκίες, που σχετίζονται με τη δική μας παραποιημένη έκδοση τού τι πρέπει και δεν πρέπει να κάνει ο σύντροφός μας. Αντί λοιπόν, να έχουμε μη ρεαλιστικές προσδοκίες για τη συμπεριφορά του συντρόφου μας και να προσπαθούμε να τον ελέγξουμε, είναι υγιές να χτίσουμε μαζί δυνατά πρότυπα (στάνταρντ) για την πορεία της σχέσης μας. Τα πρότυπα αυτά, είναι ένας τρόπος για να προλάβουμε κάθε είδους χειριστική συμπεριφορά, που μπορεί να εμφανίσουμε, αλλά και να σταματήσουμε οποιαδήποτε αντίστοιχη συμπεριφορά.

Μία σχέση λοιπόν, που περιλαμβάνει χειραγώγηση, κτητικότητα και απαιτήσεις δεν μπορεί να είναι υγιής. Η χειραγώγηση μπορεί να πάρει μεγάλες διαστάσεις και έτσι να γίνει εύκολα αντιληπτή, όμως μπορεί να είναι και μικρών διαστάσεων. Το θέμα είναι δηλαδή, ότι χειριστικές συμπεριφορές μπορούμε να παρουσιάσουμε και σε πολύ μικρά πράγματα στην καθημερινότητά μας, με μικρή συχνότητα και να μην το αντιληφθούμε. Δηλαδή, μπορεί να έχουμε μία όμορφη σχέση με τον σύντροφό μας όμως, χωρίς να το αντιλαμβανόμαστε, να συμπεριφερόμαστε κάποιες φορές χειριστικά.

Για να αντιμετωπίσετε πιο αποτελεσματικά τέτοιου είδους συμπεριφορές στη σχέση σας, εργαστείτε πολύ πάνω στα μοντέλα του εξελιγμένου, υπαρξιακού και αντιδραστικού εαυτού του πρώτου κεφαλαίου. Μελετήστε πολύ τη συμπεριφορά του συντρόφου και τη δική σας και δείτε αν ο ένας από εσάς ή και οι δυο σας συμπεριφέρεστε με τους παραπάνω χειριστικούς τρόπους. Αυτό είναι το πρώτο βήμα για να αντιμετωπίσετε τη χειραγώγηση.

Χρειάζεται όμως δύναμη, καθώς ένας άνθρωπος που συμπεριφέρεται χειριστικά δε θα παραδεχτεί καθόλου εύκολα το λάθος του και τη χειριστική συμπεριφορά του με όποιον τρόπο και να εκφράζεται. Γι' αυτόν τον λόγο, η εσωτερική ενασχόληση με τον εαυτό μας, η κατανόηση του πώς λειτουργούμε και η ανάπτυξη της αυτογνωσίας μας είναι οι καταλληλότεροι τρόποι για να αλλάξουμε προς το καλύτερο και να βελτιώσουμε τη συμπεριφορά μας. Καμία τεχνική διαχείρισης της συμπεριφοράς δε θα μας βοηθήσει, αν πρώτα δε γνωρίζουμε σε βάθος τον εαυτό μας και τον σύντροφό μας...

Ώρα για ενδοσκόπηση

- Εσείς συμπεριφέρεστε χειριστικά στη σχέση με τον σύντροφό σας; Αν ναι, πόσο συχνά και με ποιον τρόπο; Γιατί συμπεριφέρεστε έτσι;
- Θέλετε να έχετε τον έλεγχο του συντρόφου σας; Αν ναι, γιατί;
- Θέλετε να νιώθετε ότι σας ανήκει ο σύντροφός σας; Αν ναι, γιατί;
- Έχετε εγωιστικές απαιτήσεις από τον σύντροφο και τη σχέση σας ή κατανοείτε τη διαφορετικότητά του και παίρνετε αποφάσεις μαζί;
- Απαντήστε ξανά τις δέκα ερωτήσεις από την εισαγωγή του κεφαλαίου, αυτήν τη φορά συγκεκριμένα για τη χειραγώγηση, τον έλεγχο, την κτητικότητα και τις απαιτήσεις.

2.4 Προσδοκώμενες και μαθημένες συμπεριφορές συνήθειας

Οι επόμενες συμπεριφορές είναι αυτές που σχετίζονται με το τι έχουμε συνηθίσει να κάνει ο σύντροφός μας. Δηλαδή, επειδή έχουμε δει τον σύντροφό μας να συμπεριφέρεται συχνά με κάποιους συγκεκριμένους τρόπους, περιμένουμε να συνεχίσει να συμπεριφέρεται έτσι. Θεωρούμε ότι επειδή έγινε κάτι πολλές φορές στο παρελθόν, θα συνεχίσει να επαναλαμβάνεται και στο μέλλον. Αυτός είναι ένας τρόπος με τον οποίο μαθαίνουμε. Συνδέουμε πληροφορίες, γεγονότα και εμπειρίες μεταξύ τους, έτσι ώστε να βγάλουμε κάποιο νόημα και μ' αυτόν τον τρόπο καταλήγουμε σε συμπεράσματα της φαντασίας μας. Πολλές φορές έχουμε δίκιο και το συμπέρασμά μας συνδέεται με την αλήθεια, όμως άλλες φορές παρανοούμε και παρεξηγούμε ολικά την κατάσταση. Αυτό συμβαίνει, γιατί κάνουμε προβλέψεις για το μέλλον με βάση τις προσδοκίες που έχουμε χτίσει. Όπως εξηγήσαμε ήδη πολλές φορές, αυτός δεν είναι ένας ώριμος τρόπος για να λειτουργούμε, καθώς δε βασίζεται στην αλήθεια.

Έτσι, στη σχέση με τον σύντροφό μας αν δούμε πως ο σύντροφος επαναλαμβάνει συχνά μία συμπεριφορά, μπορεί να οδηγηθούμε στο συμπέρασμα, ότι ο σύντροφός μας θα συμπεριφέρεται πάντα έτσι. Οπότε, χτίζουμε και την αντίστοιχη προσδοκία. Για παράδειγμα, μπορεί να παρατηρήσουμε ότι ο σύντροφος αντιδράει συχνά με φόβο όταν του λέμε να μετακομίσουμε σε άλλη χώρα. Αν δούμε ότι σε πολλές συζητήσεις μας γι' αυτό το θέμα ο σύντροφος εκφράζει φόβο, μπορεί μετά από καιρό να καταλήξουμε στο συμπέρασμα ότι ο σύντροφος φοβάται τη μετακόμιση. Έτσι, μπορεί να πιστέψουμε ότι κάθε φορά που πρόκειται να συζητήσουμε γι' αυτό, ο σύντροφος θα παρουσιάζει φόβο. Αυτή η προσδοκία μας μάς οδηγεί να υιοθετήσουμε κι εμείς μία συγκεκριμένη συμπεριφορά και να γινόμαστε, παραδείγματος χάριν, επιθετικοί όταν συζητάμε γι' αυτό το θέμα. Το ζήτημα όμως, είναι ότι δεν είναι καθόλου δεδομένο πως ο σύντροφος πάντα θα εκφράζει φόβο σ' αυτήν τη συζήτηση ή μάλιστα πως γενικά φοβάται τη μετακόμιση. Αυτό είναι ένα δικό μας συμπέρασμα, που μπορεί να μην είναι αληθινό. Επομένως, αν κάποια στιγμή συζητήσουμε για τη μετακόμιση ξανά με τον σύντροφό μας, μπορεί από την αρχή της συζήτησης να έχουμε επιθετικό ύφος, μόνο και μόνο γιατί πιστεύουμε ότι ο σύντροφος θα αντιδράσει με φόβο. Άρα, εμείς θα είμαστε επιθετικοί, παρόλο που ο σύντροφος μπορεί να μην αντιδράσει, όπως εμείς περιμένουμε. Αυτό συμβαίνει, γιατί αντιδράμε στις προσδοκίες μας και όχι στην πραγματικότητα. Αντιδράμε σ' αυτό που περιμένουμε να συμβεί, και όχι σ' αυτό που όντως συμβαίνει.

Αυτό εμείς το ονομάζουμε «προσδοκώμενες και μαθημένες συμπεριφορές συνήθειας» και η υγιής αντιμετώπισή τους μας έχει βοηθήσει πάρα πολύ στη σχέση μας. Οι προσδοκώμενες συμπεριφορές είναι οι συμπεριφορές, που περιμένουμε να κάνει ο σύντροφός μας και οι μαθημένες συμπεριφορές είναι οι συμπεριφορές, που δημιουργούμε εμείς ως αντίδραση στην προσδοκώμενη συμπεριφορά του συντρόφου. Άρα στο παραπάνω παράδειγμα, η προσδοκώμενη συμπεριφορά είναι η αντίδραση με φόβο και η μαθημένη συμπεριφορά η επιθετικότητα. Επειδή δηλαδή προσδοκούμε ο σύντροφος να αντιδράσει με φόβο, μαθαίνουμε μετά από συνήθεια να αντιδράμε εμείς επιθετικά ως μέθοδο ανταπόκρισης στην προσδοκία μας. Σ' αυτές τις συμπεριφορές τείνουμε να κατηγορούμε τον σύντροφό μας ότι πάντα λειτουργεί με έναν συγκεκριμένο τρόπο, γιατί απλά έχει συμπεριφερθεί έτσι κάποιες φορές.

Μπορούμε να αναλύσουμε κάθε προσδοκώμενη και μαθημένη συμπεριφορά συνήθειας με τον εξής τρόπο:
- Ο ένας σύντροφος (ο κατηγορούμενος) συμπεριφέρεται συχνά με έναν συγκεκριμένο τρόπο.
- Ο άλλος σύντροφος (ο κατήγορος) παρατηρεί μετά από λίγο καιρό τη συμπεριφορά αυτήν.
- Ο κατηγορούμενος σύντροφος συνεχίζει να συμπεριφέρεται με τον ίδιο τρόπο κάποιες φορές.
- Ο κατήγορος σύντροφος προσδοκεί, ότι ο σύντροφός του θα επαναλάβει ξανά τη συνηθισμένη συμπεριφορά.
- Ο κατηγορούμενος σύντροφος επαναλαμβάνει τη συνηθισμένη συμπεριφορά (προσδοκώμενη συμπεριφορά).
- Ο κατήγορος σύντροφος δημιουργεί μία άλλη συμπεριφορά ως «απάντηση» στη συμπεριφορά του κατηγορούμενου.
- Ο κατήγορος σύντροφος συνεχίζει να συμπεριφέρεται με τον ίδιο τρόπο, είτε ο κατηγορούμενος σύντροφος συμπεριφερθεί με τον αναμενόμενο τρόπο, είτε όχι (μαθημένη συμπεριφορά).

Όλη αυτή η απλή διαδικασία γίνεται αρχικά ασυνείδητα, χωρίς να το αντιλαμβανόμαστε, λόγω των εγκλωβιστικών πεποιθήσεών μας και έπειτα γίνεται συνειδητή, αλλά και πάλι αυτόματη, καθώς έτσι έχουμε συνηθίσει να αντιδράμε. Μπορεί δηλαδή, με βάση το προηγούμενο παράδειγμα, να λέμε στον σύντροφο «πάντα συμπεριφέρεσαι με φόβο και δε θέλεις να δεις τα πράγματα αλλιώς και να σκεφτείς το ενδεχόμενο της μετακόμισης», ενώ ο σύντροφος να το αρνείται, γιατί δεν είναι αλήθεια.

Οι προσδοκίες, που έχουμε δημιουργήσει, θολώνουν ολικά τον νου μας και δεν μπορούμε να δούμε καθαρά τα πράγματα. Εδώ, είμαστε εμείς που παρανοούμε την κατάσταση, γιατί λειτουργούμε με βάση τις προσδοκίες μας. Αυτό λοιπόν, που μπορεί να είναι τελείως καταστροφικό για τη σχέση μας μέσα σε μία τέτοια κατάσταση, είναι οι παρωπίδες που μπορεί να «φορέσουμε», όταν δημιουργήσουμε μία μαθημένη συμπεριφορά αντίδρασης, λόγω της προσδοκώμενης συμπεριφοράς την οποία παρατηρούμε συχνά. Επειδή πιστεύουμε τόσο έντονα, ότι ο σύντροφος θα παρουσιάσει την προσδοκώμενη συμπεριφορά, συμπεριφερόμαστε ήδη με τη μαθημένη συμπεριφορά μας και δε δίνουμε το περιθώριο και την ευκαιρία στον σύντροφό μας να κάνει κάτι διαφορετικό. Δημιουργούμε ήδη ένταση, χωρίς ο σύντροφος να κάνει αυτό που προσδοκούμε.

Με βάση το παράδειγμά μας λοιπόν, είμαστε επιθετικοί, πριν ο σύντροφος εκφράσει φόβο. Έτσι, το μόνο που πετυχαίνουμε είναι να συγκρουόμαστε με τον σύντροφό μας χωρίς να υπάρχει κάποιο ρεαλιστικό έναυσμα. Δημιουργούμε εμείς τη σύγκρουση, γιατί φανταζόμαστε, υποθέτουμε και περιμένουμε ο σύντροφος να συμπεριφερθεί με τον τρόπο, που δεν αρέσει σ' εμάς...

Μαθημένες συμπεριφορές μπορούμε να δημιουργήσουμε και γιατί συνδέουμε εμπειρίες, που έχουμε από άλλους ανθρώπους (συγγενείς, φίλους, συναδέλφους κτλ.) με συμπεριφορές του συντρόφου μας. Δηλαδή, μπορεί στο παρελθόν να είχαμε πολλές αρνητικές εμπειρίες από τους παλιούς συντρόφους μας, είτε ήταν άντρες, είτε γυναίκες, και να δημιουργήσαμε την εγκλωβιστική πεποίθηση ότι όλοι οι άντρες ή όλες οι γυναίκες δεν είναι άξιοι/ες εμπιστοσύνης. Έτσι, στην τωρινή σχέση με τον σύντροφό μας μπορεί να παρουσιάσουμε μεγάλη δυσκολία στο να τον εμπιστευτούμε, ακόμη κι αν είναι άνθρωπος που εκφράζεται αυθεντικά και νοιάζεται πολύ για εμάς. Ειδικά, αν παρατηρήσουμε στον σύντροφο κάποιες εκφράσεις, γλώσσα του σώματος ή οτιδήποτε άλλο μπορεί να μας θυμίσει παλιές εμπειρίες και άλλους ανθρώπους, θα κάνουμε ασυνείδητα τη σύνδεση πως ο σύντροφός μας δεν είναι άξιος εμπιστοσύνης, γιατί είναι «ίδιος» με όλους τους προηγούμενους συντρόφους μας.

Η αλήθεια είναι όμως, ότι ο σύντροφος δεν έχει γνώση αυτών των εμπειριών μας και δεν μπορεί να φανταστεί ποιος είναι ο λόγος που δεν τον εμπιστευόμαστε. Έτσι, είναι πολύ πιθανό να βρεθεί σε σύγχυση. Εμείς θα προσδοκούμε ότι ο σύντροφος θα κάνει πράξεις, που δεν εμπιστευόμαστε (προσδοκώμενη συμπεριφορά) και έτσι θα συμπεριφερόμαστε με έναν αμυντικό τρόπο (μαθημένη συμπεριφορά). Μάλιστα, αν ο σύντροφος μάς ρωτήσει ξεκάθαρα, γιατί είμαστε συνέχεια αμυντικοί απέναντί του, δε θα ξέρουμε να απαντήσουμε, γιατί θα παρακινούμαστε από μία εγκλωβιστική πεποίθηση που βρίσκεται βαθιά μέσα μας.

Για να αλλάξουμε λοιπόν, τέτοιου τύπου συμπεριφορές μπορούμε να κάνουμε τα εξής:

1. Να παραδεχτούμε ότι φτάσαμε σε σημείο να αντιδράμε αρνητικά με βάση τη φαντασία και τις προσδοκίες μας και όχι με βάση την αλήθεια. Να απογυμνωθούμε μπροστά στον σύντροφό μας και να του εξηγήσουμε όλους τους λόγους για τους οποίους συμπεριφερόμαστε έτσι, είτε είναι λόγοι που αφορούν παλιές εμπειρίες, είτε κάτι που αφορά το παρόν.
2. Να συνειδητοποιήσουμε την αιτία της συμπεριφοράς μας αυτής, που είναι κάποια εγκλωβιστική πεποίθηση, που έχουμε για τον σύντροφό μας.
3. Αφού ξεκαθαρίσουμε την εγκλωβιστική πεποίθησή μας, μπορούμε να την αλλάξουμε και να μην κατευθυνόμαστε από αυτήν.
4. Κάθε φορά που πάμε, λόγω συνήθειας, να πράξουμε με βάση τη μαθημένη συμπεριφορά μας, να σταματάμε και να σκεφτόμαστε αν αυτό που πάμε να κάνουμε βασίζεται στην αλήθεια ή στις προσδοκίες μας.
5. Να δημιουργήσουμε μία θετική και ισορροπημένη συμπεριφορά, που θα αντικαταστήσει τη μαθημένη συμπεριφορά αντίδρασης.
6. Να επαναλαμβάνουμε τη νέα θετική συμπεριφορά μέχρι να μας γίνει συνήθεια και να γίνει η αυτόματη αντίδρασή μας.

Μάλιστα, μπορούμε ακόμη και να προλάβουμε τη δημιουργία μαθημένων συμπεριφορών, αν επικοινωνήσουμε ειλικρινά με τον σύντροφό μας. Δηλαδή, αν παρατηρήσουμε τον σύντροφό μας να συμπεριφέρεται με έναν συγκεκριμένο τρόπο, που μπορεί να θεωρήσουμε ως προσδοκώμενη συμπεριφορά, να μην αντιδράσουμε αυτόματα αρνητικά, αλλά εκείνη τη στιγμή να συζητήσουμε μαζί του και να του πούμε τι παρατηρούμε. Αν είναι όντως μία επαναλαμβανόμενη αρνητική συμπεριφορά, ας δούμε μαζί τι μπορούμε να κάνουμε. Αν δεν είναι, τότε είναι που δεν υπάρχει κανένας απολύτως λόγος για να δημιουργήσουμε μία μαθημένη συμπεριφορά, η οποία θα προκαλέσει φθορά στη σχέση μας.

Ο εντοπισμός αυτών των δυσλειτουργικών συμπεριφορών μπορεί να είναι πολλές φορές εύκολος, γιατί τείνουν να επαναλαμβάνονται, αλλά άλλες φορές πολύ δύσκολος, γιατί οι συνδέσεις που γίνονται στον νου μας είναι πολύπλοκες.

Μπορούμε να δημιουργήσουμε αρνητικές μαθημένες συμπεριφορές από πολύ μικρά και ασήμαντα πράγματα, μόνο και μόνο γιατί κατευθυνόμαστε από εγκλωβιστικές πεποιθήσεις και από οτιδήποτε συνηθίζουμε και προσδοκούμε. Οπότε, ο συνδυασμός των πεποιθήσεων, των συνηθειών και των προσδοκιών μας μπορεί να είναι πολύ βλαβερός για τη σχέση μας.

Μάλιστα, οι μαθημένες συμπεριφορές μπορεί να ριζωθούν τόσο βαθιά μέσα μας που να γίνουν συνήθεια από το σώμα μας. Δηλαδή, να μάθει το σώμα να αντιδράει αυτόματα με κάποιον αρνητικό τρόπο λόγω των δυνατών εγκλωβιστικών πεποιθήσεων και των προσδοκιών. Για παράδειγμα, αν ο ένας σύντροφος δείξει έστω και πολύ μικρά σημάδια μίας προσδοκώμενης συμπεριφοράς, ο άλλος σύντροφος μπορεί αμέσως να νιώσει άγχος, πίεση, θυμό, φόβο ή οτιδήποτε άλλο συνδέεται με τη δική του μαθημένη συμπεριφορά και έτσι να αντιδράσει με βάση τη μαθημένη συμπεριφορά του ακόμη πιο γρήγορα. Αυτό μπορεί να βλάψει πολύ τη σχέση και είναι σημαντικό να κατανοήσουμε τη σχέση του σώματος με τον εσωτερικό μας κόσμο, για να μη φτάνουμε σε ακραίες καταστάσεις καταπίεσης, λόγω της φαντασίας μας. Γι' αυτό το θέμα κάνουμε λόγο στον δεύτερο τόμο με περισσότερη λεπτομέρεια.

Εντοπίστε λοιπόν μαθημένες συμπεριφορές που έχετε χτίσει, γιατί απλά περιμένετε κάποιες αντίστοιχες συμπεριφορές από τον σύντροφό σας. Βρείτε τις εγκλωβιστικές πεποιθήσεις, που σας επηρεάζουν, και συζητήστε με τον σύντροφό σας γι' αυτές. Εργαστείτε πολύ επάνω στο μοντέλο του απεριόριστου εαυτού και εξετάστε ξανά τη σχέση που έχετε με τις προσδοκίες στη ζωή σας από το μοντέλο του υπαρξιακού εαυτού. Όλα αυτά θα σας βοηθήσουν, ώστε να αντιμετωπίσετε και να αλλάξετε τις μαθημένες συμπεριφορές σας...

Ώρα για ενδοσκόπηση

- Εσείς έχετε δημιουργήσει αρνητικές μαθημένες συμπεριφορές; Αν ναι, ποιες είναι; Πώς ακριβώς συμπεριφέρεστε; Γιατί δημιουργήθηκαν;
- Έχετε εντοπίσει στον σύντροφό σας αρνητικές μαθημένες συμπεριφορές; Αν ναι, ποιες είναι; Πώς ακριβώς συμπεριφέρεται; Γιατί πιστεύετε ότι δημιουργήθηκαν;
- Τι χρειάζεται να κάνετε για να αλλάξετε τις αρνητικές μαθημένες συμπεριφορές σας;
- Τι χρειάζεται να κάνετε για να βοηθήσετε τον σύντροφό σας να αλλάξει τις μαθημένες συμπεριφορές του;
- Απαντήστε ξανά τις δέκα ερωτήσεις από την εισαγωγή του κεφαλαίου, αυτήν τη φορά συγκεκριμένα για τις προσδοκώμενες και μαθημένες συμπεριφορές.

2.5 Εξάρτηση, αποφυγή σύνδεσης και παρελθόν

Μέχρι στιγμής έχουμε δει πόσο σημαντικό είναι η σχέση μας να είναι πρώτη προτεραιότητα στη ζωή μας, εξετάσαμε συμπεριφορές που σχετίζονται με την κριτική και τη συνειδητή ή μη χειραγώγηση και κατανοήσαμε ότι μπορούμε να δημιουργήσουμε αρνητικές συμπεριφορές εξαιτίας των προσδοκιών που έχουμε. Τώρα θα μιλήσουμε λίγο για το παρελθόν και πώς αυτό μπορεί να επηρεάσει αρνητικά τις συμπεριφορές απέναντι στον σύντροφό μας σήμερα. Επηρεασμένοι ασυνείδητα από το παρελθόν και την παιδική ηλικία μας, μπορούμε να παρουσιάσουμε τις παρακάτω αρνητικές συμπεριφορές:

1) Κάποιες από τις συνηθέστερες συμπεριφορές του παρελθόντος, που επηρεάζουν το παρόν μας, είναι οι συμπεριφορές που μιμηθήκαμε από τους γονείς μας. Έχετε πει ποτέ στον σύντροφό σας «σαν τον πατέρα σου κάνεις» ή «ίδια η μητέρα σου είσαι;» Αυτό είναι πολύ πιθανό, καθώς βιολογικά αποκτάμε πολλά χαρακτηριστικά των γονιών μας (εμφάνιση, εκφράσεις προσώπου, γλώσσα σώματος), αλλά και μαθαίνουμε να συμπεριφερόμαστε όπως συμπεριφέρονται αυτοί όταν είμαστε παιδιά και τους μιμούμαστε (τρόπος σκέψης, τρόπος επικοινωνίας, αξίες, πεποιθήσεις, αρχές, συμπεριφορές κτλ.) Έτσι, είναι εύλογο να μοιάσουμε, έστω και λίγο, θετικά και αρνητικά στους γονείς μας. Γι' αυτόν τον λόγο, θα παρουσιάσουμε πολλές αρνητικές συμπεριφορές, που πήραμε από τους γονείς μας, στον σύντροφό μας σήμερα:

α) Μπορεί δηλαδή, να συμπεριφερθούμε στον σύντροφό μας, όπως συμπεριφέρονταν οι γονείς μας σε εμάς όταν ήμασταν παιδιά. Παραδείγματος χάριν, μπορεί οι γονείς μας να μας απαξίωναν όταν τους μιλούσαμε και έτσι να απαξιώνουμε τον σύντροφό μας σήμερα.

β) Μπορεί όμως να συμπεριφερθούμε στον σύντροφό μας, όπως συμπεριφέρονταν οι γονείς μας μεταξύ τους. Δηλαδή, μπορεί οι γονείς μας να ήταν συχνά επιθετικοί και προσβλητικοί στην επικοινωνία τους και έτσι να είμαστε κι εμείς επιθετικοί και προσβλητικοί στην επικοινωνία με τον σύντροφό μας σήμερα.

Είναι λοιπόν σημαντικό, να εντοπίσουμε τις αρνητικές συμπεριφορές που μιμηθήκαμε από τους γονείς μας ή γενικότερα από τους ανθρώπους, που μας μεγάλωσαν και έπαιξαν μεγάλο ρόλο στην ανατροφή μας, έτσι ώστε να μην επαναλαμβάνουμε τα ίδια λάθη.

Σκεφτείτε διάφορες αρνητικές συμπεριφορές που είχαν οι γονείς σας, παραδείγματος χάριν κριτική, χειραγώγηση, επιθετικότητα και παρατηρήστε τον εαυτό σας. Αναρωτηθείτε αν και πότε συμπεριφέρεστε κι εσείς μ' αυτούς τους δυσλειτουργικούς τρόπους. Επίσης, σκεφτείτε αν συμπεριφέρεστε έτσι αυτόματα, επειδή μάθατε από μικροί να αντιδράτε έτσι ή αν συμπεριφέρεστε με αρνητικό τρόπο συνειδητά. Έπειτα, συζητήστε με τον σύντροφό σας, για να δείτε πώς εκλαμβάνει και αντιλαμβάνεται αυτές τις συμπεριφορές σας, και συμφωνήστε μαζί στον καταλληλότερο τρόπο, με τον οποίο θα δεσμευτείτε να συμπεριφέρεστε από εδώ και πέρα.

Παράλληλα, όταν παρατηρήσετε αρνητικούς τρόπους συμπεριφοράς στον σύντροφό σας, που θυμίζουν τη συμπεριφορά των γονιών του, κατανοήστε ότι κάτι τέτοιο είναι φυσιολογικό και ότι συμβαίνει και σ' εσάς. Οπότε, βρείτε έναν ευγενικό τρόπο να πείτε την παρατήρησή σας και να συζητήσετε μαζί για να βρείτε μία λύση με αγάπη και όχι κριτική. Παραδείγματος χάριν, μπορείτε να πείτε «παρατήρησα ότι μου φωνάζεις πολύ συχνά, χωρίς κάποιον ιδιαίτερο λόγο και μάλιστα, έχω παρατηρήσει την ίδια ακριβώς συμπεριφορά και στους γονείς σου. Μήπως, ασυνείδητα τους μιμήθηκες και τώρα εμφανίζεις τις ίδιες συμπεριφορές σ' εμένα; Θέλεις να το συζητήσουμε και να δούμε τι μπορούμε να κάνουμε για να βελτιώσουμε αυτήν τη συμπεριφορά μαζί;», αντί να πείτε «τώρα γιατί φωνάζεις, ρε; Συνέχεια συμπεριφέρεσαι σαν τον πατέρα σου και με έχεις ζαλίσει...».

Ο πρώτος ευγενικός και με κατανόηση τρόπος έχει μεγαλύτερες πιθανότητες να λειτουργήσει θετικά στον σύντροφό μας και να καταλήξουμε σε μία εποικοδομητική συζήτηση με θετικά και πρακτικά αποτελέσματα. Αντίθετα, αν χρησιμοποιήσουμε τον δεύτερο και επιθετικό τρόπο, κατά πάσα πιθανότητα ο σύντροφος θα αμυνθεί (αντιδραστικός εαυτός) και θα οδηγηθούμε σε διαμάχη με διόγκωση της αρνητικής συμπεριφοράς. Οπότε, είναι σημαντικό να είμαστε προσεκτικοί και ώριμοι στο πώς εκφραζόμαστε στον σύντροφό μας, όταν θέλουμε να γνωστοποιήσουμε ένα αρνητικό στοιχείο του ή μία αρνητική συμπεριφορά του.

2) Εκτός από συμπεριφορές που έχουμε μιμηθεί ως παιδιά από τους γονείς μας και τις συνεχίζουμε μέχρι τώρα, μπορούμε να εντοπίσουμε και το αντίθετο μέσα σε μία συντροφική σχέση. Δηλαδή, ο σύντροφός μας να μας θυμίζει αρνητικές συμπεριφορές των δικών μας γονιών. Αυτό συμβαίνει, γιατί στον σύντροφό μας μάς προσελκύουν ασυνείδητα χαρακτηριστικά των γονιών μας, με σκοπό να λύσουμε άλυτα ζητήματα του παρελθόντος, να μεγαλώσουμε πνευματικά και να αναπτυχθούμε.

Μπορεί λοιπόν, ως παιδιά κάποιες φορές να μαλώναμε με τους γονείς μας, όπως συμβαίνει σε κάθε οικογένεια, όμως να μη λύσαμε ουσιαστικά τα διάφορα θέματα που είχαμε. Μπορεί να μην είπαμε αυτά που θέλαμε να πούμε όπως θέλαμε να τα πούμε, ή και καθόλου, ή να κρατήσαμε και να καταπιέσαμε μέσα μας συναισθήματα. Έτσι, συνεχίζουμε να «κουβαλάμε» πάνω μας τα άλυτα «προβλήματα» με τους γονείς μας και τα εκφράζουμε στον σύντροφό μας.

Παραδείγματος χάριν, συζητάμε με τον σύντροφό μας για ένα οποιοδήποτε θέμα και ξαφνικά, θυμώνει, φωνάζει και συμπεριφέρεται με έναν εντελώς ανεξήγητο τρόπο. Αυτό συμβαίνει, γιατί δεν καβγαδίζει μ' εμάς, αλλά με τους γονείς του. Βλέπει ασυνείδητα πάνω σ' εμάς κάποια στοιχεία των γονιών του και έτσι αντιδρά συναισθηματικά, όπως θα αντιδρούσε σ' αυτούς ή θα ήθελε να είχε αντιδράσει σ' αυτούς. Αυτός είναι ένας τρόπος, για να λύσει παλιά ζητήματα, που δεν έχουν λυθεί μέσα του. Γι' αυτό πολλές φορές μπορεί να έρθετε σε σύγκρουση με τον σύντροφό σας και να βρεθείτε προ εκπλήξεως με το πώς καταλήξατε να μαλώνετε, ενώ συζητούσατε τόσο ήρεμα.

Εκτός όμως από τη νοητική διαμάχη με τους γονείς μας για παλιά ζητήματα, μπορούμε να κάνουμε το ίδιο και με θέματα με τα αδέρφια μας ή και πρώην συντρόφους μας. Δηλαδή, μπορεί να μαλώνουμε τώρα με τον σύντροφό μας, αλλά στην ουσία να εκφράζουμε άλυτα ζητήματα που είχαμε με τα αδέρφια μας, παλιούς συντρόφους ή γενικότερα σημαντικά πρόσωπα από το παρελθόν. Οι λόγοι για τους οποίους μαλώνουμε τώρα με τον σύντροφό μας έχουν μικρή ή και καμία σχέση μαζί του.

Σε κάθε περίπτωση λοιπόν, που ο σύντροφός μας προσπαθεί ασυνείδητα να λύσει θέματα του παρελθόντος, είναι απαραίτητο να δείχνουμε κατανόηση, καθώς δεν το κάνει επίτηδες, αλλά εν αγνοία του. Φυσικά, το πρώτο βήμα είναι να αναγνωρίσουμε ότι ο καβγάς προκαλείται από ζητήματα του παρελθόντος και δεν είναι κάτι που σχετίζεται με μία σημερινή κατάσταση. Για να το ξεκαθαρίσουμε αυτό, μπορούμε να συζητήσουμε με τον σύντροφό μας για το παρελθόν και τα παιδικά μας χρόνια και να μάθουμε έτσι περισσότερα ο ένας για τον άλλον. Μ' αυτόν τον τρόπο μπορεί να εντοπίσουμε κρατημένα συναισθήματα και παλιές διαμάχες, που είχαμε και δεν αντιμετωπίστηκαν αποτελεσματικά. Έπειτα, αφού έχουμε ξεκαθαρίσει μία συγκεκριμένη συμπεριφορά, συζητάμε αν ωφελεί τη σχέση μας ή αν μας κρατάει πίσω. Βλέπουμε μαζί, ως ζευγάρι, ποιος είναι ο καλύτερος δρόμος για να ακολουθήσουμε και να μην ξεσπάμε μεταξύ μας για θέματα, που συνέβησαν παλιότερα και μάλιστα με άλλους ανθρώπους. Βοηθάμε ο ένας τον άλλον να συγχωρήσουμε μέσα μας πρόσωπα από το παρελθόν, να μην κρατάμε κακία ή οτιδήποτε άλλο μας καταπιέζει και να ελευθερωθούμε πνευματικά από καθετί που μας κρατάει εγκλωβισμένους στο παρελθόν.

Αυτός είναι ο τρόπος για να ζήσουμε ολικά στο παρόν και να προχωρήσουμε μπροστά στη ζωή και στη σχέση μας. Εδώ κατανοούμε ακόμα καλύτερα, ότι ο σκοπός της σχέσης με τον σύντροφό μας είναι η αγάπη και η πρόοδος (στην ουσία η αλληλοπληρότητα), όπως είπαμε στο μοντέλο του υπαρξιακού εαυτού στο πρώτο κεφάλαιο. Με αγάπη βοηθάμε ο ένας τον άλλον να ξεπεράσουμε μέσα μας κάθε εμπόδιο του παρελθόντος, να συγχωρήσουμε το παρελθόν και να είμαστε ευγνώμονες για τη ζωή και τη σχέση μας, για όλα όσα έχουμε και για όλα τα μαθήματα που έχουμε πάρει στη ζωή και μας βοηθούν να προοδεύουμε.

Η ομορφιά βρίσκεται στο ότι μαζί με τον σύντροφό μας μπορούμε να λύσουμε ζητήματα του παρελθόντος χωρίς να χρειαστεί να εμπλακούν άτομα από το παρελθόν. Γιατί η αλλαγή και η απελευθέρωση από κρατημένα συναισθήματα, γίνεται καθαρά εσωτερικά μας και δε χρειάζεται να συζητήσουμε με άτομα από το παρελθόν μας για να προχωρήσουμε στη ζωή μας (θα το εξηγήσουμε και στο επόμενο κεφάλαιο στη συγχώρηση).

3) Τώρα που αναπτύξαμε τη μίμηση αρνητικών συμπεριφορών από τους γονείς μας και την προσπάθεια λύσης παλιών ζητημάτων στην τωρινή μας σχέση, ας πάμε ακόμα πιο βαθιά. Όπως έχουμε εξηγήσει στο πρώτο κεφάλαιο, ως παιδιά είμαστε εξαρτημένοι από τους γονείς μας και είναι αναγκαίο να καλύψουμε κάποιες πολύ βασικές ανάγκες για ζεστασιά, αποδοχή και επιβεβαίωση από τους γονείς και τα άτομα που μας φροντίζουν. Αυτές οι ανάγκες όμως, είναι πολύ δύσκολο να καλυφθούν επαρκώς, γιατί οι γονείς και οι άνθρωποι, που μας φροντίζουν, δεν είναι μηχανές που μπορούν να μας εξυπηρετούν είκοσι τέσσερις ώρες το εικοσιτετράωρο. Ο παιδικός νους όμως, δεν μπορεί να το αντιληφθεί αυτό και έτσι δημιουργεί ανασφάλεια, που οδηγεί μετέπειτα σε αδυναμία ή σε ένα προσωπείο δύναμης.

Οπότε, όταν μεγαλώσουμε, έχουμε βαθιά μέσα μας κάποιου επιπέδου ανασφάλεια, ανάλογα με το πόσο καλύφθηκαν ή όχι οι ανάγκες μας, και αυτήν την ανασφάλεια θα την εκφράσουμε σε όλες τις κοινωνικές σχέσεις μας, αλλά ακόμα περισσότερο στον σύντροφό μας που είναι ο άνθρωπος με τον οποίο θα έχουμε πιο στενή επαφή. Όπως είπαμε, η ανασφάλεια μπορεί να εκφραστεί είτε με αδυναμία και έτσι θα οδηγηθούμε σε εξάρτηση, είτε με ένα προσωπείο δύναμης και έτσι θα οδηγηθούμε σε αποφυγή σύνδεσης.

α) Αν οδηγηθούμε σε εξάρτηση, θα γίνει επειδή η ανασφάλεια συνδέεται με τον φόβο μας να μείνουμε μόνοι μας. Δηλαδή, θα φοβόμαστε να μη μας απορρίπτουν άλλοι άνθρωποι στη ζωή και κυρίως ο σύντροφός μας. Ο φόβος αυτός πηγάζει από την αντίληψη, που έχουμε ως παιδιά ότι οι γονείς μάς απέρριψαν και δεν ήταν εκεί για εμάς. Μπορεί όντως οι γονείς να μας απέρριψαν, παραδείγματος χάριν, αν μας έδωσαν για υιοθεσία ή να μη μας απέρριψαν και απλά να έκαναν κάποια λάθη, γιατί δεν ήταν τέλειοι, όπως κανείς δεν είναι. Όπως και να έχει, ως παιδιά θεωρούμε την κάθε περίπτωση ως απόρριψη. Οπότε, θα κάνουμε οτιδήποτε περνάει από το χέρι μας για να μη μας απορρίψουν ξανά άλλοι άνθρωποι σήμερα. Γι' αυτόν τον λόγο, δε θα εκφράζουμε την αλήθεια μας, δε θα είμαστε αυθεντικοί, δε θα λέμε εύκολα τη γνώμη μας, θα κάνουμε αυτό που θέλουν οι άλλοι, δε θα παίρνουμε αποφάσεις για τον εαυτό μας, θα ζητάμε συνέχεια συμβουλές από άλλους για τη ζωή μας, δε θα ξέρουμε τι θέλουμε μέσα μας και θα κάνουμε τα πάντα για να ευχαριστήσουμε και να ικανοποιήσουμε άλλους ανθρώπους, γιατί έχουμε έντονη την ανάγκη να επιβεβαιώσουν την αξία μας.

Οπότε, καταλήγουμε να ζούμε μία αγχώδη ζωή, εξαρτημένοι από άλλους ανθρώπους και οι σχέσεις που κάνουμε είναι επιφανειακές, καθώς ο λόγος τους είναι η κάλυψη κατώτερων αναγκών μας, όπως η αποδοχή, που δεν καλύφθηκαν όταν ήμασταν παιδιά (μοντέλο του αντιδραστικού εαυτού). Έτσι, στη σχέση με τον σύντροφό μας κατά πάσα πιθανότητα θα συμπεριφερόμαστε με όλους τους παραπάνω τρόπους και θα είμαστε «εθισμένοι» σ' αυτόν. Θα είμαστε εξαρτημένοι από τον σύντροφό μας για οτιδήποτε κάνουμε και δε θα μπορούμε να λειτουργούμε αυτόνομα.

β) Αν, από την άλλη, οδηγηθούμε σε αποφυγή σύνδεσης, θα γίνει επειδή η ανασφάλεια συνδέεται με την ντροπή μας να φανούμε σε άλλους ανθρώπους αδύναμοι. Δηλαδή, επειδή νιώθουμε ότι οι γονείς μας μάς απέρριψαν και μας συμπεριφέρθηκαν άσχημα, ντρεπόμαστε να το παραδεχτούμε και δημιουργούμε τεράστιες άμυνες, για να προστατευτούμε από παρόμοια συμπεριφορά στο μέλλον και έτσι δε συνδεόμαστε εύκολα με άλλους ανθρώπους. Οι άμυνες δημιουργούνται, είτε γιατί δεχθήκαμε στο παρελθόν σοβαρή κακοποίηση από τους γονείς ή άλλους ανθρώπους, είτε γιατί οι γονείς υπήρξαν χειριστικοί και ήθελαν να έχουν τον έλεγχο επάνω μας, έστω σε πολύ μικρό βαθμό.

Οπότε, ντρεπόμαστε για οτιδήποτε μας συνέβη και δε θέλουμε να επιτρέψουμε να συμβεί ξανά κάτι τέτοιο. Έτσι, αποφεύγουμε να συνδεθούμε με τον σύντροφό μας, κρατάμε μυστικά, δεν ανοιγόμαστε, δείχνουμε στους άλλους ότι είμαστε ανεξάρτητοι και δυνατοί και ότι δεν έχουμε κανέναν ανάγκη παρόλο που αυτό δεν είναι αλήθεια, κατηγορούμε άλλους ανθρώπους και δεν παίρνουμε την ευθύνη που μας αναλογεί, γιατί έχουμε αλαζονεία άλλα και ντροπή, δεν εμπιστευόμαστε εύκολα ανθρώπους και είμαστε συνέχεια απασχολημένοι με κάτι (όπως η εργασία μας) για να μην αντιμετωπίσουμε την αλήθεια του εαυτού μας.

Μ' αυτόν τον τρόπο, καταλήγουμε να κάνουμε ανούσιες κοινωνικές σχέσεις στη ζωή μας, γιατί δεν αφήνουμε περιθώρια σύνδεσης ή ένωσης και μαλώνουμε πολύ εύκολα με άλλους ανθρώπους που διαφωνούν μ' εμάς, για να διατηρούμε αυτήν την ψεύτικη εικόνας της δύναμης. Πολλές φορές μάλιστα καταλήγουμε μόνοι μας, γιατί κανείς δε θέλει να είναι κοντά μας, λόγω της επιθετικής και εγωιστικής συμπεριφοράς μας. Έτσι, στη σχέση με τον σύντροφό μας θα συμπεριφερθούμε πιθανότατα με τους παραπάνω τρόπους και θα οδηγούμαστε από αλαζονεία. Δε θα ανοιγόμαστε καθόλου και δε θα παρουσιάζουμε την αλήθεια μας, γιατί φοβόμαστε τη σύνδεση.

Όπως καταλαβαίνετε, τόσο η εξάρτηση, όσο και η αποφυγή σύνδεσης είναι δυσλειτουργικές συμπεριφορές και θα μας αποτρέψουν από το να εξελίξουμε τη σχέση μας, αν δεν τις αντιμετωπίσουμε με υγιή τρόπο. Μπορούν όμως, να μας διδάξουν πολλά για τον εαυτό μας και χρειάζεται να τις προσεγγίσουμε με κατανόηση. Η δυσκολία βρίσκεται όταν ο σύντροφος ή εμείς είμαστε σε άρνηση και δεν παραδεχόμαστε ότι συμπεριφερόμαστε με κάποιον από αυτούς τους τρόπους. Αν δεν αποδεχτούμε την αλήθεια, δεν μπορούμε να κάνουμε τίποτα για να αλλάξουμε τη συμπεριφορά μας. Γι' αυτόν τον λόγο, χρειάζεται υπομονή και σεβασμός. Χρειάζεται να δώσουμε στον σύντροφό μας τον χρόνο που θέλει και να είμαστε εκεί συνέχεια γι' αυτόν, όπως χρειάζεται να κάνει κι αυτός για εμάς.

Συνεπώς, εντοπίστε ποια από τις δύο συμπεριφορές παρουσιάζετε εσείς και ο σύντροφός σας. Μπορεί να βρείτε ότι παρουσιάζετε πολύ έντονα μόνο μία από αυτές ή ότι παρουσιάζετε και τις δύο, απλά σε διαφορετική ένταση και ανάλογα με την κάθε κατάσταση. Παραδείγματος χάριν, μπορεί να βρίσκεστε αποκλειστικά στην εξάρτηση ή αποκλειστικά στην αποφυγή σύνδεσης. Μπορεί όμως, να εκφράζετε την ανασφάλειά σας με διαφορετικό τρόπο σε κάθε άνθρωπο. Δηλαδή, μπορεί να αποφεύγετε τη σύνδεση με τον σύντροφό σας, γιατί γνωρίζετε ότι είναι η πιο στενή σχέση και έτσι φοβάστε να ανοιχτείτε και παράλληλα θέλετε να φαίνεστε ανεξάρτητοι και γι' αυτό μαλώνετε συχνά μαζί του. Ενώ, μπορεί σε άλλες κοινωνικές σχέσεις, όπως στους φίλους ή τους γονείς, να παρουσιάζετε με κάποιον τρόπο εξάρτηση, γιατί πάλι έχετε την ανάγκη της αποδοχής και θέλετε να την καλύψετε με κάποιον τρόπο χωρίς όμως να συνδεθείτε στενά μαζί τους.

Αφού ξεκαθαρίσετε αν παρουσιάζετε εξάρτηση ή αποφυγή σύνδεσης, βρείτε πόσο έντονη είναι, δηλαδή αν εκφράζετε αυτήν τη συμπεριφορά με ακραίο τρόπο ή σε πολύ μικρότερο βαθμό. Αποδεχτείτε ότι έχετε ανασφάλεια και στις δύο περιπτώσεις, γιατί αυτή είναι η πηγή του ζητήματος. Βρείτε την αιτία της ανασφάλειας που θα σχετίζεται με τα παιδικά σας χρόνια και τη σχέση με τους γονείς ή τους ανθρώπους που σας μεγάλωσαν. Τότε, θα είστε σε θέση να αλλάξετε πραγματικά αυτές τις συμπεριφορές και να ελευθερωθείτε από δεσμά του παρελθόντος, που επηρεάζουν αρνητικά το παρόν και το μέλλον σας.

Βλέπουμε λοιπόν, ότι το παρελθόν και τα παιδικά μας χρόνια μπορεί να παίξουν μεγάλο ρόλο στη σημερινή σχέση με τον σύντροφό μας και στο πόσο υγιής θα είναι. Εδώ καταλαβαίνετε ακόμα περισσότερο, πόσο κρίσιμο είναι η σχέση με τον σύντροφό μας να είναι πρώτη προτεραιότητα για να είναι υγιές πρότυπο για τα παιδιά, έτσι ώστε να μην παρουσιάσουν σε υπερβολικό βαθμό συμπεριφορές που οφείλονται σε ακάλυπτες ανάγκες αποδοχής.

Είναι πολύ σημαντικό να έχουμε επίγνωση του παρελθόντος μας και της σχέσης που έχουμε μ' αυτό σήμερα, αναγνωρίζοντας τις εγκλωβιστικές πεποιθήσεις και συμπεριφορές, τις οποίες κρατάμε ακόμη μέσα μας, για να τις αντιμετωπίσουμε. Αναγνωρίζοντας τα λάθη, τις αδυναμίες, τα άλυτα θέματα και την ανασφάλεια που χτίσαμε μέσα μας εξαιτίας του παρελθόντος, συγχωρώντας όλους τους ανθρώπους που σχετίζονται με την ανασφάλειά μας και με το να είμαστε γερά ενωμένοι με τον σύντροφό μας, μπορούμε να σταματήσουμε να ελεγχόμαστε από το παρελθόν και να ζήσουμε με γαλήνη και ισορροπία στο παρόν.

Ώρα για ενδοσκόπηση

- Εσάς ποια είναι η σχέση σας με το παρελθόν σας; Γνωρίζετε τι επιρροή έχει το παρελθόν σας στη σχέση με τον σύντροφό σας; Συμπεριφέρεστε όπως οι γονείς σας; Συμπεριφέρεστε όπως οι γονείς του συντρόφου σας;
- Παρουσιάζετε συμπεριφορές εξάρτησης ή αποφυγής σύνδεσης στη σχέση με τον σύντροφό σας; Γιατί παρουσιάζετε τέτοιες συμπεριφορές;
- Ο σύντροφός σας παρουσιάζει συμπεριφορές εξάρτησης ή αποφυγής σύνδεσης στη σχέση σας; Γιατί παρουσιάζει τέτοιες συμπεριφορές;
- Τι χρειάζεται να κάνετε για να αλλάξετε αυτές τις συμπεριφορές σας;
- Τι χρειάζεται να κάνετε για να βοηθήσετε τον σύντροφό σας να αλλάξει αυτές τις συμπεριφορές;
- Απαντήστε ξανά τις δέκα ερωτήσεις από την εισαγωγή του κεφαλαίου, αυτήν τη φορά συγκεκριμένα για την εξάρτηση, την αποφυγή σύνδεσης και τη σχέση με το παρελθόν σας.

2.6 Συναισθηματικά φορτισμένες συμπεριφορές

Κάθε συμπεριφορά έχει πάντα μία μικρή ή μεγάλη σχέση με τα συναισθήματά μας. Υπάρχουν όμως φορές, που λειτουργούμε τελείως με το συναισθηματικό επίπεδό μας (μοντέλο του ισορροπημένου εαυτού) και χάνουμε τον έλεγχο του εαυτού μας κάνοντας πράγματα, για τα οποία μετανιώνουμε, όταν ηρεμήσουμε.

Όταν λειτουργούμε αποκλειστικά με τα συναισθήματά μας κινδυνεύουμε να βλάψουμε τη σχέση μας, γιατί κρίνουμε την κάθε κατάσταση μονόπλευρα και αντιδρούμε ανώριμα χωρίς σκέψη και επίγνωση. Σ' αυτό το μέρος του κεφαλαίου, θα αναπτύξουμε τις συμπεριφορές που αντιδρούμε συναισθηματικά εξετάζοντας πολύ βασικά και συνηθισμένα συναισθήματα, όπως η στενοχώρια, ο θυμός, το άγχος και ο φόβος. Ας δούμε με ποιους τρόπους εκφράζονται συνήθως:

Συναισθηματικές συμπεριφορές ως μία μορφή άμυνας

Τα συναισθήματά μας πολλές φορές λειτουργούν αμυντικά. Δηλαδή, μπορεί να θυμώσουμε με τον σύντροφό μας, όχι γιατί έκανε όντως κάτι απαράδεκτο, αλλά γιατί είναι ένας τρόπος να δείξουμε δύναμη, όταν βλέπουμε πως κάναμε κάτι λάθος και δε θέλουμε να το παραδεχτούμε. Μπορεί να πούμε στον σύντροφο με νεύρα «δε φταίω εγώ και δε συμπεριφέρθηκα όπως μου λες. Μην τολμήσεις να με κατηγορήσεις ξανά». Ο θυμός σ' αυτήν την περίπτωση λειτουργεί αμυντικά με άρνηση του λάθους μας και αποποίηση της ευθύνης μας. Το ίδιο ισχύει και για άλλα συναισθήματα. Παραδείγματος χάριν, η στενοχώρια μας μπορεί να λειτουργήσει ως άμυνα σε μία διαμάχη με τον σύντροφό μας, έτσι ώστε να νιώσει αυτός τύψεις και να σταματήσει τη διαμάχη. Το άγχος μπορεί να μας οδηγήσει σε αναβλητικότητα, ως μία μορφή άμυνας απέναντι σε όλα όσα χρειάζεται να κάνουμε στη ζωή μας και σε όλα όσα μας προκαλούν να βελτιωθούμε. Οπότε, είναι σημαντικό να γνωρίζουμε πότε χρησιμοποιούμε τα συναισθήματά μας για να αμυνθούμε, να ξεφύγουμε από καταστάσεις και να φανούμε δυνατοί, γιατί όλα αυτά δε θα βοηθήσουν τη σχέση μας, αλλά θα τη βλάψουν.

Συναισθηματικές συμπεριφορές ως αντανάκλαση του παρελθόντος μας

Άλλες φορές τα συναισθήματά μας πηγάζουν από το παρελθόν, όπως εξηγήσαμε στις συμπεριφορές εξάρτησης και αποφυγής σύνδεσης. Έτσι, μπορεί να νευριάζουμε εύκολα με τον σύντροφό μας, μόνο και μόνο γιατί έχουμε πολλά κρατημένα και καταπιεσμένα νεύρα από την παιδική ηλικία μας, που χρειάζεται οπωσδήποτε να αντιμετωπιστούν και να απαλυνθούν σήμερα.

Μπορεί ακόμα, να φοβόμαστε να ακολουθήσουμε τους στόχους μας, γιατί έχουμε χτίσει μία εγκλωβιστική πεποίθηση ότι δεν είμαστε άξιοι. Επομένως, είναι σημαντικό να κατανοούμε από πού πηγάζουν τα συναισθήματά μας και να ξέρουμε αν σχετίζονται με το παρελθόν ή με την τωρινή κατάστασή μας, για να μην ξεσπάμε άδικα στον σύντροφό μας και προκαλούμε εντάσεις εξαιτίας παλιών ζητημάτων. Είτε το συναίσθημα πηγάζει από το παρελθόν, είτε από το παρόν, είτε είναι μία ανησυχία για το μέλλον είναι ωφέλιμο να το συζητήσουμε με τον σύντροφό μας και να βρούμε την αιτία και τη λύση μαζί.

Συναισθηματικές συμπεριφορές εξαιτίας
της έλλειψης αυτοελέγχου

Όπως έχουμε εξηγήσει στο μοντέλο του ισορροπημένου εαυτού, στο πρώτο κεφάλαιο, όσο εστιάζουμε σε κάποιες σκέψεις τόσο θα δυναμώνουμε αντίστοιχα συναισθήματά μας, και όσο τρέφουμε αυτά τα συναισθήματα τόσο θα αρχίσουν να μας καταλαμβάνουν. Έτσι, αν θυμώσουμε και επικεντρωθούμε στον θυμό μας, θα του δώσουμε ένα εύφορο έδαφος για να μεγαλώσει και μετά μπορεί να μας ελέγξει. Μπορεί δηλαδή, για έναν πολύ ασήμαντο λόγο, όπως μία διαφωνία για το πού θα πάμε να διασκεδάσουμε το βράδυ, να θυμώσουμε λίγο με τον σύντροφό μας. Ο θυμός μπορεί να έχει προκληθεί για πολλούς λόγους, όπως γιατί θέλουμε εγωιστικά να γίνει το δικό μας ή γιατί θεωρούμε πως ο σύντροφος μάς αδικεί, επειδή δε συμφωνεί μ' αυτό που θέλουμε εμείς. Αν λόγω έλλειψης αυτοελέγχου δώσουμε στον θυμό χώρο για να μεγαλώσει και επικεντρωθούμε σ' αυτόν, τότε θα τον αυξήσουμε και θα οδηγηθούμε σε παράλογα σενάρια στον νου μας. Όπως για παράδειγμα, ότι ο σύντροφος ποτέ δεν υπολογίζει τα «θέλω» μας, ενώ η αλήθεια είναι ότι απλά εξέφρασε την άποψή του και ίσως επέμενε λίγο σ' αυτήν. Οπότε, ο ενισχυμένος πλέον θυμός μας, θα μας οδηγήσει στο να συγκρουστούμε με τον σύντροφό μας για το τίποτα. Μπορεί να μιλήσουμε προσβλητικά, να φωνάξουμε, να χλευάσουμε, να κρίνουμε και να κατηγορήσουμε τον σύντροφό μας, γιατί απλά δεν ελέγχουμε τον θυμό μας και όχι γιατί βασιζόμαστε σε αληθινά γεγονότα.

Ο θυμός όμως, όπως και κάθε άλλο συναίσθημα, το οποίο θεωρούμε ως αρνητικό και άσχημο είναι ένας δάσκαλος. Έρχεται για να μας βοηθήσει και όχι να μας ελέγξει και να μας καταστρέψει. Αυτά τα συναισθήματα που θεωρούμε αρνητικά (θυμός, στενοχώρια, άγχος, απογοήτευση κτλ.) είναι ένα σημάδι ότι χρειάζεται να εξασκήσουμε τον αυτοέλεγχό μας. Είναι μία ευκαιρία για να βελτιωθούμε και μας δείχνει ότι είναι ώρα να διορθώσουμε κάποια λάθη μας και να είμαστε δυναμικοί σε συνδυασμό όμως με ωριμότητα και έλεγχο των πράξεών μας.

Πολλές φορές τα «αρνητικά» συναισθήματά μας μπορεί να είναι δικαιολογημένα απέναντι στον σύντροφό μας και είναι υγιές να τα αισθανόμαστε, όχι όμως σε υπερβολικό και ανεξέλεγκτο βαθμό. Παραδείγματος χάριν, μπορεί ο σύντροφός μας να μας είπε ένα ψέμα και να θυμώσαμε ή να στενοχωρηθήκαμε. Αυτό είναι φυσιολογικό, όμως αν αρχίσουμε να βρίζουμε (θυμός) ή να απομονωνόμαστε (στενοχώρια), δεν εκφράζουμε τα συναισθήματά μας με ώριμο τρόπο. Οπότε, είναι πολύ σημαντικό να έχουμε πάντα τον έλεγχο τού τι λέμε και τι κάνουμε και να μην επιτρέπουμε στα συναισθήματά μας να ορίζουν τις πράξεις μας.

Βλέποντας τα συναισθήματά μας ως έναν τρόπο για να βελτιωθούμε, αλλάζει η οπτική μας και μπορούμε έτσι να προοδέψουμε. Παραδείγματος χάριν, το άγχος μπορεί να είναι ένα σημάδι ότι ενδιαφερόμαστε για κάτι, μία ώθηση για να βελτιωθούμε και μία πρόκληση. Δηλαδή, μπορεί να αγχωθούμε στο πρώτο ραντεβού και το πώς θα δούμε το άγχος, μπορεί να μας οδηγήσει σε επιτυχία ή αποτυχία στο ραντεβού μας. Αν θεωρούμε ότι αγχωνόμαστε επειδή είμαστε ανασφαλείς, κατά πάσα πιθανότητα θα συμπεριφερθούμε με ανασφάλεια στο ραντεβού μας. Αν όμως θεωρούμε ότι αγχωνόμαστε γιατί έχουμε αγνό ενδιαφέρον για το άτομο που θα συναντήσουμε και θέλουμε να έχουμε θετικά αποτελέσματα, τότε μπορεί να μας ωθήσει σε μία πολύ καλύτερη συμπεριφορά. Επομένως, αν δώσουμε τη δύναμή μας στο άγχος και επιτρέψουμε να μας επηρεάσει αρνητικά στην καθημερινότητά μας, τότε τα αποτελέσματα στη ζωή μας δε θα είναι αυτά που θέλουμε. Οπότε, το θέμα είναι να βρείτε και να χρησιμοποιήσετε το άγχος με αληθινό και ποιοτικό τρόπο και όπου δεν είναι ωφέλιμο για εσάς, τότε να το αλλάξετε και να πάρετε τη δύναμη του εαυτού σας.

Κάτι παρόμοιο μπορεί να συμβεί και με τη στενοχώρια. Μπορεί να στενοχωρηθούμε, επειδή ο σύντροφός μας μάς μίλησε απότομα και έτσι να θρέψουμε τη θλίψη μας και να μην του μιλάμε και να οδηγηθούμε σε απογοήτευση. Αν επικεντρωθούμε στη στενοχώρια μας, θα κάνουμε τα πράγματα χειρότερα. Αν όμως, δούμε τη στενοχώρια ως ένα σημάδι ότι ενδιαφερόμαστε πολύ για τη σχέση μας, τότε είναι πιθανό να ζητήσουμε από τον σύντροφό μας να συζητήσουμε ως δύο ώριμοι άνθρωποι και να βρούμε λύση σ' αυτό που μας απασχολεί. Η στενοχώρια δηλαδή, μπορεί να είναι ένας τρόπος για να κατανοήσουμε ότι για να νιώθουμε και να είμαστε πραγματικά καλά μέσα μας, χρειάζεται να είμαστε δυνατοί, δεμένοι και αγαπημένοι με τον σύντροφό μας. Έτσι, θα πετύχουμε αυτό που θέλουμε.

Συναισθηματικές συμπεριφορές κατά τις οποίες ξεσπάμε στον σύντροφό μας, ενώ δε φταίει αυτός

Πολλές φορές τα συναισθήματά μας δεν είναι καθόλου δικαιολογημένα απέναντι στον σύντροφό μας. Αυτό συμβαίνει γιατί είμαστε, για παράδειγμα, θυμωμένοι με κάποιον άλλον και απλά ξεσπάμε στον σύντροφό μας. Με άλλα λόγια, είμαστε συναισθηματικά φορτισμένοι με άλλους ανθρώπους και για διάφορους κοινωνικούς λόγους ή εγκλωβιστικές πεποιθήσεις δεν τα εκφράζουμε σ' αυτούς, αλλά τα ξεσπάμε στον σύντροφό μας. Εκεί δηλαδή, που νιώθουμε άνετα.

Παραδείγματος χάριν, μπορεί να νευριάσουμε με έναν συνάδελφο ή ένα μέλος της οικογένειάς μας, όμως να μη νιώθουμε άνετα να εκφραστούμε αυθεντικά σ' αυτούς, γιατί φοβόμαστε να μην απολυθούμε στην πρώτη περίπτωση ή θέλουμε να κρατάμε το τυπικό χαμόγελο στη δεύτερη για να μη φανούμε εχθρικοί. Έτσι, κρατάμε τα νεύρα μας και τα ξεσπάμε στον σύντροφό μας, γιατί τον θεωρούμε δεδομένο, ως μία ζώνη άνεσης, όπου μπορούμε να εκφραζόμαστε όπως θέλουμε, χωρίς συνέπειες. Αυτό όμως είναι άδικο και μη υγιές, καθώς βλάπτουμε τη σχέση με τον σημαντικότερο και σπουδαιότερο άνθρωπο της ζωής μας, επειδή φοβόμαστε να εκφραστούμε αληθινά σε ανθρώπους με τους οποίους έχουμε πραγματική διαφωνία (θυμηθείτε τις δέκα ερωτήσεις στην αρχή του κεφαλαίοι). Οπότε, σε τέτοιες περιπτώσεις είναι καλό να ρωτάμε τον εαυτό μας: «Γιατί μου ήταν δύσκολο να ξεσπάσω στα άτομα με τα οποία πραγματικά ήμουν νευριασμένος/η και ξέσπασα στον σύντροφό μου, ο οποίος δεν έφταιγε σε τίποτα;».

Κατάλληλη διαχείριση των συναισθημάτων προς όφελος της σχέσης μας

Για να μη βλάπτουμε τη σχέση μας, λόγω ανώριμων συναισθηματικά φορτισμένων συμπεριφορών, χρειάζεται εκτός από αυτοέλεγχο και κατανόηση από τη μεριά και των δύο συντρόφων. Έτσι, όταν για παράδειγμα ο ένας σύντροφος νευριάζει, είναι σημαντικό το ζευγάρι να μην μπλέξει σε λεκτική επικοινωνία. Δηλαδή, είναι ωφέλιμο πρώτα να ηρεμήσει ο σύντροφος που θύμωσε και έπειτα να συζητήσουν. Αυτό ισχύει για κάθε συναισθηματική κατάσταση.

Όταν λειτουργούμε με το συναισθηματικό επίπεδό μας, δε σκεφτόμαστε καθαρά και αντιδρούμε αυτόματα. Έτσι, δεν μπορούμε να μιλήσουμε ώριμα και ισορροπημένα με τον σύντροφό μας. Οπότε, όταν ο σύντροφός μας είναι συναισθηματικά φορτισμένος, είναι καλό να του δώσουμε χώρο και χρόνο να ηρεμήσει και να συζητήσει μαζί μας όταν είναι έτοιμος/η.

Άλλες φορές - όσον αφορά το άγχος, τον φόβο ή τη στενοχώρια - μπορεί να βοηθήσουμε τον σύντροφο με μία αγκαλιά, ένα φιλί, να ξαπλώσουμε μαζί, να τον βοηθήσουμε να επικεντρωθεί στην αλήθεια του και όχι στα συναισθήματά του. Ενώ, άλλες φορές έντονα συναισθήματα, όπως το άγχος και τον θυμό, που δε μας ωφελούν, μπορούμε εύκολα να τα μετατρέψουμε σε ενθουσιασμό και πάθος και να τα διοχετεύσουμε σε ενέργεια, έρωτα και δημιουργικότητα. Μπορούμε να κάνουμε παθιασμένο σεξ, να γυμναστούμε μαζί και οτιδήποτε μπορεί να μετατρέψει συναισθήματα πίεσης σε κάτι όμορφο ή παραγωγικό. Μ' αυτόν τον τρόπο, δε θα καταπιέσουμε τα συναισθήματά μας, ούτε θα επιτρέψουμε να βλάψουν τη σχέση μας, αλλά θα τα εκφράσουμε με υγιή τρόπο. Επομένως, βρείτε τι ταιριάζει σ' εσάς και τι λειτουργεί καλύτερα όταν είστε συναισθηματικά φορτισμένοι, έτσι ώστε να μη γίνεστε έρμαιο των συναισθημάτων σας και ξεσπάτε άδικα στον σύντροφό σας.

Βλέπουμε λοιπόν, ότι όταν τα συναισθήματά μας πάρουν μεγάλες διαστάσεις μας οδηγούν σε πολύ αρνητικές συμπεριφορές. Οπότε, είναι πολύ σημαντικό να μην επιτρέψουμε σε κανένα συναίσθημά μας να γίνει συνήθεια και να καταλήξουμε να συμπεριφερόμαστε με βάση αυτό το συναίσθημα με το παραμικρό και για κάθε ανούσιο λόγο. Δεν είναι υγιές να ζούμε με βάση τα συναισθήματά μας και να κρίνουμε το πώς είναι η ζωή μας με βάση το πώς νιώθουμε, γιατί αυτό αλλάζει συνέχεια και δεν είναι μία μόνιμη κατάσταση. Γι' αυτόν τον λόγο, χρειάζεται να αναπτύξουμε τον υγιή αυτοέλεγχό μας, όπως περιγράψαμε στο μοντέλο του εξελιγμένου εαυτού του πρώτου κεφαλαίου.

Κάθε φορά που είμαστε συναισθηματικά φορτισμένοι, είναι καλό να πάρουμε κάποιες ανάσες και να μη μιλήσουμε αυτόματα. Ας σκεφτούμε γιατί νιώθουμε έτσι και αν υπάρχει λόγος να βρεθούμε σε σύγκρουση με τον σύντροφό μας, επειδή απλά νιώθουμε ένα συναίσθημα πολύ έντονα. Έτσι, θα δώσουμε στον εαυτό μας την ευκαιρία να πράξει με έναν υγιή τρόπο ή τουλάχιστον όχι τόσο έντονο.

Επιπλέον, κάθε φορά που είμαστε συναισθηματικά φορτισμένοι, είναι χρήσιμο να το πούμε στον σύντροφό μας, για να κατανοήσει ότι θα είμαστε πιο ευέξαπτοι. Είναι καλό να ζητήσουμε από τον σύντροφό μας βοήθεια και να μας δώσει χώρο και χρόνο να ηρεμήσουμε. Έτσι, αντί να γίνουμε έρμαιο των συναισθημάτων μας και να συμπεριφερθούμε με τρόπο, που αργότερα θα μετανιώσουμε, μπορούμε να τα εξισορροπήσουμε εξασκώντας τον αυτοέλεγχό μας, αλλά και με τη βοήθεια και κατανόηση του συντρόφου μας...

Ώρα για ενδοσκόπηση

- Εσείς πόσο συχνά αντιδράτε συναισθηματικά και χάνετε τον έλεγχο των συναισθημάτων σας;
- Ποια είναι τα κύρια συναισθήματα που σας ελέγχουν;
- Τι θα μπορούσατε να κάνετε κάθε φορά που νιώθετε ότι θα ξεσπάσετε, για να αποτρέψετε με υγιή τρόπο το ξέσπασμα; Συζητήστε με τον σύντροφό σας έτσι ώστε να βρείτε μεταξύ σας ισορροπημένους τρόπους, για να βοηθάτε ο ένας τον άλλον, ανάλογα με τις συναισθηματικές αδυναμίες και ανάγκες του καθενός, μέχρι να φτάσετε σε σημείο όπου έχετε ολικό έλεγχο των συναισθημάτων σας.

- Απαντήστε ξανά τις δέκα ερωτήσεις από την εισαγωγή του κεφαλαίου, αυτήν τη φορά συγκεκριμένα για τις συναισθηματικά φορτισμένες συμπεριφορές σας.

2.7 Δυσκολία στην επικοινωνία

Έχετε βρεθεί σε καταστάσεις όπου λέτε κάτι στον σύντροφό σας και καταλαβαίνει κάτι εντελώς διαφορετικό; Δυσκολεύεστε μήπως να αποτυπώσετε με ακρίβεια αυτά που θέλετε να πείτε στον σύντροφό σας και έτσι καταλήγετε να μαλώνετε; Πολλές φορές ερχόμαστε σε αντιπαράθεση με τον σύντροφό μας, απλά λόγω παρεξηγήσεων. Αυτό συμβαίνει, γιατί δεν έχουμε αναπτύξει σε ικανοποιητικό βαθμό τις επικοινωνιακές δεξιότητές μας και χρειάζεται να εργαστούμε αρκετά σ' αυτό το θέμα. Εδώ, θα μιλήσουμε κυρίως για την αυθεντικότητα και την ειλικρίνεια, καθώς και τη σημασία τους στην αποτελεσματική και ποιοτική επικοινωνία με τον σύντροφό μας.

Όταν καβγαδίζουμε με τον σύντροφό μας, η αιτία μπορεί να είναι η δυσκολία στην επικοινωνία και όχι κάποιο συναίσθημα ή ένα ζήτημα του παρελθόντος. Η επικοινωνία μας μπορεί να είναι δυσλειτουργική για έναν και μόνο πολύ απλό λόγο. Ο λόγος αυτός είναι ότι δεν είμαστε απολύτως ξεκάθαροι με τον σύντροφό μας από την αρχή της σχέσης. Είναι πολύ σημαντικό και οι δύο σύντροφοι να είμαστε αληθινοί και αυθεντικοί μεταξύ μας από την αρχή της σχέσης. Αυτό θα βοηθήσει τη σχέση μας να αναπτυχθεί πολύ πιο γρήγορα, αλλά είναι και ένας τρόπος για να δούμε αν ο σύντροφός μας δεν είναι ένας απλός σύντροφος, αλλά ο πλήρης αντανακλαστικός εαυτός μας (βλ. σελ. 83).

Μπορούμε να δούμε αν ο σύντροφός μας είναι ο πλήρης αντανακλαστικός εαυτός μας, αν μας αποδέχεται ακριβώς όπως είμαστε και δε θέλει να «μας αλλάξει». Γιατί αν δε μας αποδεχτεί ως ανθρώπους που κάνουμε λάθη και έχουμε συγκεκριμένες προτιμήσεις και μάλιστα ίσως και διαφορετικές από αυτόν, τότε δεν είναι ο άνθρωπος της ζωής μας. Οπότε, κατανοείτε τη σημασία τού να είμαστε αυθεντικοί μεταξύ μας από την αρχή της σχέσης.

Ένας άλλος λόγος για τον οποίο είναι κρίσιμο να είμαστε ειλικρινείς και ξεκάθαροι με τον σύντροφό μας, είναι ότι αν παρουσιάσουμε κάποιο πλαστό πρόσωπο στην αρχή, κάποια στιγμή θα αποκαλυφθούμε. Μετά από καιρό ή μέσα από τη συγκατοίκηση θα δει ο καθένας τις πτυχές του άλλου, τις οποίες δε γνωρίζαμε, και έτσι μπορεί να τις απορρίψουμε μιας και δεν είναι ο άνθρωπος που πιστεύαμε ότι είναι. Βέβαια, πάντα θα έχουμε πολλά να μάθουμε για τον σύντροφό μας, όπως αυτό ισχύει και για τον εαυτό μας, όμως έχει μεγάλη διαφορά από το να δείξουμε ένα ψεύτικο πρόσωπο και να μην είμαστε ειλικρινείς...

Όπως, έχουμε εξηγήσει στην αρχή του βιβλίου, είμαστε τόσο πολύπλοκα όντα και έτσι δεν μπορούμε να γνωρίζουμε ακριβώς κάθε εμπειρία, κάθε ανάμνηση και κάθε ερέθισμα που έχει βιώσει ο σύντροφός μας. Μπορούμε όμως, να έχουμε αγνό ενδιαφέρον και αγάπη για την αλήθεια και την αυθεντικότητα του συντρόφου μας.

Έτσι, στην επικοινωνία με τον σύντροφό μας, για να μην οδηγούμαστε σε παρεξηγήσεις, είναι πολύ σημαντικό να μην περιμένουμε ποτέ ο σύντροφός μας να διαβάσει τον νου μας και να ξέρει ακριβώς τι θέλουμε χωρίς να του το πούμε εμείς πρώτα. Δηλαδή, μπορούμε να του πούμε ξεκάθαρα τι θέλουμε και τι δε θέλουμε και να μην περιμένουμε ο σύντροφος να υποθέσει και να φανταστεί. Ακόμη και σε μία πολύ στενή σχέση ή και σε σχέση αλληλοπληρότητας, που θα αναπτύξουμε στο τελευταίο κεφάλαιο, πάλι είναι σημαντικό να λέμε τα πάντα ξεκάθαρα στον σύντροφό μας και να μην πιστεύουμε ότι πρέπει να καταλάβει τα πάντα από μόνος/η του/της.

Με λίγα λόγια, ακόμη κι αν ως ζευγάρι έχετε εργαστεί τόσο πολύ με τη σχέση σας και γνωρίζετε σε βάθος, με ουσία και με αλήθεια ο ένας τον άλλον, δεν είναι δυνατόν να ξέρετε ακριβώς οτιδήποτε γίνεται πάντα στο μυαλό του συντρόφου σας. Άλλωστε, δεν είναι δυνατόν να ξέρετε τι ακριβώς γίνεται πάντα ακόμα και στο δικό σας μυαλό, όσο και να έχετε αναπτύξει την αυτογνωσία σας.

Μη θεωρείτε λοιπόν τίποτα δεδομένο, όσο ενωμένοι και αγαπημένοι και να είστε με τον σύντροφό σας. Συζητήστε μαζί τι θέλει και τι δε θέλει ο καθένας σας και εργαστείτε μαζί σε όλα τα μοντέλα του εαυτού από το πρώτο κεφάλαιο. Έτσι, θα μπορείτε να είστε πολύ ξεκάθαροι μεταξύ σας σε κάθε συζήτησή σας και θα γνωρίζετε ακόμα καλύτερα ο ένας τον άλλον χωρίς όμως να βγάζετε συμπεράσματα για οποιοδήποτε θέμα. Απογυμνωθείτε και μην κρύβετε τίποτα.

Σκεφτείτε λοιπόν, την τελευταία συζήτηση που κάνατε με τον σύντροφό σας και δεν επικοινωνήσατε αποτελεσματικά. Αναλογιστείτε, ως προς το ποιος είναι ο λόγος, που δεν επικοινωνήσατε αποτελεσματικά. Μήπως, δεν ήσαστε απολύτως ξεκάθαροι;

Πολλές φορές αυτό που έχουμε στον νου μας ως σκέψη είναι διαφορετικό από αυτό που καταλήγουμε να πούμε και έτσι μπερδεύεται ο σύντροφός μας, ο οποίος μπορεί μάλιστα να κατανοήσει πολύ διαφορετικά αυτό που είπαμε. Οπότε, είναι σημαντικό να διατυπώνουμε αυτό που θέλουμε όσο καλύτερα μπορούμε και όταν μιλάει ο σύντροφός μας να τον ακούμε προσεκτικά και να μην προσπαθούμε να βγάλουμε συμπεράσματα, αλλά να θέλουμε να κατανοήσουμε τι πραγματικά θέλει να μας πει. Αν βγάζουμε συμπεράσματα και δε ρωτάμε ξανά τον σύντροφό μας να μας επιβεβαιώσει αυτό που καταλάβαμε, τότε μπορεί να νομίζουμε εντελώς διαφορετικά πράγματα και έτσι κάποια στιγμή να μαλώσουμε, γιατί είχαμε άλλη εικόνα στο μυαλό μας και δημιουργήσαμε μία παρεξήγηση. Μέσα στην παρεξήγηση θα προκληθούν κάποια συναισθήματα, όπως αναλύσαμε προηγουμένως και μπορεί να καταλήξουμε να ρίχνουμε το «μπαλάκι» της ευθύνης ο ένας στον άλλον, λέγοντας «μα έτσι μου είπες χθες», ενώ ο άλλος να λέει «όχι δε σου είπα αυτό» και μετά να αρχίσει η κριτική, κάποιο υπεροπτικό ύφος, η ανάγκη να υπερασπιστούμε τον εαυτό μας και να γίνουν τα πράγματα χειρότερα.

Οπότε, κλειδί είναι η αποτελεσματική ακρόαση του συντρόφου και η καλύτερη δυνατή διατύπωση των σκέψεών μας. Δηλαδή, να αποφύγουμε να προσπαθήσουμε να αποδείξουμε ότι έχουμε δίκιο και να ακούσουμε με ενδιαφέρον τον σύντροφό μας, λέγοντας και οι δύο πάντα την αλήθεια και όχι κάτι άλλο. Είναι κρίμα να φτάνετε σε καβγάδες, γιατί δεν είστε ειλικρινείς και φοβάστε να δείξετε την αυθεντικότητά σας. Επομένως, να είστε ξεκάθαροι και αληθινοί και αυτό από μόνο του μπορεί να προλάβει και να λύσει πολλά ζητήματα. Με τα ψέματα και την απόκρυψη της αλήθειας δεν πάμε πουθενά. Με την ειλικρίνεια και την απογύμνωση όμως, μπορούμε να κάνουμε θαύματα.

Ώρα για ενδοσκόπηση

- Εσείς επικοινωνείτε αποτελεσματικά με τον σύντροφό σας; Αν ναι, τι κάνετε και έχετε επιτυχημένη επικοινωνία; Αν όχι, τι κάνετε και έχετε αποτυχημένη επικοινωνία;
- Λέτε πάντα την αλήθεια στον σύντροφό σας; Αν ναι, γιατί; Αν όχι, γιατί;
- Λέτε ξεκάθαρα αυτό που θέλετε στον σύντροφό σας ή περιμένετε να βγάλει από μόνος/μόνη συμπεράσματα γι' αυτό που θέλετε;
- Πόσο συχνά γίνονται παρεξηγήσεις στην επικοινωνία σας; Τι φταίει γι' αυτό;
- Τι χρειάζεται να κάνετε για να βελτιώσετε την επικοινωνία με τον σύντροφό σας;
- Απαντήστε ξανά τις δέκα ερωτήσεις από την εισαγωγή του κεφαλαίου, αυτήν τη φορά συγκεκριμένα για τη δυσλειτουργική επικοινωνία...

2.8 Συμβιβασμός και στασιμότητα

Έχετε ποτέ συμβιβαστεί σε μία ερωτική σχέση σας; Έχετε ποτέ αποδεχτεί να είστε με κάποιον άνθρωπο, απλά επειδή συνηθίσατε και δε θέλετε να είστε μόνοι σας; Έχετε ποτέ αποδεχτεί να σας συμπεριφέρονται άσχημα και χωρίς σεβασμό στη σχέση σας; Η απάντηση σε αυτές τις ερωτήσεις δυστυχώς είναι θετική σε πολλούς ανθρώπους. Ο συμβιβασμός είναι ένα τεράστιο εμπόδιο σε κάθε μορφή εξέλιξης και προόδου. Πολλοί άνθρωποι τείνουν να συμβιβάζονται σε σχέσεις για διάφορα «πρέπει», εγκλωβιστικές πεποιθήσεις τους, ανασφάλεια και φόβο της μοναξιάς. Μάλιστα, μερικοί καταλήγουν σε γάμο πολλών χρόνων χωρίς να αγαπάει ο ένας τον άλλον, απλά από κάποια συνήθεια, κάποιο «πρέπει» ή κάποια ανάγκη. Εδώ λοιπόν, θα μιλήσουμε για το ζήτημα του συμβιβασμού και το πόσο καταστροφικός μπορεί να είναι για τη σχέση και τη ζωή μας.

Πολλοί άνθρωποι οδηγούνται από τον φόβο στη ζωή τους. Φοβούνται μη μείνουν μόνοι. Φοβούνται μη χάσουν τη δουλειά τους. Φοβούνται να ακολουθήσουν τα όνειρά τους. Φοβούνται να εργαστούν για να πετύχουν τους στόχους τους. Έτσι, χωρίς να το καταλάβουν, συμβιβάζονται σε μία σχέση χωρίς αγάπη, σε μία δουλειά που απεχθάνονται, σε μία ρουτίνα που νιώθουν εγκλωβισμένοι και σε μία ζωή που αδρανοποιούν τον εγκέφαλό τους και δεν είναι καθόλου δημιουργικοί και παραγωγικοί, αλλά λόγω φόβου δεν κάνουν κάτι για να αλλάξουν την κατάσταση. Φοβούνται να μη χάσουν αυτά που έχουν και έτσι δεν παίρνουν ρίσκα στη ζωή και δεν τολμούν. Έτσι, περνάνε τα χρόνια και πιστεύουν ότι ο συμβιβασμός είναι ο μόνος τρόπος για να ζουν. Ζουν δηλαδή, μία ζωή γεμάτη δυσκολίες, ελάχιστες παροδικές απολαύσεις και περιμένουν να ζήσουν λίγο το σαββατοκύριακο μήπως και ξεχάσουν τη ζωή που έχουν. Δεν κάνουν όμως τίποτα για να αντιμετωπίσουν τις δυσκολίες και γι' αυτό συνεχίζουν να ζουν μ' αυτές και να τις πολλαπλασιάζουν. Δεν ασχολούνται με νέα πράγματα που θα τους βοηθήσουν να ζήσουν μία όμορφη ζωή με πληρότητα. Παραμένουν στάσιμοι και χωρίς σκοπό.

Αυτοί οι άνθρωποι θέλουν να αποδράσουν από τη ζωή, τον εαυτό και τη σχέση τους. Άλλοι εθίζονται στο σεξ ως τρόπο διαφυγής από την πραγματικότητα, άλλοι στο αλκοόλ, άλλοι στα πορνό, άλλοι στα τυχερά παιχνίδια, άλλοι στο τσιγάρο (που έχει καταντήσει να είναι ο «καλύτερος φίλος» πολλών ανθρώπων), άλλοι στον ψεύτικο κόσμο των μέσων κοινωνικής δικτύωσης, καθώς η εικονική πραγματικότητα τούς είναι πιο εύκολη από την πραγματική ζωή, και άλλοι στις ανούσιες βόλτες και τους καφέδες για να αποδράσουν και να απολαύσουν έστω κάποιες στιγμές. Πολλά ζευγάρια μάλιστα, θέλουν ο σύντροφός τους να λείπει πολλές ώρες από το σπίτι, γιατί θέλουν να περνάνε όσο λιγότερο χρόνο γίνεται μαζί. Χαίρονται που δεν έχουν κοινά ενδιαφέροντα και που η σχέση ή ο γάμος τους δεν είναι τίποτα παραπάνω από μία συζήτηση το βράδυ πριν τον ύπνο. Αυτό συμβαίνει, γιατί δεν αντέχουν ο ένας τον άλλον, καθώς η σχέση τους είναι σχέση συμβιβασμού και όχι αγάπης.

Γιατί όμως τα λέμε αυτά; Τα λέμε, γιατί υπάρχει περίπτωση πολλοί από τους αναγνώστες να έχουν παγιδέψει τον εαυτό τους σε μία σχέση και ζωή συμβιβασμού. Αν λοιπόν, βρίσκεστε σε μία κατάσταση συμβιβασμού, συνεχίσετε να συμβιβάζεστε και θεωρείτε τη ζωή σας μία φυλακή από την οποία θέλετε να αποδράσετε, να ξέρετε ότι δεν υπάρχει περίπτωση να ζήσετε με αγάπη και αλληλοπληρότητα. Αν έστω ο ένας από εσάς στη συντροφική σχέση σας ζει τη ζωή μ' αυτόν τον τρόπο, τότε δε θα μπορείτε να προοδέψετε εύκολα μαζί. Το θέμα λοιπόν, είναι να μην κυνηγάτε την παροδική απόλαυση, αλλά να ζήσετε με μόνιμη ικανοποίηση στη σχέση σας. Να κάνετε δηλαδή, τη ζωή και τη σχέση σας τόσο όμορφες που δε θα χρειάζεται να ξεφύγετε από τίποτα. Να ζείτε με ψυχική γαλήνη, που είναι στην ουσία αυτό που δεν έχουν και ψάχνουν να βρουν απεγνωσμένα οι άνθρωποι που έχουν συμβιβαστεί στη ζωή...

Αν είστε σε μία σχέση συμβιβασμού, αναρωτηθείτε γιατί είστε σ' αυτήν τη σχέση. Ρωτήστε στον εαυτό σας αν αγαπάτε πραγματικά τον σύντροφό σας ή αν έχετε συμβιβαστεί και φοβάστε τον χωρισμό. Ανάλογα με τις απαντήσεις θα πάρετε και τις αντίστοιχες αποφάσεις.

Έχετε αποδεχτεί να είστε με έναν άνθρωπο, που δεν είναι ο πλήρης αντανακλαστικός εαυτός σας λόγω ανασφάλειας;

- Αν είστε σε σχέση συμβιβασμού, τότε γιατί παραμένετε;
- Αν ο λόγος της σχέσης σας δεν είναι η αγάπη, τότε ποιος ο λόγος να είστε μαζί;
- Αν δε βοηθάτε ο ένας τον άλλον να προοδεύσετε, τότε ποιος ο λόγος να είστε μαζί;
- Αν δεν απολαμβάνετε κάθε στιγμή της σχέσης σας, είτε είναι όμορφη, είτε δύσκολη, τότε ποιος ο λόγος να είστε μαζί;
- Αν δε θέλετε με κάθε κύτταρο του «είναι» σας να περνάτε κάθε κλάσμα του δευτερολέπτου μαζί, τότε ποιος ο λόγος να είστε μαζί;
- Αν όμως, αγαπάτε τον σύντροφό σας, αλλά η ζωή και η σχέση σας είναι γεμάτες δυσκολίες και συμβιβασμούς σε τομείς, όπως η εργασία σας ή άλλες κοινωνικές σχέσεις, τότε απλά χρειάζεται μαζί να συζητήσετε και να αποφασίσετε να αλλάξετε πολλά πράγματα.

Αρχικά, είναι αναγκαίο να ορίσετε μαζί τον σκοπό της ύπαρξής σας, όπως εξηγήσαμε στο μοντέλο του υπαρξιακού εαυτού στο πρώτο κεφάλαιο. Να ξεκαθαρίστε δηλαδή, τον σκοπό της ζωής σας, τον σκοπό της σχέσης σας, την κληρονομιά και το όραμά σας.

Μόλις το κάνετε αυτό, έχετε ήδη ξεφύγει, εν μέρη, από τον συμβιβασμό μιας και έχετε κάνει το πρώτο βήμα για να ζήσετε μία μοναδική και ανεπανάληπτη ζωή με τον σύντροφό σας. Θα δείτε ότι η αναβλητικότητα θα περιοριστεί, γιατί πλέον ξέρετε πού πατάτε και πού βρίσκεστε. Όμως και πάλι χρειάζεται δέσμευση και πράξη, για να αλλάξετε τη ζωή σας προς το καλύτερο. Και είναι σημαντικό να είστε στο ίδιο μονοπάτι με τις ίδιες αξίες (μοντέλο του απεριόριστου εαυτού) με τον σύντροφό σας. Γιατί αν δύο άνθρωποι δεν προοδεύουν μαζί σε μία κοινή πορεία, τότε η σχέση τους θα διαλυθεί κάποια στιγμή. Δεν μπορούμε να εξελιχθούμε όταν ο ένας από εμάς προοδεύει κι ο άλλος μένει στάσιμος. Οπότε, οι προτεραιότητες και οι στόχοι στη σχέση σας είναι κρίσιμο να είναι κοινοί.

Εδώ λοιπόν, έρχεται η αλλαγή, που εχθροί της είναι ο συμβιβασμός και η στασιμότητα. Αν δεν αλλάξουμε, δεν προχωράμε στη ζωή. Είναι τόσο απλό. Η αλλαγή είναι αναπόφευκτη και γι' αυτό είναι κρίσιμο να αλλάξουμε με επιλογή μας προς το καλύτερο και όχι προς το χειρότερο. Για να αλλάξουμε τις καταστάσεις που δε θέλουμε στη ζωή και στη σχέση μας, καθώς και τις αρνητικές συμπεριφορές μας, πρέπει να αλλάξουμε την αντίληψή μας, τις εγκλωβιστικές πεποιθήσεις μας και να κατανοήσουμε τις αξίες και τις προτεραιότητές μας. Αυτό σημαίνει πως πρέπει να αλλάξουμε τη νοοτροπία του συμβιβασμού. Ουσιαστικά, δε θα έχουμε μόνιμη αλλαγή αν δεν επικεντρωθούμε στις αξίες μας και στην αληθινή ταυτότητα του εαυτού μας. Οπότε, ως ζευγάρι είναι σημαντικό να ξεκινήσετε να λειτουργείτε με βάση την αλλαγή και όχι τη στασιμότητα, που προκαλείται από τον συμβιβασμό.

Εδώ, είναι σημαντικό να κατανοήσουμε επίσης δύο σπουδαίες αλήθειες για την αλλαγή:

• Η πρώτη είναι ότι μπορούμε να αλλάξουμε έναν μόνο άνθρωπο στη ζωή. Αυτός ο άνθρωπος είναι ο εαυτός μας. Μπορούμε να βοηθήσουμε τον πλήρη αντανακλαστικό εαυτό μας να αλλάξει, αλλά δεν μπορούμε να τον αλλάξουμε εμείς, όπως δεν μπορούμε να αλλάξουμε και κανέναν άλλον άνθρωπο.

• Η δεύτερη αλήθεια είναι ότι η αλλαγή δεν είναι μία διαδικασία που διαρκεί πολύ. Στην ουσία η αλλαγή είναι μία κατάσταση που είτε πετύχαμε, είτε δεν καταφέραμε ακόμη. Δηλαδή, δεν υπάρχει «αλλάζω» ή «θα αλλάξω», αλλά «άλλαξα» ή «δεν άλλαξα ακόμη». Παραδείγματος χάριν, αν θέλετε να αλλάξετε μία αρνητική συμπεριφορά σας απέναντι στον σύντροφό σας, έχετε δύο επιλογές ώστε να την αλλάξετε: να σταματήσετε ολικά να συμπεριφέρεστε έτσι ή να μην την αλλάξετε και να μείνετε στο «θέλω» και στο «θα». Αυτό σημαίνει πως αν δε σταματήσετε σε κάθε περίπτωση την αρνητική συμπεριφορά σας, δεν έχετε αλλάξει ακόμη.

Οπότε, η αλλαγή είναι ένα μέρος μόνο της βελτίωσης. Η βελτίωση, σε αντίθεση με την αλλαγή, είναι μία συνεχής διαδικασία που περιλαμβάνει πολλές μόνιμες αλλαγές. Δηλαδή, δε σταματάμε ποτέ να βελτιωνόμαστε, γιατί πάντα έχουμε περιθώρια για βελτίωση και κατά τη διάρκεια της βελτίωσής μας μπορούμε να κάνουμε πολλές μόνιμες αλλαγές, όπως αλλαγές στη συμπεριφορά μας, στη νοοτροπία μας κτλ.

Με βάση αυτά λοιπόν, είναι στο χέρι σας αν θα συνεχίσετε να συμβιβάζεστε στη ζωή σας ή αν θα επιλέξετε να πορευτείτε μαζί με τον σύντροφό σας στο μονοπάτι της συνεχούς βελτίωσης, αλλάζοντας οτιδήποτε δε σας εξυπηρετεί.

Έχουμε 365 ημέρες τον χρόνο. Αυτό σημαίνει ότι κάθε μία από αυτές τις μέρες είναι μία ευκαιρία για να γινόμαστε καλύτεροι άνθρωποι και να βελτιώνουμε τη σχέση με τον σύντροφό μας. Επομένως, δεν υπάρχουν δικαιολογίες παρά μόνο 365 ευκαιρίες για βελτίωση...

Ώρα για ενδοσκόπηση

- Εσείς συμβιβάζεστε στη ζωή και στη σχέση σας; Αν όχι, πολύ όμορφα. Συνεχίστε την εξέλιξή σας. Αν ναι, τότε εντοπίστε τους τομείς στους οποίους συμβιβάζεστε.
- Αναρωτηθείτε γιατί συμβιβάζεστε και γιατί δεν αλλάζετε. Τι σας κρατάει πίσω; Φόβος, εγκλωβιστικές πεποιθήσεις, άλλοι άνθρωποι, κανόνες; Βρείτε τον λόγο που είστε εγκλωβισμένοι, αποφασίστε να αλλάξετε και λάβετε δράση.
- Ρωτήστε στον εαυτό σας αν σας αξίζει να ζείτε με συμβιβασμό και στασιμότητα.
- Είναι ο σύντροφός σας ο άνθρωπος της ζωής σας ή ένας άνθρωπος με τον οποίο απλά συμβιβάζεστε;

- Τι χρειάζεται να κάνετε για να δώσετε ένα μόνιμο τέλος στον συμβιβασμό και τη στασιμότητα;
- Σας διαβεβαιώνουμε ότι αν απαντήσετε με ειλικρίνεια σ' αυτές τις ερωτήσεις, μπορείτε να πάρετε τη δύναμη να κάνετε αυτό που θέλετε και να ανοίξετε τα φτερά σας. Μη συμβιβάζεστε πλέον με ανθρώπους που δεν αγαπάτε και με καταστάσεις που δεν προωθούν την εξέλιξή σας. Ξεζουμίστε τη ζωή και τολμήστε να κάνετε τους στόχους σας πραγματικότητα. Ο μόνος άνθρωπος που μπορεί να σας εγκλωβίσει στον συμβιβασμό, τη στασιμότητα και την αποτυχία είναι ο ίδιος ο εαυτός σας. Έχετε όλα τα εφόδια που χρειάζεστε για να ζείτε μία γαλήνια ζωή και μία σχέση με πληρότητα. Οπότε, μην περιμένετε άλλο και ζήστε τη ζωή που σας αξίζει με τον πλήρη αντανακλαστικό εαυτό σας...

2.9 Η παγίδα της σοβαρότητας και η παγίδα της τέλειας σχέσης

Κάπου εδώ πλησιάζουμε στο τέλος του κεφαλαίου και γι' αυτό είναι σημαντικό να μιλήσουμε για δύο συχνές παγίδες, στις οποίες μπορούμε να πέσουμε με τον σύντροφό μας όταν ξεκινάμε τη σχέση μας ή όταν αποφασίσουμε να βελτιωθούμε ακόμα περισσότερο μαζί. Οι παγίδες αυτές είναι η παγίδα της σοβαρότητας και η παγίδα της τέλειας σχέσης. Ας δούμε λοιπόν, τι συμβαίνει σε κάθε μία από αυτές τις καταστάσεις:

- Η παγίδα της σοβαρότητας:

Πολλοί από εμάς όταν ξεκινάμε την πορεία της αυτοβελτίωσης και της βελτίωσης της συντροφικής σχέσης μας, μπορεί να γίνουμε ξαφνικά πολύ σοβαροί και αυστηροί με τον εαυτό μας και τον σύντροφό μας. Αυτό συμβαίνει, γιατί μαθαίνουμε για την πειθαρχία και τον αυτοέλεγχο, για τη στασιμότητα και τη σημασία της αλλαγής και για την ουσία στη ζωή. Μάλιστα, μπορεί να διώξουμε τα παλιά και περιοριστικά «πρέπει», που είχαμε παλιότερα και να ακολουθήσουμε νέα «πρέπει». Για παράδειγμα, ότι δεν πρέπει να σπαταλάμε τον χρόνο μας, ότι δεν πρέπει να έχουμε ανούσιες σχέσεις, ότι δεν πρέπει να σκεφτόμαστε αρνητικά και διάφορα άλλα. Φυσικά, όλα αυτά είναι υγιή και ωφέλιμα για εμάς και τον σύντροφό μας, όμως όχι όταν γίνονται αυστηροί και απαράβατοι κανόνες που μας πνίγουν. Γιατί αν βάζουμε στη ζωή και στη σχέση μας αυστηρούς κανόνες, τότε δε ζούμε με πραγματική ελευθερία και γαλήνη.

Αντί λοιπόν να ακολουθούμε διάφορα «πρέπει», είναι υγιές να ξεκαθαρίσουμε τις αξίες, τα «θέλω», τις ανάγκες και τα «απόλυτα όχι» μας, όπως αναλύσαμε στο πρώτο κεφάλαιο και να πορευόμαστε με αυτά. Έτσι, λειτουργούμε με πειθαρχία και με βάση όλα όσα μας βοηθούν να προοδεύσουμε, αλλά δεν καταλήγουμε σε υπερβολές και δίνουμε πραγματική ελευθερία στον εαυτό μας.

Αν δε ζούμε με ελευθερία έτσι ακριβώς όπως θέλουμε, αν δεν έχουμε γαλήνη στη ζωή μας και αν δε ζούμε με αγάπη με τον σύντροφό μας απολαμβάνοντας κάθε μας στιγμή, τότε ποιος είναι ο λόγος της προόδου; Ποιο είναι το νόημα αν συνέχεια ακολουθούμε κανόνες σαν στρατιώτες και δεν απολαμβάνουμε τη ζωή και τη σχέση μας; Για να προοδέψουμε μαζί με τον σύντροφό μας χρειάζεται η πειθαρχία, η αυστηρότητα και η αλλαγή να είναι «θέλω» για εμάς και όχι «πρέπει». Να θέλουμε δηλαδή να αλλάξουμε και να είμαστε πειθαρχημένοι, έτσι ώστε να απολαμβάνουμε ως ζευγάρι μαζί τη ζωή και να ζούμε έτσι ακριβώς όπως μας αρέσει. Αυτή είναι η λεπτή και όμορφη ισορροπία ανάμεσα στην αυστηρότητα και την ανεμελιά.

Ακόμη κι εμείς πολλές φορές μπορεί να φαινόμαστε στο βιβλίο αυστηροί, παθιασμένοι και με μεγάλη σοβαρότητα, γιατί έτσι προοδεύουμε στη ζωή με πάθος, αυστηρότητα και πειθαρχία. Όμως, ο σκοπός της αυστηρότητας και της πειθαρχίας είναι να φτάσουμε σε ένα σημείο, όπου θα απολαμβάνουμε κάθε πτυχή της ζωής και της σχέσης μας. Γι' αυτόν τον λόγο, στη σχέση σας είναι σημαντικό να γελάτε, να παίρνετε πολλά πράγματα στην πλάκα, να χαλαρώνετε, να διασκεδάζετε και να είστε ανέμελοι. Υπάρχουν στιγμές που χρειάζεται να είμαστε σοβαροί και πειθαρχημένοι, αλλά και στιγμές για να χαλαρώνουμε και να διασκεδάζουμε. Αν η ζωή και η σχέση μας δεν είναι ένα απολαυστικό ταξίδι αγάπης, τότε οφείλουμε να αναρωτηθούμε τι μας μπλοκάρει και μας απομακρύνει από την απόλαυση.

Αν πέσετε λοιπόν σ' αυτήν την παγίδα και το συνειδητοποιήσετε, συζητήστε με τον σύντροφό σας και επαναπροσδιορίστε τις προτεραιότητές σας. Μήπως για παράδειγμα, έχετε αφοσιωθεί τόσο πολύ στη δουλειά σας και έχετε ξεχάσει να χαλαρώνετε και να γελάτε με τον σύντροφό σας; Μήπως κατά το μεγαλύτερο μέρος της ημέρας σας είστε πιεσμένοι και αγχωμένοι και δεν αφιερώνετε χρόνο ξεκούρασης και διασκέδασης με τον σύντροφό σας; Αναρωτηθείτε αυτές τις ερωτήσεις μαζί και βρείτε έναν πιο υγιή τρόπο για να ρυθμίσετε τη ρουτίνα σας. Αντί να πιέζεστε συνέχεια για τα βήματα που «πρέπει» να ακολουθήσετε για να βελτιωθείτε και να πετύχετε τους στόχους σας, δώστε χρόνο στον εαυτό σας και τον σύντροφό σας για να ηρεμήσετε και να είστε ανέμελοι.

• Η παγίδα της τέλειας σχέσης:

Πολλά ζευγάρια έχουν μία εικόνα στον νου τους για το πώς πρέπει να είναι μία σχέση. Μάλιστα, δημιουργούν την εικόνα ότι μία σχέση μπορεί να είναι τέλεια. Δηλαδή, το ακριβώς αντίθετο από τους ανθρώπους που συμβιβάζονται και ζουν μία «νεκρή» σχέση. Όπως, έχουμε όμως ήδη εξηγήσει, δεν υπάρχει τελειότητα στη ζωή. Κανένας από εμάς δε θα γίνει ποτέ τέλειος, καθώς η ίδια η ύπαρξή μας είναι προοδευτική. Δηλαδή, όσο και να βελτιωθούμε, πάντα θα έχουμε περιθώριο για περαιτέρω βελτίωση. Το ίδιο ισχύει και στη σχέση με τον σύντροφό μας. Όσο πολύ και να ενωθούμε, πάλι θα έχουμε πολλά περιθώρια για τη μεταξύ μας βελτίωση. Ακόμη κι όταν φτάσουμε σε επίπεδο αλληλοπληρότητας, που είναι η απόλυτη ένωση δύο ανθρώπων, όπως θα εξηγήσουμε στο τελευταίο κεφάλαιο, πάλι θα χρειάζεται να βελτιωνόμαστε καθημερινά. Αυτή είναι η ομορφιά της ζωής και της συντροφικής σχέσης μας. Η διαρκής πρόοδος και εξέλιξη.

Επομένως, αν παρουσιάζετε κάποια από τις αρνητικές συμπεριφορές ή είστε εγκλωβισμένοι σε κάποια από τις αρνητικές καταστάσεις, που περιγράψαμε σ' αυτό το κεφάλαιο, μην καταδικάζετε τον εαυτό σας ή τον σύντροφό σας. Μην καταδικάζετε τη σχέση σας. Δεν υπάρχει καμία σχέση χωρίς τέτοιες συμπεριφορές. Για την ακρίβεια, κάθε επιτυχημένη και υγιής σχέση έχει περάσει πολλές δύσκολες στιγμές, πολύ πόνο και πολλές αρνητικές συμπεριφορές και καταστάσεις. Γιατί αυτές οι συμπεριφορές και οι καταστάσεις είναι τρόποι για να βελτιωθούμε. Είναι μαθήματα για να γνωρίσουμε καλύτερα τον εαυτό μας και τον σύντροφό μας. Κάθε σχέση πάντα θα έχει δυσκολίες και προκλήσεις, γιατί μέσα από τις προκλήσεις και τις δυσκολίες ωριμάζουμε και γινόμαστε πιο δυνατοί, έτσι ώστε να καταφέρουμε να ζήσουμε με ειρήνη και πληρότητα.

Επομένως, δεν υπάρχει τέλεια σχέση. Υπάρχει η υγιής και πνευματική σχέση με πληρότητα, που οι σύντροφοι κάνουν λάθη και αντί να καταδικάσουν τον εαυτό τους, αναλαμβάνουν την ευθύνη τους και διορθώνουν τα λάθη τους.

Προτείνουμε λοιπόν, να υιοθετήσετε την αρχή της συνεχούς βελτίωσης, καθώς είναι ένας τρόπος ζωής που μόνο θετικά έχει. Όταν αποφασίσουμε να ζούμε με συνεχή βελτίωση, μπορούμε να φτάσουμε πιο εύκολα στην ισορροπία, καθώς δε θα κατακρίνουμε τον εαυτό μας για τα λάθη μας, ούτε όμως δε θα αναλαμβάνουμε την ευθύνη μας. Θα είμαστε εναρμονισμένοι με την αλήθεια του εαυτού μας και θα εξελισσόμαστε συνέχεια, για να συμπεριφερόμαστε στον σύντροφό μας με αγάπη και σεβασμό...

Ώρα για ενδοσκόπηση

- Εσείς πόσο αυστηροί, πειθαρχημένοι και σοβαροί είστε στη σχέση με τον σύντροφό σας; Εκφράζετε τα παραπάνω με υγιή τρόπο ή έχετε πάει στην υπερβολή;
- Πόσο απολαμβάνετε τη σχέση με τον σύντροφό σας και την κάθε στιγμή σας μαζί; Μπορείτε να αφεθείτε εύκολα στο παρόν ή απασχολεί κάτι άλλο συνέχεια τον νου σας;
- Βελτιώνεστε διαρκώς με τον σύντροφό σας; Αν ναι, τι ακριβώς κάνετε; Αν όχι, γιατί;
- Τι χρειάζεται να κάνετε για να εξισορροπήσετε την πειθαρχία και την αυστηρότητα, με την ανεμελιά και την απόλαυση στη σχέση με τον σύντροφό σας;
- Πιέζεστε να είστε «τέλειοι» στη σχέση με τον σύντροφό σας; Αν ναι, γιατί; Τι σας προσφέρει αυτό; Αν όχι, γιατί;
- Είστε ελεύθεροι στη ζωή και στη σχέση με τον σύντροφό σας; Είστε γαλήνιοι;
- Τι χρειάζεται να κάνετε για να ξεφύγετε από τα δεσμά της πλαστής τελειότητας και να ζήσετε με έναν τρόπο που συνδυάζει την πρόοδο με τη χαλάρωση;

2.10 Ανακεφαλαίωση και το μοντέλο βελτίωσης των αρνητικών συμπεριφορών

Με βάση το κεφάλαιο αυτό, μπορούμε να καταλήξουμε ότι σε γενικές γραμμές μέσα σε μία σχέση μπορεί να υπάρξουν δύο άκρα αρνητικών συμπεριφορών. Στο πρώτο άκρο, δεν παραδεχόμαστε τα λάθη και τις αρνητικές συμπεριφορές μας. Κατακρίνουμε έτσι τον σύντροφό μας, τον χλευάζουμε, οδηγούμαστε σε αλαζονεία και θέλουμε να τον χειραγωγούμε και να τον ελέγχουμε.

Στο δεύτερο άκρο, επιτρέπουμε στον εαυτό μας να γίνουμε θύματα προς εκμετάλλευση, παραδίδουμε τη δύναμή μας και υποκύπτουμε σε κάθε αρνητική συμπεριφορά του συντρόφου μας σκύβοντας το κεφάλι.

Υπάρχει όμως και η ισορροπία, όπου ούτε οδηγούμαστε σε αλαζονεία, ούτε όμως σε υποτακτικότητα. Η ισορροπημένη και υγιής συμπεριφορά και κατάσταση ανάμεσα σε ένα ζευγάρι είναι η ειλικρινής αυτοαξιολόγηση, που και οι δύο σύντροφοι παραδέχονται τα λάθη τους, αναλαμβάνουν τις ευθύνες τους, κατανοούν τον σύντροφό τους και δεσμεύονται να προοδεύουν μαζί βοηθώντας ο ένας τον άλλον.

Τώρα που έχετε μελετήσει όλα τα μοντέλα του εαυτού και έχετε ασχοληθεί με όλες τις βασικές αρνητικές συμπεριφορές και καταστάσεις σε μία συντροφική σχέση, μπορείτε να εργαστείτε με τον σύντροφό σας και να καλλιεργήσετε την ισορροπία στη σχέση σας.

Για να σας βοηθήσουμε ακόμα περισσότερο, παραθέτουμε ένα μοντέλο βελτίωσης των αρνητικών συμπεριφορών, που έχουμε δημιουργήσει, το οποίο χρησιμοποιήσαμε πολλές φορές, όταν παρουσιάζαμε μία δυσλειτουργική συμπεριφορά και όταν εγκλωβιζόμασταν σε μία κατάσταση που δε μας ωφελούσε. Το μοντέλο αυτό θα σας βοηθήσει να μεταβείτε από ένα στάδιο ανώριμων αντιδράσεων σε ένα στάδιο ωριμότητας, κατανόησης και σεβασμού. Το μοντέλο κινείται σε γενικές γραμμές, δηλαδή δεν εξετάζει κάθε μία αρνητική συμπεριφορά, καθώς κάθε ζευγάρι παρουσιάζει διαφορετικές δυσκολίες.

Η κριτική, η κατηγορία, ο χλευασμός, ο υποβιβασμός, η χειραγώγηση, η κτητικότητα, ο έλεγχος, οι απαιτήσεις, η αλαζονεία, η υποτακτικότητα, οι προσδοκίες, οι συναισθηματικά φορτισμένες συμπεριφορές, το ξέσπασμα, η επιρροή του παρελθόντος, η εξάρτηση, η άρνηση, η ανευθυνότητα, η δυσκολία στην επικοινωνία, ο συμβιβασμός, η στασιμότητα, οι δικαιολογίες και τα ψέματα εμφανίζονται σε διαφορετική συχνότητα και ένταση σε κάθε ζευγάρι.

Για παράδειγμα, κάποιο ζευγάρι μπορεί να παρουσιάζει όλες τις παραπάνω συμπεριφορές και καταστάσεις σε μικρό βαθμό, κάποιο άλλο ζευγάρι λίγες από αυτές, αλλά σε μεγάλο βαθμό, ενώ κάποιο άλλο ζευγάρι να παρουσίαζε παλιότερα κάποιες από αυτές και να τις έχει περιορίσει ήδη πολύ. Έτσι, είναι καλό εσείς να προσαρμόσετε το μοντέλο με βάση τις δικές σας ιδιαιτερότητες και ανάγκες βελτίωσης.

Ας δούμε λοιπόν, το μοντέλο:

α) Το πρώτο στάδιο είναι αυτό κατά το οποίο οι σύντροφοι δεν έχουν εργαστεί πάνω στον εαυτό και τις συμπεριφορές τους. Έτσι, συνήθως υπάρχει η εξής δυσλειτουργική κατάσταση:

1. Υπάρχει κάποιο εξωτερικό ερέθισμα (π.χ. δυσκολία στη δουλειά), κάποια συναισθηματική φόρτιση, κάποια προσδοκία ή κάποια διαφωνία με τον σύντροφο.

2. Ο ένας σύντροφος κατηγορεί τον άλλον, λόγω αδυναμίας χαρακτήρα ή για κάποιον λόγο από τους οποίους αναπτύξαμε σ' αυτό το κεφάλαιο.

3. Επιθετική άμυνα από πλευράς του συντρόφου, που κατηγορείται, ο οποίος ξεκινά να κατηγορεί κι αυτός τον σύντροφό του.

4. Αυξάνεται η ένταση και χάνεται ο αυτοέλεγχος. Η κατάσταση γίνεται ένα χάος στον νου του κάθε συντρόφου. Ο καθένας προσπαθεί να αποδείξει ότι έχει δίκιο.

5. Συμβιβάζονται μετά από λίγη ώρα, επειδή δεν μπορούν να βγάλουν άκρη (άλλα λέει ο ένας, άλλα λέει ο άλλος) και δε συζητούν ξανά γι' αυτό το θέμα όταν ηρεμήσουν. Οπότε, μένει άλυτο και μετέωρο χωρίς κάποιο θετικό αποτέλεσμα.

Όλη αυτή η κατάσταση ξεκινά λόγω άγνοιας του εαυτού και του συντρόφου και μπορεί να περιπλέξει πολλές από τις αρνητικές συμπεριφορές, που έχουμε αναπτύξει σ' αυτό το κεφάλαιο. Η κατάσταση αυτή εμφανίζεται σε ζευγάρια που δεν είναι καθόλου συνειδητοποιημένα για τη σχέση τους. Μπορεί όμως, να συμβεί και σε συνειδητοποιημένα ζευγάρια που θέλουν να συμπεριφέρονται ο ένας στον άλλον με υγιή τρόπο, απλά δεν ξέρουν ακόμη πώς να το κάνουν, γιατί χρειάζεται να ασχοληθούν σε βάθος με τον εαυτό τους.

β) Μόλις εργαστεί ο ένας σύντροφος με τον εαυτό του και εξασκήσει την κατανόηση και την υπομονή του, η κατάσταση μπορεί να βελτιωθεί λίγο και το ζευγάρι να φτάσει στο δεύτερο στάδιο, όπου μπορεί να γίνει το εξής:

1. Υπάρχει κάποιο εξωτερικό ερέθισμα (π.χ. δυσκολία στη δουλειά), κάποια συναισθηματική φόρτιση, κάποια προσδοκία ή κάποια διαφωνία με τον σύντροφο.

2. Ο ένας σύντροφος κατηγορεί τον άλλον λόγω αδυναμίας χαρακτήρα ή για κάποιον λόγο από τους οποίους αναπτύξαμε σ' αυτό το κεφάλαιο.

3. Ο άλλος σύντροφος δείχνει κατανόηση και δεν αμύνεται. Μπορεί να πει «κατανοώ ότι έχεις μία δυσκολία, όμως δεν είναι δίκαιο και υγιές να ξεσπάς σ' εμένα. Θέλεις να συζητήσουμε ήρεμα και να βρούμε τη λύση μαζί;».

4. Ο σύντροφος όμως, πάλι δεν μπορεί να ηρεμήσει και συνεχίζει το ξέσπασμα, παρά τη θετική αντιμετώπιση από τον σύντροφό του.

5. Ο σύντροφος που δείχνει κατανόηση λέει ευγενικά ότι θα συζητήσουν μόνο αν υπάρχει ηρεμία και σοβαρότητα, γιατί τώρα γίνονται τα πράγματα χειρότερα. Έτσι, όταν ο σύντροφος ηρεμήσει, συζητούν. Αν και οι δύο σύντροφοι είναι σε επίπεδο ωριμότητας, τότε μπορούν να βρουν την αιτία και τη λύση του ζητήματος. Αν όχι, παραμένουν στην ίδια κατάσταση άγνοιας, χωρίς να έχουν μάθει έναν υγιή τρόπο διαχείρισης των μεταξύ τους δυναμικών.

Εδώ βλέπουμε πόσο καλύτερη τροπή παίρνει η κατάσταση, μόνο και μόνο επειδή ο ένας σύντροφος είναι πιο ώριμος και ισορροπημένος. Παρόλο που τα πράγματα δε λύνονται, δε γίνονται χειρότερα και αυτό είναι μία θετική εξέλιξη. Οπότε, είναι πλέον ευθύνη του συντρόφου, που δεν ωρίμασε, να αλλάξει για να λυθεί πραγματικά η προβληματική κατάσταση και συμπεριφορά.

γ) Αυτό λοιπόν, που είναι κρίσιμο να συμβαίνει σε μία συντροφική σχέση είναι το τρίτο στάδιο, που είναι και το υγιές:

1. Υπάρχει κάποιο εξωτερικό ερέθισμα (π.χ. δυσκολία στη δουλειά), κάποια συναισθηματική φόρτιση, κάποια προσδοκία ή κάποια διαφωνία με τον σύντροφο.

2. Ο ένας σύντροφος κατηγορεί τον άλλον λόγω αδυναμίας χαρακτήρα ή για κάποιον λόγο από τους οποίους αναπτύξαμε σ' αυτό το κεφάλαιο.

3. Ο άλλος σύντροφος δείχνει κατανόηση και δεν αμύνεται. Μπορεί να πει «κατανοώ ότι έχεις μία δυσκολία, όμως δεν είναι δίκαιο και υγιές να ξεσπάς σ' εμένα. Θέλεις να συζητήσουμε ήρεμα και να βρούμε τη λύση μαζί;».

4. Ο σύντροφος τότε, βλέποντας την κατανόηση, ηρεμεί λίγο και θυμάται την ταυτότητα και τις αξίες του. Έτσι, κατανοεί ότι η συμπεριφορά του δεν είναι υγιής, παραδέχεται το λάθος του και ζητάει συγνώμη, έχοντας πλέον διαύγεια στον νου του.

5. Γίνεται μία ουσιαστική και εποικοδομητική συζήτηση ανάμεσα στο ζευγάρι και βρίσκουν τη λύση μαζί. Ξεκαθαρίζουν την αιτία του καβγά, το μάθημα που πήραν, τι δεσμεύονται να κάνουν για να μην επαναληφθεί η συγκεκριμένη αρνητική συμπεριφορά και έτσι, ενώνονται περισσότερο ως ζευγάρι.

6. Αν για κάποιον λόγο γίνει ξανά ένα ξέσπασμα, κατά πάσα πιθανότητα θα είναι πολύ μικρότερο σε ένταση και το ζευγάρι θα το αντιμετωπίσει με τον ίδιο ακριβώς ισορροπημένο τρόπο, παίρνοντας ένα ακόμα μάθημα, από το οποίο οι σύντροφοι βελτιώνονται και ενώνονται ακόμα περισσότερο μαζί...

Βλέπετε λοιπόν, πώς μπορούμε με τον καιρό και μετά από πολλή συντροφική εργασία να βελτιώσουμε τις αρνητικές συμπεριφορές μας. Βέβαια, όλοι μας είμαστε ατελείς άνθρωποι, που κάποια στιγμή μπορεί να φορτιστούμε συναισθηματικά και να κάνουμε κάποιο λάθος. Όμως, σας διαβεβαιώνουμε ότι με τον καιρό και αν δεν τα παρατήσετε, οι καβγάδες θα μειωθούν δραματικά και θα βρίσκετε λύση άμεσα χωρίς δεύτερη σκέψη. Αυτό γιατί, η υγιής και ώριμη συμπεριφορά θα έχει γίνει συνήθειά σας. Οπότε, τις περισσότερες φορές θα αντιδράτε με υγιή τρόπο αυτόματα.

Παρατηρήστε επομένως, πότε και γιατί ξεσπάτε ο ένας στον άλλον. Σε κάθε ξέσπασμα δείξτε έστω λίγη κατανόηση και προτείνετε να συζητήσετε ήρεμα, για να βρείτε την πραγματική αιτία του καβγά και έπειτα τον κατάλληλο τρόπο αντιμετώπισης. Εντοπίστε μέσα στην ένταση ποιες άλλες συμπεριφορές προκύπτουν (π.χ. δυσκολία στην επικοινωνία, χλευασμός κτλ.) και εργαστείτε ανάλογα πάνω σε αυτές. Πάντα χρειάζεται λίγη κατανόηση και ωριμότητα από τον καθένα σας. Αυτό είναι το πρώτο βασικό και αναγκαίο βήμα. Αν φτάσετε σ' αυτό το επίπεδο, τότε θα μπορέσετε να αναπτύξετε περισσότερο τη σχέση σας και να σταματήσετε μόνιμα κάθε αρνητική συμπεριφορά σας. Όταν η κατανόηση γίνει συνήθειά σας, θα προλάβετε και θα αποτρέψετε πολλές αρνητικές συμπεριφορές πριν πάρουν μεγάλες διαστάσεις. Αν έχετε τη σχέση σας ως πρώτη προτεραιότητα στη ζωή σας και αγαπάτε πραγματικά ο ένας τον άλλον, θα τα καταφέρετε.

Το μοντέλο βελτίωσης των αρνητικών συμπεριφορών θα το αναφέρουμε και στο τελευταίο κεφάλαιο της αλληλοπληρότητας, όπου θα δούμε τη συντροφική σχέση σε ακόμα πιο βαθύ και ουσιαστικό επίπεδο και θα σας βοηθήσει να διαχειριστείτε τις δυναμικές στη σχέση σας ακόμα καλύτερα.

Για να κλείσουμε λοιπόν το κεφάλαιο, παραθέτουμε ξανά τις δέκα ερωτήσεις που χρειάζεται να κάνουμε στον εαυτό μας και στον σύντροφό μας κάθε φορά που εμείς ή αυτός/ή συμπεριφερόμαστε με έναν μη υγιή τρόπο:

1. Αν ο σύντροφός μου μού συμπεριφερόταν μ' αυτόν τον τρόπο, θα μου άρεσε;

2. Θα συμπεριφερόμουν σε έναν άγνωστο άνθρωπο ή και σε έναν γνωστό, με τον οποίο δεν έχουμε στενή σχέση, έτσι όπως συμπεριφέρομαι στον σύντροφό μου;

3. Αφού αγαπώ τον σύντροφό μου, γιατί του συμπεριφέρομαι έτσι;

4. Μήπως θεωρώ τον σύντροφό μου ως δεδομένο και ως ένα άτομο με το οποίο νιώθω τόσο οικεία, που καταλήγω να ξεσπάω άσχημα πάνω του, γιατί «δεν μπορώ» να το κάνω σε άλλους;

5. Μήπως υπάρχει καλύτερος και πιο αξιοπρεπής τρόπος συμπεριφοράς απέναντι στον σύντροφό μου;

6. Μήπως εγώ είμαι αυτός/ή που οφείλει να συμπεριφέρεται με καλύτερο τρόπο;

7. Η αρνητική συμπεριφορά μου πηγάζει από την αλήθεια του εαυτού μου (όπως εξηγήθηκε στο μοντέλο του απεριόριστου εαυτού στο πρώτο κεφάλαιο) ή από κατώτερα ένστικτα άμυνας και ανωριμότητας;

8. Αφού η αρνητική συμπεριφορά μου δε βρίσκεται σε εναρμόνιση με την ταυτότητά μου (υπεύθυνος, ώριμος, δυνατός, συμπονετικός κτλ.), τότε γιατί επιλέγω να συμπεριφέρομαι μ' αυτόν τον βλαβερό τρόπο;

9. Αφού εμένα δε μ' αρέσει ο σύντροφος να μου συμπεριφέρεται με αρνητικό τρόπο και ούτε που θα τολμούσα να συμπεριφερθώ με ακραίο τρόπο σε γνωστούς ή αγνώστους, γιατί να το κάνω στον σύντροφό μου, ο οποίος είναι ο σημαντικότερος άνθρωπος στη ζωή μου;

10. Τι χρειάζεται να αλλάξω, για να βελτιώσω την κάθε αρνητική συμπεριφορά μου;

Με αυτά στον νου και καθημερινή ενδοσκόπηση και εφαρμογή μπορείτε να κάνετε θαύματα στη σχέση σας...

3

Χτίζοντας εμπιστοσύνη,
οδεύοντας στο μονοπάτι της συνεχούς βελτίωσης

Μέχρι στιγμής έχουμε αναπτύξει τους βασικότερους τρόπους με τους οποίους λειτουργούμε ως άνθρωποι και έτσι μπορείτε να κατανοήσετε πολύ καλύτερα τον εαυτό σας και τον σύντροφό σας, αν εφαρμόσετε τα μοντέλα του εαυτού. Επίσης, εξετάσαμε τις κυριότερες αρνητικές συμπεριφορές και καταστάσεις που μπορεί να παρουσιάσει ένα ζευγάρι και πλέον μπορείτε πιο εύκολα να εντοπίσετε ποιες από αυτές παρουσιάζετε εσείς και να τις αλλάξετε. Σ' αυτό το κεφάλαιο λοιπόν, θα μιλήσουμε για την εμπιστοσύνη και πώς ένα συνειδητοποιημένο ζευγάρι την καλλιεργεί ως βασικό θεμέλιο της σχέσης.

Η εμπιστοσύνη είναι βασική προϋπόθεση, έτσι ώστε κάθε σύντροφος να απογυμνωθεί πνευματικά χωρίς φόβο κριτικής. Για να φτάσουμε στην εμπιστοσύνη χρειάζεται αυτογνωσία, επίγνωση, υπευθυνότητα, συγχώρηση, ευγνωμοσύνη, θαυμασμός, πίστη και ισότητα. Έτσι, θα ασχοληθούμε ακόμα περισσότερο με την ανάπτυξη της επίγνωσης στη σχέση, την ανάπτυξη υπευθυνότητας, αλλά και τη σημασία της συγχώρησης, της ευγνωμοσύνης, του θαυμασμού, της πίστης και της ισότητας, έτσι ώστε το ζευγάρι να μπορεί να ανθίσει και να προοδεύσει. Το κεφάλαιο αυτό πραγματεύεται τη συνεχή και αδιάκοπη βελτίωση στη συντροφική σχέση μας, εξετάζοντας διάφορους τρόπους με τους οποίους δημιουργούμε και μονιμοποιούμε την εμπιστοσύνη και βλέποντας τη βελτίωση από διαφορετικές οπτικές γωνίες που είναι εξίσου σημαντικές.

3.1 Τα 8 βήματα προς την επίγνωση

Για να μπορέσει ένα ζευγάρι να χτίσει εμπιστοσύνη χρειάζεται χρόνος, εκτός από κάποιες περιπτώσεις που η εμπιστοσύνη κερδίζεται πολύ γρήγορα, όπως συνέβη μ' εμάς. Όμως, συνήθως η εμπιστοσύνη καλλιεργείται με τον καιρό και απαραίτητο στοιχείο για τη γρήγορη και αποτελεσματική δημιουργία της είναι η επίγνωση. Όταν σε μία σχέση οι σύντροφοι δεν έχουν αναπτύξει την επίγνωσή τους, έστω σε έναν ικανοποιητικό βαθμό, δύσκολα θα εμπιστευτούν ο ένας τον άλλον, γιατί δε θα γνωρίζουν ουσιαστικά τον ίδιο τον εαυτό τους και έτσι δε θα μπορέσουν να κατανοήσουν και τον σύντροφό τους. Γι' αυτόν τον λόγο, το πρώτο κεφάλαιο αυτού του βιβλίου πραγματεύεται κυρίως την αυτογνωσία και την κατανόηση των τρόπων με τους οποίους λειτουργούμε ως άνθρωποι.

Τι είναι όμως η επίγνωση στη συντροφική σχέση μας; Μετά από πολύ καλή κατανόηση του πρώτου κεφαλαίου μπορεί ήδη να έχετε ξεκαθαρίσει τι είναι η επίγνωση. Όμως, είναι σημαντικό να αναπτύξουμε το ζήτημα της επίγνωσης ακόμα περισσότερο, καθώς είναι από τα κυριότερα συστατικά μίας επιτυχημένης σχέσης.

Η επίγνωση είναι η καλή και εφαρμοσμένη γνώση της κατάστασης με τον σύντροφό μας. Δηλαδή, αφού έχουμε αναπτύξει τα βασικά στοιχεία της αυτογνωσίας μας ατομικά (ποιος είμαι, ποιες είναι οι αξίες μου, πού βρίσκομαι, τι θέλω στη ζωή κτλ.) τα αξιολογούμε ξανά μαζί με τον σύντροφό μας και δημιουργούμε μία πολύ δυνατή σύνδεση και ένωση μεταξύ αυτών των στοιχείων της αυτογνωσίας του καθενός μας. Έτσι, είμαστε σε θέση να γνωρίζουμε πολύ ουσιαστικά ο ένας τον άλλον και να έχουμε μία κοινή και ξεκάθαρη πορεία στη ζωή. Πιο απλά, η επίγνωση στη σχέση είναι το να γνωρίζουμε πολύ καλά τον σύντροφό μας, όπως γνωρίζουμε τον εαυτό μας και να εφαρμόζουμε οτιδήποτε θετικό γνωρίζουμε στη σχέση μας, χωρίς να μένουμε στη θεωρητική γνώση.

Βέβαια, η επίγνωση στη σχέση μας δεν απαιτεί απαραίτητα την ήδη ανεπτυγμένη αυτογνωσία του κάθε συντρόφου, όπως πολλοί μπορεί να πιστεύουν, παρόλο που αυτό είναι πολύ θετικό να συμβαίνει. Πολλοί άνθρωποι όταν δημιουργούν τη σχέση με τον σύντροφό τους δε γνωρίζουν σε βάθος τον εαυτό τους. Αυτό μπορεί να είναι πολύ βλαβερό για τη σχέση, όμως δε σημαίνει ότι η σχέση είναι καταδικασμένη. Μπορεί οι σύντροφοι, αν κινητοποιούνται από πραγματική αγάπη, να φτάσουν στη μεταξύ τους επίγνωση βοηθώντας ο ένας τον άλλον να αναπτύξουν την αυτογνωσία τους μέσα στη σχέση. Δηλαδή, αν οι σύντροφοι αντιμετωπίζουν πολλές δυσκολίες στην επικοινωνία και τη συμπεριφορά τους, αλλά παράλληλα αγαπιούνται, μπορεί να είναι σε σύγχυση. Η αγάπη όμως, αν είναι δυνατή και πραγματική, μπορεί να τους οδηγήσει στο να μάθουν περισσότερα για τον εαυτό τους και έτσι να αναπτύξουν την αυτογνωσία τους (αληθινή γνώση του εαυτού τους) μέσα στη σχέση και έπειτα να αναπτύξουν την επίγνωσή τους (αληθινή γνώση του συντρόφου και της κατάστασης της σχέσης). Με λίγα λόγια, η σχέση τους θα είναι το έναυσμα για να ξεκινήσουν το ταξίδι της ουσιαστικής γνωριμίας του εαυτού τους.

Οπότε, η ανάπτυξη της αυτογνωσίας πριν από τη σχέση δεν είναι αναγκαία. Αναγκαίο είναι, σε όποιο στάδιο ανεπτυγμένης ή μη αυτογνωσίας και επίγνωσης και να βρίσκεται κανείς, ο κάθε σύντροφος να συνεχίσει να εξελίσσεται και να μην επαναπαυτεί σ' αυτά που ξέρει, αλλά να μαθαίνει συνεχώς. Αυτό είναι το νόημα της αυτογνωσίας και της επίγνωσης στη σχέση μας. Επομένως, μην ανησυχείτε για το πού βρίσκεστε και αν δε γνωρίζετε πολύ καλά και αληθινά τον εαυτό σας και τον σύντροφό σας, γιατί αυτό μπορείτε να το πετύχετε και μάλιστα το αξίζετε. Η θέληση και η δράση για βελτίωση με γνώμονα την αγάπη για τον σύντροφό σας είναι παραπάνω από αρκετή για να σας βοηθήσει να αναπτύξετε την επίγνωση στη σχέση σας και να ενωθείτε.

Εδώ λοιπόν, θα μιλήσουμε για τη βασική πορεία της επίγνωσης μέσω των κυριότερων στοιχείων που χρειάζεται να αναπτύξουμε και να κατανοήσουμε, για να γνωρίσουμε καλύτερα τον εαυτό μας και τον σύντροφό μας, όπως αναπτύχθηκαν κυρίως στο πρώτο κεφάλαιο, αλλά και σε συνδυασμό με στοιχεία του δεύτερου κεφαλαίου.

Θα αναπτύξουμε οκτώ απλά βήματα προς την επίγνωση, τα οποία αποτελούνται κυρίως από τα βασικότερα στοιχεία των μοντέλων του εαυτού που δημιουργήσαμε. Ο δρόμος αυτός προς την επίγνωση, μέσω των οκτώ απλών βημάτων που θα δούμε σ' αυτό το κεφάλαιο, είναι ένα πιο εύκολο μονοπάτι, που μπορεί να ακολουθήσει το κάθε ζευγάρι σε περίπτωση που δυσκολεύεται με τα μοντέλα του εαυτού. Δηλαδή, αντί να εργαστείτε πάνω σε κάθε ένα μοντέλο του εαυτού, κάτι που απαιτεί πολύ χρόνο, θα ακολουθήσετε οκτώ απλά βήματα προς την επίγνωσή σας και έπειτα θα ασχοληθείτε ακόμα περισσότερο και με τα μοντέλα του εαυτού. Είναι σημαντικό να ακολουθήσετε τα βήματα αυτά μαζί και όχι ο καθένας ατομικά, έτσι ώστε να αξιοποιείτε τον χρόνο εσωτερικής και συντροφικής εργασίας σας ποιοτικά και να πορεύεστε προς την ίδια πορεία μαζί. Στόχος εδώ είναι να χτίσετε πολύ δυνατή εμπιστοσύνη μεταξύ σας και είναι σημαντικό να περάσετε απ' όλα αυτά τα βήματα μαζί.

Ας δούμε λοιπόν, τα οκτώ βήματα προς την επίγνωση...

Τα 8 βήματα προς την επίγνωση

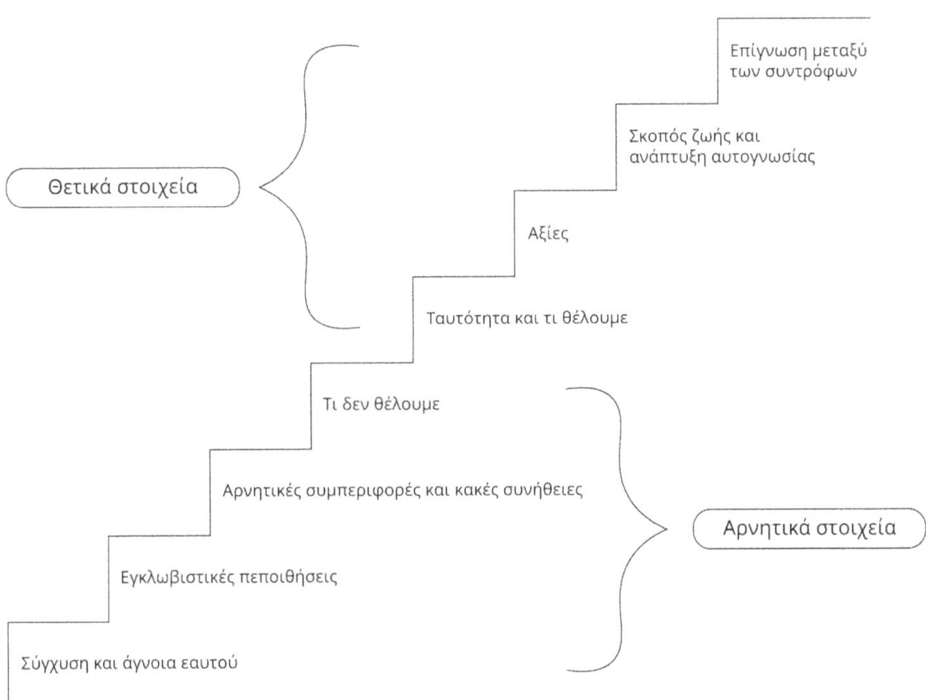

Όπως βλέπουμε στο παραπάνω σχήμα, έχουμε δημιουργήσει οκτώ σκαλοπάτια, που οδηγούν προς την επίγνωση μέσα σε μία συντροφική σχέση. Τα σκαλοπάτια αυτά απεικονίζουν την πορεία, που μπορεί να ακολουθήσει ένα ζευγάρι, έτσι ώστε να γνωρίσει ο καθένας τον εαυτό του και τον σύντροφό του. Ανεβαίνοντας μαζί αυτήν τη σκάλα της επίγνωσης, οι σύντροφοι θα εξερευνήσουν και θα ξεκαθαρίσουν τα πολύ βασικά στοιχεία της ύπαρξής τους, τα οποία θα βοηθήσουν στην εξέλιξη της σχέσης τους.

1) Στο πρώτο σκαλοπάτι βρίσκεται η σύγχυση, όπου δε γνωρίζουμε τον εαυτό μας. Αν βρισκόμαστε σ' αυτό το επίπεδο, σημαίνει ότι πορευόμαστε στη ζωή με όσα μάθαμε από τους γονείς, τους δασκάλους, τους συνομήλικους και οποιαδήποτε εκπαίδευση είχαμε. Δηλαδή, ακολουθούμε απόψεις και πεποιθήσεις άλλων ανθρώπων και της κοινωνίας, χωρίς να έχουμε διερευνήσει τι θέλουμε πραγματικά μέσα μας. Δεν έχουμε ασχοληθεί καθόλου με την έννοια της ύπαρξής μας και δε γνωρίζουμε σε βάθος τον εαυτό μας, παρά μόνο επιφανειακά. Δε γνωρίζουμε τους λόγους για τους οποίους παίρνουμε αποφάσεις και κάνουμε οτιδήποτε κάνουμε. Οι γνώσεις, που έχουμε στη ζωή, είναι περιορισμένες και πολλές φορές και περιοριστικές. Είμαστε σε ένα απόλυτο σκοτάδι και έτσι δεν ξέρουμε πώς να διαχειριστούμε με υγιή τρόπο τη σχέση μας, καθώς δε γνωρίζουμε πώς να διαχειριστούμε τον ίδιο τον εαυτό μας.

Συνήθως όλοι μας έχουμε περάσει από αυτό το στάδιο. Το ζήτημα είναι πόσον καιρό παραμένει εκεί κάποιος, πόσο πολύ θέλει να ξεφύγει από αυτό και αν όντως κάποια στιγμή θα φύγει και δε θα παραμείνει εκεί όλη του τη ζωή. Οπότε, είναι ωφέλιμο να κάνετε τις παρακάτω ερωτήσεις στον εαυτό σας:

- Πόσον καιρό είστε στο στάδιο της άγνοιας; Θέλετε να φύγετε από εκεί; Αν όχι, γιατί; Αν ναι, τι σας σταματάει;
- Πόσο διατεθειμένοι είστε να κάνετε οτιδήποτε χρειάζεται για να φύγετε από αυτό το στάδιο;

2) Αν βρίσκεστε λοιπόν στο στάδιο της άγνοιας, ως ζευγάρι, είναι χρήσιμο να εντοπίσετε πρώτα τις εγκλωβιστικές πεποιθήσεις σας, καθώς αυτές είναι που σας μπλοκάρουν στη ζωή. Αυτό είναι το δεύτερο σκαλοπάτι και το πρώτο βήμα προς την επίγνωση, για όσους δυσκολεύονται να ασχοληθούν από την αρχή με τα μοντέλα του εαυτού. Για παράδειγμα, μία εγκλωβιστική πεποίθηση, που μπορεί να βλάψει τη σχέση, είναι ότι οι γυναίκες πρέπει να ασχολούνται μόνο με το σπίτι και να μην εργάζονται. Αυτό μπορεί να οδηγήσει σε μία σχέση συμβιβασμού ή και καταπίεσης.

Εντοπίζοντας και αλλάζοντας κάθε είδους εγκλωβιστική πεποίθηση για τον εαυτό μας, τους άλλους ανθρώπους και τη ζωή, είναι ένα πολύ καλό βήμα για να απελευθερωθούμε από τα δεσμά της κοινωνίας και τα «θέλω» άλλων ανθρώπων και έτσι να αρχίσουμε να ανακαλύπτουμε τον εαυτό μας και τι εμείς θέλουμε στη ζωή ως ζευγάρι.

3) Αφού λοιπόν, αλλάξουμε τις προκαταλήψεις και τις πεποιθήσεις που μας εγκλωβίζουν, μπορούμε να εντοπίσουμε τις συνηθέστερες αρνητικές συμπεριφορές μας, καθώς και τις κακές συνήθειές μας. Εντοπίζοντας τους αρνητικούς τρόπους με τους οποίους συμπεριφερόμαστε, μπορούμε να βρούμε τους αντίθετους θετικούς τρόπους και να τους ενισχύσουμε. Έτσι, όσο αντιμετωπίζουμε τις αρνητικές συμπεριφορές και συνήθειές μας, τόσο θα δίνουμε όλο και περισσότερο χώρο στις θετικές και βοηθητικές συμπεριφορές μας, για να χτίσουμε νέες συνήθειες που βοηθούν τη σχέση μας. Παραδείγματος χάριν, μπορεί να εντοπίσουμε την κριτική ως μία συνήθη συμπεριφορά μας και έτσι να την αντιμετωπίσουμε αναπτύσσοντας την κατανόηση και την ικανότητά μας να ακούμε ουσιαστικά τον σύντροφό μας, χωρίς αλαζονεία.

4) Όλα αυτά μπορούν να μας βοηθήσουν να ανεβούμε στο τέταρτο σκαλοπάτι, όπου ξεκαθαρίζουμε ως ζευγάρι τι δε θέλουμε στη ζωή, καθώς και τα «απόλυτα όχι» μας. Προσοχή όμως, το να επικεντρωνόμαστε σ' αυτά που δε θέλουμε στη ζωή δεν είναι καθόλου ωφέλιμο και μάλιστα μπορεί να μας οδηγήσει σε πολύ μεγάλο θυμό, στενοχώρια και απογοήτευση. Όμως, είναι πολύ χρήσιμο να έχουμε μέσα μας πολύ ξεκάθαρα τι δε θέλουμε και πού θέλουμε να λέμε «όχι» στη ζωή. Αυτό και μόνο μας βοηθάει, και να είμαστε αρκετά ξεκάθαροι στη μεταξύ μας σχέση, αλλά και να διαχειριζόμαστε πιο εύκολα άλλους ανθρώπους και καταστάσεις όπου θέλουμε να πούμε «όχι» και πιθανότητα δυσκολεύουν την ανάπτυξη της σχέσης μας. Για παράδειγμα, μπορεί να μη θέλουμε ως ζευγάρι να παραβρεθούμε στο πάρτι των συναδέλφων μας, γιατί δεν έχουμε πολλά κοινά μ' αυτούς και θέλουμε να περάσουμε ποιοτικό χρόνο αποκλειστικά μαζί. Αντίστοιχα, ένα «απόλυτο όχι» θα μπορούσε να είναι ότι σε καμία περίπτωση δε δεχόμαστε ως ζευγάρι να μπει κάποιος άλλος άνθρωπος ανάμεσά μας.

Αυτά λοιπόν, τα τέσσερα σκαλοπάτια, αφορούν βασικά αρνητικά στοιχεία μας, πράγματα που μας περιορίζουν, καθώς και το πώς μπορούμε να τα αξιοποιήσουμε για να αναπτύξουμε την επίγνωσή μας και να βελτιώσουμε τη σχέση μας. Ήδη από αυτό το στάδιο, έχοντας ξεκαθαρίσει όλα τα παραπάνω, η εμπιστοσύνη δυναμώνει.

5) Αφού έχουμε εργαστεί ως ζευγάρι επάνω στα κύρια αρνητικά στοιχεία μας, μπορούμε πιο εύκολα να αναπτύξουμε τα θετικά μας, γιατί έχουμε δώσει στον εαυτό και στη σχέση μας πολύ χώρο για ανάπτυξη, έχοντας πετάξει πολλά «σκουπίδια». Έτσι, το επόμενο σκαλοπάτι είναι η ξεκαθάριση της ταυτότητάς μας, δηλαδή του ποιοι πραγματικά είμαστε.

Ένα ζευγάρι είναι χρήσιμο να χρησιμοποιήσει τα εξής θετικά χαρακτηριστικά γνωρίσματα ως βάση για την ταυτότητά του, όπως είναι η υπευθυνότητα, η ταπεινότητα, η αποφασιστικότητα, η ειλικρίνεια, η υπομονή και η δοτικότητα. Εργαζόμενοι πάνω σ' αυτά τα γνωρίσματα της ταυτότητας, οδηγούμαστε και σε αντίστοιχες συμπεριφορές που βοηθούν τη σχέση μας. Ποιος δε θέλει μία σχέση με ειλικρίνεια, που ο σύντροφός του είναι υπεύθυνος, αποφασιστικός, ταπεινός και υπομονετικός;

6) Έπειτα, έχοντας ξεκαθαρίσει τα πολύ βασικά θετικά χαρακτηριστικά γνωρίσματα, τα οποία θέλουμε να εκφράζουμε καθημερινά και οι δύο στη σχέση μας, μπορούμε να ξεκαθαρίσουμε τις αξίες και τα υγιή «θέλω» μας. Βασικές αξίες που είναι χρήσιμο να έχει ως προτεραιότητα ένα ζευγάρι είναι φυσικά η αγάπη, η υγεία, η πρόοδος και η πληρότητα. Κάποια υγιή «θέλω» μπορεί να είναι ο ποιοτικός χρόνος του ζευγαριού και η βοήθεια στις δουλειές του σπιτιού. Μέχρι εδώ λοιπόν, έχουμε φτάσει σε σημείο, που γνωρίζουμε αρκετά καλά τον εαυτό μας και τον σύντροφό μας και επικεντρωνόμαστε πλέον σε οτιδήποτε έχει μεγάλη αξία για εμάς και όχι σε οτιδήποτε δε θέλουμε και δε χρειαζόμαστε.

7) Οπότε, μετά μπορούμε να βρούμε τον σκοπό της ζωής και της σχέσης μας χωρίς να ασχοληθούμε ακόμη με τα υπόλοιπα στοιχεία του σκοπού της ύπαρξής μας, που είναι η κληρονομιά και το όραμά μας. Τώρα είναι σημαντικότερο να θέσουμε τις υγιείς βάσεις στη σχέση μας, έτσι ώστε μετέπειτα να προχωρήσουμε παραπέρα. Άρα, η ξεκαθάριση του λόγου για τον οποίο ζούμε και η ξεκαθάριση του λόγου που έχουμε σχέση είναι απολύτως απαραίτητα βασικά βήματα που αναπτύσσουν την επίγνωσή μας.

8) Έχοντας εργαστεί πάνω σε όλα τα παραπάνω, φτάνουμε στο τελευταίο σκαλοπάτι, που είναι η επίγνωση. Δηλαδή, πλέον γνωρίζουμε πολλά στοιχεία θετικά και μη, τόσο για τον εαυτό μας, όσο και για τον σύντροφό μας, και χαράξαμε την κοινή πορεία μας στη ζωή. Οπότε, αυτό που μένει τώρα είναι να συνεχίσουμε να αναπτύσσουμε την επίγνωσή μας, μαθαίνοντας ακόμα περισσότερα πράγματα για τον εαυτό μας, τον σύντροφό μας και τη σχέση μας και εφαρμόζοντάς τα στην καθημερινότητά μας, γιατί η επίγνωση είναι μια ατελείωτη διαδικασία βελτίωσης...

Επομένως προτείνουμε, αν δεν έχετε ήδη ασχοληθεί έμπρακτα με τα μοντέλα του εαυτού από το πρώτο κεφάλαιο ή αν σας είναι δύσκολο να εφαρμόσετε κάθε μοντέλο στον εαυτό σας και στην καθημερινότητά σας, να ακολουθήσετε αυτά τα οκτώ βήματα προς την επίγνωση. Ίσως αυτός ο τρόπος σάς είναι ευκολότερος, καθώς απαιτεί την ξεκαθάριση λίγων και βασικών στοιχείων της ύπαρξής μας και όχι τόσο πολλών όσων εξετάζουν τα μοντέλα του εαυτού του πρώτου κεφαλαίου.

Βρείτε λοιπόν, τις εγκλωβιστικές πεποιθήσεις και προκαταλήψεις σας, τις κακές συνήθειές σας και τι δε θέλετε στη ζωή. Αυτά και μόνο είναι αρκετά για να αποκτήσετε μία πολύ πιο ξεκάθαρη εικόνα του εαυτού και του συντρόφου σας. Μόλις ξεκαθαρίσετε και διορθώσετε αυτά τα αρνητικά στοιχεία σας και δε χρειάζεται πλέον να εργάζεστε πολύ για την ολική εξάλειψή τους, προχωρήστε στην εύρεση των θετικών στοιχείων του εαυτού σας, στα οποία χρειάζεται και να επικεντρωθείτε. Βρείτε την αληθινή ταυτότητά σας, τι θέλετε, τις αξίες και τον σκοπό της ζωής και σχέσης σας και πορευτείτε μαζί ως ζευγάρι με βάση αυτά. Οπότε, ο στόχος εδώ είναι να ξεκαθαρίσετε τα πολύ βασικά αρνητικά στοιχεία, που μπλοκάρουν τη σχέση σας και να τα διορθώσετε, έτσι ώστε να μη χρειάζεται να δίνετε την ενέργειά σας σ' αυτά, για να μπορέσετε να ξεκαθαρίσετε τα πολύ βασικά θετικά στοιχεία σας, που θα σας βοηθήσουν να αναπτυχθείτε ως ζευγάρι.

Όσο εργάζεστε μαζί ως ζευγάρι πάνω στην επίγνωσή σας, τόσο πιο κοντά θα έρχεστε και έτσι θα χτίζετε γερά θεμέλια εμπιστοσύνης στη σχέση σας. Όσον αφορά την ξεκαθάριση τόσο των θετικών, όσο και των αρνητικών στοιχείων του εαυτού σας, αλλά και τη γενικότερη καλλιέργεια της επίγνωσής σας, θα βρείτε τους κατάλληλους τρόπους στον δεύτερο τόμο του βιβλίου με πρακτικά και εύκολα εφαρμόσιμα βήματα.

Η ανάπτυξη της επίγνωσής μας είναι τόσο σημαντική, καθώς ξεκινάει με την ανάπτυξη της αυτογνωσίας. Όσο περισσότερο γνωρίζουμε τον εαυτό μας και κατανοούμε τα λάθη και τις αδυναμίες μας, τόσο πιο πολύ συναισθανόμαστε κι άλλους ανθρώπους και φυσικά ακόμα περισσότερο τον σύντροφό μας με τον οποίο μπορούμε να ενωθούμε σε κάθε επίπεδο της ύπαρξής μας. Κατανοούμε ότι ο σύντροφός μας έχει αδυναμίες και γινόμαστε περισσότερο συμπονετικοί, εκφράζουμε περισσότερο την αγάπη μας, συγχωρούμε πιο εύκολα και μαθαίνουμε να εστιάζουμε στις ομορφιές της ζωής και της σχέσης μας. Έτσι, μεγαλώνουμε σε κατανόηση και κάθε φορά που ο σύντροφός μας κάνει κάποιο λάθος, είμαστε εκεί για να τον βοηθήσουμε και όχι να τον κατακρίνουμε. Μ' αυτόν τον τρόπο, η εμπιστοσύνη δυναμώνει.

Ακολουθώντας, ως ζευγάρι, τα οκτώ βήματα της επίγνωσης μαθαίνουμε ότι ο σύντροφός μας έμαθε να επικοινωνεί με έναν συγκεκριμένο τρόπο, να συμπεριφέρεται με έναν συγκεκριμένο τρόπο και κουβαλάει πάνω του εμπειρίες χρόνων και πεποιθήσεις που είναι βαθιά ριζωμένες μέσα του...

Το ίδιο συμβαίνει και μ' εμάς και είναι σίγουρο, ότι παρουσιάζουμε πολλές διαφορές μεταξύ μας. Οπότε, αν ο ένας σύντροφος είναι συνηθισμένος στην ένταση, τον θυμό και τον δυναμισμό και ο άλλος στη γαλήνη, την ησυχία και τη σταθερότητα, τότε και οι δύο θα έρθουν σε σύγκρουση και θα νιώθουν ότι είναι αποξενωμένοι. Εργαζόμενοι όμως, με τα βήματα της επίγνωσης, μαθαίνουμε να εκτιμάμε τη διαφορετικότητα του συντρόφου και βρίσκουμε έναν τρόπο για να εξισορροπήσουμε τις πολύ διαφορετικές συμπεριφορές μας και μάλιστα να γνωρίζουμε πολύ καλά τι χρειάζεται ο σύντροφός μας για να συμπεριφέρεται με υγιή τρόπο. Αυτό μας βοηθάει ώστε να αποφεύγουμε συμπεριφορές, που ο σύντροφος απεχθάνεται και βλάπτουν τη σχέση μας. Έτσι, δημιουργούμε ένα υγιές περιβάλλον αγάπης, κατανόησης και συνεχούς βελτίωσης, που παράλληλα έχει σταθερότητα και ασφάλεια.

Αυτό το υγιές περιβάλλον στη σχέση μας είναι κι αυτό, που μας βοηθάει να εξελιχθούμε με άνεση και χωρίς πίεση. Επειδή, έχουμε αναπτύξει την επίγνωσή μας σε έναν πολύ καλό βαθμό, ξέρουμε ότι ο χρόνος με τον σύντροφό μας είναι πολύτιμος. Γι' αυτό και θέλουμε να είμαστε όσο περισσότερο χρόνο γίνεται μαζί και να δίνουμε προτεραιότητα στη σχέση μας. Έτσι, επιλέγουμε συνειδητά τη μοναχικότητα, όχι όμως με τη γνωστή σημασία της λέξης. Επιλέγουμε να είμαστε μαζί και να αφιερωνόμαστε στη σχέση μας, δίνοντας πολύ μικρότερη σημασία σε άλλες κοινωνικές σχέσεις. Αυτό δε σημαίνει ότι οι υπόλοιπες κοινωνικές σχέσεις δεν υπάρχουν, απλά επειδή δεν έχουμε να καλύψουμε κανένα κενό, έχουμε μόνο λίγες ποιοτικές σχέσεις, εκτός της σχέσης με τον πλήρη αντανακλαστικό εαυτό μας. Αυτήν την ομορφιά της ζωής την ονομάζουμε συντροφική μοναχικότητα. Μέσα στη συντροφική μοναχικότητά μας, μέσα στην ησυχία και μακριά από τη βαβούρα της κοινωνίας, γνωρίζουμε ακόμα καλύτερα τον εαυτό μας και τον σύντροφό μας. Αυτό είναι ένα υπέροχο βίωμα, που έρχεται όταν αναπτύσσουμε την επίγνωσή μας ως ζευγάρι και χτίζουμε την εμπιστοσύνη μεταξύ μας.

Η συντροφική μοναχικότητα είναι τόσο όμορφη, που όταν καταφέρετε να φτάσετε σ' αυτό το επίπεδο τη σχέση σας, δε θα διανοηθείτε να δεχθείτε κάτι λιγότερο από αυτήν τη γαλήνια ένωσή σας, μακριά από εξωτερικές φασαρίες. Όντας σ' αυτήν την κατάσταση υγιούς αντανάκλασης και ηρεμίας με τον σύντροφό μας, μπαίνουμε σε μία ζώνη ταχείας εξέλιξης και συνάμα γαλήνης και πραγματικής ασφάλειας. Εδώ κατανοούμε τις τρεις καταστάσεις στη ζωή, στις οποίες μπορούμε να βρεθούμε με τον σύντροφό μας: τη ζώνη άνεσης και στασιμότητας, τη ζώνη προόδου και ρίσκων και τη ζώνη της επίγνωσης.

Έτσι, όντας ενωμένοι με τον σύντροφό μας, φεύγουμε από τη ζώνη άνεσης και στασιμότητας και ταυτόχρονα δεν πιεζόμαστε από τη ζώνη της προόδου και των ρίσκων με αυστηρούς και απαράβατους κανόνες, όπως εξηγήσαμε στο προηγούμενο κεφάλαιο.

Η ζώνη άνεσης και στασιμότητας, είναι η κατάσταση, όπου δε βελτιωνόμαστε, συμβιβαζόμαστε με τον σύντροφό μας και προσδίδουμε πολύ μικρή αξία στη ζωή και στη σχέση μας. Δηλαδή, όταν δεν έχουμε αναπτύξει μία υγιή σχέση με τον σύντροφό μας, δεν αντιμετωπίζουμε τις αρνητικές συμπεριφορές μας, δεν κάνουμε κάτι για να βελτιωθούμε και έτσι συνεχίζουμε τις ίδιες αρνητικές συμπεριφορές.

Από την άλλη, η ζώνη της προόδου και των ρίσκων είναι η κατάσταση, όπου παίρνουμε ρίσκα στη ζωή και βελτιωνόμαστε αντιμετωπίζοντας τους φόβους μας. Για παράδειγμα, είμαστε σε διαρκή δημιουργικότητα και παραγωγικότητα με τον σύντροφό μας κάνοντας τα πάντα για να μεγαλώνουμε σε γνώσεις και επίγνωση. Προφανώς, η ζώνη της άνεσης και στασιμότητας δε μας προσφέρει τίποτα, αλλά η ζώνη της προόδου και των ρίσκων μάς βοηθάει. Όμως, είναι εξαντλητικό να είμαστε συνέχεια στη ζώνη της προόδου και των ρίσκων, καθώς δεν μπορούμε να πάρουμε μία ανάσα και να είμαστε γαλήνιοι.

Επομένως, ως ζευγάρι, είναι υγιές να είμαστε στη ζώνη της επίγνωσης. Η ζώνη της επίγνωσης είναι η κατάσταση, όπου γνωρίζουμε πολύ καλά τον εαυτό και τον σύντροφό μας, δεν έχουμε ανάγκη άλλους ανθρώπους και είμαστε ασφαλείς. Μέσα σ' αυτήν την ασφάλεια όμως, γνωρίζουμε πολύ καλά πότε είναι χρήσιμο να είμαστε πολύ ενεργητικοί και παραγωγικοί για να εξελισσόμαστε και πότε είναι ωφέλιμο απλά να απολαμβάνουμε ο ένας τον άλλον, χωρίς να κάνουμε τίποτα απολύτως. Δηλαδή, ζούμε σε μία ισορροπία που περιλαμβάνει, και τη δυναμική βελτίωσή μας, αλλά και τη γαλήνη, κατά την οποία δεν υπάρχει κανένας λόγος για να είμαστε απασχολημένοι με κάτι.

Η ζώνη της επίγνωσης είναι η κατάσταση κατά την οποία φτάσαμε εκεί που θέλαμε με τον σύντροφό μας και έτσι είμαστε απόλυτα ικανοποιημένοι με τη ζωή και τη σχέση μας. Αυτό δε σημαίνει όμως, ότι δε χρειαζόμαστε περισσότερη βελτίωση ή ότι τα ξέρουμε όλα, αλλά ότι βιώνουμε γαλήνη και πληρότητα. Έτσι, θα εργαστούμε για να φτάσουμε ακόμα παραπέρα στη ζωή, αλλά με σταθερά και ήρεμα βήματα χωρίς άγχος και πίεση. Στη ζώνη της επίγνωσης, παρακινούμαστε από την αλήθεια μας, από τις αξίες και τα αγνά «θέλω» μας. Για να φτάσουμε στη ζώνη της επίγνωσης, χρειάζεται πρώτα να περάσουμε από τα οκτώ βήματα της επίγνωσης και να απολαύσουμε τη συντροφική μοναχικότητα. Τότε είναι που θα βιώνουμε γαλήνη με τον σύντροφό μας.

Οπότε, εργαστείτε στα βήματα της επίγνωσης, αν τα μοντέλα του εαυτού φαίνονται σε εσάς μία πολύ μεγάλη εργασία, και ενδυναμώστε την εμπιστοσύνη στη σχέση σας. Με αγάπη και συνέπεια θα μπορέσετε να βιώσετε την ομορφιά και τη μοναδικότητα της συντροφικής μοναχικότητας και να ζείτε στη ζώνη της επίγνωσης χωρίς καταπίεση, αλλά και χωρίς στασιμότητα. Η πρόοδος χρειάζεται να είναι μία διαδικασία ισορροπίας και όχι άγχους και σ' αυτήν την κατανόηση μάς οδηγεί η ανάπτυξη της επίγνωσής μας...

Αφού έχετε ακολουθήσει με επιτυχία τα οκτώ βήματα της επίγνωσης, σας προτρέπουμε να μην αμελήσετε τα μοντέλα του εαυτού και να εργαστείτε ως ζευγάρι σε κάθε ένα από αυτά, καθώς θα σας βοηθήσουν να αναπτυχθείτε ακόμα περισσότερο μαζί. Έτσι, θα δημιουργήσετε την αλληλοπληρότητα ακόμα πιο εύκολα και γρήγορα στη ζωή σας (θα αναπτυχθεί στο επόμενο κεφάλαιο).

Πριν προχωρήσουμε παρακάτω όμως, είναι σημαντικό να πούμε ότι όλη η διαδικασία των οκτώ βημάτων της επίγνωσης, η συντροφική μοναχικότητα και η ζώνη της επίγνωσης είναι απαραίτητο να είναι κοινό «θέλω» του ζευγαριού. Αυτό προϋποθέτει να είστε και οι δύο σύντροφοι συνειδητοί στην εξέλιξή σας. Συνήθως, δεν είναι ωφέλιμο να μπείτε στη διαδικασία της ανάπτυξης της επίγνωσής σας, αν ξέρετε ότι η τωρινή σχέση σας δεν είναι η σχέση της ζωής σας. Οπότε, να είστε συνειδητοποιημένοι για να έχετε και θετικά αποτελέσματα. Βέβαια, μπορεί να μάθετε πολλά για τον εαυτό σας και τις συντροφικές σχέσεις, αν ακολουθήσετε τα βήματα της επίγνωσης με έναν άνθρωπο, ο οποίος δεν είναι ο πλήρης αντανακλαστικός εαυτός σας, αλλά και πάλι δε θα σας οδηγήσει σε μία ζωντανή και αληθινή σχέση.

Είπαμε πως το ζητούμενο είναι η ανάπτυξη της εμπιστοσύνης και γι' αυτό είναι πολύ σημαντικό να εργαστείτε προς την πορεία της επίγνωσης μόνο με τον πλήρη αντανακλαστικό εαυτό σας. Ειδάλλως, είναι πιθανό να μην ανοιχτείτε και να μην είστε απολύτως ειλικρινείς όσο εργάζεστε προς την επίγνωση στη σχέση σας, καθώς δε θα νιώθετε άνετα με τον σύντροφο που δεν είναι ο πλήρης αντανακλαστικός εαυτός σας. Έτσι, θα δημιουργήσετε μπλοκάρισμα στην εμπιστοσύνη, ενώ αυτό που χρειάζεται είναι να νιώθετε και να είστε ελεύθεροι και απολύτως άνετοι για να χτίσετε την εμπιστοσύνη. Επομένως, είναι απαραίτητο να είστε απόλυτα συνειδητοποιημένοι για τον άνθρωπο που έχετε δίπλα σας και τη σοβαρότητα της σχέσης σας...

Ώρα για ενδοσκόπηση

- Εσείς αναπτύσσετε την επίγνωση στη σχέση σας; Αν ναι, πώς το κάνετε; Αν όχι, γιατί δεν το κάνετε;
- Είστε πρόθυμοι να ακολουθήσετε τα βήματα προς την επίγνωση με τον σύντροφό σας; Αν ναι, γιατί; Αν όχι, γιατί;
- Βιώνετε συντροφική μοναχικότητα με τον σύντροφό σας; Αν ναι, πώς ακριβώς τη βιώνετε; Αν όχι, γιατί δεν τη βιώνετε;

- Βρίσκεστε στη ζώνη της επίγνωσης με τον σύντροφό σας; Αν ναι, γιατί; Τι ακριβώς βιώνετε σ' αυτήν τη ζώνη; Αν όχι, γιατί; Τι σας εμποδίζει από το να ζείτε τη ζωή στη ζώνη της επίγνωσης;
- Πώς μπορείτε να βοηθήσετε τον εαυτό σας να αναπτύξει την αυτογνωσία του; Πώς μπορείτε να βοηθήσετε τον σύντροφό σας να αναπτύξει την αυτογνωσία του;
- Τι χρειάζεται να κάνετε για να αναπτύξετε την επίγνωση στη σχέση με τον σύντροφό σας ακόμα περισσότερο;

3.2 - Τα στάδια της υπευθυνότητας

Αφού τώρα κατανοήσατε περισσότερο την επίγνωση στη σχέση και ότι είναι πολύ σημαντικό να είστε συνειδητοποιημένοι με τον σύντροφό σας, είναι η ώρα να μιλήσουμε για την υπευθυνότητα. Σε όλη την πορεία του βιβλίου έχουμε αναφέρει πολλές φορές την υπευθυνότητα, καθώς είναι ένα απολύτως απαραίτητο και θεμελιώδες στοιχείο που βοηθάει στην ανάπτυξη της εμπιστοσύνης σε μία σχέση. Μάλιστα, η υπευθυνότητα είναι ένα χαρακτηριστικό γνώρισμα της αληθινής ταυτότητας όλων των ανθρώπων, όπως εξηγήσαμε στο μοντέλο του απεριόριστου εαυτού, όμως λίγοι άνθρωποι την εκφράζουν έμπρακτα στην καθημερινότητά τους. Αυτό συμβαίνει, γιατί οι περισσότεροι άνθρωποι δεχόμαστε μέτρια έως κακή ανατροφή ως παιδιά και έτσι δε γινόμαστε ώριμοι και υπεύθυνοι άνθρωποι όταν ενηλικιωνόμαστε.

Οπότε, είναι κρίσιμο να ξεκινήσουμε να παίρνουμε την ευθύνη της ζωής και του εαυτού μας, καθώς δε θα μπορέσουμε να αναπτυχθούμε και ειδικότερα να δημιουργήσουμε μία επιτυχημένη σχέση με τον πλήρη αντανακλαστικό εαυτό μας. Θα εξηγήσουμε την ανάπτυξη της υπευθυνότητας μέσα από τα στάδια που περνάμε, ή τουλάχιστον είναι αναγκαίο να περάσουμε όλοι οι άνθρωποι όσο μεγαλώνουμε.

Όπως βλέπουμε στο παρακάτω σχήμα, υπάρχουν επτά στάδια προς την υπευθυνότητα. Τα πρώτα τρία στάδια είναι τα στάδια στα οποία έχουμε λίγη έως μηδαμινή ευθύνη της ζωής μας. Το τέταρτο στάδιο είναι το στάδιο της μετάβασης και τα τρία τελευταία στάδια είναι τα στάδια της αληθινής υπευθυνότητας. Τα

Τα στάδια της υπευθυνότητας

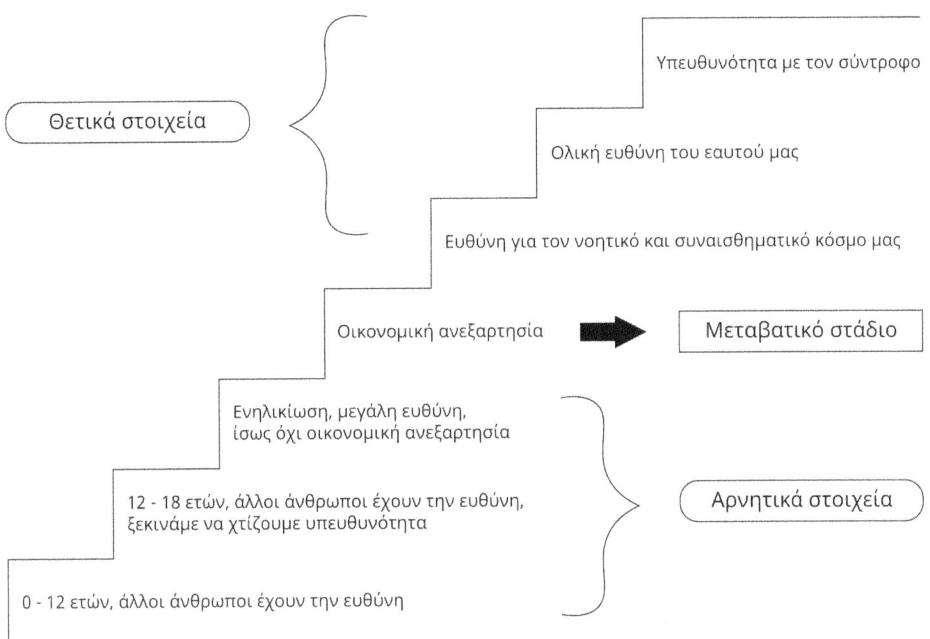

στάδια αυτά τα δημιουργήσαμε εμείς με βάση την εμπειρία μας και, φυσικά, δε σημαίνει ότι είναι απόλυτα, αλλά ταυτόχρονα είναι και «αυτονόητα».

1) Το πρώτο στάδιο λοιπόν, ξεκινά από τη γέννησή μας και φτάνει μέχρι την ηλικία των 12 ετών. Σ' αυτό το στάδιο είμαστε ολικά εξαρτημένοι από τους γονείς μας και άλλους ανθρώπους. Η ίδια η ζωή και η επιβίωσή μας βρίσκεται στα χέρια άλλων ανθρώπων και επομένως δεν έχουμε την ευθύνη του εαυτού μας. Το φαγητό, το νερό, η ένδυση, το σπίτι, τα χρήματα και η εκπαίδευσή μας είναι ευθύνη άλλων ανθρώπων. Σ' αυτό το στάδιο, όταν ξεκινάει η σχολική ζωή μας, ξεκινάμε να αποκτάμε την αίσθηση της υπευθυνότητας σε κάποιον μικρό βαθμό.

2) Το δεύτερο στάδιο συνεχίζεται από την ηλικία των 12 ετών και φτάνει μέχρι την ηλικία των 18 ετών. Σ' αυτό το στάδιο, πάλι άλλοι άνθρωποι είναι υπεύθυνοι για εμάς, όμως ξεκινάμε να ωριμάζουμε και να παίρνουμε περισσότερη ευθύνη για οτιδήποτε κάνουμε. Κρίνουμε πλέον τη ζωή περισσότερο με βάση τους συνομήλικούς μας και όχι τους γονείς μας. Οι σχέσεις με τους συνομήλικους αποκτούν μεγαλύτερο ενδιαφέρον και μάλιστα ξεκινάμε και ερωτικές σχέσεις. Επίσης, στην εκπαίδευσή μας έχουμε μεγαλύτερες ευθύνες καθώς είναι περισσότερο απαιτητική.

3) Το τρίτο στάδιο ξεκινάει από την ενηλικίωση και φτάνει μέχρι την οικονομική ανεξαρτησία και την κατοίκηση χωρίς τους γονείς. Η οικονομική ανεξαρτησία και η κατοίκηση χωρίς τους γονείς είναι διαφορετική σε κάθε άνθρωπο και απολύτως αναγκαία για την ανάπτυξη της υπευθυνότητάς μας. Κάποιοι άνθρωποι ανεξαρτητοποιούνται από πολύ νωρίς, έχοντας λάβει καλή ανατροφή, ενώ άλλοι παραμένουν προσκολλημένοι στους γονείς και δεν ενηλικιώνονται πνευματικά, παρά μόνο σωματικά και ηλικιακά.

4) Το τέταρτο στάδιο είναι το στάδιο της μετάβασης, όπου από την επιφανειακή υπευθυνότητα προχωράμε στην ουσιαστική υπευθυνότητα. Ξεκινάει από την οικονομική ανεξαρτησία και φτάνει μέχρι τη στιγμή, που αποφασίζουμε να πάρουμε ολική ευθύνη του εαυτού μας και να μην κατηγορούμε άλλους ανθρώπους. Αυτό το στάδιο είναι πολύ κρίσιμο, αλλά δυστυχώς οι περισσότεροι άνθρωποι παραμένουν εκεί και δεν προχωράνε παραπέρα ποτέ. Ναι μεν έχουν καταφέρει να ανεξαρτητοποιηθούν οικονομικά και να μείνουν μόνοι τους ή με τον σύντροφό τους ή ακόμα και να κάνουν παιδιά, όμως δεν παίρνουν ακόμη πραγματική ευθύνη του εαυτού τους.

5) Ποια είναι όμως η πραγματική ευθύνη του εαυτού μας; Η πραγματική ευθύνη του εαυτού μας ξεκινάει τη στιγμή που κατανοούμε ότι είμαστε ολικά υπεύθυνοι για τις σκέψεις, τα συναισθήματα, τις πράξεις και τα αποτελέσματα στη ζωή μας. Αυτό είναι το πέμπτο στάδιο, όπου ξεκινάει η πραγματική υπευθυνότητα και θα το αναλύσουμε περισσότερο παρακάτω.

6) Το έκτο στάδιο είναι αυτό, όπου έχοντας εξασκήσει την υπευθυνότητά μας, παίρνουμε ολικά την ευθύνη για οτιδήποτε κάνουμε χωρίς δυσκολία και είμαστε πλέον δυνατοί, ώριμοι και υπεύθυνοι άνθρωποι.

7) Το τελευταίο στάδιο είναι αυτό, όπου είμαστε υπεύθυνοι άνθρωποι στα πλαίσια της σχέσης με τον σύντροφό μας. Και οι δύο σύντροφοι συνεχίζουμε να είμαστε πραγματικά υπεύθυνοι άνθρωποι, που δεν ξεκινάμε να παραπονιόμαστε σαν μικρά παιδάκια όταν δε γίνεται αυτό που θέλουμε ή όταν αντιμετωπίζουμε δυσκολίες. Αναλαμβάνουμε και οι δύο την ευθύνη που μας αναλογεί και αξιοποιούμε τις δυναμικές μεταξύ μας με ώριμο τρόπο. Επομένως, κάθε φορά που κάποιος από εμάς κάνει ένα λάθος, το παραδέχεται και δεσμεύεται να το διορθώσει. Παράλληλα, ο άλλος σύντροφος δείχνει κατανόηση. Στη μεταξύ μας επικοινωνία δεν προσπαθούμε να λύσουμε τις δυσκολίες του συντρόφου, σαν να είναι ανίκανος να το κάνει από μόνος του, αλλά επιλέγουμε να βρούμε λύσεις πάντα μαζί ως δύο ίσοι και ώριμοι άνθρωποι. Έτσι, βοηθάμε ο ένας τον άλλον με αποτελεσματικό τρόπο και ωριμότητα και παίρνουμε και οι δύο πρωτοβουλίες. Αυτό είναι το στάδιο της πραγματικής δύναμης μέσα σε μία σχέση με αγνή σύνδεση, πνευματική ένωση και χωρίς εξαρτήσεις.

Όπως είπαμε παραπάνω, οι περισσότεροι άνθρωποι δυστυχώς παραμένουν κολλημένοι στο στάδιο της μετάβασης και μάλιστα πολλοί από αυτούς δε φτάνουν ούτε μέχρι αυτό το στάδιο και παραμένουν παιδιά σε σώματα ενηλίκων. Είναι προσκολλημένοι στους γονείς τους και δυσκολεύονται να πάρουν την ευθύνη της ζωής τους. Έτσι, δεν μπορούν να ενηλικιωθούν πνευματικά και να προοδέψουν. Αυτό φυσικά δημιουργεί δυσκολίες και στη συντροφική σχέση τους. Δυσκολεύονται να χτίσουν μία υγιή, δυνατή και ώριμη σχέση με τον σύντροφό τους, γιατί δε βρίσκονται στο πνευματικό επίπεδο ωριμότητας που απαιτεί η συντροφική σχέση. Είναι δηλαδή, κολλημένοι σε ένα παιδικό στάδιο εξάρτησης από τους γονείς τους και πιθανότητα δεν το αντιλαμβάνονται καθόλου. Θεωρούν ότι δε χρειάζεται να αποκοπούν από τους γονείς τους και ότι η ζωή βιώνεται σε ένα ανώριμο επίπεδο εξάρτησης, καθώς αυτό πιστεύουν ότι είναι φυσιολογικό. Αυτό όμως, είναι βλαβερό για τη σχέση με τον σύντροφό τους, καθώς δεν προοριζόμαστε να κάνουμε σχέση ή να παντρευτούμε με έναν πνευματικά ανήλικο άνθρωπο, αλλά με έναν πνευματικά ενήλικο, ώριμο και υπεύθυνο άνθρωπο.

Πολλές φορές μάλιστα, όταν ο ένας σύντροφος είναι πνευματικά ανήλικος και εξαρτημένος από τους γονείς του με οποιονδήποτε τρόπο (συναισθηματικό, οικονομικό κτλ.) μπορεί να επιτρέψει στους γονείς να μπουν ανάμεσα στη σχέση με τον σύντροφό του και να προκαλέσουν φθορές. Οι άνθρωποι οι οποίοι βρίσκονται σε μία σχέση αλληλοεξάρτησης και κτητικότητας με τους γονείς τους και δε βάζουν τη συντροφική τους σχέση ως πρώτη προτεραιότητα, είναι συνήθως αδύναμοι χαρακτήρες, κινητοποιούνται κυρίως από τα συναισθήματα, τις κατώτερες ανάγκες επιβεβαίωσης και την ανασφάλειά τους και έτσι δεν μπορούν να σταθούν ως ώριμοι άντρες ή ώριμες γυναίκες. Αυτοί οι άνθρωποι συνήθως καταλήγουν να ζουν όλη τη ζωή τους στη ζώνη άνεσης και στασιμότητας, όπως εξηγήσαμε στην ανάλυση της επίγνωσης παραπάνω σ' αυτό το κεφάλαιο. Όμως, σε κανέναν άνθρωπο δεν αξίζει αυτή η κατάσταση.

Γι' αυτόν τον λόγο, είναι κρίσιμο να αποκοπούμε από τους γονείς μας και άλλους ανθρώπους και να μην είμαστε εξαρτημένοι από αυτούς συναισθηματικά, νοητικά, πνευματικά και οικονομικά ή με οποιονδήποτε άλλον τρόπο μπορεί κάποιος να είναι εξαρτημένος. Να σταματήσουμε δηλαδή, να είμαστε όπως ήμασταν στην παιδική ηλικία μας, να πάρουμε τη ζωή στα χέρια μας και να ανοίξουμε τα φτερά μας. Να κατανοήσουμε ότι επειδή δεν καλύφθηκαν κάποιες ανάγκες για αποδοχή, επιβεβαίωση και επικύρωση και δεν πήραμε όσα «μπράβο» θέλαμε ως παιδιά από τους γονείς μας ή δε μάθαμε να παίρνουμε πρωτοβουλίες, δεν υπάρχει κανένας λόγος να συνεχίσουμε να ζούμε έτσι και να ψάχνουμε επιβεβαίωση είτε από τους γονείς, είτε από άλλους ανθρώπους.

Τώρα είναι η ώρα να γίνουμε εμείς κύριοι της ζωής μας και να δημιουργήσουμε την πανέμορφη και ουσιαστική σχέση που προοριζόμαστε με τον σύντροφό μας. Όσο περισσότερο ελευθερωνόμαστε από τη συναισθηματική εξάρτησή μας από τους γονείς και γενικότερα από άλλους ανθρώπους και όσο περισσότερη ευθύνη των πράξεών μας παίρνουμε, τόσο πιο ώριμοι άνθρωποι γινόμαστε.

Επομένως, για να πάμε μπροστά στη ζωή χρειάζεται να πάρουμε ολική ευθύνη του εαυτού μας και να πάψουμε να καθορίζουμε τη ζωή μας με βάση το παρελθόν, τα παιδικά μας χρόνια, τις αποτυχίες ή επιτυχίες των γονιών μας και τα «θέλω» και «πρέπει» άλλων ανθρώπων. Σκοπός λοιπόν, είναι να είμαστε πνευματικοί ενήλικες και όχι παιδιά με σώματα ενηλίκων ανθρώπων. Να είμαστε δηλαδή, πραγματικά ώριμοι άνθρωποι και όχι υποτιθέμενα ώριμοι λόγω της ηλικίας μας.

Οπότε, βλέπετε ότι το να είναι κάποιος πνευματικός ενήλικος και πραγματικά ώριμος άνθρωπος δεν έχει καμία απολύτως σχέση με την ηλικία. Αντιθέτως, έχει να κάνει αποκλειστικά με το αν και πόση ευθύνη παίρνει κανείς για τον εαυτό του και τη ζωή του, αν είναι ολικά ανεξάρτητος άνθρωπος και αν είναι στο μονοπάτι της συνεχούς αυτοβελτίωσης, που απαιτεί διαρκή ανάπτυξη της αυτογνωσίας.

Παραδείγματος χάριν, ένας άνθρωπος που ζει πενήντα χρόνια στα χαμένα, χωρίς να γνωρίζει την αληθινή ταυτότητά του, τις αξίες και τα «απόλυτα όχι» του και παραμένει εγκλωβισμένος από τις εγκλωβιστικές πεποιθήσεις του χωρίς να παίρνει ολική ευθύνη του εαυτού του, είναι λιγότερο ώριμος και υπεύθυνος από έναν άνθρωπο, που ζει μόνο είκοσι χρόνια και τα τελευταία δύο χρόνια βρίσκεται στο μονοπάτι της αυτοβελτίωσης και αυτογνωσίας, κάνοντας ό,τι χρειάζεται για να μπορεί να ξεκαθαρίσει την ταυτότητα, τις αξίες, τα «απόλυτα όχι» και τις εγκλωβιστικές πεποιθήσεις του και παίρνει ολική ευθύνη του εαυτού του, όντας ανεξαρτητοποιημένος σε κάθε επίπεδο. Αυτός λοιπόν ο άνθρωπος είναι περισσότερο ώριμος από τον πρώτο, ο οποίος είναι πενήντα χρονών και έχει περισσότερα χρόνια στη ζωή και υποτίθεται περισσότερη εμπειρία. Ο άνθρωπος που είναι πενήντα χρονών έχει πενήντα χρόνια άγνοιας, ενώ ο άνθρωπος που είναι είκοσι χρονών έχει δύο χρόνια πνευματικής αναζήτησης, εξέλιξης και αληθινής υπευθυνότητας.

Εσείς με ποιον άνθρωπο θα προτιμούσατε να περάσετε τη ζωή σας; Με κάποιον που ζει με άγνοια και είναι συναισθηματικά εξαρτημένος από τους γονείς του ή με κάποιον που αναπτύσσει την αυτογνωσία του και παίρνει ευθύνη των πράξεών του; Θα εμπιστευόσασταν έναν άνθρωπο που δε γνωρίζει τον εαυτό του και είναι πνευματικά ανώριμος ή έναν άνθρωπο που καλλιεργεί τον εαυτό του και μαθαίνει από τα λάθη του;

Πώς όμως γινόμαστε πραγματικά υπεύθυνοι και ώριμοι άνθρωποι μεγαλώνοντας πνευματικά και όχι μόνο ηλικιακά; Πώς εκφράζεται η υπευθυνότητα και η ωριμότητα στα πλαίσια της συντροφικής σχέσης μας; Η πνευματική ωρίμανση ξεκινάει όταν αρχίσουμε να παίρνουμε την ευθύνη του εσωτερικού κόσμου μας, καθώς και των πράξεών μας, και φυσικά όταν σταματήσουμε να είμαστε εξαρτημένοι από άλλους ανθρώπους.

Όπως έχουμε ήδη αναπτύξει στο μοντέλο του ισορροπημένου εαυτού του πρώτου κεφαλαίου, όλοι ζούμε συνεχώς σε μία κατάσταση, όπου οι σκέψεις στις οποίες εστιάζουμε μας οδηγούν σε συγκεκριμένες επιλογές και πράξεις και έπειτα σε θετικά ή αρνητικά αποτελέσματα στη ζωή μας. Ας θυμηθούμε λίγο επιγραμματικά αυτόν τον κύκλο:

Παρόλο που δεν ελέγχουμε πάντα ποιες ακριβώς σκέψεις έρχονται στον νου μας, ελέγχουμε σε ποιες από αυτές θα εστιάσουμε. Οι σκέψεις στις οποίες θα εστιάσουμε θα οδηγήσουν σε συγκεκριμένα συναισθήματα και έτσι θα υιοθετήσουμε μία στάση, θα κάνουμε κάποιες επιλογές και θα πάρουμε κάποιες αποφάσεις. Ανάλογα τις αποφάσεις και τις επιλογές μας θα συμπεριφερθούμε και θα πράξουμε με έναν σχετικό τρόπο. Οι πράξεις και οι συμπεριφορές μας θα μας οδηγήσουν σε ανάλογα αποτελέσματα στη ζωή και στη σχέση μας. Οπότε, μόνο εμείς έχουμε ολική ευθύνη των σκέψεων στις οποίες εστιάζουμε, στα συναισθήματα που νιώθουμε, στις αποφάσεις, στις πράξεις και στις συμπεριφορές μας και επομένως και στα αποτελέσματα που βιώνουμε. Δεν είναι ούτε ο σύντροφος, ούτε ο γείτονας, ούτε οι γονείς, ούτε οι φίλοι, ούτε ο καιρός, ούτε το κράτος, ούτε η οικονομία, ούτε το σύμπαν, αλλά εμείς. Εμείς είμαστε αποκλειστικοί υπεύθυνοι για οτιδήποτε συμβαίνει εσωτερικά μας και για κάθε μία πράξη μας. Δεν μπορούμε να ελέγξουμε τις σκέψεις και συμπεριφορές άλλων ανθρώπων, ούτε πολλές από τις καταστάσεις που συμβαίνουν σ' εμάς. Έχουμε όμως ολικό έλεγχο στο πώς θα συμπεριφερθούμε σε άλλους ανθρώπους και στο πώς θα αντιμετωπίσουμε κάθε κατάσταση που μας συμβαίνει.

Έτσι, κανένας άλλος, ούτε και ο πλήρης αντανακλαστικός εαυτός μας δεν μπορεί να μας «κάνει» να αισθανθούμε τίποτα εσωτερικά. Δεν υπάρχει «κάνω» κάποιον να αισθανθεί χαρά, λύπη, στενοχώρια, θυμό ή οποιοδήποτε άλλο συναίσθημα. Η αλήθεια είναι ότι μόνο εμείς ευθυνόμαστε αν θα νιώσουμε χαρά, λύπη, θυμό ή κάποιο άλλο συναίσθημα. Μόνο εμείς έχουμε ολικό έλεγχο των συναισθημάτων μας. Φυσικά, ο σύντροφός μας ή και άλλοι άνθρωποι και εξωτερικές καταστάσεις παίζουν κάποιον ρόλο, που σχετίζεται με τη συναισθηματική κατάστασή μας, όμως δεν είναι αυτοί υπεύθυνοι για το τι και πώς νιώθουμε.

Ένα ζευγάρι, που ο κάθε σύντροφος παίρνει αποκλειστική ευθύνη των συναισθημάτων του, ως ώριμος και υπεύθυνος άνθρωπος, έχει ήδη προλάβει πάρα πολλές αρνητικές καταστάσεις και συμπεριφορές. Αυτό συμβαίνει, γιατί δεν κατηγορεί ο ένας τον άλλον για τα συναισθήματά τους, αλλά αναγνωρίζουν ότι είναι δική τους ευθύνη και επιλογή στο πού θα εστιάσουν και αν νιώσουν όμορφα ή άσχημα.

Για παράδειγμα, αν ο ένας σύντροφος μιλήσει άσχημα και προσβλητικά στον σύντροφό του, έχει ευθύνη που συμπεριφέρεται ανώριμα και μιλάει άσχημα, όμως δεν έχει ευθύνη για το πώς θα νιώσει ο σύντροφός του. Έτσι, αν ο σύντροφός του είναι δυνατός και ώριμος άνθρωπος με βεβαιότητα στην αλήθεια του, δε θα προσβληθεί, ούτε θα νιώσει κάτι άσχημο, γιατί γνωρίζει ότι αυτό είναι δική του επιλογή. Αν όμως είναι αδύναμος και ανώριμος, κατά πάσα πιθανότητα θα προσβληθεί, θα στενοχωρηθεί ή θα θυμώσει και θα ανταποδώσει τις προσβολές. Άρα, οτιδήποτε συμβαίνει εσωτερικά μας είναι μόνο δική μας ευθύνη και σχετίζεται με το πόσο δυνατοί και ώριμοι είμαστε. Μ' αυτόν τον τρόπο λειτουργεί ένας ώριμος και υπεύθυνος άνθρωπος και κάποιος που είναι πνευματικός ενήλικος και όχι σωματικά ενήλικος με τον νου ενός μικρού παιδιού.

Επομένως, ως ώριμοι άνθρωποι είναι σημαντικό να κατανοήσουμε ότι άλλοι άνθρωποι και εξωτερικές καταστάσεις δε μας επηρεάζουν, ούτε μας ελέγχουν ποτέ. Μάλιστα, ούτε και τα δικά μας συναισθήματα δε μας επηρεάζουν και δε μας ελέγχουν, εκτός αν εμείς το επιτρέψουμε. Η συναισθηματική μας κατάσταση εξαρτάται από το πόσο έλεγχο δίνουμε σε άλλους ανθρώπους και εξωτερικές καταστάσεις. Έχουμε τη δυνατότητα να έχουμε τον ολικό έλεγχο του εσωτερικού μας κόσμου, αν το θέλουμε...

Εφαρμόστε λοιπόν αυτήν την αλήθεια στη σχέση με τον σύντροφό σας, αλλά και σε όλη την υπόλοιπη ζωή σας. Θα συνειδητοποιήσετε ότι δε θα κατηγορείτε κανέναν άνθρωπο και καμία κατάσταση, ούτε όμως θα λαμβάνετε υπερβολική ευθύνη για πράγματα για τα οποία δεν ευθύνεστε. Έτσι, εσείς θα παίρνετε την ευθύνη για τις δικές σας πράξεις και θα ζητάτε συγνώμη για το τι κάνατε εσείς, και ο σύντροφός σας θα παίρνει την ευθύνη για τις δικές του πράξεις και θα ζητάει συγνώμη για οτιδήποτε αρνητικό κάνει αυτός. Αυτή είναι μία σχέση δύναμης και εξέλιξης, που δύο αληθινοί ενήλικες είναι υπεύθυνοι και δεσμεύονται στην εξέλιξή τους. Φυσικά, όταν και οι δύο σύντροφοι συμπεριφέρονται με τέτοιον ώριμο και υπεύθυνο τρόπο, εμπιστεύονται πολύ ο ένας τον άλλον.

Ας δούμε λοιπόν, τα χαρακτηριστικά του ζευγαριού που και οι δύο σύντροφοι είναι πνευματικά ώριμοι και υπεύθυνοι άνθρωποι:

- Κάθε σύντροφος είναι ανεξαρτητοποιημένος από τους γονείς του και κάθε άλλον άνθρωπο.
- Κάθε σύντροφος είναι ένας υγιής άνθρωπος χωρίς καμία ανάγκη επιβεβαίωσης.
- Κάθε σύντροφος παίρνει ολική ευθύνη των σκέψεων, των συναισθημάτων, των αποφάσεων, των συμπεριφορών, των πράξεων και των εκβάσεών του και δεν κατηγορεί τον σύντροφό του.
- Κάθε σύντροφος παραδέχεται τα λάθη του και δε φοβάται να ζητήσει συγνώμη.
- Κάθε σύντροφος αναγνωρίζει ότι έχει ευθύνη μόνο για τον εαυτό του. Έτσι, βοηθάει με αγάπη και δύναμη τον σύντροφό του και όχι γιατί θεωρεί ότι ο σύντροφός του δεν μπορεί να πάρει την ευθύνη του εαυτού του.
- Κανένας σύντροφος δεν προσπαθεί να λύσει ζητήματα του συντρόφου του για λογαριασμό του. Οι σύντροφοι αντιμετωπίζουν κάθε δυσκολία μαζί και με ισότητα.
- Κάθε σύντροφος ζει στο παρόν και όχι στο παρελθόν ή στο μέλλον. Παίρνει αποφάσεις με βάση το τώρα και όχι με βάση τα παιδικά του χρόνια ή τις φαντασιώσεις του μέλλοντος.
- Κάθε σύντροφος βαδίζει στο μονοπάτι της συνεχούς αυτοβελτίωσης και επίγνωσης...

Τώρα έχετε ξεκαθαρίσει τα στάδια της υπευθυνότητας, τα μπλοκαρίσματα που μπορεί να έχουν πολλοί άνθρωποι στην ανάπτυξή τους, καθώς και τα χαρακτηριστικά μιας υγιούς σχέσης με υπευθυνότητα και ωριμότητα. Οπότε, είναι η ώρα να αναπτύξετε την υπευθυνότητά σας ακόμα περισσότερο και μάλιστα γνωρίζετε πώς να το κάνετε. Όταν δείτε ότι ο σύντροφός σας είναι ένας υπεύθυνος άνθρωπος, θα αρχίσετε να τον εμπιστεύεστε περισσότερο. Φυσικά, το ίδιο θα χρειαστεί να δει και ο σύντροφός σας από εσάς για να σας εμπιστευτεί.

Η υπευθυνότητα, όπως είπαμε στο πρώτο κεφάλαιο, είναι αναπόσπαστο χαρακτηριστικό της ταυτότητας όλων των ανθρώπων, αλλά χρειάζεται να την καλλιεργήσουμε και μετά να τη διατηρούμε εκφράζοντάς την καθημερινά. Όσο συμπεριφερόμαστε με υπευθυνότητα, ωριμότητα, σεβασμό, ευγένεια, κατανόηση, ειλικρίνεια και αγάπη στον σύντροφό μας, τόσο πιο γρήγορα θα γίνει αυτός ο τρόπος συμπεριφοράς συνήθεια και τρόπος ζωής μας. Δε θα γίνουμε ποτέ τέλειοι και κάποια στιγμή μπορεί να συμπεριφερθούμε ανεύθυνα, όμως έχουμε τη δυνατότητα να βελτιωνόμαστε συνέχεια. Η υπευθυνότητα μπορεί πραγματικά να μας απελευθερώσει από πολλές ανησυχίες, δυσκολίες, εμπόδια, περιορισμούς και αδυναμίες, αρκεί να θέλουμε να πάρουμε την ευθύνη του εαυτού μας και να μην κρυβόμαστε πίσω από το δάκτυλό μας.

Εμείς σε κάποια στιγμή της ζωής μας πήραμε την απόφαση ότι κανένας άλλος άνθρωπος και καμιά εξωτερική κατάσταση δε θα ορίζει τη ζωή, τα συναισθήματα, τις επιλογές και την πορεία της σχέσης και του γάμου μας. Αποφασίσαμε να ζήσουμε με δικούς μας όρους και δικά μας όρια και να κάνουμε αυτό που θέλουμε εμείς έχοντας ολική ευθύνη του εαυτού μας και θέτοντας υψηλούς στόχους. Έτσι, ξέραμε ότι ακόμη κι αν δεν πετύχουμε τους στόχους μας, θα απολαύσουμε τη διαδρομή και τα μαθήματα που παίρνουμε μαζί με δική μας ευθύνη. Αυτό βέβαια, μας ανταμείβει με υπέροχους τρόπους καθημερινά και δεν το μετανιώνουμε για κανέναν λόγο. Οπότε, μη φοβάστε να ζήσετε με υπευθυνότητα και να πάρετε τη ζωή στα χέρια σας για να αναπτύξετε τη σχέση σας.

Εργαστείτε λοιπόν, πάνω στα στάδια της υπευθυνότητας μαζί ως ζευγάρι και έτσι θα αλλάξετε προς το καλύτερο τη σχέση σας. Θα συνειδητοποιήσετε ότι όσο εργάζεστε ως ζευγάρι πάνω στην υπευθυνότητά σας, τόσο θα μεγαλώνετε και σε επίγνωση και το αντίστροφο. Όσο εργάζεστε πάνω στα βήματα της επίγνωσης, τόσο θα μεγαλώνετε και σε υπευθυνότητα. Με λίγα λόγια, όσο πιο υπεύθυνοι γίνεστε, τόσο θα αναπτύσσετε την επίγνωσή σας, γιατί για να γίνετε υπεύθυνοι, χρειάζεται να γνωρίσετε καλύτερα τον εαυτό σας και να προοδέψετε. Και όσο περισσότερο αναπτύσσετε την αυτογνωσία και επίγνωσή σας, τόσο περισσότερο υπεύθυνοι θα γίνεστε, γιατί θα γνωρίζετε τον εαυτό σας και τον σύντροφό σας σε βάθος. Όσο περισσότερο υπεύθυνοι γίνεστε, τόσο περισσότερο θα εμπιστεύεστε ο ένας τον άλλον.

Ώρα για ενδοσκόπηση

- Εσείς σε ποιο στάδιο της υπευθυνότητας βρίσκεστε; Γιατί βρίσκεστε σ' αυτό το στάδιο;
- Είστε ακόμη ανώριμοι πνευματικά ή όχι; Έχετε κολλήσει στο μεταβατικό στάδιο ή παίρνετε την ευθύνη της ζωής σας;
- Ρίχνετε την ευθύνη σε άλλους ανθρώπους ή παίρνετε ολική ευθύνη του εαυτού σας;
- Είστε πραγματικά υπεύθυνοι και ώριμοι στη συντροφική σχέση σας; Αν ναι, πώς το εκφράζετε; Αν όχι, γιατί δεν είστε;
- Παίρνετε την ευθύνη των σκέψεων, των συναισθημάτων, των αποφάσεων, των πράξεων και των αποτελεσμάτων σας στη ζωή; Αν ναι, πώς το κάνετε; Αν όχι, γιατί δεν το κάνετε;
- Τι χρειάζεται να κάνετε για να γίνετε περισσότερο υπεύθυνοι άνθρωποι και να ωριμάσετε πνευματικά; Πώς μπορείτε να βοηθήσετε τον σύντροφό σας να γίνει περισσότερο υπεύθυνος και ώριμος άνθρωπος;

3.3 Συγχώρηση και ευγνωμοσύνη

Είδαμε λοιπόν, την πορεία της επίγνωσης και τη σημασία της υπευθυνότητας. Ως ώριμοι και υπεύθυνοι άνθρωποι με επίγνωση, είναι βέβαιο ότι θα συγχωρούμε και θα ευγνωμονούμε στη ζωή και στη σχέση μας, καθώς θα αποδεχόμαστε την ατελή φύση του εαυτού και του συντρόφου μας και θα επικεντρωνόμαστε στο παρόν.

Η συγχώρηση και η ευγνωμοσύνη είναι βασικά στοιχεία μιας επιτυχημένης και ισορροπημένης σχέσης και γι' αυτόν τον λόγο, χρειάζεται ένα ζευγάρι να συγχωρεί και να ευγνωμονεί με αγνότητα και ειλικρίνεια. Η συγχώρηση και η ευγνωμοσύνη πάνε χέρι-χέρι και αναπτύσσονται παράλληλα. Ανθίζουν όταν βρισκόμαστε στη ζώνη της επίγνωσης μαζί με τον σύντροφό μας. Όταν και οι δύο σύντροφοι συγχωρούν και ευγνωμονούν στη σχέση, τότε σημαίνει πως υπάρχει ήδη εμπιστοσύνη και μάλιστα αναπτύσσεται ακόμα περισσότερο. Ας δούμε λοιπόν, κάποια βασικά στοιχεία της συγχώρησης και της ευγνωμοσύνης.

3.3.1 Συγχώρηση

Η συγχώρηση είναι τόσο σημαντική στη ζωή, όμως πολλοί άνθρωποι την παραβλέπουν ή δεν κατανοούν τη σημασία και την αξία της. Η συγχώρηση μάς οδηγεί στη γαλήνη του πνεύματος και της ψυχής μας. Μας αποδεσμεύει από κρατημένα και καταπιεσμένα συναισθήματα θυμού, στενοχώριας και οτιδήποτε άλλο μπορεί να είναι βάρος μέσα μας. Μας αποδεσμεύει από πράγματα που κάνουν υπερβολική ζημιά στον εαυτό μας, και έτσι και στη σχέση με τον σύντροφό μας.

Η συγχώρηση δε σχετίζεται τόσο πολύ με το άτομο που συγχωρούμε, αλλά με τον εαυτό μας. Αποσκοπεί στο να είμαστε εμείς καλά μέσα μας και να μην επιτρέπουμε στα συναισθήματά μας, σε άλλους ανθρώπους και σε εξωτερικές καταστάσεις να μας κατατροπώσουν, όπως εξηγήσαμε παραπάνω στην υπευθυνότητα. Άρα, βλέπουμε ότι η συγχώρηση συνδέεται στενά με την υπευθυνότητα. Παίρνουμε ευθύνη των συναισθημάτων μας, συγχωρούμε οποιονδήποτε άνθρωπο για οποιονδήποτε λόγο και προχωράμε μπροστά.

Το ίδιο συμβαίνει και όταν η συγχώρηση αφορά τον ίδιο τον εαυτό μας. Συγχωρούμε τον εαυτό μας για οτιδήποτε έχουμε κάνει και σταματάμε να ζούμε στο παρελθόν. Συνεχίζουμε να ζούμε στο τώρα σχεδιάζοντας για το μέλλον. Αυτό δεν είναι καθόλου εγωιστικό. Αντίθετα, είναι πραγματική εσωτερική ελευθερία. Είναι ώριμη επιλογή του ανθρώπου που αγαπάει τον εαυτό του και δεν αυτοκαταδικάζεται. Βέβαια, η συγχώρηση του εαυτού μας απαιτεί και δέσμευση ότι δε θα επαναλάβουμε αυτό για το οποίο συγχωρούμε τον εαυτό μας. Οπότε, μπορούμε να συγχωρήσουμε τον εαυτό μας για οτιδήποτε αρνητικό και άσχημο έχουμε κάνει, αλλά χρειάζεται να δεσμευτούμε μέσα μας σε θετική αλλαγή.

Παραδείγματος χάριν, μπορεί να μιλήσαμε άσχημα στον σύντροφό μας πάνω σε μία κατάσταση έντασης και να νιώθουμε άσχημα τώρα. Αντί να καταδικάζουμε τον εαυτό μας για το λάθος μας, επιλέγουμε να απαλυνθούμε από τον πόνο της στενοχώριας και να συγχωρήσουμε τον εαυτό μας. Παράλληλα όμως, δεσμευόμαστε, ώστε να μη μιλήσουμε ξανά έτσι στον σύντροφό μας.

Όταν συγχωρούμε άλλους ανθρώπους, τότε η συγχώρηση πάλι σχετίζεται με τη δική μας γαλήνη και υγεία, όμως αλλάζει χροιά ανάλογα με το άτομο το οποίο συγχωρούμε. Για παράδειγμα, αν η συγχώρηση αφορά τον σύντροφό μας, που είναι ο σημαντικότερος άνθρωπος στη ζωή μας, τότε τον συγχωρούμε ειλικρινά γι' αυτό που έκανε, για να είμαστε εμείς σε μία κατάσταση εσωτερικής υγείας, αλλά και για να διατηρήσουμε την υγεία στη σχέση μας. Η συγχώρηση στη σχέση με τον σύντροφό μας έχει να κάνει με την κατανόηση, τη συμπόνια και την ανιδιοτελή αποδοχή και αγάπη, που μαζί με τον σύντροφό μας είμαστε μία αδιάσπαστη γροθιά. Η δέσμευση στη θετική αλλαγή είναι αναγκαία, όπως και όταν συγχωρούμε τον εαυτό μας. Κατανοούμε ότι κάνουμε λάθη στη σχέση μας, όμως αντί να γινόμαστε τα λάθη μας, διώχνουμε το βάρος που έχουμε από κάθε αρνητική συμπεριφορά και προχωράμε μπροστά με τη συγχώρηση.

Το ίδιο περίπου ισχύει και όταν συγχωρούμε τους ανθρώπους, με τους οποίους θέλουμε να συνεχίσουμε να έχουμε σχέσεις. Τους συγχωρούμε και συζητάμε μαζί τους, έτσι ώστε να μην επαναλάβουμε και εμείς, και αυτοί τα λάθη μας.

Όταν όμως η συγχώρηση αφορά ανθρώπους με τους οποίους δε θέλουμε να συνεχίσουμε να έχουμε σχέσεις και επαφή, τους συγχωρούμε και τους βγάζουμε από τη ζωή μας. Δηλαδή, τους συγχωρούμε για οτιδήποτε έκαναν, έτσι ώστε να διατηρήσουμε τη δική μας γαλήνη, όμως αυτό δε σημαίνει ότι χρειάζεται να συνεχίσουμε τις σχέσεις μας. Δε χρειάζεται να εμπιστευτούμε αυτούς τους ανθρώπους και να τους βάλουμε ξανά στη ζωή μας.

Αν δε βαδίζουν στο ίδιο μονοπάτι με εμάς στη ζωή, τότε δεν έχουν θέση στην καθημερινότητα και στον εσωτερικό κόσμο μας. Γι' αυτόν τον λόγο, η συγχώρηση αφορά περισσότερο τον εαυτό μας και τη γαλήνη μας και όχι τους ανθρώπους τους οποίους συγχωρούμε. Σ' αυτήν την περίπτωση, δεν περιμένουμε από τους ανθρώπους τους οποίους συγχωρούμε να αλλάξουν, γιατί δε μας ενδιαφέρει να αλλάξουν, καθώς αυτό είναι δική τους ευθύνη. Μας ενδιαφέρει εμείς να είμαστε γαλήνιοι. Τους συγχωρούμε μέσα μας και πάμε μπροστά, ευχόμενοι παράλληλα τα καλύτερα για αυτούς.

Μπορούμε, επομένως, να συγχωρήσουμε κάποιους ανθρώπους σε μία συζήτηση μεταξύ μας, όμως μπορούμε να τους συγχωρήσουμε και χωρίς να τους το πούμε. Δηλαδή, να τους συγχωρήσουμε εσωτερικά και να μη μείνουμε προσκολλημένοι στο παρελθόν. Για παράδειγμα, αυτό μπορεί να γίνει με έναν πρώην σύντροφο που η σχέση δεν έληξε με όμορφο τρόπο. Δε χρειάζεται να τον συγχωρήσουμε αυτοπροσώπως, αρκεί να τον συγχωρήσουμε μέσα στην καρδιά μας και να προχωρήσουμε στη ζωή μας, μαθαίνοντας από τα λάθη μας. Δε μας ενδιαφέρει αυτός ο άνθρωπος να είναι στη ζωή μας, όμως μας ενδιαφέρει να είμαστε εμείς σε ισορροπία και υγεία μέσα μας. Παράλληλα, μπορούμε να ευχόμαστε κάθε καλό για αυτόν και για τη ζωή του.

Το ίδιο ακριβώς συμβαίνει και όταν, ως ζευγάρι, δε θέλουμε πλέον να έχουμε κάποιους ανθρώπους στη ζωή μας και επιλέγουμε μαζί να σταματήσουμε την επαφή. Αν απλά τους απομακρύνουμε και δεν τους συγχωρήσουμε, τότε μπορεί να κουβαλάμε μεγάλο συναισθηματικό βάρος μέσα μας και αυτό μπορεί να ξεσπάει στη μεταξύ μας σχέση. Αν όμως τους συγχωρήσουμε, τότε είναι που φεύγουν από τη ζωή μας πραγματικά, καθώς πλέον διώξαμε όλο το συναισθηματικό βάρος από μέσα μας.

Συνεπώς, η συγχώρηση έχει τις παρακάτω μορφές:

Συγχώρηση του εαυτού μας:

Είναι η σημαντικότερη μορφή συγχώρησης, γιατί αν δε συγχωρήσουμε τον εαυτό μας, θα δυσκολευόμαστε ουσιαστικά να συγχωρήσουμε και άλλους ανθρώπους, και επομένως και τον σύντροφό μας. Έτσι, μπορεί να μπούμε σε έναν κύκλο αυτοκαταδίκης. Το κίνητρο στη συγχώρηση του εαυτού μας είναι πάντα η αγάπη.

Συγχώρηση του συντρόφου μας:

Μία εξίσου σημαντική μορφή συγχώρησης, που είναι απολύτως αναγκαία για την υγεία της σχέσης μας. Αν δε συγχωρούμε τον σύντροφό μας, τότε δε θα μπορέσουμε να προχωρήσουμε στη σχέση μας και θα είμαστε εγκλωβισμένοι στο παρελθόν. Πιθανό αποτέλεσμα είναι η συνέχιση της αρνητικής συμπεριφοράς την οποία δε συγχωρούμε, γιατί εστιάζουμε συνεχώς σ' αυτήν και κρατάμε το βάρος μέσα μας. Το κίνητρο στη συγχώρηση του συντρόφου μας είναι πάντα η αγάπη.

Συγχώρηση άλλων ανθρώπων,
τους οποίους θέλουμε να έχουμε στη ζωή μας:

Σημαντική για την ηρεμία μας, αλλά και για τη διατήρηση τυπικών ή και ουσιαστικότερων σχέσεων στη ζωή μας. Το κίνητρο στη συγχώρηση άλλων ανθρώπων που θέλουμε στη ζωή μας είναι η δική μας γαλήνη, αλλά και η σύνδεση με αυτούς τους ανθρώπους.

Συγχώρηση ανθρώπων, που δε θέλουμε να συνεχίσουμε
να έχουμε σχέσεις μαζί τους:

Πολύ σημαντική και κρίσιμη για την εσωτερική γαλήνη μας. Αν σταματήσουμε να έχουμε σχέσεις με ανθρώπους τους οποίους απεχθανόμαστε, αλλά δεν τους συγχωρήσουμε εσωτερικά, είναι πιθανό να συνεχίσουμε να βασανιζόμαστε μέσα μας. Το κίνητρο στη συγχώρηση ανθρώπων που δε θέλουμε στη ζωή μας είναι η δική μας γαλήνη και ειρήνη...

Επομένως, με βάση τα παραπάνω, κατανοείτε την πραγματική φύση της συγχώρησης και την τεράστια αξία της στην ειρήνη της ζωής και της σχέσης με τον σύντροφό μας.

Πριν όμως προχωρήσουμε στην ευγνωμοσύνη, είναι σημαντικό να ξεκαθαρίσουμε ότι η συγχώρηση είναι κρίσιμο να είναι αγνή, ειλικρινής και με κίνητρο την αγάπη και τη γαλήνη. Αυτό ισχύει όχι μόνο όταν συγχωρούμε τον σύντροφό μας ή κάποιον άλλον άνθρωπο, αλλά και όταν ζητάμε συγνώμη. Υπάρχουν περιπτώσεις όπου διάφοροι άνθρωποι, είτε στα πλαίσια της συντροφικής σχέσης και του γάμου, είτε σε μία άλλη κοινωνική σχέση, ζητούν συγνώμη για τα λάθη τους χωρίς όμως να το εννοούν. Το «συγνώμη» εδώ είναι κενό και ψεύτικο. Δεν πηγάζει από την αγάπη και την αγνή παραδοχή του λάθους με δέσμευση στην αλλαγή, αλλά είναι τυπικό και πολλές φορές μάλιστα χειριστικό. Βασίζεται στην αδυναμία του συντρόφου ή κάποιου άλλου ανθρώπου να δει την αλήθεια και να ελέγξει τα συναισθήματά του. Έτσι, αυτοί οι άνθρωποι ζητάνε συγνώμη για να εκμεταλλευτούν τη στενοχώρια ή τη λύπηση του άλλου ατόμου. Το «συγνώμη» χρησιμοποιείται εδώ, είτε καθαρά τυπικά και χωρίς κανένα νόημα, είτε ως μέσο χειραγώγησης, έτσι ώστε το άτομο που ζητάει συγνώμη να επαναλαμβάνει την αρνητική συμπεριφορά με ύπουλο τρόπο. Σ' αυτές τις δύο περιπτώσεις, δεν υπάρχει αληθινή διάθεση αλλαγής.

Οπότε, αν συνειδητοποιείτε ότι κάποιος σας ζητήσει συγνώμη χωρίς να το εννοεί, ρωτήστε τον εαυτό σας, αν χρειάζεται αυτός ο άνθρωπος να είναι στη ζωή σας. Συγχωρήστε τον γι' αυτό που έκανε, όμως αναρωτηθείτε αν αξίζει να δέχεστε την αρνητική συμπεριφορά του. Παραδείγματος χάριν, όταν σε μία συντροφική σχέση υπάρχει συνεχής ασέβεια από τη μεριά του ενός συντρόφου και ο σύντροφος ζητάει κάθε φορά συγνώμη, αλλά συνεχίζει να είναι ασεβής, τότε μήπως είναι η ώρα να χωρίσετε δρόμους; Μήπως αυτός ο άνθρωπος δε θέλει να αλλάξει κι εσείς απλά δέχεστε την ασέβειά του; Μήπως δεν υπάρχει αγάπη στη σχέση; Είναι πολύ σημαντικό να προσέχουμε ποια συγνώμη είναι αληθινή και ποια ψεύτικη, ποιοι άνθρωποι αξίζει να είναι στη ζωή μας και ποιοι όχι. Η συγχώρηση όμως, είναι ωφέλιμο να είναι πάντα αναπόσπαστο στοιχείο της πνευματικής και συναισθηματικής ηρεμίας μας...

Ώρα για ενδοσκόπηση:

- Εσείς πώς βλέπετε τη συγχώρηση; Είναι η συγχώρηση για εσάς κάτι τυπικό, χειριστικό ή ουσιαστικό; Τι αξία έχει η συγχώρηση στη ζωή και στη σχέση με τον σύντροφό σας;
- Συγχωρείτε τον εαυτό σας; Αν όχι, γιατί; Συγχωρείτε τον σύντροφό σας; Αν όχι, γιατί; Συγχωρείτε άλλους ανθρώπους; Αν όχι, γιατί;
- Πώς ακριβώς βιώνετε τη συγχώρηση μέσα σας; Πώς εκφράζετε τη συγχώρηση σε άλλους ανθρώπους και ειδικά στον σύντροφό σας;

- Είστε ειλικρινείς κάθε φορά που ζητάτε συγνώμη από τον σύντροφό σας; Ζητάτε συγνώμη από αγάπη ή τυπικά; Δεσμεύεστε όντως να αλλάξετε προς το καλύτερο ή όχι; Αν δε ζητάτε ειλικρινά συγνώμη, πιστεύετε ότι ο σύντροφός σας θα σας εμπιστευτεί; Αξίζει να σας εμπιστευτεί ο σύντροφός σας, αν τα διάφορα «συγνώμη» σας είναι ψεύτικα ή τυπικά;
- Είναι το «συγνώμη» για εσάς μια απλή λέξη ή ένα βίωμα;
- Τι χρειάζεται να κάνετε για να συγχωρείτε ειλικρινά;

3.3.2 Ευγνωμοσύνη

Όταν συνειδητοποιήσουμε την αλήθεια και τη δύναμη της συγχώρησης, ξεκινάμε να είμαστε περισσότερο ευγνώμονες στη ζωή. Ευγνωμονούμε για τα μαθήματα που πήραμε και μας βοήθησαν να γίνουμε πιο ώριμοι και δυνατοί άνθρωποι και να αφήσουμε ανθρώπους που ήταν εμπόδια στη ζωή μας. Συγχωρώντας το παρελθόν μας, ευγνωμονούμε για το παρόν μας. Γινόμαστε περισσότερο συνειδητοί ως προς το τι έχει πραγματική αξία για εμάς. Όλα αρχίζουν και γίνονται ξεκάθαρα.

Η ευγνωμοσύνη όμως, δε σχετίζεται μόνο με τη συγχώρηση. Είναι μία τεράστια δύναμη της ζωής από μόνη της. Η ευγνωμοσύνη είναι, όπως και η συγχώρηση, μία κατάσταση της ύπαρξής μας. Είναι προέκταση του εαυτού μας και μας βοηθάει να σταθούμε γερά στα πόδια μας, όταν αντιμετωπίζουμε δυσκολίες.

Αυτό συμβαίνει, γιατί όσο δύσκολες καταστάσεις και να αντιμετωπίζουμε η ευγνωμοσύνη μάς υπενθυμίζει ότι έχουμε πολλά στη ζωή, αλλά κυριότερα μας υπενθυμίζει ποιοι πραγματικά είμαστε. Σε κάθε δυσκολία ή πρόκληση είναι το φως που μας δείχνει ότι είμαστε δυνατοί, υπεύθυνοι, αποφασιστικοί και στοργικοί να ξεπεράσουμε τα πάντα και να βοηθήσουμε άλλους ανθρώπους. Μας δείχνει ότι έχουμε την υγεία μας και τη ζωή μας και αυτά είναι παραπάνω από αρκετά. Μας δείχνει ότι σημασία δεν έχουν οι τίτλοι, τα πλούτη και η αναγνωρισιμότητα, αλλά η σχέση και ο πολύτιμος χρόνος με τον σύντροφό μας. Μας δείχνει ότι δεν υπάρχει κανένας λόγος να παραπονιόμαστε.

Έτσι, εστιάζουμε στην αλήθεια του εαυτού μας, στο δώρο της ζωής, στο υπέροχο δώρο που είναι η σχέση με τον σύντροφό μας και σ' αυτά που έχουμε. Η ευγνωμοσύνη είναι ένας τρόπος θέασης της ζωής που μόνο αγάπη, δύναμη, ευτυχία και εξέλιξη έχει.

Πολλές φορές θεωρούμε πολλά πράγματα στη ζωή μας δεδομένα. Θεωρούμε δεδομένο ότι έχουμε στέγη και φαγητό. Θεωρούμε δεδομένο ότι είμαστε υγιείς. Θεωρούμε δεδομένο ότι έχουμε χρήματα. Θεωρούμε δεδομένο ότι βλέπουμε, ακούμε, μυρίζουμε, αισθανόμαστε και γευόμαστε. Θεωρούμε δεδομένο ότι ο σύντροφός μας θα συνεχίσει να είναι μαζί μας, όσο άσχημα και να συμπεριφερόμαστε. Έτσι, παραβλέπουμε όλα όσα θεωρούμε δεδομένα, τα οποία μάλιστα είναι αυτά που αξίζουν πραγματικά, και εστιάζουμε στο τι θέλουμε να αποκτήσουμε, σε αυτά δηλαδή που δεν έχουμε. Αποτέλεσμα είναι να ζούμε σε μία κατάσταση γκρίνιας και άγχους, βλάπτοντας τη σχέση με τον εαυτό μας και τη σχέση με τον σύντροφό μας, τις οποίες έχουμε παραμελήσει. Αποσυνδεόμαστε από τον εαυτό μας και ξεχνάμε τον σύντροφό μας, γιατί τους θεωρούμε δεδομένους.

Παραδείγματος χάριν, παραμελούμε την υγεία μας, την καλή διατροφή μας, τη γυμναστική μας και τη φροντίδα του εαυτού μας, γιατί θεωρούμε δεδομένο ότι θα είμαστε πάντα υγιείς. Παραμελούμε τον σύντροφό μας, δεν περνάμε ποιοτικό χρόνο μαζί ή και ξεσπάμε συναισθηματικά σε αυτόν, γιατί τον θεωρούμε δεδομένο στην καθημερινότητά μας. Όμως, τίποτα δεν είναι δεδομένο στη ζωή. Γι' αυτό, χρειάζεται να πάψουμε να κυνηγάμε οτιδήποτε δεν έχουμε και νομίζουμε πως θέλουμε τόσο πολύ και να επικεντρωθούμε στην ουσία. Να εστιάσουμε στην ομορφιά της ζωής και της σχέσης μας. Να εστιάσουμε στον εαυτό μας και στον σύντροφό μας. Να εστιάσουμε σε κάθε στιγμή με τον σύντροφό μας, σε κάθε φιλί, κάθε αγκαλιά, κάθε άγγιγμα, κάθε βλέμμα, κάθε χαμόγελο, κάθε γέλιο και να απολαύσουμε την παρούσα στιγμή. Να λέμε «ευχαριστώ» στον σύντροφό μας για καθετί που μπορεί να φαίνεται μικρό και δεδομένο, όμως δεν είναι. Να δίνουμε τα πάντα στη σχέση μας με αγάπη και ανιδιοτελώς και να εκτιμάμε κάθε δευτερόλεπτο που ζούμε με τον σύντροφό μας.

Τι έχει αξία, να ζούμε μία ζωή με άγχος, παράπονα και ένα συνεχές κυνήγι υλικών αγαθών και τίτλων για να καλύψουμε την ανασφάλειά μας ή να ζούμε με πληρότητα και αγάπη στην αγκαλιά του συντρόφου μας όντας ευγνώμονες για τη ζωή μας;

Πολλοί άνθρωποι, δυστυχώς, δε συνειδητοποιούν τη δύναμη της ευγνωμοσύνης και θεωρούν τα πάντα στη ζωή τους δεδομένα. Όμως, κάποια στιγμή μπορεί να χάσουν κάτι ή κάποιον από τη ζωή τους και μετά να κατανοήσουν το τραγικό λάθος τους να μην εκτιμούν οτιδήποτε έχουν στη ζωή. Έτσι καταρρέουν, γιατί έχασαν τόσον χρόνο να κυνηγούν αυτά που δεν έχουν, αντί να βιώσουν με αγάπη αυτά που έχουν τώρα.

Είναι κρίμα λοιπόν, να χρειαστεί να χάσετε τα πάντα για να αρχίσετε να εκτιμάτε. Μη φτάσετε σ' αυτό το σημείο. Ξεκινήστε να εκτιμάτε τώρα. Είναι σίγουρο ότι έχετε πολλά στη ζωή σας για να είστε ευγνώμονες. Ξεκινήστε να λέτε ευχαριστώ από τα βάθη της καρδιάς σας στον σύντροφό σας που είστε μαζί, που είστε ζωντανοί, που έχετε τη δυνατότητα να βλέπετε, να ακούτε και να νιώθετε ο ένας τον άλλον. Εστιάστε στο τώρα και σε κάθε στιγμή σας. Να λέτε χίλια ευχαριστώ κάθε ημέρα και να μη θεωρείτε τίποτα δεδομένο. Αρπάξτε τον σύντροφό σας στην αγκαλιά σας και βιώστε την αγάπη σε κάθε κύτταρό σας. Μη χάνετε κανένα λεπτό. Ενωθείτε τώρα. Εκτιμήστε τώρα. Αγαπήστε τώρα.

Αναρωτηθείτε λοιπόν, πόσο πιο όμορφη θα είναι η ζωή σας, όταν εστιάσετε σε αυτά που έχουν πραγματική αξία για εσάς. Αναρωτηθείτε πόσο πιο όμορφη θα είναι η ζωή σας, όταν εστιάσετε στην υγεία σας. Αναρωτηθείτε πόσο πιο όμορφη θα είναι η ζωή σας, όταν εστιάσετε στη σχέση με τον σύντροφό σας. Αναρωτηθείτε πόσο πιο όμορφη θα είναι η ζωή σας, όταν πάψετε να κυνηγάτε το μέλλον και επικεντρωθείτε στο σήμερα.

Φυσικά, η ευγνωμοσύνη δε μας αποτρέπει από το να βάζουμε στόχους και να σχεδιάζουμε για το μέλλον. Αντιθέτως, μας βοηθάει να κατανοήσουμε τι είναι σημαντικό για εμάς τώρα, έτσι ώστε να πορευτούμε χωρίς άγχος και πίεση στη ζωή. Θα συνεχίσουμε να θέτουμε και να υλοποιούμε τους στόχους μας, χωρίς όμως να είναι αυτός ο σκοπός της ζωής μας. Ξέρουμε ότι η ζωή και η σχέση με τον σύντροφό μας είναι όμορφη όπως ακριβώς είναι και έτσι δεν αγχωνόμαστε αν θα πετύχουμε κάθε στόχο που θέτουμε. Είτε πετύχουμε, είτε αποτύχουμε θα είναι το ίδιο, γιατί είμαστε ευγνώμονες και δεν καθορίζουμε τη ζωή μας από τις επιτυχίες ή τις αποτυχίες μας. Αυτός ο τρόπος ζωής είναι μία έκφραση της ελευθερίας, κατά τον οποίο αναπτύσσεται η εμπιστοσύνη...

Εσείς εμπιστεύεστε ανθρώπους που παραπονιούνται ή που είναι ευγνώμονες; Εμπιστεύεστε ανθρώπους που θεωρούν τη ζωή δεδομένη ή που εκτιμούν κάθε στιγμή; Στη σχέση με τον σύντροφό σας, πιστεύετε ότι θα χτίσετε την εμπιστοσύνη σας, όταν παραπονιέστε γι' αυτά που δεν έχετε ή όταν ευχαριστείτε τον σύντροφό σας που βιώνετε μαζί τη ζωή; Αναλογιστείτε πάνω σ' αυτά τα ερωτήματα και αναρωτηθείτε αν είναι ωφέλιμο να αλλάξετε οπτική στη ζωή σας, σε περίπτωση που βρίσκεστε σε στάδιο όπου παραπονιέστε και θεωρείτε τον σύντροφό σας δεδομένο.

Αν θέλετε να εξελιχθείτε στη σχέση με τον σύντροφό σας και να δημιουργήσετε γερά θεμέλια εμπιστοσύνης, είναι σημαντικό να βάλετε τη συγχώρηση και την ευγνωμοσύνη στην καθημερινότητά σας με απόλυτη ειλικρίνεια. Η εμπιστοσύνη στη συντροφική σχέση μας χτίζεται όταν τα «συγνώμη» μας είναι αληθινά και ακολουθούνται από αντίστοιχες πράξεις αλλαγής. Χτίζεται όταν συγχωρούμε από πραγματική αγάπη. Χτίζεται όταν λέμε ειλικρινά «ευχαριστώ» στον σύντροφό μας. Χτίζεται όταν είμαστε ευγνώμονες. Παρακάτω, θα δούμε κι άλλους τρόπους με τους οποίους χτίζουμε εμπιστοσύνη στη σχέση με τον σύντροφό μας, καθώς και πώς μέσω της εμπιστοσύνης αναπτυσσόμαστε ραγδαία μαζί...

Ώρα για ενδοσκόπηση

- Εσείς πόσο ευγνώμονες είστε που είστε υγιείς, που έχετε σπίτι, φαγητό και νερό; Πόσο ευγνώμονες είστε για τη σχέση με τον σύντροφό σας; Πόσο ευγνώμονες είστε που ζείτε;
- Πώς εκφράζετε την ευγνωμοσύνη στη σχέση με τον σύντροφό σας;
- Λέτε ειλικρινά «ευχαριστώ»; Αν ναι, πώς ακριβώς βιώνετε αυτό το «ευχαριστώ» μέσα σας; Αν όχι, γιατί;
- Τι χρειάζεται να κάνετε για να είστε περισσότερο ευγνώμονες στη ζωή και στη σχέση με τον σύντροφό σας; Πώς θα βοηθήσετε τον σύντροφό σας να είναι περισσότερο ευγνώμων στη ζωή; Πώς θα εκδηλώσετε αυτές τις αλλαγές στην καθημερινότητά σας;

3.4 Η συνεχής αυτοβελτίωση και η συντροφική άνθιση

Μέχρι στιγμής, έχουμε θέσει γερά θεμέλια πάνω στη δημιουργία εμπιστοσύνης στη σχέση με τον σύντροφό μας μέσω της αυτοβελτίωσης, η οποία στηρίζεται στην αυτογνωσία και την επίγνωση, στην υπευθυνότητα και την ωριμότητα και στη συγχώρηση και την ευγνωμοσύνη. Όλα αυτά αποτελούν τη βάση πάνω στην οποία αναπτυσσόμαστε ατομικά, αλλά και συντροφικά. Πάνω σ' αυτήν τη βάση αναπτύσσεται η εμπιστοσύνη στη σχέση μας. Η εμπιστοσύνη όμως προϋποθέτει και την ύπαρξη του θαυμασμού, της πίστης και της ισότητας στη σχέση. Ας δούμε λοιπόν, τι συμβαίνει με όλα αυτά.

3.4.1 Θαυμασμός, πίστη και ισότητα

Η ισότητα εκφράζεται στη σχέση με τον σύντροφό μας όταν και οι δύο αναγνωρίζουμε ότι έχουμε ίση αξία στη ζωή και στη σχέση μας. Έτσι, κανένας δεν είναι ανώτερος ή κατώτερος. Κανένας δεν είναι υποτακτικός και κανένας δεν έχει τον κύριο λόγο. Δεν υπάρχει καμία ανάγκη για χειραγώγηση και έλεγχο του συντρόφου, καθώς είμαστε ίσοι. Παίρνουμε αποφάσεις μαζί, βλέποντας τι είναι περισσότερο ευεργετικό για τη σχέση μας. Δεν ακολουθούμε την άποψη του ενός ή του άλλου τυφλά, αλλά μέσα από συζήτηση βρίσκουμε την καλύτερη επιλογή, που μπορεί να είναι άλλοτε η άποψη του ενός συντρόφου, άλλοτε η άποψη του άλλου συντρόφου και άλλοτε μία τρίτη επιλογή, που προέκυψε μέσα από τη συζήτηση. Αυτή είναι η αληθινή ισότητα στη σχέση με τον σύντροφό μας.

Τέτοιου τύπου ισότητα μπορεί να υπάρξει και σε άλλες κοινωνικές σχέσεις. Στη σχέση με τον σύντροφό μας όμως, η ισότητα μπορεί να συνδυαστεί με δυνατή πίστη για τον σύντροφο και τη σχέση μας, όπου ναι μεν είμαστε ίσοι, αλλά δεν παύουμε και να θαυμάζουμε με όλο μας το «είναι» τον σύντροφό μας. Δε θεωρούμε τον σύντροφό μας ανώτερο, όμως παράλληλα γνωρίζουμε τις τεράστιες δυνατότητές του. Έτσι, η ισότητα στη σχέση με τον σύντροφό μας δεν αφορά μόνο τον αμοιβαίο σεβασμό, αλλά συνδυάζεται με τον θαυμασμό και την πίστη, που αποσκοπεί στην εξέλιξή μας.

Ας δούμε τις μορφές, που μπορεί να έχει μία συντροφική σχέση ανάλογα με τη θέση της ισότητας μέσα στη σχέση, για να κατανοήσουμε καλύτερα τη σύνδεση της πίστης και του θαυμασμού με την ισότητα:

- Υποτίμηση του συντρόφου και θεοποίηση του εαυτού.
- Θεοποίηση του συντρόφου και υποτίμηση του εαυτού.
- Ισότητα.
- Θαυμασμός, πίστη και ισότητα.

Στην *πρώτη περίπτωση*, ο ένας σύντροφος υποτιμά τον σύντροφό του και τον θεωρεί κατώτερο. Θεωρεί ότι οι δικές του απόψεις και η δική του οπτική είναι οι μόνες που αξίζουν. Έτσι, δεν υπάρχει ούτε ο στοιχειώδης απαραίτητος σεβασμός στη σχέση.

Στη *δεύτερη περίπτωση*, ο ένας σύντροφος θεοποιεί τον σύντροφό του θεωρώντας τον ανώτερο. Έτσι, υποτιμά τον εαυτό του και γίνεται εξαρτημένος από τον σύντροφό του.

Στην *τρίτη περίπτωση*, οι δύο σύντροφοι πιστεύουν ότι είναι ίσοι και έτσι, ούτε υποτιμά ο ένας τον άλλον, ούτε όμως τον θεωρεί ανώτερο. Αυτή είναι η υγιής περίπτωση σε μία συντροφική σχέση, που είναι αναγκαία για να υπάρχει εμπιστοσύνη.

Υπάρχει όμως και η *τέταρτη περίπτωση*, όπου οι σύντροφοι γνωρίζουν ότι είναι ίσοι και ισάξιοι, όμως θαυμάζουν ο ένας τον άλλον με όλη την καρδιά τους. Δεν είναι απλά ίσοι στη σχέση, αλλά «θεοποιεί» παράλληλα ο ένας τον άλλον. Προσοχή όμως, δε θεοποιούν τον σύντροφο, όπως στη δεύτερη περίπτωση, ούτε η λέξη θεοποίηση έχει κάποια θρησκευτική χροιά. Εδώ τονίζουμε, ότι ο κάθε σύντροφος θαυμάζει πολύ έντονα και με αγάπη τον σύντροφό του. Είτε ο σύντροφος αποτυγχάνει, είτε επιτυγχάνει σ' αυτά που κάνει, ο θαυμασμός από τον σύντροφό του είναι ίδιος και μάλιστα αυξάνεται διαρκώς. Επομένως, σ' αυτήν την περίπτωση υπάρχει μεγάλη πίστη στον σύντροφο και στη σχέση. Όχι θρησκευτική πίστη, αλλά πίστη που προέρχεται από την αγάπη.

Με πολύ απλά λόγια, μπορούμε να πούμε ότι ο σύντροφος είναι ο «θεός» μας, όπως είμαστε και εμείς ο «θεός» γι' αυτόν. Αυτό σημαίνει ότι είμαστε ίσοι, αλλά ταυτόχρονα ο σύντροφός μας είναι πολύ ψηλά για εμάς, γιατί είναι ο άνθρωπος της ζωής μας και έχει τεράστια αξία για εμάς. Βλέπουμε τον σύντροφό μας σαν το υπέροχο, μοναδικό και ανεπανάληπτο πλάσμα που είναι. Έτσι, η «θεοποίηση» εδώ έχει τη χροιά του έντονου και υγιούς θαυμασμού του συντρόφου στα πλαίσια της ισότητας.

Για παράδειγμα, σε μία σχέση όπου ο θαυμασμός, η πίστη και η ισότητα είναι σε ισορροπία (τέταρτη περίπτωση), η σύνδεση μεταξύ των συντρόφων είναι πολύ δυνατή. Είναι δηλαδή η σχέση με τον πλήρη αντανακλαστικό εαυτό μας, όπου η εξέλιξη μεταξύ μας είναι διαρκής. Μέσα σ' αυτήν την εξέλιξη υπάρχει ισότητα, παραδοχή και διόρθωση των λαθών, αλλά και μεγάλη πίστη στις δυνατότητες του εαυτού μας, του συντρόφου μας και της σχέσης μας.

Αντίθετα, μία σχέση με απλή ισότητα (τρίτη περίπτωση), μπορεί να είναι μία σχέση, όπου οι δύο σύντροφοι τα έχουν καλά με τον εαυτό τους, περνάνε καλά μαζί και η σχέση φτάνει μέχρι εκεί. Δεν κρίνει ο ένας τον άλλον, όμως δεν αναπτύσσονται περεταίρω και ούτε εξελίσσονται. Παραδείγματος χάριν, μία σχέση με απλή ισότητα μπορεί να είναι ένας γάμος, που οι σύντροφοι είναι χρόνια μαζί και σέβονται ο ένας τον άλλον, όμως η φλόγα μεταξύ τους έχει σβήσει. Υπάρχει ισότητα, όμως δεν υπάρχει εξέλιξη. Με λίγα λόγια, μία σχέση με ισότητα μπορεί να είναι ακόμα και μία απλή σχέση με κάποιον φίλο ή έναν συνάδελφο, που σεβόμαστε ο ένας τον άλλον ως ίσους. Όλα είναι όμορφα και καλά, αλλά δεν υπάρχει καμία φλόγα για εξέλιξη.

Από την άλλη, μία σχέση με θαυμασμό, πίστη και ισότητα μπορεί να υπάρξει μόνο με τον πλήρη αντανακλαστικό εαυτό μας, που η σύνδεσή μας ξεπερνάει τα τυπικά και φτάνει σε πολύ βαθιά επίπεδα ένωσης, όπως θα εξηγήσουμε στο επόμενο κεφάλαιο της αλληλοπληρότητας. Γι' αυτό και χρησιμοποιούμε τις λέξεις «θεοποίηση» και «θεός», για να τονίσουμε τη σημασία, την τεράστια δύναμη και την πίστη στη σχέση με τον πλήρη αντανακλαστικό εαυτό μας. Η ένωση και η φλόγα για εξέλιξη σ' αυτήν την περίπτωση είναι δύσκολο να περιγραφούν με λόγια και γίνεται πραγματικά κατανοητή μόνο όταν τη βιώσει ένα ζευγάρι.

Αυτές είναι λοιπόν, οι τέσσερις περιπτώσεις της ισότητας στα πλαίσια της συντροφικής σχέσης μας. Προφανώς οι δύο πρώτες περιπτώσεις είναι βλαβερές για τη σχέση και οι δύο τελευταίες περιπτώσεις είναι ωφέλιμες. Όπως βλέπετε όμως, το να είμαστε ίσοι στη σχέση με τον σύντροφό μας είναι αναγκαίο, αλλά όχι αρκετό. Δηλαδή, δεν μπορεί να υπάρξει καμία υγιής και ισορροπημένη σχέση, αν οι σύντροφοι δεν είναι ίσοι μεταξύ τους, όμως δε θα αναπτυχθεί ιδιαίτερα η σχέση, αν δεν υπάρχει παράλληλα η δυνατή φλόγα της πίστης στον σύντροφό μας και στη σχέση μας.

Επομένως, η τέταρτη περίπτωση είναι αυτή που θα βοηθήσει πραγματικά τη σχέση μας και μάλιστα θα έπρεπε να μας βγαίνει φυσικά, χωρίς καμία προσπάθεια. Γιατί αν χρειαστεί να προσπαθήσουμε να θεωρήσουμε τον σύντροφό μας ως ίσο, να τον θαυμάσουμε και να πιστέψουμε με όλη την ψυχή μας σ' αυτόν, τότε μάλλον δεν είναι ο πλήρης αντανακλαστικός εαυτός μας. Αν ο σύντροφος αυτός είναι ο πλήρης αντανακλαστικός εαυτός μας, νιώθουμε από την αρχή της σχέσης ότι είμαστε ίσοι και τον θαυμάζουμε. Έτσι, έχοντας αρχικά την αίσθηση του θαυμασμού, της πίστης και της ισότητας χτίζεται και η εμπιστοσύνη, καθώς βλέπουμε μεταξύ μας ότι κανένας δεν υποτιμά τον άλλον, ούτε τον θεωρεί ανώτερο και την ίδια στιγμή υπάρχει έντονος θαυμασμός και πόθος για εξέλιξη. Οπότε, όσο επιβεβαιώνονται οι αρχικές εντυπώσεις του θαυμασμού, της πίστης και της ισότητας, τόσο δυναμώνει και σταθεροποιείται η εμπιστοσύνη.

Η σχέση στην οποία είμαστε ίσοι με τον σύντροφό μας και πιστεύουμε βαθιά σ' αυτόν, είναι και η σχέση που κάθε ημέρα δίνουμε το χίλια τοις εκατό του εαυτού μας. Εδώ, συνδυάζεται και η επίγνωση, και η υπευθυνότητα, και η συγχώρηση, και η ευγνωμοσύνη, και ο θαυμασμός, και η πίστη, και η ισότητα που έχουμε αναπτύξει μέχρι στιγμής. Δηλαδή, έχουμε επίγνωση του μεγαλείου και της αξίας της σχέσης μας, παίρνουμε την ευθύνη για κάθε πράξη μας, συγχωρούμε τον εαυτό μας και τον σύντροφό μας για κάθε λάθος, ευγνωμονούμε που είμαστε μαζί, αναγνωρίζουμε ότι είμαστε ίσοι, θαυμάζουμε ο ένας τον άλλον και πιστεύουμε στη σχέση μας. Έτσι, κάθε ημέρα όχι απλά δίνουμε τον καλύτερο εαυτό μας στη σχέση, αλλά μάλιστα ξεπερνάμε τον εαυτό μας συνέχεια. Δεν καθησυχάζουμε στην τωρινή κατάστασή μας, όσο καλή και να είναι.

Συνεχίζουμε να βελτιωνόμαστε μέσα από διαρκή αυτοαξιολόγηση, αξιολόγηση, αυτοβελτίωση και βελτίωση. Έτσι, δεν υπάρχει καμία αμφιβολία μεταξύ μας, γιατί έχουμε δημιουργήσει εμπιστοσύνη ζωής. Εμπιστευόμαστε δηλαδή, ο ένας τον άλλον με τη ζωή μας.

Η εμπιστοσύνη αυτή χτίζεται όταν επίσης στην επικοινωνία με τον σύντροφό μας δείχνουμε κατανόηση, ακούγοντας πάντα προσεκτικά αυτό που λέει. Όταν ο σύντροφος μιλάει, κάνουμε ησυχία και τον ακούμε χωρίς να αποσπάται η προσοχή μας. Δε συζητάμε μαζί του γιατί θέλουμε απλά να πούμε αυτά που έχουμε εμείς στον νου μας, αλλά γιατί θέλουμε να τον κατανοήσουμε ακόμα περισσότερο, βλέποντας τα πράγματα και από τη δική του οπτική γωνία. Επειδή ο σύντροφος και η σχέση μας είναι η νούμερο ένα προτεραιότητα στη ζωή μας, δεν επιτρέπουμε σε εξωτερικούς παράγοντες και δικές μας απόψεις να επηρεάσουν την επικοινωνία και την ουσιαστική σύνδεσή μας. Οπότε, ο λόγος που επικοινωνούμε είναι η ένωση, η κατανόηση και η αγάπη...

Ώρα για ενδοσκόπηση

- Εσείς σε ποια κατηγορία ισότητας βρίσκεστε όσον αφορά τη συντροφική σας σχέση; Είστε ίσοι με τον σύντροφό σας στη σχέση σας ή κάποιος θεωρείται ανώτερος ή κατώτερος;
- Θαυμάζετε τον σύντροφό σας; Αν ναι, γιατί; Αν όχι, γιατί; Πιστεύετε στον σύντροφο και στη σχέση σας με όλη την καρδιά σας; Αν ναι, γιατί; Αν όχι, γιατί;
- Όταν επικοινωνείτε με τον σύντροφό σας τον ακούτε προσεκτικά ή χάνεστε στις σκέψεις σας; Όταν επικοινωνείτε με τον σύντροφό σας, προσπαθείτε να επιβάλλετε τις απόψεις σας ή να κατανοήσετε ο ένας τον άλλον;
- Εμπιστεύεστε τον σύντροφό σας; Μάλιστα, εμπιστεύεστε τον σύντροφό σας με τη ζωή σας; Αν ναι, γιατί; Αν όχι, γιατί;

Έτσι λοιπόν, φτάσαμε στο σημείο όπου ξέρετε όλα τα βασικά και απαραίτητα στοιχεία, που χρειάζεται να καλλιεργήσετε στον εαυτό σας, για να δημιουργήσετε εμπιστοσύνη και να αναπτύξετε τη σχέση με τον σύντροφό σας. Την πορεία της προσωπικής και συντροφικής βελτίωσης μπορούμε να την παρομοιάσουμε με την πορεία και εξέλιξη ενός δέντρου. Έτσι, δημιουργήσαμε δύο μοντέλα βελτίωσης, που βοηθάνε στην καλύτερη κατανόηση, αλλά και οργάνωση της προσωπικής και συντροφικής βελτίωσής μας.

α) Το πρώτο μοντέλο το ονομάζουμε «το δέντρο της αυτοβελτίωσης». Το μοντέλο αυτό αφορά την ατομική ανάπτυξή μας.

Όπως βλέπουμε στο παρακάτω σχήμα έχουμε το χώμα, τις ρίζες, τον κορμό και τα κλαδιά του δέντρου.

1) Το χώμα αποτελεί την αυτοβελτίωση και την έμπρακτη θέληση για αυτοβελτίωση.

2) Οι ρίζες του δέντρου αποτελούν τα θετικά στοιχεία μας, που χρειάζεται να αναπτύξουμε, και τα αρνητικά στοιχεία μας, που χρειάζεται να διορθώσουμε. Αυτά είναι για τον κάθε άνθρωπο διαφορετικά, ανάλογα με το πού βρίσκεται στη ζωή. Αποτελούν ποιοτικά χαρακτηριστικά γνωρίσματα της ταυτότητας, θετικές συμπεριφορές, καθώς και εγκλωβιστικές και μη πεποιθήσεις και αρνητικές συμπεριφορές και συνήθειες. Στον επόμενο τόμο του βιβλίου, θα σας βοηθήσουμε να τα ανακαλύψετε εύκολα με πολύ δυνατές ασκήσεις.

3) Όσο ανακαλύπτουμε και αναπτύσσουμε τα θετικά στοιχεία μας και όσο ανακαλύπτουμε και βελτιώνουμε τα αρνητικά στοιχεία μας, φτάνουμε στον κορμό του δέντρου, όπου πλέον έχουμε μεγαλώσει πνευματικά σε ένα ικανοποιητικό επίπεδο. Έχουμε δηλαδή, αναπτύξει σε έναν πολύ ικανοποιητικό βαθμό την αυτογνωσία μας. Έτσι, αναγνωρίζουμε ότι έχουμε ακόμα περισσότερα θετικά στοιχεία μέσα μας, αλλά και περισσότερα αρνητικά που χρήζουν βελτίωσης. Κατανοούμε λοιπόν, ότι η αυτοβελτίωση και η αυτογνωσία μας είναι δύο ταξίδια, που δεν τελειώνουν ποτέ. Κάθε ημέρα έχουμε τη δυνατότητα να γνωρίζουμε ακόμα καλύτερα τον εαυτό μας και να προοδεύουμε.

4) Μέσα από την αυτογνωσία και τη διαρκή αυτοβελτίωσή μας, ανθίζουμε. Φτάνουμε δηλαδή στα κλαδιά του δέντρου, όπου πλέον είμαστε υπεύθυνοι, ειλικρινείς, ευγνώμονες, συγχωρούμε και ζητάμε συγνώμη, δεν κρίνουμε, κατανοούμε, ακούμε προσεκτικά άλλους ανθρώπους, αναπτύσσουμε διαρκώς την αυτογνωσία μας και έχουμε τη δυνατότητα να βιώσουμε ανιδιοτελή αγάπη στη ζωή μας.

Το δέντρο της αυτοβελτίωσης

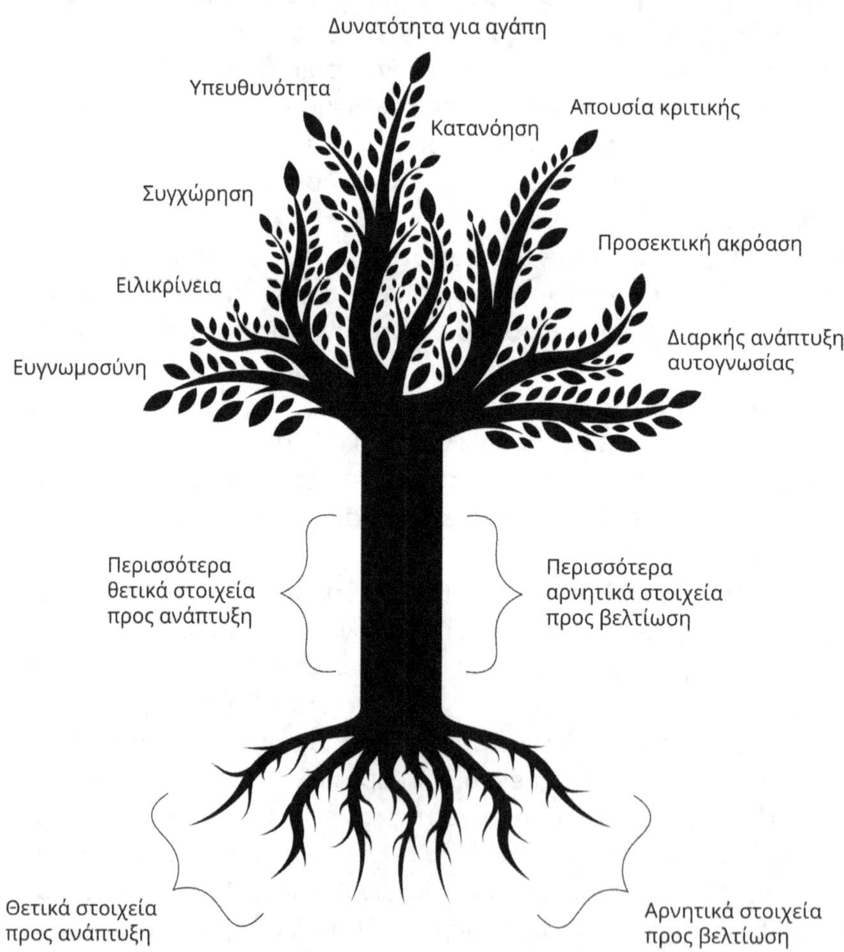

Αυτή είναι η διαδικασία της συνεχούς αυτοβελτίωσης, που όλοι μας είναι απαραίτητο να ακολουθήσουμε στη ζωή, αν θέλουμε να δημιουργήσουμε μία υγιή σχέση με τον πλήρη αντανακλαστικό εαυτό μας.

β) Έτσι, αφού ο κάθε σύντροφος έχει καλλιεργήσει το δέντρο της αυτοβελτίωσής του, πάμε στο δεύτερο μοντέλο που ονομάζουμε «το δέντρο της συντροφικής άνθισης»...

1) Όπως βλέπουμε στο παρακάτω σχήμα, τα κλαδιά του δέντρου του κάθε συντρόφου γίνονται οι ρίζες και τα θεμέλια για να μεγαλώσει το δέντρο της μεταξύ τους σχέσης. Οι ρίζες του δέντρου της σχέσης περιλαμβάνουν την υπευθυνότητα, την ειλικρίνεια, την ευγνωμοσύνη, τη συγχώρηση, τη μη κριτική, την κατανόηση, το να ακούμε προσεκτικά τον σύντροφό μας και την αυτογνωσία. Το χώμα, στο οποίο αναπτύσσονται οι ρίζες του δέντρου, αποτελείται από την ανιδιοτελή αγάπη, που είναι πρόθυμοι να βιώσουν οι σύντροφοι.

2) Έτσι, αναπτύσσεται το πρώτο μέρος του κορμού του δέντρου, που βρίσκεται η εμπιστοσύνη και η ισότητα με τους τρόπους που εξηγήσαμε σ' αυτό το κεφάλαιο.

3) Έπειτα, μεγαλώνει ολικά ο κορμός του δέντρου που, ως ζευγάρι, πορευόμαστε στο μονοπάτι της συνεχούς βελτίωσης. Εδώ, εντοπίζουμε μέσα από τη σχέση μας επιπλέον θετικά στοιχεία για να αναπτύξουμε, νέες γνώσεις και ικανότητες για να αποκτήσουμε, αλλά και αρνητικά στοιχεία για να διορθώσουμε.

4) Έτσι, αναπτύσσουμε τα κλαδιά μας και ανθίζουμε μαζί, όντας απόλυτα ενωμένοι, με επίγνωση, βιώνοντας πλέον την ανιδιοτελή αγάπη, τον σκοπό της ύπαρξής μας και την αλληλοπληρότητα...

Το δέντρο της συντροφικής άνθισης

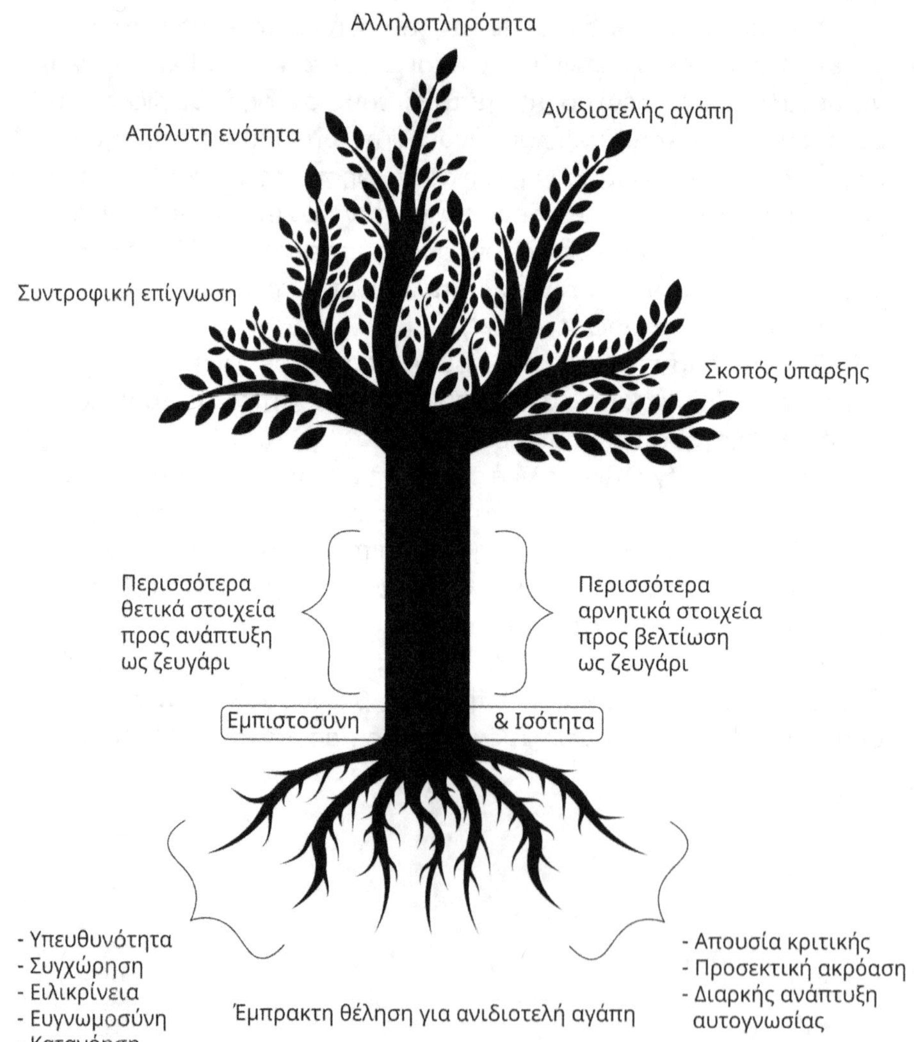

Ώρα για ενδοσκόπηση

- Αυτή είναι λοιπόν, η πορεία της συντροφικής άνθισης. Αναρωτηθείτε πού βρίσκεστε εσείς σχετικά με την αυτοβελτίωση, καθώς και με τη συντροφική βελτίωσή σας.
- Έχετε ανθίσει ατομικά για να μπορέσετε να δημιουργήσετε γερές ρίζες στο δέντρο της συντροφικής σχέσης σας; Αν ναι, πού χρειάζεστε περεταίρω βελτίωση; Αν όχι, τι χρειάζεται να κάνετε για να ανθίσετε;
- Αν ήδη έχετε αναπτύξει εμπιστοσύνη στη σχέση σας, τι χρειάζεται να κάνετε για να αναπτυχθείτε ακόμα περισσότερο με τον σύντροφό σας; Αφού απαντήσετε σ' αυτήν την ερώτηση αναρωτηθείτε πώς ακριβώς θα πετύχετε αυτό που θέλετε μαζί ως ζευγάρι.
- Απαντήστε σ' αυτές τις ερωτήσεις και θα δείτε ότι θα γεννηθούν κι άλλες, και έτσι θα μπορέσετε να αξιολογήσετε ειλικρινά τη σχέση με τον σύντροφό σας και να κάνετε αυτό που χρειάζεται για να τη βελτιώσετε...

3.5 Ανακεφαλαίωση και οι προϋποθέσεις για μία υγιή και ισορροπημένη σχέση

Έχουμε δει ότι η αυτοβελτίωση και η συντροφική βελτίωση είναι ένα ατελείωτο ταξίδι, που περιλαμβάνει πολλά στοιχεία και πολλά μονοπάτια, που όλα όμως στοχεύουν στην ανιδιοτελή αγάπη και στην αλληλοπληρότητα, που θα αναπτύξουμε στη συνέχεια. Είτε ασχοληθείτε με την ανάπτυξη της επίγνωσης, είτε με την υπευθυνότητα, είτε με την ευγνωμοσύνη και τη συγχώρηση, είτε με τον θαυμασμό, την πίστη και την ισότητα στη σχέση σας, θα βελτιωθείτε σε μεγάλο βαθμό. Το ζητούμενο είναι να εξελίξετε όλα τα παραπάνω και να μη σταθείτε μόνο σε ένα.

Αυτό το κεφάλαιο, σας έδειξε πολλά διαφορετικά μονοπάτια προς την αυτοβελτίωση και τη συντροφική βελτίωση, έτσι ώστε να επιλέξετε αυτό που σας ταιριάζει περισσότερο, αλλά και να ακολουθήσετε μετά και τα μονοπάτια στα οποία δυσκολεύεστε περισσότερο. Δεν υπάρχει ένας σωστός δρόμος και μία σωστή οπτική.

Όσο αναπτύσσεστε σε έναν τομέα (π.χ. επίγνωση), τόσο θα ανακαλύπτετε ότι χρειάζεται να βελτιωθείτε και σε κάποιον άλλον τομέα (π.χ. ευγνωμοσύνη) και θα ανακαλύπτετε και άλλους δρόμους βελτίωσης. Το ένα φέρνει το άλλο, αρκεί να μη συμβιβάζεστε με τη στασιμότητα και να θέλετε να προοδέψετε έμπρακτα.

Με βάση λοιπόν τα τρία κεφάλαια του βιβλίου, ας δούμε τις βασικές προϋποθέσεις για να είναι μία σχέση επιτυχημένη:

- Η σχέση να είναι η πρώτη προτεραιότητα στη ζωή.
- Να είστε και οι δύο ξεκάθαροι για τον σκοπό της ζωής και της σχέσης σας.
- Να είστε απόλυτα ειλικρινείς, ξεκάθαροι και αυθεντικοί μεταξύ σας.
- Να ακούτε προσεκτικά ο ένας τον άλλον.
- Ανάπτυξη αυτογνωσίας και επίγνωσης.
- Υπευθυνότητα και ωριμότητα.
- Συγχώρηση και ευγνωμοσύνη.
- Θαυμασμός, πίστη και ισότητα.
- Εμπιστοσύνη.
- Συνεχής αυτοβελτίωση και συντροφική βελτίωση.

Έχοντας τα παραπάνω στον νου, ας προχωρήσουμε στο τελευταίο κεφάλαιο, όπου θα μιλήσουμε για την ανιδιοτελή αγάπη και την αλληλοπληρότητα...

4

Αλληλοπληρότητα και Αγάπη

Φτάσαμε λοιπόν, στο τελευταίο κεφάλαιο και θέλουμε να σας πούμε ένα μεγάλο μπράβο, που βρίσκεστε εδώ και συνεχίζετε αυτό το ταξίδι της βελτίωσης με σκοπό την αγάπη. Δεν είναι ένα εύκολο μονοπάτι, γιατί χρειάζεται θάρρος, δύναμη και αποφασιστικότητα και εσείς αποδείξατε στον εαυτό σας ότι διακρίνεστε απ' όλα αυτά και πολλά παραπάνω.

Αισιοδοξούμε ότι μέχρι στιγμής, σας έχουμε βοηθήσει να βοηθήσετε και να γνωρίσετε ουσιαστικά τον εαυτό σας και τον σύντροφό σας και ότι είστε διατεθειμένοι να βουτήξετε ακόμα πιο βαθιά στον ωκεανό της ύπαρξης, της ζωής και της σχέσης με τον σύντροφό σας.

Αφού λοιπόν είμαστε στα βαθιά, είναι η ώρα να εξερευνήσουμε την αγάπη και το μεγαλείο της αλληλοπληρότητας. Σ' αυτό το κεφάλαιο, θα αναλύσουμε τη φύση της αγάπης, τον έρωτα και τις διαφορές του από την αγάπη, την ανιδιοτελή αποδοχή του συντρόφου, την ατομική πληρότητα, την αλληλοπληρότητα, που είναι η απόλυτη ένωση με τον σύντροφό μας και τα στοιχεία μίας σχέσης με ανιδιοτελή αγάπη και αλληλοπληρότητα, πάνω στα οποία είναι ωφέλιμο να εργαστείτε.

Αυτό το κεφάλαιο είναι πολύ πιθανό ότι θα σας ταρακουνήσει, θα σας προκαλέσει και θα σας εμπνεύσει να εργαστείτε με υγιές πάθος στη βελτίωση της σχέσης με τον πλήρη αντανακλαστικό εαυτό σας. Θα διαβάσετε προκλητικές αλήθειες για την αγάπη και την ουσιαστική και ολική ένωση με τον πλήρη αντανακλαστικό εαυτό, που θα ταρακουνήσουν δυναμικά πολλές εγκλωβιστικές πεποιθήσεις που μπορεί να έχετε σχετικά με την αγάπη. Εμείς είμαστε άνθρωποι που δε χαϊδεύουμε αυτιά και έτσι μιλάμε αυθεντικά, γιατί μόνο με την ωμή αλήθεια και τη δράση μπορούμε όλοι μας να εξελιχθούμε πραγματικά. Οι προκλήσεις είναι οι μεγαλύτερες ευκαιρίες ενεργοποίησης των δυνάμεων που μας κινητοποιούν στη ζωή και μας βοηθούν να κατορθώσουμε μόνιμες θετικές αλλαγές στη ζωή και στη σχέση μας. Μέσα από τις προκλήσεις και την αμφισβήτηση αυτών που νομίζουμε ότι είναι αλήθεια βρίσκουμε την πραγματική αλήθεια της ύπαρξής μας. Οπότε, έχετε ανοιχτούς τους ορίζοντές σας, για κατανοήσετε τον πλούτο αυτού του κεφαλαίου.

Επίσης, σ' αυτό το κεφάλαιο θα κατανοήσετε ακόμα περισσότερο πόσο σημαντικό είναι να ασχοληθείτε σε βάθος με όσα έχουμε αναπτύξει στα προηγούμενα κεφάλαια, για να μπορέσετε να ενωθείτε ολικά με τον σύντροφό σας και να δημιουργήσετε αλληλοπληρότητα. Τέλος, μέχρι το τέλος του κεφαλαίου θα έχετε ξεκαθαρίσει πώς είναι μία σχέση με αλληλοπληρότητα, καθώς και πώς μπορείτε να φτάσετε σ' αυτό το μοναδικό και υψηλό επίπεδο ένωσης και αγάπης.

4.1 Αγάπη και έρωτας

Μία σχέση με αλληλοπληρότητα είναι μία σχέση με αγάπη και έρωτα. Χωρίς αγάπη και έρωτα δεν μπορούμε να φτάσουμε στην αλληλοπληρότητα. Οπότε, είναι σημαντικό να κατανοήσουμε τι είναι η αγάπη και τι είναι ο έρωτας, ποια είναι η σημασία τους και πώς βιώνουμε την αγάπη και τον έρωτα, για να μπορέσουμε να κατανοήσουμε μετέπειτα την αλληλοπληρότητα και να τη βιώσουμε.

4.1.1 Έρωτας, πόθος και πάθος

Ας ξεκινήσουμε λοιπόν με τον έρωτα που, αν όχι όλοι, οι περισσότεροι τουλάχιστον άνθρωποι θέλουν τόσο πολύ να νιώθουν. Ο έρωτας είναι τόσο όμορφος, που πολλές φορές μας οδηγεί σε τρέλες. Όσο όμορφος και απολαυστικός όμως και να είναι ο έρωτας, είναι πολύ σημαντικό να κατανοήσουμε ότι δεν είναι ίδιος με την αγάπη και γι' αυτόν τον λόγο, τον εξηγούμε πρώτο.

Ο έρωτας είναι ένα σημαντικό και απαραίτητο στοιχείο για να είναι μία σχέση υγιής, όμως δεν είναι το παν, όπως πολλοί μπορεί να πιστεύουν. Είναι απλά ένα συναίσθημα. Είναι το συναίσθημα της έντονης έλξης δύο ανθρώπων, που επιθυμούν να έρθουν και σε σεξουαλική επαφή. Ο έρωτας μπορεί να εκφραστεί κυρίως με δύο τρόπους: τον πόθο και το πάθος. Όταν ο έρωτας εκφράζεται με πόθο, ποθούμε έναν άνθρωπο και θέλουμε να έχουμε σωματική και συναισθηματική επαφή μαζί του. Εδώ, η έλξη είναι υγιής, όμως πολλές φορές δεν οδηγεί σε θετικά αποτελέσματα, καθώς δε γνωρίζουμε ακόμη βαθιά και πραγματικά το άλλο άτομο. Κινούμαστε δηλαδή, μόνο με τα συναισθήματά μας και όχι με την αλήθεια του ανθρώπου αυτού. Δεν έχουμε αφιερώσει χρόνο για να γνωριστούμε πραγματικά και απλά ελκύουμε ο ένας τον άλλον.

Όταν όμως ο έρωτας εκφράζεται με πάθος, είναι λίγο πιο δυνατός, καθώς δεν επιθυμούμε μόνο να είμαστε με έναν άνθρωπο, αλλά είμαστε παθιασμένοι γι' αυτόν. Είμαστε δηλαδή «τρελαμένοι» για τον άλλον. Στην περίπτωση του έντονου πάθους, συνήθως δε σκεφτόμαστε λογικά και λειτουργούμε κυρίως συναισθηματικά, χάνοντας τον έλεγχο του εαυτού μας και κάνοντας πολλές φορές παράλογα πράγματα, που δε θα κάναμε αν νιώθαμε μόνο πόθο. Παραδείγματος χάριν, στην αρχή μιας ερωτικής σχέσης, που νιώθουμε έντονο έρωτα και πάθος, μπορεί να ξεχάσουμε οτιδήποτε άλλο υπάρχει στη ζωή μας, όπως κάποιες υποχρεώσεις, και να το παραμελήσουμε. Αυτό έχει φυσικά αρνητικό αντίκτυπο στη ζωή μας. Γι' αυτόν τον λόγο, αναφερθήκαμε παραπάνω στο να εργαστείτε στη βελτίωση της σχέσης σας με υγιές πάθος, καθώς το πάθος πολλές φορές μπορεί να είναι παράλογο.

Οπότε, ο πόθος είναι συνήθως μία πολύ ζωντανή έλξη μεταξύ δύο ανθρώπων και το πάθος μία ακόμα πιο δυνατή έλξη, που πολλές φορές μπορεί να είναι εντελώς παράλογη. Ο πόθος και το πάθος είναι στοιχεία και εκφράσεις του συναισθήματος του έρωτα.

Γιατί όμως ο έρωτας δεν είναι τόσο σπουδαίος όσο νομίζουμε; Η απάντηση βρίσκεται στο ότι ο έρωτας είναι ένα συναίσθημα και τίποτα παραπάνω. Όπως έχουμε εξηγήσει στα προηγούμενα κεφάλαια, όλα τα συναισθήματά μας έρχονται και φεύγουν. Άρα, δεν είναι μόνιμες καταστάσεις. Το ίδιο ακριβώς συμβαίνει και με τον έρωτα. Υπάρχουν στιγμές που νιώθουμε έρωτα, στιγμές που δε νιώθουμε έρωτα και στιγμές που το συναίσθημα του έρωτα δεν είναι πολύ έντονο. Αυτό είναι κάτι το φυσιολογικό και δεν υπάρχει η ιδανική κατάσταση, όπου πολλοί πιστεύουν, πως κάθε μία ημέρα της ζωής τους θα πετάνε σαν πεταλουδίτσες στους ουρανούς, βιώνοντας τον απόλυτο έρωτα, όντας παθιασμένοι κάθε λεπτό. Όπως νιώθουμε κάποιες στιγμές χαρά, κάποιες στιγμές στενοχώρια, κάποιες στιγμές θυμό κτλ., έτσι μπορεί να νιώθουμε κάποιες στιγμές έρωτα, κάποιες στιγμές πόθο και κάποιες στιγμές πάθος. Τα συναισθήματά μας εναλλάσσονται συνεχώς μέσα μας. Το ζητούμενο είναι να μπορέσουμε να τα εξισορροπήσουμε και να μη χάνουμε τον έλεγχό μας, όπως για παράδειγμα σε στιγμές θυμού ή πάθους.

Εδώ λοιπόν, έρχεται η κατάσταση, όπου είμαστε ερωτευμένοι με έναν άνθρωπο, η οποία είναι διαφορετική από τον έρωτα. Όπως είπαμε, ο έρωτας είναι ένα συναίσθημα. Το να είμαστε ερωτευμένοι είναι η κατάσταση, όπου βιώνουμε το συναίσθημα του έρωτα με διαφορετικούς τρόπους, σε διαφορετική συχνότητα και με διαφορετική ένταση ανάλογα την επίγνωσή μας. Το να είμαστε ερωτευμένοι με τον σύντροφό μας είναι μία κατάσταση που μπορεί να διαρκέσει είτε λίγους μήνες, είτε λίγα χρόνια, είτε και όλη μας τη ζωή αν υπάρχει παράλληλα πραγματική αγάπη. Οπότε, το πώς αντιλαμβανόμαστε τον έρωτα θα παίξει μεγάλο ρόλο στο αν θα παραμείνουμε ερωτευμένοι με τον σύντροφό μας για πάντα ή αν θα πάψουμε να είμαστε ερωτευμένοι, γιατί δεν αγαπιόμαστε πραγματικά.

Υπάρχουν επομένως δύο διαφορετικές καταστάσεις στις οποίες είμαστε ερωτευμένοι:

α) Η πρώτη κατάσταση είναι αυτή, όπου είμαστε ερωτευμένοι για ένα μόνο χρονικό διάστημα λίγων μηνών ή λίγων χρόνων. Σ' αυτήν την περίπτωση, νιώθουμε κυρίως σωματική έλξη για κάποιο άτομο είτε με τη μορφή του πόθου, είτε με τη μορφή του παράλογου πάθους, όπως περιγράψαμε παραπάνω. Για παράδειγμα, ένα ζευγάρι που είναι σε γάμο πολλών χρόνων μπορεί να ήταν τους πρώτους μήνες της σχέσης τους πολύ ερωτευμένοι και να ένιωθαν καθημερινά έρωτα, όμως σήμερα να μη νιώθουν έρωτα ποτέ. Στην αρχή της σχέσης μπορεί να ήθελαν να έχουν συχνή σωματική επαφή, να διασκεδάζουν, να τολμούν, να πειραματίζονται και σήμερα να μην έχουν καμία όρεξη για όλα αυτά. Αυτό είναι ένα πάρα πολύ συχνό φαινόμενο.

Υπάρχουν τρεις εξηγήσεις για το ότι ο έρωτας «σβήνει» μετά από καιρό και παύουμε να είμαστε ερωτευμένοι με έναν άνθρωπο:

Η *πρώτη εξήγηση* είναι ότι το συναίσθημα του έρωτα είναι πολύ έντονο μόνο στα αρχικά στάδια μίας σχέσης, δηλαδή κάποιους μήνες ή και λίγα χρόνια και μετά σβήνει σταδιακά, αν δεν υπάρχει παράλληλα αγάπη. Αυτό συμβαίνει, γιατί ο έρωτας είναι ένα συναίσθημα που οφείλεται σε διάφορες ορμόνες, οι οποίες μας οδηγούν στο να νιώθουμε χαρούμενοι, ενθουσιασμένοι και παθιασμένοι όταν γνωρίζουμε έναν άνθρωπο και κάνουμε σχέση μαζί του. Οι ορμόνες αυτές όμως, εξασθενούν μετά από καιρό και έτσι εξασθενεί και ο έρωτας. Οπότε, η ιδανική εικόνα που χτίσαμε για τον σύντροφό μας λόγω του αρχικού έρωτα, τώρα αρχίζει να χάνεται. Έτσι, εντοπίζουμε όλα τα αρνητικά στοιχεία και τις ατέλειες του συντρόφου και οδηγούμαστε σε καβγάδες και απογοήτευση. Μ' αυτόν τον τρόπο, σταματάμε να είμαστε ερωτευμένοι.

Η *δεύτερη εξήγηση* είναι ότι παράλληλα με την εξασθένιση των ορμονών της ευτυχίας, οι σύντροφοι δεν προσέχουν τον εαυτό τους μετά από καιρό και έτσι δεν ελκύουν ο ένας τον άλλον, όπως έκαναν στην αρχή της σχέσης τους που πρόσεχαν περισσότερο τον εαυτό τους. Επειδή ο έρωτας αφορά κυρίως τη σωματική και σεξουαλική έλξη, δεν είναι πολύ έντονος όταν οι σύντροφοι δεν είναι ελκυστικοί. Όταν δηλαδή, δεν έχουν ένα ελκυστικό για τον σύντροφό τους σώμα. Αφού δεν έλκονται σεξουαλικά, σταματούν να είναι και ερωτευμένοι.

Η *τρίτη εξήγηση* είναι ότι μετά από καιρό σε μία σχέση αρχίζουμε να γνωρίζουμε ποιος πραγματικά είναι ο σύντροφός μας. Στην αρχή της σχέσης, μέσα σε λίγους μήνες ή ακόμη και σε λίγα χρόνια, δεν ξέρουμε σε βάθος ποιος είναι ο σύντροφός μας. Για να γνωρίσουμε έναν άνθρωπο ουσιαστικά, χρειάζονται πολλά χρόνια και πολλή συντροφική εργασία, καθώς και συγκατοίκηση και κοινή επαγγελματική εργασία, που θα αναφερθούμε σ' αυτά στη συνέχεια. Δεν είναι κάτι που γίνεται μέσα σε μικρό χρονικό διάστημα.

Οπότε, στην αρχή της σχέσης, νιώθουμε έντονο έρωτα, πόθο, πάθος και ενθουσιασμό, όμως δεν ξέρουμε ποιος ουσιαστικά είναι ο σύντροφός μας. Έτσι, όταν μετά από κάποια χρόνια τον γνωρίσουμε λίγο πιο βαθιά, απογοητευόμαστε, γιατί δεν καλύπτει τις προσδοκίες που είχαμε γι' αυτόν. Με λίγα λόγια, το αρχικό στάδιο της σχέσης μας είναι ένα στάδιο φαντασίωσης και μη ρεαλιστικών προσδοκιών. Ο κάθε σύντροφος επηρεάζεται από τα έντονα συναισθήματά του, τις κατώτερες ανάγκες αποδοχής και από την εικόνα που έχει δημιουργήσει από την κοινωνία του πώς «πρέπει» να είναι μία ερωτική σχέση και έτσι χτίζει αντίστοιχες προσδοκίες. Όταν όμως αυτές οι προσδοκίες δεν καλυφθούν, γιατί αποκαλύπτεται η αλήθεια και εξασθενεί ο έρωτας, ερχόμαστε αντιμέτωποι με την πραγματικότητα. Έτσι, πολλά ζευγάρια χωρίζουν μετά από λίγους μήνες ή λίγα χρόνια. Τα παρατούν, επειδή δεν αντέχουν να εργαστούν πραγματικά με τον σύντροφό τους και γιατί η σχέση τους είχε μόνο παροδικό έρωτα και όχι πραγματική αγάπη.

Άρα, και στις τρεις αυτές περιπτώσεις, εξιδανικεύουμε τη σχέση μας βασισμένοι σε φαντασιώσεις και συναισθήματα. Δε βρισκόμαστε σε μία ώριμη και ρεαλιστική κατάσταση μέσα μας. Κρίνουμε τη σχέση και τον σύντροφό μας με βάση το τι νιώθουμε παροδικά, την εξωτερική εμφάνιση και τη σεξουαλική έλξη και πράξη και όχι με βάση την ωμή αλήθεια, καθώς δεν έχουμε αναπτύξει ακόμη τη συντροφική επίγνωσή μας.

β) Υπάρχει όμως και η δεύτερη κατάσταση, όπου το να είμαστε ερωτευμένοι είναι μία κατάσταση ωριμότητας και επίγνωσης σε μία σχέση, όπου γνωρίζουμε σε βάθος τον σύντροφό μας όπως γνωρίζουμε και τον εαυτό μας. Αυτή είναι η σχέση με τον πλήρη αντανακλαστικό εαυτό μας, που αγαπιόμαστε αληθινά και συνεχίζουμε να είμαστε ερωτευμένοι ακόμη και μετά από πολλά χρόνια.

Εδώ δηλαδή, η ερωτική κατάσταση δε διαρκεί μόνο κάποιους μήνες, επειδή έχουμε εξιδανικεύσει τη σχέση μας και επειδή τα συναισθήματά μας θολώνουν την κρίση μας. Είναι μία κατάσταση που διαρκεί όλη μας τη ζωή, όπου κάποιες φορές νιώθουμε έντονα τον έρωτα και κάποιες άλλες όχι. Νιώθουμε τον έρωτα κάποιες φορές έντονα και όχι συνέχεια, όχι γιατί δεν αγαπιόμαστε, αλλά γιατί ο έρωτας είναι ένα απλό συναίσθημα που έρχεται και φεύγει, και αυτήν την αλήθεια την έχουμε αποδεχτεί ως ζευγάρι. Δηλαδή, συνεχίζουμε να νιώθουμε έρωτα, πόθο και πάθος για τον σύντροφό μας, όμως δεν ελεγχόμαστε από αυτά τα συναισθήματα.

Κρίνουμε τη σχέση μας με βάση την αλήθεια και γνωρίζουμε πολύ καλά ότι κάποιες μέρες δε θα νιώθουμε έντονο έρωτα, ενώ κάποιες άλλες θα είμαστε παθιασμένοι. Κάποιες μέρες μπορεί να θέλουμε να κάνουμε παθιασμένο σεξ, άλλες μέρες να θέλουμε να δημιουργήσουμε κάτι μαζί, άλλες μέρες να συζητήσουμε με τις ώρες και άλλες μέρες να θέλουμε απλά να χαλαρώσουμε. Όλες αυτές είναι καταστάσεις έρωτα, όπου ως ζευγάρι λειτουργούμε με βάση αυτό που πραγματικά θέλουμε μαζί και όχι με ζωώδη συναισθήματα και ανάγκες. Λειτουργούμε δηλαδή με επίγνωση, όπως εξηγήσαμε στο προηγούμενο κεφάλαιο. Με λίγα λόγια, συνεχίζουμε να είμαστε ερωτευμένοι, γιατί υπάρχει αγάπη. Σ' αυτήν την περίπτωση λοιπόν, ο έρωτας πηγάζει από την αγάπη και όχι από παροδικά συναισθήματα ή φαντασιώσεις μιας ιδανικής σχέσης. Ξεφεύγει από τα στενά όρια της σωματικής και συναισθηματικής έλξης και γίνεται εσωτερική και πνευματική έλξη, σύνδεση και έπειτα ένωση...

Όπως έχετε παρατηρήσει, όταν μιλάμε για τον έρωτα μιλάμε για έλξη μεταξύ δύο ανθρώπων και δεν αναφερόμαστε αποκλειστικά στον έρωτα με τον πλήρη αντανακλαστικό εαυτό μας. Αυτό το κάνουμε, γιατί μπορούμε να ερωτευτούμε πολλούς ανθρώπους και να νιώσουμε το συναίσθημα του έρωτα για πολλά άτομα. Όμως, μπορούμε να παραμείνουμε ερωτευμένοι όλη μας τη ζωή μόνο με τον πλήρη αντανακλαστικό εαυτό μας, γιατί αυτή είναι η μόνη σχέση με ωμή αλήθεια και επίγνωση. Σε όλες τις υπόλοιπες περιπτώσεις, ερωτευόμαστε λόγω σωματικής καθαρά έλξης, κατώτερων αναγκών αποδοχής και άγνοια των συναισθημάτων μας. Πραγματικό έρωτα που διαρκεί για πάντα, βιώνουμε μόνο με τον πλήρη αντανακλαστικό εαυτό μας, που ο έρωτας αφορά τη φλόγα για εξέλιξη. Γιατί αν δε διαρκεί για πάντα και δεν υπάρχει φλόγα για εξέλιξη, τότε ο έρωτας δεν είναι βαθύς και αληθινός. Το ίδιο περίπου ισχύει και με την αγάπη, την οποία θα δούμε σε λίγο...

Ώρα για ενδοσκόπηση

- Ποια είναι η σχέση σας με τον έρωτα; Πώς τον εκφράζετε στην καθημερινότητά σας;
- Νιώθετε πόθο στη σχέση σας; Νιώθετε πάθος; Σκέφτεστε με σοφία ή ελέγχεστε από τα συναισθήματά σας;
- Έλκεστε από τον σύντροφό σας μόνο σωματικά και σεξουαλικά ή η έλξη σας είναι βαθύτερη; Αν είναι μόνο σωματική έλξη, τότε γιατί είστε σε σχέση μ' αυτόν τον άνθρωπο; Αν είναι βαθύτερη έλξη, πώς ακριβώς εκφράζεται; Τι ακριβώς αισθάνεστε και τι βιώνετε;

- Είστε ερωτευμένοι με τον σύντροφό σας; Αν ναι, είστε ερωτευμένοι για επιφανειακούς ή ουσιαστικούς λόγους; Αν όχι, γιατί δεν είστε;
- Αν έχει σβήσει η φλόγα από τη σχέση σας, τι χρειάζεται να κάνετε για να την αναζωπυρώσετε;
- Διερευνήστε αυτά τα ερωτήματα, απαντήστε ειλικρινά και στη συνέχεια διαβάστε παρακάτω για να εξερευνήσετε ακόμα βαθύτερα το ζήτημα του έρωτα, μέσα από την εξέταση της αγάπης...

4.1.2 Αγάπη

Είδαμε λοιπόν, τις δύο καταστάσεις κατά τις οποίες μπορούμε να είμαστε ερωτευμένοι. Η αγάπη όμως, πού ακριβώς βρίσκεται; Τι είναι πραγματικά η αγάπη;

Πολλοί άνθρωποι πιστεύουν ότι μπορούμε να αγαπάμε πολλούς ανθρώπους. Μάλιστα, πολλοί ισχυρίζονται και δηλώνουν ότι αγαπάνε όλον τον κόσμο και όλους τους ανθρώπους ανεξαιρέτως. Επίσης, πολλοί διάσημοι άνθρωποι λένε ότι αγαπάνε πάρα πολύ τους «οπαδούς» και τους «ακόλουθούς» τους, δηλαδή εκατομμύρια ή χιλιάδες ανθρώπους, τους οποίους δε γνωρίζουν καθόλου. Αυτό είναι η αγάπη; Είναι η αγάπη μία κούφια λέξη, την οποία απλά ξεστομίζουμε για τον οποιονδήποτε; Είναι ένα απλό συναίσθημα, που απλά έρχεται και φεύγει, όπως όλα τα υπόλοιπα συναισθήματα; Είναι κάτι που μπορούμε να βιώσουμε με όλους τους ανθρώπους, ακόμα και με ολικά αγνώστους;

Εμείς ως άνθρωποι που βιώνουμε με όλο μας το «είναι» ανιδιοτελή αγάπη εδώ και πάρα πολλά χρόνια και μάλιστα κινητοποιούμασταν, κινητοποιούμαστε και θα συνεχίσουμε να κινητοποιούμαστε ολικά από την ανιδιοτελή αγάπη, η οποία είναι ο λόγος για τον οποίο ξεπεράσαμε κάθε δυσκολία και πρόβλημα και πετύχαμε στόχους ενωμένοι μαζί, τους οποίους πολλοί άνθρωποι θεωρούσαν ακατόρθωτους, ξέρουμε με απόλυτη βεβαιότητα ότι η αγάπη δεν είναι κάτι κενό, ανούσιο ή απλά μία ακόμα λέξη που τη χρησιμοποιούμε για οποιονδήποτε άνθρωπο. Δεν είναι ένα μόνο συναίσθημα. Δεν είναι ανάγκη για αποδοχή και επιβεβαίωση λόγω ανασφάλειας. Δεν είναι κάτι το τυπικό και το επιφανειακό. Δεν είναι μία κοινωνική επιταγή.

Η αγάπη είναι τόσο τεράστια και σπουδαία που δύσκολα μπορεί να οριστεί αξιοπρεπώς με έναν μόνο ορισμό. Οπότε, εμείς δίνουμε πολλούς ορισμούς που αντανακλούν την αλήθεια μας, κάνοντας το καλύτερο που μπορούμε για να εξηγήσουμε αυτό το υπέροχο φαινόμενο της ύπαρξης που είναι βίωμα και αναπόσπαστο μέρος του εαυτού μας. Η αγάπη λοιπόν, όπως τη γνωρίζουμε και τη βιώνουμε εμείς, είναι η εξής:

- Η μεγαλύτερη δύναμη της ζωής. Μία τεράστια δύναμη ένωσης και πληρότητας. Η δύναμη που μας συνδέει πρώτα με τον εαυτό μας και έπειτα ακόμα περισσότερο με τον σύντροφό μας.

- Το κίνητρο για κάθε υγιή πράξη μας. Ο λόγος που βοηθάμε, στηρίζουμε και φροντίζουμε τον εαυτό μας και έναν άλλον άνθρωπο.

- Η ισχυρή αφοσίωση και δέσμευση στη φροντίδα του συντρόφου μας.

- Η απόλυτη ένωση (πνευματική, νοητική, ψυχική, σωματική και σεξουαλική) μεταξύ δύο συνειδητοποιημένων ανθρώπων (με τον πλήρη αντανακλαστικό εαυτό μας).

- Η απόλυτη έκφραση της ανιδιοτελούς αποδοχής, που αποδεχόμαστε τον εαυτό μας και τον σύντροφό μας ακριβώς όπως είναι και προσφέρουμε χωρίς να περιμένουμε ποτέ αντάλλαγμα.

- Μία κατάσταση εσωτερικής γαλήνης και ειρήνης, όπου είμαστε απόλυτα ικανοποιημένοι με τη ζωή και τη σχέση μας.

- Μία κατάσταση και μία πορεία προόδου και εξέλιξης σε κάθε επίπεδο, μεταξύ δύο ολικά ενωμένων ανθρώπων (με τον πλήρη αντανακλαστικό εαυτό μας).

- Η απόλυτη έκφραση της ολικής υγείας (πνευματικής, νοητικής, ψυχικής, σωματικής και σεξουαλικής).

- Ένα βίωμα αυτογνωσίας και επίγνωσης με πλούτο ισορροπημένων και υγιών συναισθημάτων.

- Ο κυριότερος και πιο δυνατός τρόπος αυτοβελτίωσης, συντροφικής βελτίωσης και μόνιμης θετικής αλλαγής.

- Η απόλυτη έκφραση της αληθινής ταυτότητάς μας. Το ποιοι πραγματικά είμαστε βαθιά μέσα μας. Η αλήθεια μας. Είμαστε η ενσάρκωση της αγάπης.

- Ένα μοναδικό βίωμα που μπορούμε να το μοιραστούμε και να το βιώσουμε ολικά μόνο με τον πλήρη αντανακλαστικό εαυτό μας.

- Συνειδητή και ξεκάθαρη επιλογή στήριξης, προσφοράς και φροντίδας με πράξεις και όχι μόνο λόγια, που απαιτεί συνεχή προσωπική και συντροφική εργασία. Ένας τρόπος ζωής με στήριξη, προσφορά, κατανόηση και σεβασμό.

- Η αίσθηση ότι με τον σύντροφό μας είμαστε ένα και το αυτό και βιώνουμε τη ζωή ο ένας μέσα στον άλλον. Είμαστε ένα ενωμένο πνεύμα, ένας νους, μία ψυχή και ένα σώμα.

- Η πιο φλογερή, δυνατή και ενεργητική έκφραση του έρωτα, του πόθου και του πάθους. Δηλαδή μία έλξη πιο δυνατή από κάθε έρωτα, κάθε πόθο και κάθε πάθος, καθώς είναι η δύναμη που μας ενώνει με τον πλήρη αντανακλαστικό εαυτό μας με τρόπους που δεν εξηγούνται εύκολα.

- Η λύση σε κάθε πρόβλημα, κάθε δυσκολία, κάθε κακουχία και κάθε πρόκληση. Είναι θεραπεία.

- Η απόλυτη έκφραση της ανιδιοτελούς συγχώρησης του συντρόφου και της αγνής ευγνωμοσύνης στη ζωή.

- Η πιο βασική και ισχυρή αξία στη ζωή, που μας οδηγεί στην αλληλοπληρότητα. Αυτό δηλαδή, που αξίζει περισσότερο στη ζωή μας.

- Η απόλυτη έκφραση της αλήθειας, της ειλικρίνειας και της εμπιστοσύνης με τον σύντροφό μας. Η απόλυτη έκφραση της αυθεντικότητάς μας, που είμαστε ο γυμνός και γνήσιος εαυτός μας μπροστά στον πλήρη αντανακλαστικό εαυτό μας - κάθε κλάσμα του δευτερολέπτου - και το απολαμβάνουμε. Ο μόνος δηλαδή τρόπος πραγματικής και ολικής ελευθερίας.

- Η απόλυτη έκφραση της πίστης στο καλύτερο και στο ότι μαζί με τον σύντροφό μας είμαστε ακατανίκητοι, αδιάσπαστοι, αδιαχώριστοι και μπορούμε να πετύχουμε τα πάντα.

- Ο λόγος για να ξυπνάμε κάθε πρωί. Να δούμε, να ακού-σουμε, να γευτούμε, να αισθανθούμε με κάθε τρόπο και να βιώσουμε τον πλήρη αντανακλαστικό εαυτό μας.

- Η υγιής αυστηρότητα που προκαλούμε τον σύντροφό μας να βελτιωθεί, αν συμπεριφέρεται με κάποιον τρόπο που δεν αρμόζει στην υπέροχη και πανέμορφη φύση του. Η ισορροπία ανάμεσα στην πειθαρχία και στην ανεμελιά.

- Η συνειδητή επιλογή τού να βάζουμε κάτω το εγωιστικό μέρος του εαυτού μας για τον σύντροφό μας.

- Είναι απόλαυση και παιχνίδι. Όχι όμως παιχνίδι επιπολαιό-τητας, αλλά ωριμότητας και επίγνωσης. Είναι δηλαδή, ένα παιχνίδι, στο οποίο είμαστε ξέγνοιαστοι, αλλά παράλληλα ενεργοποιημένοι και συνειδητοί σε οτιδήποτε κάνουμε. Δε χανόμαστε στην απόλαυση, σαν να μην υπάρχει τίπο-τα άλλο, αλλά τη βιώνουμε γνωρίζοντας παράλληλα τη σοβαρότητα και την υπευθυνότητα που η αγάπη απαιτεί.

- Η ίδια η ζωή και η ύπαρξη. Είναι βαθιά ριζωμένη μέσα μας και αναγκαία όσο το οξυγόνο και το νερό. Παράλληλα εί-ναι το ανώτερο στάδιο της ανθρώπινης εξέλιξης. Χωρίς οξυγόνο και νερό δεν επιβιώνουμε. Χωρίς αγάπη επιβιώ-νουμε σωματικά, αλλά είμαστε πνευματικά νεκροί. Αυτή η ανάγκη για αγάπη μάς ωθεί στο να εξελισσόμαστε συ-νεχώς...

Αυτή λοιπόν είναι η αγάπη, όπως τη βιώνουμε και την αντιλαμ-βανόμαστε εμείς. Όπως βλέπετε, η αγάπη είναι κάτι πολυδιάστατο και τόσο δυνατό, που αγγίζει τα βάθη της ύπαρξής μας. Φυσικά, δεν περιορίζεται μόνο στους ορισμούς που δώσαμε παραπάνω, γιατί όλοι μας έχουμε τη δυνατότητα να ανακαλύπτουμε ακόμα περισσότερες πτυχές της αγάπης, αφού πρώτα τη βιώσουμε πραγ-ματικά. Επομένως, εσείς μπορείτε να προσθέσετε άλλους τόσους ορισμούς στη λίστα, ανάλογα με το πώς βιώνετε την αγάπη.

Προσοχή όμως, εδώ χρειάζεται μία διευκρίνηση. Ναι μεν οι ορισμοί αυτοί αποτελούν το πώς εμείς βιώνουμε την αγάπη, αλλά εκτός από το δικό μας βίωμα περιέχουν και την αντικειμενική πραγματικότητα. Αν δε βιώνουμε την αγάπη μ' αυτούς τους εικοσι-πέντε ορισμούς, τότε δεν είναι αγάπη. Όχι γιατί το λέμε εμείς, αλλά γιατί δεν υπάρχει αγάπη χωρίς αφοσίωση, δέσμευση, απόλυτη ειλικρίνεια, απόλυτη συγχώρηση, απόλυτη ευγνωμοσύνη, πίστη και οτιδήποτε αναφέραμε παραπάνω. Για παράδειγμα, δεν μπορούμε να αγαπάμε τον σύντροφό μας και να του λέμε ψέματα, να μην τον συγχωρούμε, να μην πιστεύουμε στη σχέση μας κτλ. Άρα, είναι σημαντικό να ξεκαθαρίσουμε όλα αυτά τα βασικά πράγματα, τα οποία είναι η αγάπη και ισχύουν για όλους τους ανθρώπους. Από εκεί και πέρα, εσείς μπορείτε να τη βιώνετε με ακόμα περισσότερους τρόπους και αυτό είναι υπέροχο.

Οτιδήποτε ισχύει για την αγάπη, είναι αλήθεια και για το «σ᾽ αγαπώ». Δηλαδή, όταν λέμε «σ᾽ αγαπώ» στον σύντροφό μας δεν μπορεί αυτό να είναι μόνο λόγια. Το «σ᾽ αγαπώ» είναι βίωμα και εκφράζει έμπρακτα όλους τους παραπάνω ορισμούς της αγάπης. Έτσι, το «σ᾽ αγαπώ» εκφράζει σύνδεση, ένωση, πίστη, αφοσίωση, δέσμευση, σεβασμό, κατανόηση, ωριμότητα, υπευθυνότητα, δύναμη, ειλικρίνεια, συγχώρηση, ευγνωμοσύνη, ανεμελιά, πληρότητα και οτιδήποτε άλλο εκφράζουν οι ορισμοί της αγάπης. Το «σ᾽ αγαπώ» είναι πράξεις και καθημερινή επιλογή βελτίωσης του εαυτού μας κάνοντας οτιδήποτε περνάει από το χέρι μας για να προσφέρουμε στον σύντροφό μας ανιδιοτελώς τον γνήσιο εαυτό μας.

Φυσικά, για να μπορέσουμε να πούμε το «σ᾽ αγαπώ» με ειλικρίνεια και αυτό να είναι παράλληλα έμπρακτο, χρειάζεται πρώτα να μπορέσουμε να κάνουμε το ίδιο για το «μ᾽ αγαπώ». Πρώτα φτάνουμε σε σημείο όπου αγαπάμε αληθινά τον εαυτό μας και έπειτα μπορούμε να αγαπήσουμε με όλο μας το «είναι», το οποίο αποτελείται από αγνή αγάπη, τον σύντροφό μας. Οπότε, αναλογιστείτε πάνω σ᾽ αυτό με σοβαρότητα και υπευθυνότητα για να βρείτε την αλήθεια.

Σε όλο το υπόλοιπο κεφάλαιο θα εξηγήσουμε τους ορισμούς της αγάπης, καθώς θα αναλύουμε ακόμα περισσότερο την αγάπη, αλλά και την αλληλοπληρότητα...

Ώρα για ενδοσκόπηση

- Εσείς βιώνετε την αγάπη με τους παραπάνω ορισμούς που δώσαμε; Βιώνετε την αγάπη με όλους αυτούς τους ορισμούς; Τη βιώνετε με λίγους μόνο ορισμούς; Με ποιους ακριβώς ορισμούς τη βιώνετε; Δεν τη βιώνετε καθόλου;

- Αν βιώνετε την αγάπη, πού χρειάζεται να βελτιωθείτε; Αν δεν τη βιώνετε, τι χρειάζεται να κάνετε για να τη βιώσετε;
- Λέτε ειλικρινά και αυθεντικά «σ' αγαπώ» στον εαυτό σας; Τι ακριβώς κάνετε για να στηρίξετε και να εκφράσετε αυτά τα λόγια;
- Λέτε ειλικρινά και αυθεντικά «σ' αγαπώ» στον σύντροφό σας; Τι ακριβώς κάνετε για να στηρίξετε και να εκφράσετε αυτά τα λόγια;
- Τι ακριβώς θα κάνετε για να εκφράζετε περισσότερο, πιο αυθεντικά και καθημερινά την αγάπη στη ζωή και στη σχέση με τον εαυτό σας, καθώς και στη σχέση με τον σύντροφό σας;

4.1.3 Με ποιον άνθρωπο μπορούμε να βιώσουμε πραγματική και ανιδιοτελή αγάπη;

Με βάση τους παραπάνω ορισμούς πιστεύετε ότι μπορούμε να αγαπάμε όλον τον κόσμο, όπως λένε πολλοί άνθρωποι ή ότι η αγάπη είναι τόσο σπουδαία, που τη βιώνουμε μόνο με λίγους ή και με έναν μόνο άνθρωπο;

Η αλήθεια είναι ότι αγάπη ολικά και με κάθε έννοιά της φύσης της μπορούμε να βιώσουμε μόνο με έναν άνθρωπο και αυτός είναι ο πλήρης αντανακλαστικός εαυτός μας. Μπορούμε να έχουμε συμπόνια και αγνό και έντονο ενδιαφέρον για άλλους ανθρώπους, όπως τους γονείς, τα παιδιά, τα αδέρφια, τους φίλους και κάποιους συναδέλφους, όμως δεν μπορούμε να συνδεθούμε και πόσο μάλλον να ενωθούμε με αυτούς τους ανθρώπους σε κάθε επίπεδο της ύπαρξής μας. Οπότε, η σχέση με αυτούς τους ανθρώπους είναι περισσότερο σχέση ενδιαφέροντος για τη ζωή, την υγεία και την ευτυχία τους. Αλλά μέχρι εκεί. Υπάρχει όριο. Δηλαδή, κάθε οικογενειακή σχέση μπορεί να φτάσει μέχρι τη φροντίδα, την προσφορά, τον σεβασμό και την κατανόηση. Κάθε φιλική σχέση μπορεί να φτάσει μέχρι τη στήριξη και την καλοπέραση. Κάθε επαγγελματική σχέση μπορεί να φτάσει μέχρι την πολύ καλή συνεργασία. Κάθε σχέση με κάποιον γνωστό ή άγνωστο μπορεί να φτάσει μέχρι την παροχή βοήθειας. Αυτά είναι τα υψηλότερα επίπεδα αυτών των σχέσεων και τα όριά τους.

Στην αγάπη με τον πλήρη αντανακλαστικό εαυτό μας όμως δεν υπάρχει κανένα όριο, κανένας όρος, κανένας κανόνας, κανένα «πρέπει» και κανένας συμβιβασμός, ενώ σε άλλες σχέσεις αυτά υπάρχουν και μάλιστα και σε μεγάλο βαθμό. Σκεφτείτε τις σχέσεις με διάφορα μέλη της οικογένειάς σας, με φίλους, με συναδέλφους, με γνωστούς κτλ. Μήπως συμβιβάζεστε σ' αυτές τις σχέσεις; Κρύβετε μήπως κάποιες πτυχές του εαυτού σας σ' αυτούς τους ανθρώπους; Λέτε πάντα ωμά και ειλικρινά αυτά που θέλετε ή όχι; Είστε ολικά αυθεντικοί σε κάθε μία στιγμή μ' αυτούς τους ανθρώπους, είτε είναι τα παιδιά σας, είτε οι γονείς, είτε οι φίλοι, είτε οι συνάδελφοι, είτε οι γείτονες;

Κατά πάσα πιθανότητα η απάντηση στις δύο πρώτες ερωτήσεις είναι «ναι» και στις δύο τελευταίες είναι «όχι». Αυτό δε συμβαίνει όμως στη σχέση με τον πλήρη αντανακλαστικό εαυτό μας, γιατί εκεί υπάρχει πραγματική αγάπη που ξεπερνάει κάθε φόβο, κάθε «πρέπει», κάθε συμβιβασμό και κάθε αδυναμία. Η δύναμη, οι δυναμικές και η ένωση που βιώνουμε με τον πλήρη αντανακλαστικό εαυτό μας είναι ανυπέρβλητη, αξεπέραστη, εντελώς μοναδική και ανεπανάληπτη. Αυτή η πανέμορφη έκφραση της αγάπης είναι εφικτή και πραγματικά αληθινή μόνο με τον πλήρη αντανακλαστικό εαυτό μας για τους παρακάτω λόγους:

Ο Χρονοσ

Ο χρόνος είναι μία από τις πολυτιμότερες αξίες που έχουμε στη ζωή. Άπαξ και δώσουμε κάπου τον χρόνο μας, τότε δεν μπορούμε να τον πάρουμε πίσω ό,τι και να κάνουμε. Οπότε, κατανοείτε πόσο σπουδαίος είναι και με πόση προσοχή, επίγνωση και ωριμότητα χρειάζεται να τον αξιοποιούμε.

Τι σχέση έχει λοιπόν ο χρόνος με την πραγματική αγάπη; Έχει σχέση, γιατί για να αφοσιωθούμε σε κάποιον άνθρωπο χρειάζεται να δώσουμε τον χρόνο μας, και η αγάπη, όπως είπαμε σε έναν από τους παραπάνω ορισμούς, είναι αφοσίωση. Όλοι μας έχουμε είκοσι τέσσερις ώρες την ημέρα και αν αφαιρέσουμε οκτώ ώρες εργασίας και οκτώ ώρες ύπνου, μας έμειναν οκτώ ώρες για να κάνουμε οτιδήποτε θέλουμε πραγματικά. Αν μάλιστα αφαιρέσουμε τον χρόνο σε υποχρεώσεις, μαγείρεμα κτλ., τότε μένει πραγματικά πολύ λίγος χρόνος για να προοδεύσουμε σαν άνθρωποι και να ενωθούμε με τον πλήρη αντανακλαστικό εαυτό μας. Οπότε, αυτόν τον χρόνο που έχουμε μπορούμε να τον αφιερώσουμε με ουσία και βάθος μόνο στον εαυτό μας και σε έναν ακόμα άνθρωπο, τον πλήρη αντανακλαστικό εαυτό μας. Για να μπορέσουμε να συνδεθούμε με τον εαυτό μας και έπειτα να ενωθούμε με τον πλήρη αντανακλαστικό εαυτό μας χρειαζόμαστε χρόνο και αφοσίωση. Δεν μπορούμε να γνωρίσουμε πραγματικά κάθε πτυχή του συντρόφου μας, αν δεν αφιερώνουμε πολύ και ουσιαστικό χρόνο μαζί.

Έτσι, αν σπαταλάμε τον χρόνο μας σε καφετέριες, με παροδικούς φίλους, σε συγγενείς, σε υποχρεώσεις κτλ., τότε δεν μπορούμε να ενωθούμε με τον πλήρη αντανακλαστικό εαυτό μας. Απ' ότι καταλαβαίνετε, μπορούμε να δώσουμε ουσιαστικό χρόνο σε μεγάλη συχνότητα και ποσότητα μόνο στον πλήρη αντανακλαστικό εαυτό μας. Όλοι οι άλλοι άνθρωποι πάνε και έρχονται στη ζωή μας ή η σχέση μας με αυτούς είναι μικρότερης σημασίας και κυρίως μικρότερης ουσίας και σύνδεσης. Δε σημαίνει ότι υπονομεύουμε τις άλλες ανθρώπινες σχέσεις. Απλώς η αλήθεια είναι πως αν θέλουμε να φτάσουμε σε αλληλοπληρότητα με τον σύντροφό μας και απόλυτη ικανοποίηση στη ζωή, χρειάζεται να αφιερώνουμε τον πολύτιμο χρόνο μας σ' αυτό που πραγματικά έχει το μεγαλύτερο νόημα στη ζωή μας, δηλαδή στη σχέση με τον πλήρη αντανακλαστικό εαυτό μας.

Μόνο όταν αποφασίσουν οι σύντροφοι να κάνουν παιδί, είναι που η αφοσίωση πηγαίνει και σε έναν ακόμα άνθρωπο, στο παιδί, κρατώντας παράλληλα τη συντροφική τους σχέση ως πρώτη προτεραιότητα, για να μη δημιουργήσουν μία αρρωστημένη σχέση εξάρτησης με το παιδί, έτσι ώστε να το βοηθήσουν να γίνει ο ώριμος και ανεξάρτητος άνθρωπος που προορίζεται να γίνει. Αυτή είναι η λεπτή ισορροπία της αγάπης, του χρόνου και της ρεαλιστικής αφοσίωσης μέσα σε μία συντροφική σχέση.

Πολλά ζευγάρια λοιπόν, επειδή δεν αξιοποιούν τον πολύτιμο χρόνο τους με τον σύντροφό τους, καταλήγουν να δημιουργούν μία μίζερη σχέση συμβιβασμών. Οπότε, κατανοείτε τη μεγάλη σημασία της κατάλληλης και ποιοτικής αξιοποίησης του χρόνου μας με τον σύντροφό μας. Στο χέρι σας είναι λοιπόν, τι προτεραιότητες έχετε και αν η σχέση με τον πλήρη αντανακλαστικό εαυτό σας θα ανθίσει ή θα μαραζώσει...

Η Ολικη Ενωση

Ο πλήρης αντανακλαστικός εαυτός μας είναι ο μόνος άνθρωπος, με τον οποίο μπορούμε να ενωθούμε σε κάθε επίπεδο στη ζωή μας. Δε γίνεται να ενωθούμε με άλλους ανθρώπους και πνευματικά, και νοητικά, και ψυχικά, και σεξουαλικά-σωματικά. Κατανοείτε ότι ολική ένωση δεν μπορούμε να έχουμε με γονείς, παιδιά, συγγενείς, φίλους, γνωστούς, γείτονες, συναδέλφους, «οπαδούς», έναν ερωτικό σύντροφο της μίας νύχτας και αγνώστους. Μόνο με τον πλήρη αντανακλαστικό εαυτό μας μπορούμε να απογυμνωθούμε ολικά και να γνωρίζουμε κάθε πτυχή του πνεύματος, του νου, της ψυχής και του σώματός του. Μόνο με τον πλήρη αντανακλαστικό εαυτό μας μπορούμε να είμαστε άρρηκτα ενωμένοι. Αυτή είναι η αλήθεια και όχι η άποψή μας. Καμία άλλη ανθρώπινη σχέση δεν έχει τόσες πολλές και μεγάλες δυνατότητες ένωσης και βελτίωσης, όπως η σχέση με τον πλήρη αντανακλαστικό εαυτό μας.

Βέβαια, η σχέση μεταξύ γονιών και παιδιών είναι επίσης πολύ σημαντική, λαμπρή και σπουδαία, αλλά δεν αγγίζει ούτε κατά διάνοια το επίπεδο της ένωσης που μπορούμε να δημιουργήσουμε με τον πλήρη αντανακλαστικό εαυτό μας, γιατί δεν μπορεί να υπάρξει ολική απογύμνωση και ένωση μεταξύ γονέων και παιδιών και κατάσταση αλληλοπληρότητας, που θα εξηγήσουμε παρακάτω. Εδώ φυσικά συνδέεται και ο χρόνος, καθώς όπως είπαμε παραπάνω για να ενωθούμε σε κάθε επίπεδο με τον πλήρη αντανακλαστικό εαυτό μας χρειάζεται αφοσίωση και χρόνος ουσίας, ποιότητας, αλλά και ποσότητας. Είναι λοιπόν σημαντικό, να έχουμε υγιείς σχέσεις με άλλους ανθρώπους, όπως την οικογένεια, τους φίλους, τους συναδέλφους, τους γνωστούς και τους αγνώστους, αλλά είναι άλλο τόσο σημαντικό να κατανοήσουμε τους περιορισμούς και τα όρια αυτών των σχέσεων, για να αποφύγουμε ανούσιες σχέσεις ή σχέσεις αλληλοεξάρτησης στη ζωή. Έτσι, θα μπορέσουμε να αφιερωθούμε στη σχέση με τον εαυτό μας και στη σχέση με τον σύντροφό μας, με τον οποίο μπορούμε να ενωθούμε σε όλους τους τομείς της ύπαρξής μας. Θεωρούμε ότι δε χρειάζεται περισσότερη εξήγηση, καθώς ακόμη κι αν κάποιος εξετάσει αυτό το θέμα με απλή λογική, σ' αυτήν την αλήθεια θα καταλήξει...

Η Απογύμνωση

Ο πλήρης αντανακλαστικός εαυτός μας είναι ο μόνος άνθρωπος με τον οποίο είμαστε ολικά αυθεντικοί και ειλικρινείς σε κάθε στιγμή, ανεξαρτήτως το τι συμβαίνει και ποιες είναι οι καταστάσεις. Είναι η μόνη σχέση που είναι πολύ φυσικό να είμαστε ο αγνός και ειλικρινής εαυτός μας. Με λίγα λόγια, είναι η μόνη σχέση στην οποία είμαστε ολικά ελεύθεροι να εκφραστούμε όπως θέλουμε και να κάνουμε οτιδήποτε θέλουμε (που φυσικά δε βλάπτει τον εαυτό μας ή τον σύντροφό μας), χωρίς να δεχτούμε κριτική. Σε όλες τις υπόλοιπες σχέσεις, πάντα όσο αυθεντικοί και ειλικρινείς και να είμαστε, κρατάμε κάποια τυπικά χαρακτηριστικά. Δηλαδή, δε θα μιλήσουμε αυθεντικά και με ευκολία σε συναδέλφους ή σε κάποιον προϊστάμενο αν έχουμε κάποιο ζήτημα μαζί τους. Στα παιδιά μιλάμε με έναν συγκεκριμένο τρόπο, κρύβοντας κάποια πράγματα που θεωρούμε ακατάλληλα γι' αυτά. Γονείς, συγγενείς και οικογένειες κρύβουν κάποιες έως πάρα πολλές πτυχές του εαυτού τους, γιατί υπάρχει η ντροπή. Δε λένε δηλαδή, κάποια μυστικά και πράγματα που έκαναν στο παρελθόν γιατί ντρέπονται. Έχουν διάφορα «πρέπει» και φόβους, καθώς φοβούνται να δουν οι συγγενείς τους το πραγματικό πρόσωπό τους. Είναι σίγουρο ότι όλα αυτά τα έχετε παρατηρήσει έστω και σε έναν μικρό βαθμό στις σχέσεις με την οικογένειά σας, τους φίλους, τους συναδέλφους κτλ. Επομένως, σ' αυτές τις ανθρώπινες σχέσεις όλοι μας διατηρούμε ένα προσωπείο, είτε είναι μικρό και λεπτό, είτε είναι μεγάλο και αδιαπέραστο. Όλοι μας επιλέγουμε μία πλαστή εικόνα που είναι βολική και αμυντική ως προς την πιθανή κριτική, όσο καλή και να είναι ή και να φαίνεται αυτή η σχέση.

Στη σχέση με τον πλήρη αντανακλαστικό εαυτό μας όμως δεν υπάρχουν μυστικά, ψέματα, απόκρυψη της αλήθειας και φόβοι. Οτιδήποτε ντροπιαστικό έχουμε κάνει, έχει ειπωθεί μεταξύ μας. Υπάρχει γυμνή, ξεκάθαρη και αγνή αλήθεια. Ακόμα και οι πιο διεστραμμένες σκέψεις μας, που όλοι μας έχουμε κι ας μη θέλουν πολλοί να το παραδεχτούν, έχουν φανερωθεί και μάλιστα δεν υπάρχει καμία κριτική μεταξύ μας. Σε τέτοιο επίπεδο λοιπόν, μπορούμε να φτάσουμε μόνο με τον πλήρη αντανακλαστικό εαυτό μας (θα το κατανοήσετε καλύτερα στη συνέχεια που θα μιλήσουμε εκτενώς για την απογύμνωση).

Η Κοινη Ζωη Σε Καθε Επιπεδο

Με βάση τα παραπάνω, προκύπτει και ο τελευταίος λόγος για τον οποίο μπορούμε να βιώσουμε πραγματική αγάπη με κάθε έννοια της λέξης αποκλειστικά και μόνο με τον σύντροφό μας. Ο λόγος αυτός είναι ότι οι συγγενείς, οι φίλοι, οι συνάδελφοι και όλοι οι άλλοι άνθρωποι στη ζωή μας, εκτός από τον πλήρη αντανακλαστικό εαυτό μας, κάνουν διαφορετική ζωή από εμάς. Δηλαδή, ζουν με άλλους ανθρώπους σε άλλο σπίτι, έχουν άλλη οικογένεια, άλλο επάγγελμα, άλλα «θέλω», άλλους στόχους και άλλον σκοπό ζωής. Έτσι, αν κάποιος από αυτούς φύγει από τη ζωή μας μπορεί να στενοχωρηθούμε, αλλά μετά θα συνεχίσουμε τη ζωή μας κανονικά, γιατί με αυτούς τους ανθρώπους μοιραζόμαστε απλά κάποιες μόνο στιγμές και δεν είμαστε βαθιά συνδεδεμένοι.

Ο πλήρης αντανακλαστικός εαυτός μας όμως, είναι ο μόνος άνθρωπος με τον οποίο δεν μπορούμε να διανοηθούμε να μην είμαστε μαζί και με τον οποίο μπορούμε να ζούμε κυριολεκτικά κάθε στιγμή της ζωής μας ολικά μαζί. Αν δεν ξαναδούμε άλλους ανθρώπους δεν έγινε και τίποτε (όσο σκληρό και να ακούγεται σε κάποιους), ενώ ο πλήρης αντανακλαστικός εαυτός μας είναι η ζωή μας.

Παραδείγματος χάριν, αν μετακομίσουμε σε μία άλλη χώρα, με δύσκολη πρόσβαση στη χώρα όπου είναι η οικογένεια και οι φίλοι μας, δε θα έχουμε κανένα πρόβλημα, καθώς, ως ώριμοι άνθρωποι, δεν έχουμε καμία απολύτως ανάγκη να είμαστε στην ίδια χώρα ή πόλη με αυτούς τους ανθρώπους. Θα μιλάμε διαδικτυακά, θα υπάρχει η επαφή και η αλληλοβοήθεια και δε θα υπάρχει θέμα. Θα διατηρηθεί μία ουσιαστική σχέση όσο αυτό είναι δυνατόν. Αντιθέτως, με τον πλήρη αντανακλαστικό εαυτό μας θέλουμε να περνάμε κάθε στιγμή της ημέρας μαζί και δε νοείται σενάριο απομάκρυνσης του ενός από τον άλλον λόγω συνειδητής επιλογής και αγάπης και όχι ανασφάλειας. Θα το αναλύσουμε και αυτό περισσότερο στη συνέχεια, στην εξήγηση της αλληλοπληρότητας.

Οπότε, βλέπετε ότι εκτός από τον εαυτό μας, μπορούμε να αγαπήσουμε πραγματικά, ολικά και ανιδιοτελώς έναν μόνο άνθρωπο στη ζωή και αυτός είναι ο πλήρης αντανακλαστικός εαυτός μας. Όχι οποιοσδήποτε ερωτικός σύντροφος, αλλά ο πλήρης αντανακλαστικός εαυτός μας. Μπορούμε να ερωτευτούμε πολλούς ανθρώπους, όπως είπαμε παραπάνω, αλλά μπορούμε να αγαπήσουμε και να παραμείνουμε ερωτευμένοι για όλη μας τη ζωή αποκλειστικά και μόνο με τον πλήρη αντανακλαστικό εαυτό μας.

Φυσικά, όπως αναφέραμε και προηγουμένως, υπάρχουν και άλλα είδη αγάπης, όπως η γονική - που είναι παράλληλα σπουδαιότατο και αξεπέραστο έργο και υποχρέωση ανατροφής των παιδιών - και η φιλική, αλλά στην ουσία η αγάπη εδώ δεν είναι αγάπη με κάθε έννοιά της, όπως για παράδειγμα την ερωτική/σεξουαλική και πνευματική ένωση και απογύμνωση, που περιλαμβάνει η αγάπη για τον εαυτό μας και τον πλήρη αντανακλαστικό εαυτό μας.

Σ' αυτές τις περιπτώσεις δηλαδή, γίνεται απλή χρήση της λέξης της αγάπης και όχι με όλους τους ορισμούς που δώσαμε παραπάνω, αλλά με κάποιους από αυτούς, όπως είναι η βοήθεια, η στήριξη και η φροντίδα. Αυτό συμβαίνει γιατί έχουμε συνηθίσει να χρησιμοποιούμε τη λέξη «αγάπη», χωρίς όμως να κατανοούμε πραγματικά τη σημασία της.

Δυνατό ενδιαφέρον και συμπόνια μπορούμε να έχουμε για λίγους κοντινούς ανθρώπους και έπειτα και να επεκταθεί για περισσότερους, λόγω της αξίας της βοήθειας και συνεισφοράς που όλοι έχουμε μέσα μας...

Έτσι, εμείς γράφουμε αυτό το βιβλίο για να σας βοηθήσουμε και να συνεισφέρουμε στον κόσμο, γιατί ενδιαφερόμαστε για τους ανθρώπους. Δε θα πούμε όμως ψέματα ότι σας αγαπάμε για να κερδίσουμε αναγνώστες, γιατί αυτό δεν ισχύει. Δε σας ξέρουμε και δεν έχουμε δεμένες σχέσεις μ' εσάς. Μπορούμε όμως, να ενδιαφερόμαστε για εσάς και για τη συνολική βελτίωση της ανθρωπότητας και αυτό κάνουμε ειλικρινά και αυθεντικά. Το ίδιο ισχύει και όταν θα βοηθήσουμε έναν άστεγο στον δρόμο ή θα δώσουμε ρούχα σε μία εκκλησία που βοηθάει ανθρώπους ή θα βοηθήσουμε οικονομικά μία φιλανθρωπική οργάνωση ή θα δώσουμε αίμα σε κάποιον άνθρωπο που το έχει ανάγκη ή θα βοηθήσουμε και θα στηρίξουμε με κάποιον τρόπο την οικογένεια και τους φίλους ή θα βοηθήσουμε στην εργασία μας έναν συνάδελφο σε μία δουλειά που έχει να κάνει και δυσκολεύεται. Όλα αυτά εκδηλώνουν ενδιαφέρον, συμπόνια και στήριξη, και είναι ζωτικής σημασίας. Είναι στοιχεία της αγάπης, αλλά όχι αγάπη με κάθε έννοιά της. Όπως είδαμε παραπάνω, η αγάπη είναι πολλά περισσότερα από απλό ενδιαφέρον, συμπόνια και στήριξη.

Αυτό λοιπόν είναι τόσο σημαντικό να το κατανοήσουμε και το επαναλαμβάνουμε πολλές φορές, γιατί αν πιστεύουμε ότι η αγάπη είναι ένα βίωμα που μπορούμε να ζήσουμε ολικά με τον οποιονδήποτε, τότε το μόνο που κάνουμε είναι να υποτιμάμε και να υποβιβάζουμε την αγάπη. Αποτέλεσμα είναι να μην τη βιώσουμε ποτέ, γιατί θα οδηγούμαστε από μία τελείως εγκλωβιστική πεποίθηση μετατροπής της αγάπης σε ένα καθημερινό συναίσθημα που έρχεται και φεύγει ή σε μία απλή λέξη χωρίς νόημα και βάθος.

Αν πιστεύουμε ότι μπορούμε να βιώσουμε την αγάπη με οποιονδήποτε άνθρωπο, τότε δεν ξέρουμε τι είναι πραγματικά η αγάπη. Αυτό συμβαίνει, γιατί δεν είχαμε ποτέ καμία εμπειρία πραγματικής αγάπης. Συνήθως, οι περισσότεροι άνθρωποι νομίζουν ότι μπορούν να αγαπούν ολικά πολλούς ανθρώπους, γιατί δεν έχουν βιώσει ποτέ πραγματική, ανιδιοτελή αγάπη με τον πλήρη αντανακλαστικό εαυτό τους, καθώς δεν έχουν βρει ακόμη τον πλήρη αντανακλαστικό εαυτό τους. Έτσι, κρίνουν την αγάπη με βάση τις περιορισμένες και περιοριστικές εμπειρίες τους που δεν περιλαμβάνουν αγάπη. Επειδή δεν αγαπούν πραγματικά τον εαυτό τους ή δεν έχουν βρει τον πλήρη αντανακλαστικό εαυτό τους, τρέχουν σε γονείς, παιδιά, φίλους, γνωστούς και αγνώστους για να πάρουν επιβεβαίωση και αποδοχή και έτσι να νιώσουν ότι αξίζουν (όλα αυτά εξηγήθηκαν στα δύο πρώτα κεφάλαια). Αυτήν την αποδοχή, την επιβεβαίωση και την κάλυψη κατώτερων αναγκών τους, τη συγχέουν με την αγάπη. Μ' αυτόν τον τρόπο, η αγάπη έχει παρεξηγηθεί και ελάχιστοι άνθρωποι τη βιώνουν. Οι σχέσεις όμως, που χτίζονται με σκοπό την κάλυψη κατώτερων αναγκών και λόγω παρερμήνευσης της αγάπης καταλήγουν να είναι μη υγιείς και εντελώς προβληματικές...

Λόγω της παρερμήνευσης της αγάπης μπορούν να συμβούν τα εξής:

α) Κάποια παιδιά παραμένουν προσκολλημένα στους γονείς τους και δεν ενηλικιώνονται πραγματικά κι ας είναι είκοσι, τριάντα και σαράντα χρονών. Δεν πραγματοποιούν τα όνειρά τους, γιατί προσπαθούν να ικανοποιήσουν τα φοβισμένα «θέλω» των γονιών τους. Τα παιδιά προορίζονται να φύγουν από τους γονείς και να χτίσουν τη δική τους ζωή με τον πλήρη αντανακλαστικό εαυτό τους (αυτός είναι και ένας από τους λόγους που δεν μπορεί μία σχέση μεταξύ γονιών και παιδιών να έχει τόση δυνατή σύνδεση όσο η συντροφική). Μόνο αν φύγουν, θα μπορέσουν να γίνουν πραγματικοί πνευματικοί ενήλικες και δυνατοί και υπεύθυνοι άνθρωποι. Αν δεν αποκολληθούν από τους γονείς και μπερδέψουν το απλό ενδιαφέρον και τη φροντίδα με αγάπη και ένωση, δε θα ενηλικιωθούν ποτέ και θα δημιουργούν συνεχώς μη υγιείς ερωτικές σχέσεις.

β) Πολλοί γονείς παραμένουν προσκολλημένοι στα παιδιά τους και το μόνο που καταφέρνουν είναι να δημιουργούν πίεση στη σχέση. Μάλιστα, κάποιοι άνθρωποι γεννούν παιδιά για να καλύψουν τα κενά τους, όντας σε έναν γάμο δυστυχίας, και για να έχουν κάποιον να τους φροντίζει στα γεράματά τους. Προσπαθούν να επιβάλλουν την «αγάπη», λόγω δικών τους εγωιστικών πεποιθήσεων και των εσωτερικών κενών. Θέλουν να έχουν την ψευδή αίσθηση εξουσίας ότι τα παιδιά τους τούς ανήκουν, για να νιώθουν «καλά» μέσα στη μιζέρια τους. Ωστόσο, αν η σχέση με τον σύντροφό τους ήταν σχέση πραγματικής αγάπης, δε θα συνέβαινε ποτέ κάτι τέτοιο. Η αγάπη δεν μπορεί να επιβληθεί. Η αγάπη βιώνεται με ελευθερία.

γ) Διάφοροι φίλοι παραμελούν τη σχέση με τον σύντροφό τους, γιατί θεωρούν την παροδική ή και την πιο ουσιαστική φιλία, πιο σημαντική από τη συντροφική σχέση και φοβούνται τη δύναμη της πραγματικής και ολικής ένωσης με έναν άνθρωπο (τον σύντροφό τους). Φοβούνται την απογύμνωση μπροστά στον σύντροφό τους και επιλέγουν απλά την παροδική καλοπέραση με φίλους. Έτσι, δεν μπορούν να ενωθούν με τον σύντροφό τους και καταλήγουν να χωρίζουν συνεχώς, αλλάζοντας ερωτικούς συντρόφους πολύ συχνά...

Αυτά, δυστυχώς, κάνει η παρερμήνευση της αγάπης και είναι το θέμα για το οποίο είμαστε περισσότερο παθιασμένοι, γιατί η αγάπη είναι ιερή στη ζωή και το ξέρουμε, επειδή βιώνουμε πραγματική και ανιδιοτελή αγάπη σε κάθε κύτταρο του «είναι» μας.

Αν έχουμε την οπτική της «αγάπης για όλους» στη ζωή, το μόνο που καταφέρνουμε είναι να χτίζουμε μη υγιείς σχέσεις καταπίεσης ή ανούσιες και ανώριμες σχέσεις, όσο κι αν αυτό φαίνεται περίεργο. Η παρερμήνευση της αγάπης οδηγεί σε εξαρτήσεις και αλληλοεξάρτηση, σε συμβιβασμούς και μιζέρια, σε κτητικότητα και χειραγώγηση, σε στασιμότητα και εγκλωβισμό και σε μία ανώριμη και αδύναμη νοοτροπία ανάγκης άλλων ανθρώπων.

Για να έχουμε υγιείς σχέσεις και με τον πλήρη αντανακλαστικό εαυτό μας, και με την οικογένεια, και με φίλους, και με γνωστούς κτλ., τότε είναι σημαντικό να κατανοήσουμε τη φύση και τα όρια που έχει κάθε μία από αυτές τις σχέσεις. Όσο πιο πολύ ενωνόμαστε με τον σύντροφό μας και κατανοούμε τη σπουδαία μοναδικότητα και ελευθερία της σχέσης μας, τόσο πιο εύκολα θα δημιουργούμε και άλλες υγιείς σχέσεις στη ζωή μας, που έχουν υγιή όρια. Χρειάζεται λοιπόν τεράστια προσοχή, γιατί είναι τραγικό να δέχεται η αγάπη τέτοιον υποβιβασμό και μάλιστα να μην το κατανοούν καθόλου αυτοί που την υποβιβάζουν.

Αν όλοι μας κατανοήσουμε τις δύο αυτές αλήθειες:

1. ότι η αγάπη βιώνεται πραγματικά και ολοκληρωτικά μόνο με τον πλήρη αντανακλαστικό εαυτό μας και

2. ότι μπορούμε να ενδιαφερόμαστε και να βοηθάμε πολλούς ανθρώπους, ακόμη κι αν δεν τους ξέρουμε προσωπικά, τότε φανταστείτε πόσο πιο όμορφος και υγιής μπορεί να γίνει ο κόσμος. Αντί να χάναμε τον χρόνο μας σε μη υγιείς σχέσεις διαστρεβλωμένης αγάπης και ανάγκης αποδοχής, θα αξιοποιούσαμε τον χρόνο και την ενέργειά μας στη σχέση πραγματικής ανιδιοτελούς αγάπης με τον πλήρη αντανακλαστικό εαυτό μας, αλλά και σε σχέσεις αγνού ενδιαφέροντος και υγιούς συνεργασίας με πολλούς άλλους ανθρώπους.

Επομένως, όταν λέτε «σ' αγαπώ» στον σύντροφό σας (τον πλήρη αντανακλαστικό εαυτό σας), να γνωρίζετε με απόλυτη βεβαιότητα ότι εννοείτε την αγάπη με κάθε μία έννοιά της. Να γνωρίζετε ότι είστε ένα και το αυτό με τον σύντροφό σας. Αν λέτε «σ' αγαπώ» σε άλλους ανθρώπους (οικογένεια, φίλους κτλ.), να γνωρίζετε ότι εδώ η αγάπη δεν εκφράζει απόλυτη ένωση και έχει όρια. Μην ξεστομίζετε αυτήν τη λέξη χωρίς ουσία και γνώση. Χρησιμοποιήστε τη με αλήθεια και μόνο στους ανθρώπους που πραγματικά αγαπάτε. Αυτή είναι τροφή για σκέψη.

Ώρα για ενδοσκόπηση

- Εσείς αγαπάτε τον εαυτό σας; Αν ναι, πώς ακριβώς εκφράζετε αυτήν την αγάπη; Αν όχι, γιατί;
- Αγαπάτε τον σύντροφό σας; Αν ναι, πώς ακριβώς εκφράζετε αυτήν την αγάπη; Αν όχι, γιατί;
- Βιώνετε πραγματική αγάπη; Αν ναι, πώς ακριβώς τη βιώνετε; Αν όχι, γιατί;
- Παρερμηνεύετε την αγάπη; Έχετε ανούσιες σχέσεις και σχέσεις εξάρτησης είτε με τον σύντροφό σας, είτε με άλλους ανθρώπους, όπως την οικογένειά σας, επειδή παρερμηνεύετε την αγάπη;
- Ποια είναι η άποψή σας για την αγάπη; Ποια είναι η αλήθεια της αγάπης;
- Τι χρειάζεται να κάνετε για να αγαπήσετε τον εαυτό σας; Μήπως δε χρειάζεται να κάνετε τίποτα και απλά να αγαπάτε τον εαυτό σας όπως ακριβώς είναι;
- Τι χρειάζεται να κάνετε για να αγαπήσετε τον σύντροφό σας; Μήπως δε χρειάζεται να κάνετε τίποτα και απλά να αγαπάτε τον σύντροφό σας όπως ακριβώς είναι;
- Τι χρειάζεται να κάνετε για να εκφράζετε την αγάπη σας περισσότερο στην καθημερινότητά σας και στη σχέση με τον πλήρη αντανακλαστικό εαυτό σας;

4.1.4 Επιπλέον στοιχεία της αγάπης

Ας δούμε λοιπόν κάποια επιπλέον στοιχεία της αγάπης, που παράλληλα επεξηγούν περισσότερο κάποιους από τους ορισμούς που δώσαμε προηγουμένως. Αυτό θα σας βοηθήσει να αποκτήσετε μία ακόμα πιο ξεκάθαρη εικόνα και να πάψετε να υποβιβάζετε ασυνείδητα την αγάπη, αν βέβαια το κάνετε. Αν δεν υποβιβάζετε την αγάπη, και πάλι πιστεύουμε ότι τα παρακάτω θα σας βοηθήσουν εξίσου.

1) Η αγάπη προϋποθέτει να αποδεχόμαστε ανιδιοτελώς τον σύντροφό μας. Να αποδεχόμαστε τον σύντροφό μας με όλα τα λάθη και τα ελαττώματά του, χωρίς να θέλουμε να τον αλλάξουμε. Προσοχή όμως εδώ. Η ανιδιοτελής αποδοχή είναι το να αποδεχόμαστε τον σύντροφό μας ως έναν ατελή άνθρωπο με αδυναμίες. Δεν είναι όμως η αποδοχή της στασιμότητας, του συμβιβασμού, της ηλιθιότητας, της μη θέλησης για αλλαγή, της ανευθυνότητας και της αυτοϋποτίμησης.

Αποδεχόμαστε λοιπόν, τον σύντροφό μας με όλα τα ελαττώματά του, και αυτό είναι ανιδιοτελής αποδοχή. Δεν αποδεχόμαστε όμως ο σύντροφός μας να μένει στάσιμος, να υποτιμά τον εαυτό του, να μη βελτιώνεται, να μην παίρνει την ευθύνη του εαυτού του και να πέφτει χαμηλά, και αυτό είναι ανιδιοτελής αγάπη. Δηλαδή, δεν αποδεχόμαστε ο σύντροφός μας να είναι κάτι λιγότερο από αυτό που πραγματικά είναι και να υποτιμά την αξία του, όπως κάνουμε το ίδιο και για τον εαυτό μας. Αν τα αποδεχτούμε όλα αυτά, σημαίνει ότι στηρίζουμε τον υποβιβασμό του και δεν τον αγαπάμε. Γιατί όταν αγαπάμε πραγματικά τον σύντροφό μας, σημαίνει ότι τον βοηθάμε, τον στηρίζουμε, τον εμπνέουμε, τον ωθούμε σε βελτίωση, τον παρακινούμε να εξελιχθεί, τον ταρακουνάμε, του λέμε την ωμή αλήθεια και κυρίως τον προκαλούμε να βελτιωθεί και να προοδέψει. Αγκαλιάζουμε κάθε αρνητικό στοιχείο, αλλά όχι την αυτοκαταστροφή και την υποτίμηση της αξίας του συντρόφου, γιατί αυτό δεν είναι αγάπη, αλλά αδιαφορία και συμβιβασμός.

Η πρόκληση της εξέλιξης βέβαια είναι δύσκολη και μπορεί να προκαλέσει καβγάδες, αν υπάρχει ανωριμότητα. Γι' αυτόν τον λόγο, χρειάζεται να μην καταφεύγουμε σε κριτική του συντρόφου, αλλά σε βοήθεια και ωμή ειλικρίνεια παράλληλα με σεβασμό. Εκεί φαίνεται η πραγματική αγάπη και η δύναμη του ζευγαριού και αυτή είναι η αγάπη χωρίς όρους και όρια.

Εδώ, χρειάζεται πάλι μεγάλη προσοχή. Το να μην αποδεχόμαστε ο σύντροφός μας να πέφτει χαμηλά, δεν είναι κάποιος όρος. Αν ήταν όρος σημαίνει ότι τον αγαπάμε μόνο αν συμπεριφέρεται όπως θέλουμε εμείς. Δεν είναι όμως έτσι τα πράγματα. Αυτό που συμβαίνει είναι ότι επειδή τον αγαπάμε πραγματικά, θέλουμε να τον βοηθήσουμε όταν υποβιβάζει την αξία του. Έτσι, δε δεχόμαστε να συνεχίσει τον υποβιβασμό του εαυτού του και κάνουμε οτιδήποτε μπορούμε για να τον ταρακουνήσουμε με υγιή τρόπο. Δεν τον απειλούμε ότι θα χωρίσουμε αν δεν αλλάξει, ούτε χρησιμοποιούμε τη χειραγώγηση με οποιονδήποτε τρόπο, αλλά τον στηρίζουμε να εξελίξει τον εαυτό του με κάθε τρόπο που μπορεί.

Για παράδειγμα, στη μεταξύ μας σχέση, ένας από εμάς ήταν οξύθυμος, με αποτέλεσμα να υποτιμά την αξία του, θυμώνοντας με το παραμικρό. Αυτό φυσικά προκαλούσε φθορές στη σχέση μας. Οπότε, ναι μεν αποδεχόμασταν το γεγονός ότι υπάρχει η αδυναμία διαχείρισης του θυμού, αλλά δεν αποδεχόμασταν να συνεχιστεί αυτή η κατάσταση. Η αγάπη μάς βοήθησε να λύσουμε αυτό το θέμα με μεγάλη πρόκληση και, φυσικά, με ωμή ειλικρίνεια. Αν δεν υπήρχε αγάπη, απλά ο ένας από εμάς θα συμβιβαζόταν και έτσι ο θυμός θα συνέχιζε να παίρνει μεγάλες διαστάσεις. Αυτό θα οδηγούσε πιθανά σε χωρισμό ή μία μίζερη σχέση που θα συμβιβαζόμασταν με την έλλειψη αυτοελέγχου και τη συναισθηματική ανωριμότητα. Η αγάπη όμως, ήταν και είναι ο οδηγός της επίλυσης κάθε αρνητικής συμπεριφοράς. Αυτό σημαίνει ότι η αγάπη δεν έχει όρια και μπορεί με ωμή δύναμη να αντιμετωπίσει οτιδήποτε αρνητικό...

Κάτι επιπλέον που χρειάζεται να κατανοήσουμε για την αγάπη είναι ότι είναι πάντα και εξ ορισμού ανιδιοτελής. Δηλαδή, δεν υπάρχει αγάπη που να μην είναι ανιδιοτελής. Αν αγαπάμε αληθινά τον σύντροφό μας, τον αγαπάμε ανιδιοτελώς, διαφορετικά δεν τον αγαπάμε πραγματικά. Παραδείγματος χάριν, είτε ο σύντροφός μας μάς μιλήσει όμορφα, είτε μας μιλήσει άσχημα, είτε κάνει αυτό που θέλουμε, είτε αυτό που δε θέλουμε, εμείς τον αγαπάμε και είμαστε εκεί γι' αυτόν. Κατανοούμε τα λάθη, τα συγχωρούμε και μαζί βρίσκουμε τη λύση σε κάθε δυσκολία. Όπως είπαμε παραπάνω, βοηθάμε ο ένας τον άλλον να βελτιωθεί και όταν υπάρξει υποτίμηση της αξίας μας, δε συμβιβαζόμαστε, ούτε αδιαφορούμε, αλλά ταρακουνάμε με υγιή τρόπο τον σύντροφό μας. Αυτή είναι μία σχέση χωρίς προσωπικό συμφέρον, αλλά με αγνά κίνητρα αγάπης και προόδου.

Επομένως, η μόνη μορφή αγάπης που υπάρχει είναι η ανιδιοτελής. Οτιδήποτε άλλο, δεν είναι αγάπη και είναι απλά λόγια του αέρα. Σκεφτείτε γιατί πολλοί άνθρωποι θεωρούν τους σκύλους ως τους καλύτερους φίλους τους. Επειδή νομίζουν πως οι σκύλοι δείχνουν ανιδιοτελή αγάπη, καθώς δεν έχουν εγωισμό. Το μόνο που ζητάνε είναι να φάνε, να πάνε «τουαλέτα» και να παίξουν. Αυτό όμως είναι στην ουσία μία πολύ μικρή και ασήμαντη σχέση και φυσικά δεν πρόκειται για ανιδιοτελή αγάπη, αλλά για προσπάθεια κάλυψης κενών ανθρώπινης και πραγματικής αγάπης.

Στην ανιδιοτελή αγάπη, δε σημαίνει ότι δεν υπάρχει εγωισμός, γιατί όλοι μας έχουμε εγωισμό. Η ανιδιοτελής αγάπη είναι όταν επιλέγουμε να βάζουμε κάθε μία ημέρα κάτω τον εγωισμό μας για τη σχέση και τον σύντροφό μας. Εκεί φαίνεται η άνευ όρων αγάπη, στη δύναμή μας να υπερνικάμε τον εγωισμό και κάθε κατώτερο στοιχείο της ύπαρξής μας, έχοντας πλήρη έλεγχο του εαυτού μας. Να βάζουμε τα «θέλω» του συντρόφου μας πάνω από τα δικά μας, σε σημείο που έχουμε ενωθεί τόσο πολύ και τα «θέλω» μας είναι πλέον απολύτως κοινά.

Οπότε, εμείς χρησιμοποιούμε τις λέξεις «ανιδιοτελής» και «πραγματική», όταν αναφερόμαστε στην αγάπη, για να δώσουμε έμφαση και όχι γιατί υπάρχει κάποιο κατώτερο είδος αγάπης, που δεν είναι πραγματική και ανιδιοτελής. Οπότε, αν βιώνετε αγάπη, τότε είναι πραγματική και ανιδιοτελής, αλλιώς κάτι έχετε μπερδέψει μέσα σας...

2) Η αγάπη δεν είναι κάτι που περιμένουμε να το «γιορτάσουμε» μία ημέρα του χρόνου, που θα πάρουμε σοκολατάκια στον σύντροφό μας για να του δείξουμε ότι ενδιαφερόμαστε. Η αγάπη είναι ένα συνεχές βίωμα που δυναμώνει κάθε ημέρα. Αν δεν είναι ένα συνεχές βίωμα, τότε δεν είναι αγάπη. Η αγάπη φαίνεται στην καθημερινότητα, στις μικρές στιγμές, στις μεγάλες στιγμές, στα όμορφα, στα άσχημα, στα εύκολα, στα δύσκολα και όχι σε ειδικές περιστάσεις. Αν αγαπάτε πραγματικά, σημαίνει ότι το εκφράζετε με οποιονδήποτε αυθεντικό τρόπο μπορείτε κάθε ημέρα και κάθε στιγμή.

3) Η αγάπη δεν είναι παροδική, δεν ελαττώνεται, δεν εξασθενεί και δεν παύει να υπάρχει. Δεν είναι κάτι που νιώθουμε μία χρονική περίοδο και δε νιώθουμε μία άλλη χρονική περίοδο. Δεν είναι κάτι που έρχεται και φεύγει. Είναι μόνιμη, δυνατή, άπειρη και συνεχώς αναπτυσσόμενη. Η αγάπη μπορεί μόνο να αυξάνεται, να μεγαλώνει, να ομορφαίνει και να εξελίσσεται. Η πορεία που ακολουθεί η αγάπη είναι μόνο ανοδική. Είναι δύσκολο να μπορέσουμε ως ατελείς άνθρωποι να ανταπεξέλθουμε στη δύναμη της αγάπης, καθώς είναι από τη φύση της αξεπέραστη. Έτσι, μπορεί κάποια στιγμή να θυμώσουμε, να καβγαδίσουμε και να φερθούμε ανώριμα. Η αγάπη είναι αυτή που είτε μας αποτρέπει να κάνουμε τέτοια λάθη, είτε μας βοηθάει να τα διορθώσουμε αν τα κάναμε. Η αγάπη λοιπόν, μας βοηθάει να προοδέψουμε με κάθε τρόπο, καθώς είναι στοιχείο της ίδιας της ύπαρξής μας.

4) Η αγάπη με τον πλήρη αντανακλαστικό εαυτό μας νικάει κάθε δυσκολία, κάθε πρόκληση και κάθε πρόβλημα. Ξεπερνάει κάθε εμπόδιο. Κάνει τα αδύνατα δυνατά. Κατορθώνει το ακατόρθωτο. Μέσα από την αγάπη με τον πλήρη αντανακλαστικό εαυτό μας, τα πάντα είναι εφικτά και δυνατά στη ζωή. Η αγάπη είναι απεριόριστη και ελεύθερη και αυτήν την απεραντοσύνη και την ελευθερία της αγάπης μπορούμε να την εκφράσουμε όλοι μας ενσαρκώνοντας την αγάπη στη συντροφική σχέση μας. Η αγάπη είναι αναπόσπαστο μέρος της ταυτότητας και της αλήθειας μας. Βρισκόμαστε στη ζωή για να αγαπάμε και να αγαπιόμαστε και έτσι να δημιουργούμε θαύματα αγάπης με τον πλήρη αντανακλαστικό εαυτό μας, που βοηθούν και άλλους ανθρώπους να ζήσουν τη ζωή τους με αγάπη.

Όλα τα παραπάνω αφορούν σε έναν βαθμό εκτός από τη συντροφική αγάπη και κάθε άλλο «είδος» αγάπης, αρκεί η αγάπη να μην παρερμηνεύεται. Και φυσικά, είναι ακόμα πιο δυνατά και έντονα με τον πλήρη αντανακλαστικό εαυτό μας.

Ώρα για ενδοσκόπηση

- Πώς αντανακλούν στην καθημερινότητά σας όλα τα παραπάνω; Τα βιώνετε; Δεν τα βιώνετε; Έχετε πίστη στην αγάπη ή όχι;
- Περιμένετε μια ημέρα του χρόνου για να γιορτάσετε την αγάπη και τον έρωτα ή βιώνετε αγάπη καθημερινά στη ζωή σας;
- Έχετε ξεπεράσει δυσκολίες χάρη στη δύναμη της αγάπης; Αν ναι, ποιες και πώς ακριβώς το κάνατε; Αν όχι, γιατί;
- Έχετε κατορθώσει τα «ακατόρθωτα» λόγω της αγάπης με τον σύντροφό σας; Αν ναι, πώς ακριβώς το κάνατε; Αν όχι, γιατί;
- Τι χρειάζεται να κάνετε για να δυναμώσει η αγάπη σας;

Με βάση οτιδήποτε αναπτύξαμε μέχρι στιγμής για την αγάπη, αλλά και σε προηγούμενα κεφάλαια, μπορούμε να συνοψίσουμε τους κυριότερους τρόπους με τους οποίους μπορούμε να βιώσουμε την αγάπη και πώς αυτή εκφράζεται στην καθημερινότητά μας, για να δείτε αν στη σχέση σας υπάρχει όντως αγάπη.

1) Ανιδιοτελής αποδοχή του συντρόφου με ωμή ειλικρίνεια και χωρίς μάσκες υποκρισίας, απαιτήσεις και κανόνες. Ολική απογύμνωση ανάμεσά μας. Για παράδειγμα, δεν κρύβουμε τίποτα από τον σύντροφό μας, ακόμη κι αν φαίνεται ντροπιαστικό.

Εσείς αποκαλύπτετε τα πάντα στον σύντροφό σας κάθε ημέρα;

2) Επειδή υπάρχει απόλυτη ειλικρίνεια μεταξύ μας, γνωρίζουμε όλα τα αρνητικά και «σκοτεινά» στοιχεία του συντρόφου μας και συγχωρούμε τα πάντα. Δεν κρατάμε κακίες και δεν ασχολούμαστε με μικρότητες. Συγχωρούμε και λέμε «ευχαριστώ» για τη ζωή μας. Για παράδειγμα, συγχωρούμε τα λάθη που έκανε ο σύντροφός μας στο παρελθόν και αυτά που κάνει σήμερα, χωρίς να εστιάζουμε σε αυτά, αλλά στη βελτίωσή μας και στην ομορφιά της ζωής μας.

Λέτε «συγνώμη», «συγχωρείτε» και «ευγνωμονείτε» κάθε ημέρα;

3) Βοήθεια με οποιονδήποτε τρόπο χωρίς να περιμένουμε αντάλλαγμα. Παραδείγματος χάριν, μπορεί να κάνουμε τις δουλειές του σπιτιού χωρίς να περιμένουμε ο σύντροφός μας να κάνει κάτι για εμάς. Το κάνουμε από αγνή αγάπη.

Βοηθάτε τον σύντροφό σας κάθε ημέρα με όποιον τρόπο μπορείτε, χωρίς κάποιον σκοπό, αλλά λόγω αγάπης;

4) Όμορφα λόγια και όμορφες πράξεις, που συνοδεύονται βέβαια και με αυστηρότητα όταν αυτό ωφελεί την πρόοδο της σχέσης. Τα λόγια και οι πράξεις μας συμβαδίζουν. Δηλαδή, μπορεί να λέμε «μπράβο» στον σύντροφό μας, όταν κάνει κάτι όμορφο, αλλά παράλληλα να τον προκαλούμε, με ευγένεια και σεβασμό βέβαια, όταν κάνει κάτι που δεν αντανακλά την αλήθεια του ή δε βοηθάει τη σχέση μας.

Λέτε «μπράβο», «σ' αγαπώ», «σε λατρεύω» με απόλυτη ειλικρίνεια; Λέτε στον σύντροφό σας ότι θεωρείτε πως χρειάζεται να βελτιωθεί, όταν όντως είναι ανάγκη; Συζητάτε για τη βελτίωση μεταξύ σας;

5) Ο σύντροφός μας είναι εκεί για εμάς σε κάθε στιγμή, είτε είναι στιγμή χαράς είτε δυσκολίας. Το ίδιο κάνουμε κι εμείς γι' αυτόν. Όταν κάποιος από εμάς «πέφτει», ο άλλος είναι εκεί για να τον βοηθήσει να σηκωθεί. Για παράδειγμα, είμαστε αδιάσπαστοι μαζί, και όταν διασκεδάζουμε, αλλά και όταν υπάρχει μία δυσκολία στη ζωή μας, όπως στη δουλειά μας, ή ένα θέμα υγείας. Δεν παρατάμε τον σύντροφο στα δύσκολα.

Περνάτε πανέμορφα και ανεπανάληπτα σε στιγμές χαράς; Στηρίζετε ο ένας τον άλλον, όταν υπάρχει μία δυσκολία ή ένα σοβαρότερο πρόβλημα;

6) Θέλουμε να περνάμε ποιοτικό χρόνο μαζί. Αν δε θέλουμε να περνάμε χρόνο μαζί, τότε μάλλον κρύβεται κάποιο εμπόδιο στη σχέση μας. Όταν υπάρχει αγάπη, όχι απλά θέλουμε να περνάμε χρόνο μαζί, αλλά δε θέλουμε να ξεκολλάμε ο ένας από τον άλλον.

Θέλετε και επιδιώκετε να είστε συνέχεια μαζί ή τουλάχιστον όσο περισσότερο χρόνο γίνεται μαζί;

7) Η σχέση μας είναι σε κάθε περίπτωση πρώτη προτεραιότητα στη ζωή. Κανένας άνθρωπος και καμία κατάσταση δεν μπαίνει ανάμεσά μας ή πάνω από τη σχέση μας. Παραδείγματος χάριν, αν έχουμε να επιλέξουμε ανάμεσα σε μία έξοδο με φίλους ή συγγενείς και σε χρόνο μεταξύ μας ως ζευγάρι, επιλέγουμε χωρίς δεύτερη σκέψη το δεύτερο. Ακόμα πιο βαθιά, είναι η επιλογή και η στήριξη του συντρόφου όταν υπάρχουν θέματα που αφορούν και τρίτους. Το ζευγάρι δηλαδή, δε διχάζεται όταν κάποιος άλλος άνθρωπος πάει να εμπλακεί στη ζωή τους με οποιονδήποτε τρόπο, αλλά οι σύντροφοι παραμένουν ενωμένοι λαμβάνοντας την ευθύνη που τους αναλογεί.

Είναι η σχέση σας και το να είστε μαζί κάθε ημέρα πρώτη προτεραιότητά σας;

8) Η σχέση είναι χώρος ελευθερίας για υγιή έκφραση των συναισθημάτων χωρίς να τα καταπιέζουμε. Δηλαδή, κάθε σύντροφος εκφράζει τα συναισθήματά του χωρίς να δεχτεί κριτική ή να γίνει κάποια φασαρία. Υπάρχει συνέχεια κατανόηση. Για παράδειγμα, αν ένας από εμάς στενοχωρηθεί για κάτι πολύ ασήμαντο, ο άλλος δε θα τον κατακρίνει, αλλά θα τον κατανοήσει και θα τον στηρίξει. Αν πάλι ένας από εμάς θυμώσει με κάτι, ο άλλος θα τον βοηθήσει να ηρεμήσει και δε θα θυμώσει μαζί του. Δε φοβόμαστε, ούτε ντρεπόμαστε να εκφράσουμε αυθεντικά τα συναισθήματά μας. Υπάρχει η αίσθηση της γαλήνης και ειρήνης στη σχέση.

Κατανοείτε τα συναισθήματα του συντρόφου και τον βοηθάτε να αντιμετωπίσει με υγιή τρόπο τις συναισθηματικές εξάρσεις, όταν χρειάζεται;

9) Είμαστε ολικά παρόντες όταν συζητάμε με τον σύντροφό μας και δεν αποσπάμε την προσοχή μας από άλλες σκέψεις μας ή εξωτερικούς παράγοντες. Όταν είμαστε μαζί, είμαστε ολικά μαζί συνδεδεμένοι και ενωμένοι. Παραδείγματος χάριν, όταν συζητάμε με τον σύντροφό μας εστιάζουμε στα λόγια του και όχι στο τι θα κάνουμε αύριο ή τι φαγητό φάγαμε χθες ή στη φασαρία από τα αυτοκίνητα ή στις συζητήσεις άλλων ανθρώπων γύρω μας.

Ζείτε την κάθε στιγμή ολικά συνδεδεμένοι, και όχι αποσυνδεδεμένοι, με τον σύντροφό σας;

10) Δεν υπάρχει καμία ανάγκη να περάσουμε χρόνο μόνοι μας με φίλους και άλλους ανθρώπους ή να κάνουμε κάποιες άλλες δραστηριότητες χωρίς τον σύντροφό μας. Αυτό γιατί δεν υπάρχουν ανάγκες για επιβεβαίωση και αποδοχή από άλλους ανθρώπους ή ανάγκη για απομάκρυνση από τον σύντροφό μας. Αν κάποιος σύντροφος θέλει να περνάει χρόνο με άλλους ανθρώπους χωρίς τον σύντροφό του, σημαίνει ότι έχει να καλύψει κάποια κενά μέσα του. Η πραγματική αγάπη όμως, είναι πλήρης και όποιος τη βιώνει δεν έχει κανένα κενό μέσα του, καθώς είναι πλήρης και απόλυτα ικανοποιημένος με τη ζωή και τη σχέση του. Δηλαδή, κάθε υγιής ανάγκη καλύπτεται από τη σχέση με τον σύντροφο, η σχέση με τον σύντροφο έχει μεγαλύτερη αξία από οτιδήποτε άλλο και ο σκοπός ζωής και σχέσης του ζευγαριού ξεπερνάει κάθε άλλη σχέση στη ζωή. Οπότε, και σε επίπεδο αναγκών (που είναι το χαμηλότερο επίπεδο), και σε επίπεδο αξιών και αρχών, και σε επίπεδο σκοπού ζωής και σχέσης, η σχέση με τον σύντροφο είναι ολοκληρωμένη. Αν υπάρχουν κενά στα παραπάνω, σημαίνει ότι δεν υπάρχει πραγματική αγάπη.

Θέλετε να είστε συνέχεια μαζί με τον σύντροφό σας ή έχετε ανάγκη να περνάτε κάποιες ώρες μακριά του κάθε ημέρα;

Ώρα για ενδοσκόπηση

- Αυτοί λοιπόν, είναι κάποιοι βασικοί τρόποι με τους οποίους μπορούμε να βιώνουμε πραγματική αγάπη. Αναλογιστείτε αν υπάρχουν αυτά τα δέκα στοιχεία στη σχέση σας. Σας δίνουμε κάποιες ακόμα ερωτήσεις για να ασχοληθείτε σε βάθος με αυτό το θέμα, καθώς είναι από τα σημαντικότερα, και για να απαντήσετε ξανά σε αναγκαία ερωτήματα που μπορεί να απαντήσατε μέχρι στιγμής.
- Λέτε ψέματα στον σύντροφό σας; Κρύβετε την αλήθεια από τον σύντροφό σας; Έχετε απαιτήσεις από τον σύντροφό σας;
- Συγχωρείτε τον σύντροφό σας; Του λέτε «ευχαριστώ» ακόμη και για τα πιο απλά και καθημερινά πράγματα που κάνει;
- Βοηθάτε τον σύντροφό σας χωρίς να περιμένετε κάποιο αντάλλαγμα;
- Μιλάτε όμορφα στον σύντροφό σας; Συμπεριφέρεστε όμορφα στον σύντροφό σας; Προκαλείτε τον σύντροφό σας να βελτιωθεί όπου χρειάζεται;
- Είστε πάντα δυνατοί και παρόντες για τον σύντροφό σας ή τα παρατάτε στις δυσκολίες;
- Θέλετε να περνάτε ποιοτικό χρόνο μαζί ή προτιμάτε να είστε χώρια;
- Είναι η σχέση σας πρώτη προτεραιότητα;
- Είστε ελεύθεροι να εκφραστείτε, όπως ακριβώς θέλετε και νιώθετε, στη σχέση σας; Εκφράζετε με άνεση τα συναισθήματά σας ή τα καταπιέζετε; Κατανοείτε ο ένας τον άλλον ή κρίνετε ο ένας τον άλλον;
- Είστε παρόντες όταν συζητάτε ή χάνεστε στις σκέψεις σας και σε εξωτερικούς θορύβους;
- Έχετε ανάγκες για να περνάτε χρόνο με φίλους και άλλους ανθρώπους χωρίς τον σύντροφό σας ή θέλετε να είστε συνέχεια μαζί;
- Αυτές οι ερωτήσεις θα σας βοηθήσουν να κατανοήσετε αν υπάρχει πραγματική και ανιδιοτελής αγάπη στη σχέση σας και πού χρειάζεται να εστιάσετε και να βελτιωθείτε...

4.1.6 Διαφορές έρωτα και αγάπης

Ρωτήσατε τις παραπάνω ερωτήσεις στον εαυτό σας; Ευελπιστούμε πως το κάνατε και δε συνεχίσατε να διαβάζετε απλά το κείμενο. Αν το κάνατε, είναι σίγουρο ότι επωφεληθήκατε με πολλούς τρόπους. Ή συνειδητοποιείτε ότι δε βιώνετε πραγματική αγάπη ή ότι βιώνετε αγάπη και απλά χρειάζεστε μεγάλη βελτίωση ή ότι η αγάπη με τον σύντροφό σας είναι πολύ δυνατή. Σε κάθε περίπτωση, η ενασχόληση μ' αυτές τις ερωτήσεις είναι διαφωτιστική.

Αφού λοιπόν εξετάσατε το αν βιώνετε ή όχι αγάπη στη σχέση σας, είναι ωφέλιμο να δούμε κάποιες βασικές διαφορές του έρωτα και της κατάστασης όπου είμαστε ερωτευμένοι, με την πραγματική συντροφική/ερωτική αγάπη. Έτσι, θα ξεκαθαρίσετε ακόμα περισσότερο την αγάπη μέσα σας και θα μπορέσουμε να πάμε παρακάτω και να μιλήσουμε για την αλληλοπληρότητα.

ΕΡΩΤΑΣ	ΑΓΑΠΗ
1 - Είναι ένα συναίσθημα και σχετίζεται κυρίως με τη σωματική έλξη. Το να είμαστε ερωτευμένοι είναι κάτι που διαρκεί για όλη μας τη ζωή, μόνο όταν υπάρχει πραγματική αγάπη και μόνο με τον πλήρη αντανακλαστικό εαυτό μας.	1 - Είναι μία μόνιμη, ανοδική και εξελικτική κατάσταση και ένας τρόπος ζωής με πληρότητα, αποδοχή, φροντίδα και αδιάσπαστη σύνδεση και ένωση σε κάθε επίπεδο της ύπαρξής μας.
2 - Νομίζουμε ότι γνωρίζουμε τον σύντροφό μας. Οδηγούμαστε από φαντασιώσεις και προσδοκίες για το πώς «πρέπει» να είναι η «ιδανική» σχέση μας.	2 - Γνωρίζουμε πραγματικά και σε βάθος τον σύντροφό μας. Οδηγούμαστε από την αλήθεια. Έχουμε υψηλά πρότυπα (στάνταρντ), τα οποία δημιουργούμε μαζί.
3 - Νομίζουμε ότι όλα είναι «τέλεια» ή ότι πρέπει να είναι «τέλεια» στη σχέση και απογοητευόμαστε όταν βλέπουμε τα ελαττώματα του συντρόφου μας.	3 - Αγαπάμε και αγκαλιάζουμε την ωμή αλήθεια του συντρόφου μας. Γνωρίζουμε ότι δεν υπάρχει τελειότητα.

4 - Νομίζουμε πως η σχέση πρέπει να περιλαμβάνει μόνο «καλά» συναισθήματα, όπως χαρά και ενθουσιασμό, και πως κάθε καβγάς είναι σημάδι ελαττωματικής σχέσης.

4 - Αναγνωρίζουμε ότι τα συναισθήματά μας έρχονται και φεύγουν και οδηγούμαστε από την πληρότητα. Έτσι, ξέρουμε ότι είναι φυσιολογικό να νιώθουμε και άλλα συναισθήματα εκτός από τα «καλά», καθώς και ότι κάποιες στιγμές έντασης μπορεί να είναι εποικοδομητικές για τη σχέση μας.

5 - Περιμένουμε από τον σύντροφό μας να δίνει και όταν εμείς δίνουμε, το κάνουμε γιατί θέλουμε να πάρουμε κάτι πίσω.

5 - Δίνουμε ανιδιοτελώς και έτσι παίρνουμε πολλά, γιατί και ο σύντροφός μας δίνει ανιδιοτελώς.

Αυτές είναι οι πολύ βασικές διαφορές μεταξύ έρωτα και αγάπης και πιστεύουμε ότι θα έχετε ξεκαθαρίσει πολλά πράγματα μέσα σας όσον αφορά τη φύση της αγάπης και την αξία της.

Μιλήσαμε λοιπόν για τον έρωτα, τον πόθο και το πάθος, για το ότι μπορούμε να είμαστε παροδικά ή μόνιμα ερωτευμένοι, για την αγάπη μέσα από πολλούς ορισμούς, για το ότι βιώνουμε ολικά και σε κάθε επίπεδο την αγάπη μόνο με τον πλήρη αντανακλαστικό εαυτό μας, για σημαντικά στοιχεία της αγάπης, για τους τρόπους με τους οποίους βιώνουμε καθημερινά την αγάπη και για τις κύριες διαφορές του έρωτα και της αγάπης. Έτσι, είμαστε έτοιμοι για την ανάπτυξη και την κατανόηση της πληρότητας και αλληλοπληρότητας.

Ώρα για ενδοσκόπηση

- Εσείς κατανοείτε τις διαφορές του έρωτα και της αγάπης; Πώς διακρίνετε και ξεχωρίζετε το καθένα; Συνδέονται αυτά τα δύο μεταξύ τους ή είναι τελείως ξεχωριστά;
- Πώς βιώνετε τον έρωτα με τον σύντροφό σας; Πώς βιώνετε την αγάπη με τον σύντροφό σας;

4.2 Η ατομική πληρότητα
ως πορεία προς την αλληλοπληρότητα

Φτάσαμε λοιπόν, στην ατομική πληρότητα και την αλληλοπληρότητα. Εδώ, πηγαίνουμε ακόμα πιο βαθιά και θα δείτε στη συνέχεια ότι η αγάπη μπορεί να αναπτυχθεί ακόμα περισσότερο απ' όσο την αναπτύξαμε παραπάνω.

Για να μπορέσουμε να κατανοήσουμε την αλληλοπληρότητα, είναι πολύ σημαντικό να κατανοήσουμε πρώτα τι είναι η ατομική πληρότητα στη ζωή. Οπότε, είναι ωφέλιμο να ξεκινήσουμε με το μοντέλο της πληρότητας, το οποίο δημιουργήσαμε εμείς και περιγράφει τα στάδια της ατομικής πληρότητας, έτσι ώστε να μπορέσουμε να φτάσουμε τελικά στην αλληλοπληρότητα με τον πλήρη αντανακλαστικό εαυτό μας.

Όπως βλέπουμε στο παρακάτω σχήμα, υπάρχουν πέντε επίπεδα πληρότητας. Τα πρώτα τέσσερα επίπεδα αφορούν την ατομική πληρότητα και το τελευταίο την αλληλοπληρότητα με τον πλήρη αντανακλαστικό εαυτό μας.

<u>Το μοντέλο της πληρότητας</u>

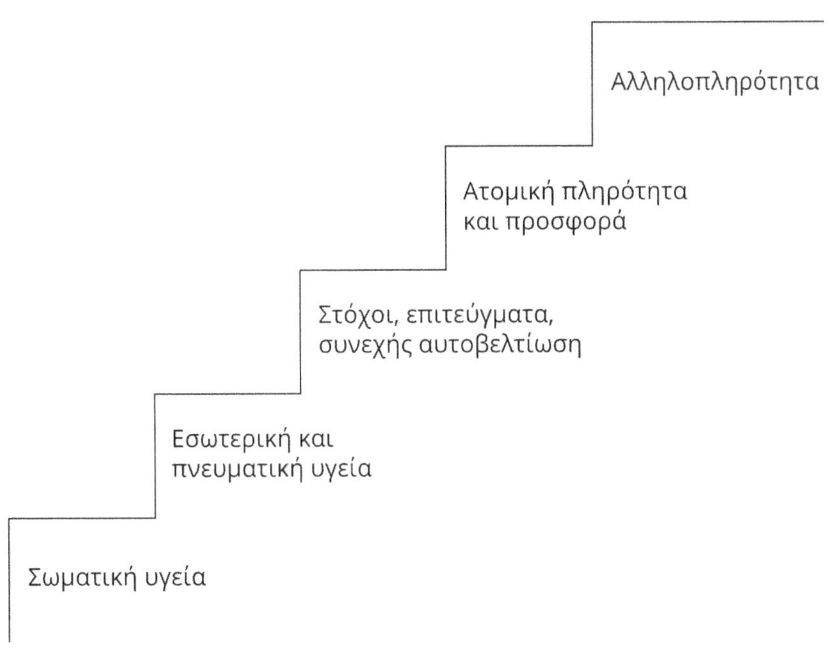

α) Στο πρώτο επίπεδο ατομικής πληρότητας συναντάμε τη σωματική υγεία. Η σωματική υγεία είναι η βάση, καθώς αν δεν είμαστε υγιείς δεν μπορούμε να ασχοληθούμε με βαθύτερα και πιο ουσιαστικά ζητήματα. Αν είμαστε άρρωστοι και αδύναμοι, δύσκολα θα μπορέσουμε να εξελιχθούμε. Δε θα μπορέσουμε να πετύχουμε αυτά που θέλουμε στη ζωή, ούτε και να ενωθούμε έπειτα με τον πλήρη αντανακλαστικό εαυτό μας. Ο στόχος μας θα είναι η θεραπεία και η υγεία, μέχρι να καταφέρουμε να είμαστε υγιείς. Είναι δηλαδή πολύ σημαντικό και μάλιστα αναγκαίο να εξασφαλίσουμε πρώτα τη σωματική υγεία μας, για να μπορέσουμε να προχωρήσουμε παραπέρα.

β) Στο δεύτερο επίπεδο βλέπουμε την εσωτερική υγεία μας. Όταν είμαστε σωματικά υγιείς, μπορούμε έπειτα να ασχοληθούμε πιο ουσιαστικά με τον εαυτό μας και να αναπτύξουμε την αυτογνωσία μας βελτιώνοντας τα ελαττώματά μας. Ένα υγιές σώμα είναι αναγκαίο, αλλά δεν είναι αρκετό αν δεν έχουμε υγιές πνεύμα.

Η εσωτερική και πνευματική υγεία λοιπόν, αφορά το πόσο ισορροπημένοι είμαστε ως άνθρωποι. Αποτελείται δηλαδή από τον απεριόριστο εαυτό μας, τον ισορροπημένο εαυτό μας, τον εξελιγμένο εαυτό μας, τον υπαρξιακό εαυτό μας, τον ανώτερο σεξουαλικό/ερωτικό εαυτό μας και την ανάπτυξη αυτών, όπως εξηγήσαμε στο πρώτο κεφάλαιο. Παράλληλα με την ανάπτυξη των θετικών στοιχείων του εαυτού μας, μαθαίνουμε να διαχειριζόμαστε με υγιή τρόπο τον αντιδραστικό εαυτό μας, τον κατώτερο σεξουαλικό/ερωτικό εαυτό μας και άλλα αδύναμα στοιχεία μας. Σ' αυτό το στάδιο αναπτύσσουμε τον αυτοέλεγχό μας, παίρνουμε ολική ευθύνη της ζωής μας και γινόμαστε πνευματικοί ενήλικες και πραγματικά ώριμοι άνθρωποι. Γνωρίζουμε καλύτερα το παρελθόν μας και την επιρροή του επάνω μας, αναγνωρίζουμε το παρόν και κάνουμε σχέδια για το μέλλον.

Καταλαβαίνετε ότι αυτό το επίπεδο απαιτεί μεγάλη εσωτερική εργασία και είναι πολύ απαιτητικό γενικότερα. Αφορά στην ουσία, όλη την εργασία που χρειάζεται να κάνουμε πάνω στο υλικό των πρώτων τριών κεφαλαίων...

γ) Εφόσον είμαστε σωματικά υγιείς και καλλιεργούμε τον εαυτό μας πνευματικά, τότε μπορούμε να πετύχουμε τους στόχους που θέτουμε στη ζωή μας και να πορευτούμε στο μονοπάτι της συνεχούς αυτοβελτίωσης. Είμαστε ικανοποιημένοι με τον εαυτό μας και έτσι μπορούμε να διαθέσουμε την ενέργειά μας σε περεταίρω πρόοδο, αλλά και εξέλιξη στην κοινωνική, επαγγελματική και οικονομική ζωή μας. Μπορούμε να βρούμε μία καλύτερη εργασία ή να δημιουργήσουμε τη δική μας επιχείρηση, να αποκτήσουμε οικονομική ελευθερία και να δημιουργήσουμε έναν κύκλο από έμπιστους ανθρώπους στη ζωή μας.

Σ' αυτό το επίπεδο λοιπόν, βρίσκουμε τα επιτεύγματά μας. Όμως, είτε πετυχαίνουμε αυτά που θέλουμε, είτε αποτυγχάνουμε πολλές φορές, έχουμε την κατάλληλη ωριμότητα για να δούμε τις αποτυχίες ως μαθήματα και ευκαιρίες εξέλιξης και δεν κρίνουμε ποτέ τον εαυτό μας από τις επιτυχίες και αποτυχίες μας. Αυτό είναι πολύ σημαντικό να το κατανοήσουμε, καθώς πολλοί άνθρωποι νομίζουν πως τα επιτεύγματα, τα υλικά αγαθά, οι τίτλοι και η αναγνωρισιμότητα θα τους οδηγήσουν σε ικανοποίηση και πληρότητα. Αυτό όμως, δεν είναι αλήθεια. Όλα αυτά είναι σημαντικά, αλλά δεν είναι η ουσία και το παν.

Επειδή λοιπόν, πολλοί άνθρωποι δεν αγαπούν τον εαυτό τους και δεν έχουν γνωρίσει πραγματική αγάπη με τον σύντροφό τους, ψάχνουν να βρουν νόημα όχι απλά σε άλλους ανθρώπους, αλλά ακόμα και σε αντικείμενα, σε ρούχα, σε αυτοκίνητα, στα χρήματα και έτσι καταλήγουν να αφιερώνονται στην καριέρα τους, πετυχαίνοντας να είναι απλά δυστυχισμένοι και καταπιεσμένοι στη ζωή. Γι' αυτόν τον λόγο, είναι καλό να ασχοληθούμε με τα επιτεύγματα και την επαγγελματική εξέλιξή μας αφού πρώτα έχουμε γνωρίσει πολύ καλά τον εαυτό μας και είμαστε σταθεροί στην αλήθεια μας. Είναι δηλαδή κρίσιμο, να δρούμε με βάση το ποιοι είμαστε και όχι με βάση το τι κάνουμε και το τι έχουμε πετύχει, όπως εξηγήσαμε στο μοντέλο του απεριόριστου εαυτού στο πρώτο κεφάλαιο.

δ) Έχοντας αναπτύξει και πετύχει όλα τα παραπάνω, βρισκόμαστε πλέον στην ατομική πληρότητα, που είναι το τέταρτο επίπεδο. Στην ατομική πληρότητα είμαστε υγιείς, γνωρίζουμε τον εαυτό μας, πετυχαίνουμε τους στόχους μας, μαθαίνουμε από τα λάθη μας και έτσι είμαστε πλήρεις και ικανοποιημένοι από τη ζωή μας.

Εδώ, είναι βέβαια σημαντικό να ξεκαθαρίσουμε κάποια πράγματα για την πληρότητα. Ως άνθρωποι είμαστε ολόκληροι από τη γέννα μας. Δηλαδή, δεν είμαστε μισοί ή κενοί όταν γεννιόμαστε, και γινόμαστε ολόκληροι στην πορεία. Είμαστε ολόκληροι εκ γενετής, αλλά όχι πλήρεις. Το να είμαστε ολόκληροι σημαίνει ότι είμαστε εντελώς μοναδικοί από τη φύση μας και διαφορετικοί από κάθε άλλον άνθρωπο, χωρίς να χρειαζόμαστε κάποιον ή κάτι να μας «συμπληρώσει». Δε χρειάζεται να κάνουμε κάτι για να το πετύχουμε αυτό, απλά είμαστε μοναδικοί από τη φύση μας. Έτσι, κάθε άνθρωπος είναι μοναδικός και άρα ολόκληρος από τη στιγμή που είναι έμβρυο.

Το να είμαστε όμως πλήρεις, είναι μία κατάσταση που βιώνουμε μόνο όταν καταφέρουμε να γνωρίσουμε πολύ καλά τον εαυτό μας. Αυτό συμβαίνει, γιατί έχουμε έμφυτες αξίες και ανάγκες και γιατί όσο μεγαλώνουμε δημιουργούμε αρχές και πεποιθήσεις και έχουμε έμφυτη την τάση για εξέλιξη. Η έμφυτη τάση για εξέλιξη έχει σκοπό την επίτευξη, την ανάπτυξη και τη διατήρηση της πληρότητάς μας, μέσω της ξεκαθάρισης των αξιών μας, της κάλυψης των αναγκών μας και της κατανόησης όλων των τρόπων με τους οποίους λειτουργούμε. Όπως καταλαβαίνετε, όλα αυτά μπορούμε να τα αντιληφθούμε μόνο όταν είμαστε αρκετά μεγάλοι και ώριμοι. Δεν μπορεί να τα αντιληφθεί ένα μικρό παιδί και γι' αυτόν τον λόγο ένα μικρό παιδί δεν μπορεί να φτάσει σε ατομική πληρότητα. Είναι όμως ολόκληρο και μοναδικό, απλά και μόνο που υπάρχει.

Με λίγα λόγια, το να είμαστε ολόκληροι είναι μία κατάσταση στην οποία γεννιόμαστε. Το να είμαστε πλήρεις απαιτεί εσωτερική εργασία. Γι' αυτόν τον λόγο, η ατομική πληρότητα βιώνεται πραγματικά όταν είμαστε πνευματικοί ενήλικες και έχουμε αναπτύξει και συνεχίζουμε να αναπτύσσουμε τα τρία πρώτα επίπεδα του μοντέλου αυτού.

Φυσικά, τα τρία αυτά επίπεδα μπορούν να αναπτύσσονται και ταυτόχρονα. Δηλαδή, μπορούμε να διατηρούμε τη σωματική υγεία μας, παράλληλα με την ανάπτυξη της αυτογνωσίας και εσωτερικής υγείας μας και ταυτόχρονα να πετυχαίνουμε και τους στόχους μας. Για παράδειγμα, μπορούμε να γυμναζόμαστε, να τρώμε υγιεινά, να κοιμόμαστε πολύ καλά, να εργαζόμαστε με τον εαυτό μας και να προοδεύουμε επαγγελματικά ταυτόχρονα. Δε χρειάζεται δηλαδή να ακολουθήσουμε με απόλυτη ακρίβεια αυτά τα σκαλιά, παρόλο που αυτό βοηθάει πολύ βέβαια και είναι ευκολότερο. Το σημαντικό εδώ είναι να εργαζόμαστε πάνω σε όλα αυτά και να εξελίσσουμε τον εαυτό μας διαρκώς. Μόνο έτσι θα φτάσουμε σε ατομική πληρότητα και θα μπορέσουμε να τη διατηρήσουμε...

Η ατομική πληρότητα λοιπόν, με βάση όλα τα παραπάνω, είναι η κατάσταση στην οποία γνωρίζουμε απόλυτα το πού βρισκόμαστε τώρα, από πού ήρθαμε, δηλαδή πού βρισκόμασταν παλιά, και πού πηγαίνουμε στο μέλλον και είμαστε απολύτως ικανοποιημένοι με αυτό.

Βρισκόμαστε σε ένα συνεχώς αναπτυσσόμενο επίπεδο αυτογνωσίας και κατανοούμε ότι κάθε ημέρα χρειάζεται να βελτιωνόμαστε. Κατανοούμε δηλαδή, ότι έχουμε πολλά ακόμα να ανακαλύψουμε και να μάθουμε. Γνωρίζουμε την αλήθεια του εαυτού μας και ζούμε με εσωτερική και εξωτερική γαλήνη, απελευθερωμένοι από τα κατώτερα στοιχεία του εαυτού μας. Αυτό σημαίνει, ότι τα κατώτερα στοιχεία του εαυτού μας προφανώς συνεχίζουν να υπάρχουν μέσα μας, αλλά δε μας ελέγχουν πλέον. Αποδεχόμαστε και αγαπάμε ολικά τον εαυτό μας, αφοσιωμένοι παράλληλα στη συνεχή βελτίωση των αρνητικών στοιχείων μας. Η αυτοαγάπη είναι η μεγαλύτερη έκφραση της ατομικής πληρότητας.

Βασικό ρόλο στην ατομική πληρότητά μας, έχει επίσης και η προσφορά σε άλλους ανθρώπους. Όταν βοηθάμε άλλους ανθρώπους, βιώνουμε πληρότητα μέσα μας. Μπορούμε να βοηθήσουμε ουσιαστικά και αποτελεσματικά άλλους ανθρώπους, χωρίς να χάσουμε τον εαυτό μας και χωρίς να περιθωριοποιήσουμε την ταυτότητά μας, τις αξίες και οτιδήποτε άλλο είναι σημαντικό για εμάς, μόνο όταν αναπτυσσόμαστε στα πρώτα τρία επίπεδα του μοντέλου της πληρότητας. Οπότε, όταν φροντίζουμε το σώμα και το πνεύμα μας, πετυχαίνουμε τους στόχους μας, αναπτυσσόμαστε στη ζωή και βοηθάμε άλλους ανθρώπους βρισκόμαστε στο επίπεδο της ατομικής πληρότητας.

Αν εργαστείτε σε οτιδήποτε έχουμε αναπτύξει μέχρι στιγμής σ' αυτό το βιβλίο και τα εφαρμόσετε στη ζωή σας, μπορείτε να βιώσετε την πληρότητα ατομικά και να φτάσετε σε ένα επίπεδο ειρήνης, που πραγματικά είναι τόσο όμορφο. Άπαξ και καταφέρετε να βιώσετε πληρότητα, δε θα θελήσετε ποτέ να δεχτείτε κάτι λιγότερο από αυτό και θα γίνει ένα από τα σημαντικότερα πρότυπα (στάνταρντ) στη ζωή σας (μοντέλο του υπαρξιακού εαυτού).

Εδώ, είναι σημαντικό να προσθέσουμε ότι για να είμαστε πλήρεις ατομικά, δε χρειαζόμαστε κανέναν άνθρωπο για να μας «ολοκληρώσει», γιατί κανείς από εμάς δεν είναι κενός και δε χρειάζεται «γέμισμα». Όλοι μας έχουμε τη δυνατότητα να είμαστε ατομικά πλήρεις και ικανοποιημένοι με τον εαυτό μας. Αυτό όμως, δε σημαίνει ότι προοριζόμαστε να ζήσουμε μόνοι μας και να μην ενωθούμε με τον σύντροφό μας.

Επομένως, τι συμβαίνει με τον σύντροφό μας; Πώς μπορούμε να είμαστε πλήρεις με τον σύντροφό μας; Είναι η ατομική πληρότητα αρκετή ή μήπως μπορούμε να φτάσουμε ακόμα πιο ψηλά με τον σύντροφό μας; Είναι ο σύντροφός μας ένας άνθρωπος στη ζωή μας, με τον οποίο απλά περνάμε τον χρόνο μας και μοιραζόμαστε το ίδιο σπίτι και λίγα κοινά ενδιαφέροντα; Είναι μήπως ο άνθρωπος με τον οποίο κάναμε κατά λάθος παιδιά και αναγκαστήκαμε να παντρευτούμε; Ή μήπως είναι κάτι παραπάνω; Όχι απλά είναι κάτι παραπάνω, είναι πολλά παραπάνω και εδώ έρχεται η αλληλοπληρότητα.

ε) Το τελευταίο επίπεδο λοιπόν, είναι αυτό της αλληλοπληρότητας, η οποία είναι η απόλυτη ένωση με τον σύντροφό μας. Το επίπεδο αυτό περιλαμβάνει όλη την ατομική εξέλιξη και των δύο συντρόφων, που είμαστε ατομικά πλήρεις, και την ακόμα πιο βαθιά σύνδεση και ένωση μεταξύ μας. Σ' αυτό το επίπεδο, ο θηλυκός και αρσενικός εαυτός μας και ο θηλυκός και αρσενικός εαυτός του συντρόφου μας είναι ισορροπημένοι και ενωμένοι. Ως ζευγάρι βρισκόμαστε στη ζώνη της επίγνωσης, όπου υπάρχει υπευθυνότητα, συγχώρηση, ευγνωμοσύνη, θαυμασμός, πίστη, ισότητα και εμπιστοσύνη. Είμαστε ερωτευμένοι και αγαπιόμαστε με όλους τους τρόπους που αναπτύξαμε προηγουμένως.

Η αλληλοπληρότητα είναι το ανώτερο επίπεδο στο οποίο μπορούμε να φτάσουμε ως άνθρωποι, γιατί είναι και η ανώτερη και πιο βαθιά μορφή ένωσης που υπάρχει. Όσο ικανοποιημένοι και να είμαστε ατομικά με τον εαυτό μας, τη ζωή μας, τα επιτεύγματά μας και άλλες κοινωνικές σχέσεις μας, η ατομική πληρότητα δεν είναι αρκετή. Ναι μεν μπορούμε να είμαστε ατομικά πλήρεις και ικανοποιημένοι στη ζωή, αλλά προοριζόμαστε να φτάσουμε ακόμα πιο ψηλά. Πάντα υπάρχει κάτι μέσα μας που μας ωθεί σε περεταίρω εξέλιξη. Αυτό το κάτι είναι η αλληλοπληρότητα και η πραγματική, ανιδιοτελής αγάπη και είναι αυτό που όλοι ψάχνουμε να βρούμε στην τελική.

Αλληλοπληρότητα και πραγματική, ανιδιοτελή αγάπη μπορούμε να βιώσουμε μόνο με τον πλήρη αντανακλαστικό εαυτό μας. Κανένας άνθρωπος, κανένα υλικό αγαθό και κανένα επίτευγμα δεν είναι τόσο όμορφο, τόσο ουσιαστικό και τόσο σπουδαίο στη ζωή, όσο η αλληλοπληρότητα με τον πλήρη αντανακλαστικό εαυτό μας. Αυτό συμβαίνει, γιατί οτιδήποτε και να πετύχουμε στη ζωή, θέλουμε πάντοτε να το μοιραστούμε με τον πλήρη αντανακλαστικό εαυτό μας και μάλιστα να ενώσουμε τη δική μας πληρότητα με τη δική του πληρότητα.

Ώρα για ενδοσκόπηση

- Εσείς σε ποιο από τα πέντε αυτά επίπεδα βρίσκεστε; Γιατί βρίσκεστε σ' αυτό το επίπεδο; Τι χρειάζεται να κάνετε για να «ανεβείτε» επίπεδο;
- Φροντίζετε το σώμα σας; Τρώτε υγιεινά; Γυμνάζεστε; Κοιμάστε καλά;
- Φροντίζετε το πνεύμα σας; Βελτιώνεστε καθημερινά; Αναπτύσσετε τα θετικά γνωρίσματά σας; Διορθώνετε τα λάθη σας;
- Πόσο ικανοποιημένοι είστε από τη ζωή και τον εαυτό σας;
- Έχετε φτάσει σε ατομική πληρότητα; Αν ναι, πώς το πετύχατε και τι κάνετε για να το διατηρήσετε; Αν όχι, πώς θα το πετύχετε;
- Είστε ικανοποιημένοι από τη σχέση με τον σύντροφό σας; Αν ναι, γιατί είστε; Αν όχι, γιατί δεν είστε;
- Πώς βιώνετε πληρότητα μέσα σας, μέσω των χρημάτων, των υλικών αγαθών, των επιτευγμάτων, των διακοπών και ταξιδιών, της επαγγελματικής εργασίας και των κοινωνικών σχέσεων ή μέσα από την προσφορά σε άλλους ανθρώπους και την ένωση με τον πλήρη αντανακλαστικό εαυτό σας;
- Απαντήστε σ' αυτές τις ερωτήσεις ειλικρινά και πάμε να αναπτύξουμε ακόμα περισσότερο την αλληλοπληρότητα και να κατανοήσουμε την τεράστια και σπουδαία αξία και μοναδικότητά της...

4.3 Η αλληλοπληρότητα

4.3.1 Ορισμός και φύση της αλληλοπληρότητας

Όπως είπαμε παραπάνω, κανένας άνθρωπος δεν είναι μισός και δε χρειάζεται να «γεμίσει» από κανέναν άλλον άνθρωπο ή από επιτεύγματα και αποκτήματα. Όλοι είμαστε αυτόνομοι άνθρωποι, ολόκληροι και μοναδικοί από τη βρεφική ηλικία μας και μετά από πολλή εσωτερική εργασία μπορούμε να φτάσουμε σε επίπεδο ατομικής πληρότητας. Αυτό όμως δε σημαίνει ότι η ατομική πληρότητα είναι το ανώτερο επίπεδο στο οποίο μπορούμε να φτάσουμε. Προοριζόμαστε για ακόμα πιο σπουδαία πράγματα και εδώ έρχεται η ένωση με τον πλήρη αντανακλαστικό εαυτό μας.

Τι σημαίνει όμως αυτό; Όταν βιώνουμε ατομική πληρότητα και κάνουμε σχέση με έναν άλλον άνθρωπο, που επίσης βιώνει ατομική πληρότητα, σημαίνει ότι βιώνουμε μαζί αλληλοπληρότητα; Είναι δηλαδή η αλληλοπληρότητα η σχέση μεταξύ δύο ανθρώπων οι οποίοι είναι ατομικά πλήρεις και απλά περνάνε καλά μαζί, έχοντας ο καθένας άλλη δουλειά και ζώντας μαζί στο ίδιο σπίτι είτε είναι παντρεμένοι, είτε όχι;

Η αλληλοπληρότητα είναι κάτι πολύ πιο βαθύ και ουσιαστικό από αυτό. Δεν είναι ούτε η ερωτική σχέση μεταξύ δύο ανθρώπων που βρίσκονται σε άγνοια (η πλειοψηφία των ανθρώπων), ούτε όμως η ερωτική σχέση μεταξύ δύο ανθρώπων, οι οποίοι είναι ατομικά πλήρεις και έχουν ανεπτυγμένη αυτογνωσία. Δε σημαίνει δηλαδή, ότι επειδή δύο άνθρωποι είναι ατομικά πλήρεις μπορούν να φτάσουν μαζί σε αλληλοπληρότητα κάνοντας ερωτική σχέση. Η αλληλοπληρότητα απαιτεί τεράστια ατομική και συντροφική εργασία και βιώνεται μόνο με τον πλήρη αντανακλαστικό εαυτό μας.

Ας δούμε τον ορισμό της αλληλοπληρότητας, που έχουμε προσδώσει εμείς:

Η αλληλοπληρότητα είναι η ανώτερη πνευματική κατάσταση και εξελικτική πορεία της ύπαρξής μας, κατά την οποία ενωνόμαστε με τον πλήρη αντανακλαστικό εαυτό μας ολικά και σε κάθε επίπεδο (πνευματικό, νοητικό, ψυχολογικό/συναισθηματικό και σωματικό/σεξουαλικό), όντας απογυμνωμένοι μεταξύ μας, με επί-

γνωση, και βιώνοντας πραγματική και ανιδιοτελή αγάπη, με διαρκή ατομική και συντροφική εργασία και βελτίωση.

Ας εξηγήσουμε τον ορισμό και τη φύση της αλληλοπληρότητας αναλύοντας κάθε φράση του ορισμού ξεχωριστά...

1) «Η αλληλοπληρότητα είναι η ανώτερη πνευματική κατάσταση...».

Είναι δηλαδή, το υψηλότερο επίπεδο που μπορούμε να φτάσουμε στη ζωή, καθώς ξεπερνάει κατά πολύ την ατομική πληρότητα και απαιτεί την επίτευξη της τρομερά δυνατής και μοναδικής ένωσης με τον πλήρη αντανακλαστικό εαυτό μας, κάτι που είναι το δυσκολότερο, αλλά και το ομορφότερο και ουσιαστικότερο έργο της ζωής. Είναι μία πνευματική κατάσταση, καθώς αφορά κυρίως την αλήθεια του εαυτού μας, το ποιοι πραγματικά είμαστε, την ταυτότητά μας, τις αξίες μας, τις αρχές μας και την αδιάσπαστη σύνδεσή τους με τις αντίστοιχες του πλήρους αντανακλαστικού εαυτού μας. Είναι ένα συνεχές βίωμα πληρότητας και αγάπης με τον πλήρη αντανακλαστικό εαυτό μας. Αυτό σημαίνει ότι είμαστε απολύτως ικανοποιημένοι και γαλήνιοι με τον πλήρη αντανακλαστικό εαυτό μας και ζούμε με εσωτερική ειρήνη.

2) «...και εξελικτική πορεία της ύπαρξής μας,...».

Παρόλο που η αλληλοπληρότητα είναι μία κατάσταση, η οποία γίνεται μόνιμη όταν φτάσουμε σ' αυτήν, είναι ταυτόχρονα και μία συνεχής πορεία εξέλιξης, κατά την οποία όχι μόνο διατηρούμε την κατάσταση στην οποία ήδη φτάσαμε, αλλά και βελτιωνόμαστε ακόμα περισσότερο κάθε ημέρα. Ένα ζευγάρι που φτάνει σε αλληλοπληρότητα δεν μπορεί να «πέσει» χαμηλά και να σταματήσει να βιώνει αλληλοπληρότητα, γιατί πολύ απλά οι σύντροφοι έχουν ήδη ενωθεί πολύ βαθιά. Αυτό όμως, δε σημαίνει ότι η εξέλιξη του ζευγαριού σταματάει. Όταν φτάσουμε στο επίπεδο της αλληλοπληρότητας και η αλληλοπληρότητα γίνει ο νέος τρόπος ζωής μας, δε σημαίνει ότι τώρα επαναπαυόμαστε. Η αλληλοπληρότητα δεν είναι ένας στόχος που τον πετυχαίνουμε και μετά πάμε σε κάποιον άλλον στόχο. Είναι μία μόνιμη κατάσταση ανιδιοτελούς αγάπης, αλλά και μία διαδικασία προόδου, που απαιτεί συνεχή εργασία από το ζευγάρι.

3) «...κατά την οποία ενωνόμαστε με τον πλήρη αντανακλαστικό εαυτό μας ολικά και σε κάθε επίπεδο (πνευματικό, νοητικό, ψυχολογικό/συναισθηματικό και σωματικό/σεξουαλικό),...».

Η αλληλοπληρότητα είναι εφικτή μόνο με τον πλήρη αντανακλαστικό εαυτό μας, καθώς ο πλήρης αντανακλαστικός εαυτός μας είναι ο μόνος άνθρωπος με τον οποίο μπορούμε να ενωθούμε σε κάθε επίπεδο της ύπαρξής μας και τον οποίο μπορούμε να γνωρίσουμε ολικά και τόσο βαθιά.

4) «...όντας απογυμνωμένοι μεταξύ μας, με επίγνωση,...».

Η πρόταση αυτή ενισχύει και αναπτύσσει περισσότερο την προηγούμενη πρόταση. Η ολική απογύμνωση, η ωμή αλήθεια, η αγνή ειλικρίνεια και η αποκάλυψη κάθε στοιχείου του πνεύματος, του νου, της ψυχής, του σώματός μας και των σκοτεινών και αρνητικών στοιχείων μας συμβαίνει μόνο με τον πλήρη αντανακλαστικό εαυτό μας.

Η απογύμνωση είναι μία συνεχής διαδικασία της αλληλοπληρότητας που απαιτεί μεγάλη δύναμη και πηγάζει από την αγάπη. Είναι ό,τι σημαντικότερο για μία σχέση αλληλοπληρότητας. Αφορά το να αποκαλύπτουμε τα πάντα οι σύντροφοι μεταξύ μας, για να γνωρίσουμε ο ένας τον άλλον σε βάθος και να ενωθούμε πραγματικά και πρακτικά.

Τι εννοούμε όταν λέμε «τα πάντα»; Εννοούμε οτιδήποτε έχει να κάνει με τον εαυτό μας, τον σύντροφό μας, άλλους ανθρώπους που γνωρίζουμε, το παρελθόν, το παρόν, το μέλλον, αναμνήσεις, παλιά μυστικά, πιθανά ψέματα, κάθε απόκρυψη της αλήθειας, θετικές, αρνητικές, ουδέτερες, περίεργες, στενάχωρες, απελπιστικές, άβολες, απογοητευτικές και κάθε άλλου είδους εμπειρίες, σκέψεις, συναισθήματα, διαθέσεις, γνώσεις, ανησυχίες, έγνοιες, προβληματισμούς, προβλήματα, εμπόδια, κρίσεις, δυσκολίες, ενοχλήσεις, δυσαρέσκειες, αμηχανίες, αναστατώσεις, ενοχές, θολούρες, πόθους, πάθη, απολαύσεις, ιδιαιτερότητες, ιδιοτροπίες, δυνάμεις, αδυναμίες, λάθη, ελαττώματα, ευάλωτα σημεία, νίκες, ήττες, απερισκεψίες, ανοησίες, μετάνοιες, αρρωστημένα και βίαια ένστικτα, αγριότητες, εντάσεις, διαμάχες (εσωτερικές και με άλλους ανθρώπους), αδικίες, έχθρες, αντιπαραθέσεις, κακίες, αντιπάθειες, απωθημένα, ανεκπλήρωτες επιθυμίες, σεξουαλικές επιθυμίες, λαγνείες, ορμές, φαντασιώσεις, διαστροφές, παράνοιες, ηλιθιότητες, μικρότητες, αλαζονείες, αυτό-υποβιβασμούς, τρέλες, ενθουσιασμούς, αναζητήσεις, ντροπιαστικά συμβάντα, εξευτελισμούς, ζήλιες, ανασφάλειες, άγχη, φόβους, φοβίες, δισταγμούς, αμφιβολίες, αβεβαιότητες, προκλήσεις, καταπιέσεις, βάσανα και πόνους κάθε είδους, ψυχικά τραύματα, τρόπο σκέψης, οπτική γωνία, φιλοδοξίες, ιδέες, ευκαιρίες, όνειρα, στόχους, σκοπούς και οτιδήποτε άλλο, όπως και κάθε πτυχή όλων των μοντέλων του εαυτού που αναλύσαμε στο πρώτο κεφάλαιο. Όλα αυτά χωρίς να υπάρχει ποτέ καμία εξαίρεση και καμία δικαιολογία ανάμεσα στο ζευγάρι και φανερώνοντάς τα όλα με λεπτομέρεια και βάθος σε κάθε περίπτωση, ανεξαρτήτως των συνθηκών, όσο δύσκολο και να είναι ή να φαίνεται. Όπως κατανοείτε, η απογύμνωση είναι σπουδαία και εξαιρετικά σπάνια, γιατί το σθένος που προαπαιτεί είναι εξαιρετικά σπάνιο να καλλιεργηθεί σε ένα ζευγάρι.

Οι σύντροφοι με αλληλοπληρότητα έχουν επίγνωση του ποιοι είναι, του σκοπού ύπαρξής τους, των θετικών και αρνητικών στοιχείων τους και εφαρμόζουν οτιδήποτε γνωρίζουν ότι είναι καλό για τη σχέση τους και δε μένουν μόνο στη θεωρία. Φυσικά, η επίγνωση και η συνεχής ανάπτυξή της είναι αποτέλεσμα της απογύμνωσης.

5) «...και βιώνοντας πραγματική και ανιδιοτελή αγάπη,...».

Η αγάπη είναι έμπρακτη, καθημερινή, συνεχής, αναπτυσσόμενη, εξελισσόμενη, ανιδιοτελής και αέναη και εκδηλώνεται με όλους τους τρόπους, που αναπτύξαμε στην ενότητα της αγάπης. Θα μπορούσαμε να πούμε, ότι η αλληλοπληρότητα είναι στην ουσία η μεγαλύτερη και ισχυρότερη έκφραση της πραγματικής και ανιδιοτελούς αγάπης στη συντροφική σχέση, σύμφωνα και με έναν από τους εικοσιπέντε ορισμούς που έχουμε δώσει παραπάνω για την αγάπη: *«Η απόλυτη ένωση (πνευματική, νοητική, ψυχική, σωματική και σεξουαλική) μεταξύ δύο συνειδητοποιημένων ανθρώπων που είναι ατομικά πλήρεις (με τον πλήρη αντανακλαστικό εαυτό μας)».* Ως ζευγάρι, που βιώνουμε αλληλοπληρότητα, δεν παρερμηνεύουμε την αγάπη, αλλά την κατανοούμε απολύτως, την τιμούμε και τη βιώνουμε αγνά και ολικά, χωρίς ψευδαισθήσεις και εξαρτήσεις. Η αγάπη διευρύνεται όσο οι σύντροφοι απογυμνώνονται μεταξύ τους.

6) «...με διαρκή ατομική και συντροφική εργασία και βελτίωση.».
Η πρόταση αυτή ενισχύει περισσότερο τη δεύτερη πρόταση του ορισμού «...και εξελικτική πορεία της ύπαρξής μας,...». Η ατομική και η συντροφική εργασία δεν τελειώνουν ποτέ όταν το ζευγάρι βιώνει αλληλοπληρότητα και είναι κάτι που τονίζουμε συνεχώς γιατί είναι εξαιρετικά σημαντικό. Οτιδήποτε αφορά την απογύμνωση δε μένει απλά σε επίπεδο συζήτησης, αλλά οι σύντροφοι λαμβάνουν συνεχώς δράση για να προοδεύουν και να εξελίσσονται μαζί αναπτύσσοντας όλα τα θετικά γνωρίσματά τους και βελτιώνοντας όλα τα αρνητικά μαζί.

Με βάση τα παραπάνω λοιπόν, στην αλληλοπληρότητα ενωνόμαστε απόλυτα με τον σύντροφό μας λόγω αγάπης. Ως σύντροφοι δηλαδή, δεν καλύπτουμε κανένα πνευματικό ή ψυχολογικό κενό μεταξύ μας, γιατί δεν έχουμε καμία απολύτως ανάγκη για αποδοχή και έχουμε ξεπεράσει, αντιμετωπίσει και συγχωρήσει κάθε θέμα, που είχαμε κρατημένο από το παρελθόν με άλλους ανθρώπους, είτε ως παιδιά, είτε ως ενήλικες.

Επίσης, δεν έχουμε να αποδείξουμε τίποτα σε κανέναν, γιατί είμαστε γειωμένοι στην αλήθεια μας, την ένωσή μας και την πληρότητά μας. Οπότε, ο σκοπός της συντροφικής σχέσης μας είναι η αγάπη και η πρόοδος, και όχι η κάλυψη κατώτερων αναγκών επιβεβαίωσης. Είμαστε και οι δύο πλήρεις, δυνατοί και υπεύθυνοι άνθρωποι με αναπτυσσόμενη αυτογνωσία, που συνειδητά και λόγω ανιδιοτελούς και απεριόριστης αγάπης επιλέγουμε να συνδυάσουμε τις ζωές μας και να ενωθούμε, πορευόμενοι μαζί σε κάθε τομέα της ζωής. Δημιουργούμε δηλαδή μία ολικά κοινή ζωή, όπου κάνουμε τα πάντα μαζί.

Επομένως, θέλουμε με επίγνωση να είμαστε μαζί και να βελτιωνόμαστε ακόμα περισσότερο στη μεταξύ μας σχέση και ένωση απ' ό,τι έχουμε βελτιωθεί μόνοι μας. Είμαστε και οι δύο απολύτως βέβαιοι για την ταυτότητα και την αλήθεια μας και, ως συνειδητοποιημένοι άνθρωποι, ξέρουμε ότι δεν είμαστε εξαρτημένοι ο ένας από τον άλλον, ούτε μπορούμε να αυξήσουμε ή να μειώσουμε ο ένας την ποιότητα του άλλου (δεύτερο κεφάλαιο των συμπεριφορών βλ. σελ. 104). Μπορούμε όμως, να είμαστε απόλυτα ενωμένοι μεταξύ μας χωρίς εξαρτήσεις, αλλά με αγάπη, και να εξελισσόμαστε μαζί. Έτσι, μαζί ενώνουμε με ωριμότητα τις δυνάμεις μας, δεσμευμένοι στο να βοηθάει και να στηρίζει ο ένας τον άλλον με απόλυτη αγνότητα.

Ως ζευγάρι με αλληλοπληρότητα συνειδητοποιούμε και γνωρίζουμε ότι η ένωση της αγάπης είναι η μεγαλύτερη δύναμη στη ζωή. Μόνοι μας μπορούμε να πετύχουμε πολλά. Μαζί με τον σύντροφό μας όμως, μπορούμε να κάνουμε θαύματα, που φαντάζουν ακατόρθωτα για έναν μόνο άνθρωπο. Όπως είπαμε και στο πρώτο κεφάλαιο, οι άνθρωποι προοδεύουν όταν συνεργάζονται μαζί. Η συνεργασία, η σύνδεση και η ένωση με τον σύντροφό μας είναι η μεγαλύτερη μορφή σύνδεσης, που μπορεί να υπάρξει στις ανθρώπινες σχέσεις και αυτήν τη συνεργασία και σύνδεση επιτυγχάνουμε και βιώνουμε στην αλληλοπληρότητα. Μαζί με τον πλήρη αντανακλαστικό εαυτό μας είμαστε ακόμα πιο δυνατοί, πιο ευφυείς και πιο ικανοί. Μαζί μπορούμε να κάνουμε τα αδύνατα δυνατά.

Στην αλληλοπληρότητα λοιπόν, και οι δύο σύντροφοι είμαστε ατομικά πλήρεις και έτσι ενωνόμαστε σε ακόμα μεγαλύτερο επίπεδο μαζί. Αυτό σημαίνει, ότι δεν περνάμε απλά όμορφα μαζί. Η ένωσή μας είναι ακόμα πιο βαθιά:

• Ενωνόμαστε με τον πλήρη αντανακλαστικό εαυτό μας ως ένα, σε κάθε πτυχή της ύπαρξής μας. Ενωνόμαστε πνευματικά, δηλαδή σε επίπεδο ταυτότητας και αλήθειας του εαυτού μας. Γινόμαστε ο ένας η αληθινή αντανάκλαση του άλλου. Η πνευματική ένωση, εκτός από την ένωση της ταυτότητάς μας, αφορά και τις αξίες, τις αρχές, τις βοηθητικές πεποιθήσεις, τον σκοπό ζωής, τον σκοπό σχέσης, την κληρονομιά μας και το όραμά μας για το μέλλον. Όλα αυτά είναι ίδια και στους δύο.

• Ενωνόμαστε σε νοητικό επίπεδο και σκεφτόμαστε με τον ίδιο υγιή και δυναμικό τρόπο. Κατανοούμε απόλυτα τον τρόπο σκέψης του συντρόφου μας και έτσι κατανοούμε και τον τρόπο συμπεριφοράς του. Θέτουμε μαζί κοινούς στόχους και τους πετυχαίνουμε πάντα.

• Ενωνόμαστε ψυχολογικά και συναισθηματικά και νιώθουμε σε βάθος και ουσία ο ένας τον άλλον, κατανοώντας απόλυτα τα συναισθήματα του συντρόφου μας σαν να είναι εξ ολοκλήρου δικά μας. Κατανοούμε έτσι κάθε ανάγκη του συντρόφου μας και τι ακριβώς χρειάζεται από εμάς.

• Ενώνουμε τα στοιχεία του θηλυκού και αρσενικού εαυτού του καθενός μας με τέτοιον τρόπο, που μπορούμε να το βιώσουμε μόνο με τον πλήρη αντανακλαστικό εαυτό μας. Θα το αναπτύξουμε ακόμα περισσότερο και παρακάτω.

• Ενωνόμαστε σε σωματικό και σεξουαλικό επίπεδο και γινόμαστε ένα και το αυτό, καθώς η σεξουαλική ένωση δεν είναι μόνο σωματική, όπως μπορεί να γίνει με τον κάθε τυχαίο άνθρωπο, αλλά είναι ταυτόχρονα και πνευματική, και νοητική, και συναισθηματική, γιατί είμαστε ενωμένοι σε κάθε επίπεδο της ύπαρξής μας.

Το ότι είμαστε ενωμένοι σε κάθε επίπεδο της ύπαρξής μας, δεν είναι κάτι γενικό, αόριστο και φιλοσοφικό. Είναι κάτι απολύτως πρακτικό...

Αυτό φαίνεται κυρίως στην απογύμνωση, που με ωμή ειλικρίνεια και αυθεντικότητα γνωρίζουμε κάθε πτυχή του συντρόφου μας και την αποδεχόμαστε. Γνωρίζουμε την πραγματική αλήθεια ο ένας για τον άλλον, σε σημείο που γινόμαστε η ρεαλιστική αντανάκλαση ο ένας του άλλου. Δηλαδή, γνωρίζουμε, αποδεχόμαστε και αγαπάμε κάθε στοιχείο της ταυτότητας, των σκέψεων, των συναισθημάτων, του σώματος, του πνεύματος και οποιασδήποτε άλλης όψης και αλήθειας της ύπαρξης του συντρόφου μας σαν να είναι ο εαυτός μας. Με άλλα λόγια, αποδεχόμαστε και αγαπάμε και τα αρνητικά στοιχεία και έτσι, ως δύο πλήρεις άνθρωποι, γινόμαστε έμπρακτα ένα και το αυτό με απόλυτη αγάπη σε κάθε στιγμή της ζωής, έχοντας αλλάξει προς το καλύτερο κάθε αρνητική συμπεριφορά μας. Ως ενωμένο ζευγάρι έχουμε τις ίδιες ακριβώς αξίες, τα ίδια πρότυπα (στάνταρντ), τα ίδια «απόλυτα όχι», τα ίδια «θέλω», τις ίδιες ανάγκες, τις ίδιες αρχές, κοινό σκοπό ύπαρξης και ίδιους στόχους, χωρίς να χάνει βέβαια ο καθένας μας τη μοναδικότητά του.

Επομένως, η αλληλοπληρότητα ξεπερνάει κατά πολύ την επίγνωση στη σχέση μας, που είναι η ουσιαστική γνώση του συντρόφου μας, όπως αναπτύξαμε στο προηγούμενο κεφάλαιο. Στην αλληλοπληρότητα δε γνωρίζουμε απλά καλά τον σύντροφό μας, αλλά είμαστε ο σύντροφός μας. Είμαστε ένα πνεύμα, ένας νους, μία ψυχή και ένα σώμα. Η αλληλοπληρότητα όμως, δεν τελειώνει εδώ. Συνεχίζουμε να βελτιωνόμαστε μαζί ως ένα με τον σύντροφό μας ασταμάτητα και έτσι μαθαίνουμε ακόμα περισσότερα ο καθένας για τον εαυτό του και ο ένας για τον άλλον, μέσα από αυτήν την απόλυτη ένωσή μας, που δυναμώνει κάθε ημέρα, λεπτό και δευτερόλεπτο. Έτσι, γνωρίζουμε ότι έχουμε μία μόνο σημαντική «δουλειά» στη ζωή: να βοηθάμε ο ένας τον άλλον να είναι υγιής, ελεύθερος, ευτυχισμένος και πλήρης. Αυτή είναι η πραγματική γαλήνη στη ζωή, η αλληλοπληρότητα, μακριά από κυνήγια φαινομενικής επιτυχίας, υλικού πλούτου και αναγνωρισιμότητας.

Με λίγα λόγια λοιπόν, η αλληλοπληρότητα δεν είναι κάτι που απλά νιώθουμε, όπως τα παροδικά συναισθήματά μας, αλλά κάτι που βιώνουμε.

Τι σημαίνει βιώνουμε όμως; Σημαίνει ότι, και σκεφτόμαστε με αγάπη, και πράττουμε με αγάπη, και νιώθουμε όμορφα συναισθήματα χαράς, έρωτα και ενθουσιασμού, και επιλέγουμε κάθε ημέρα να δίνουμε τον καλύτερό μας εαυτό στη σχέση και στον σύντροφό μας, και δεσμευόμαστε στο να βελτιωνόμαστε συνέχεια με κάθε τρόπο, και ενωνόμαστε μεταξύ μας ολικά, όντας αφοσιωμένοι ο ένας στον άλλον. Δηλαδή, η αλληλοπληρότητα, ως βίωμα, περιλαμβάνει και σκέψεις, και πράξεις, και συναισθήματα, και επιλογές, και δέσμευση στη βελτίωση, και σύνδεση, και ένωση, και αφοσίωση, και απογύμνωση η οποία είναι και το χαρακτηριστικό που κάνει την αλληλοπληρότητα εντελώς μοναδική. Οπότε, είναι καλό στη ζωή και στη σχέση σας να επιδιώκετε να βιώνετε καταστάσεις και όχι να κυνηγάτε τα παροδικά συναισθήματα, γιατί η αγάπη και η αλληλοπληρότητα είναι δυνατά και μόνιμα βιώματα...

Ώρα για ενδοσκόπηση

- Τώρα που σας εξηγήσαμε την αλληλοπληρότητα πιστεύετε ότι τη βιώνετε; Αν ναι, πώς και γιατί; Τι ακριβώς νιώθετε, κάνετε και βιώνετε με τον πλήρη αντανακλαστικό εαυτό σας; Αν δεν τη βιώνετε, γιατί δεν τη βιώνετε; Πιστεύετε ότι μπορείτε να τη βιώσετε;
- Απογυμνώνεστε μπροστά στον σύντροφό σας πνευματικά, νοητικά και συναισθηματικά; Γνωρίζετε ο ένας με ακρίβεια τον εσωτερικό πνευματικό, νοητικό και ψυχικό κόσμο του άλλου; Αν ναι, πώς ακριβώς; Τι οφέλη βλέπετε από αυτό στη σχέση και στη ζωή σας; Αν όχι, γιατί δεν απογυμνώνεστε; Πώς μπορείτε να απογυμνωθείτε ολικά μεταξύ σας;
- Τι χρειάζεται να κάνετε για να φτάσετε σε αυτό το υψηλό επίπεδο ένωσης με τον πλήρη αντανακλαστικό εαυτό σας;

4.3.2 Η σημασία του χρόνου στην αλληλοπληρότητα

Ως ζευγάρι με αλληλοπληρότητα επιλέγουμε να ζούμε κάθε πτυχή της ζωής μαζί. Ζούμε μαζί, εργαζόμαστε μαζί, δημιουργούμε μαζί, ψυχαγωγούμαστε μαζί, περνάμε τον ελεύθερο χρόνο μας μαζί, εκτελούμε τις καθημερινές υποχρεώσεις μας μαζί, ταξιδεύουμε μαζί και κάνουμε οτιδήποτε υπάρχει στη ζωή μαζί, γιατί αυτό θέλουμε εμείς. Επομένως, και η εργασία μας, και οι υποχρεώσεις μας, που για πολλούς ανθρώπους είναι εξαναγκασμός, μετατρέπονται σε ελεύθερο και ποιοτικό χρόνο, γιατί είμαστε μαζί. Δε ζούμε δέκα ώρες την ημέρα σε άλλο περιβάλλον και μετά απλά βρισκόμαστε μαζί στο σπίτι για να ανταλλάξουμε κάποιες κουβέντες, αλλά ζούμε όλη τη ζωή μαζί. Έτσι, κάθε δυσκολία ή πρόκληση φαντάζει παιχνιδάκι και γίνεται κάτι το ευχάριστο που κάνουμε μαζί για να βελτιωθούμε.

Στην αλληλοπληρότητα, ο χρόνος μας είναι πολύτιμος και ανεκτίμητος και θέλουμε να είναι κάθε μας στιγμή γεμάτη με αγάπη. Γι' αυτόν τον λόγο, δε σπαταλάμε τον χρόνο μας ποτέ και βιώνουμε κάθε στιγμή μαζί. Αναγνωρίζουμε ότι τα πάντα είναι εφικτά στη ζωή όταν είμαστε σε κοινό μονοπάτι ανεξίτηλης αγάπης με τον σύντροφό μας. Στην αλληλοπληρότητα, ούτε ο ουρανός δεν είναι το όριο.

Δεν υπάρχουν όρια και όταν τη βιώσουμε είμαστε πλέον απόλυτα ικανοποιημένοι από τη ζωή μας. Κατά την ατομική πληρότητα δηλαδή, είμαστε απλά ικανοποιημένοι αναζητώντας όμως κάτι ακόμα, ενώ κατά την αλληλοπληρότητα είμαστε απόλυτα ικανοποιημένοι και δεν έχουμε ανάγκη για τίποτα άλλο.

Σ' αυτό το σημείο, είναι πολύ σημαντικό να μιλήσουμε για τον χρόνο που περνάτε μαζί ως ζευγάρι, γιατί σχετίζεται στενά με την επίτευξη και την ανάπτυξη της αλληλοπληρότητας. Αν δε συγκατοικείτε και δεν εργάζεστε μαζί με τον πλήρη αντανακλαστικό εαυτό σας, τότε η σχέση σας είναι μισή. Αυτό συμβαίνει, γιατί ζείτε δύο ολικά διαφορετικές ζωές και απλά συναναστρέφεστε κάποιες μόνο στιγμές πιθανότατα για διασκέδαση ή ψυχαγωγία στον ελεύθερο χρόνο σας.

Μπορεί να αγαπάτε ο ένας τον άλλον, κάτι που μόνο εσείς ξέρετε, όμως αυτό δεν αλλάζει το γεγονός ότι ζείτε εντελώς διαφορετικές ζωές και δεν μπορείτε να αναπτύξετε τη σχέση σας ουσιαστικά. Ακόμη κι αν συγκατοικείτε μαζί, αλλά δεν εργάζεστε μαζί, ζείτε πολύ μεγάλο μέρος της ζωής σας χώρια και έτσι δημιουργείτε διαφορετικές εμπειρίες, συναναστρεφόμενοι με διαφορετικούς ανθρώπους και αντιμετωπίζοντας διαφορετικές καταστάσεις. Αυτό σας απομακρύνει και σας ωθεί στο να μεγαλώσετε χώρια. Δηλαδή, να προχωρήσει ο καθένας σας προς μία άλλη κατεύθυνση. Έτσι, δε θα μπορέσετε να αξιοποιήσετε κάθε τρόπο με τον οποίο μπορείτε να ενωθείτε.

Οπότε, είναι κρίσιμο φυσικά να συγκατοικείτε, αλλά και να εργάζεστε μαζί. Όταν εργάζεστε μαζί, γνωρίζετε πραγματικά ο ένας τον άλλον και έρχεστε πιο κοντά, όχι μόνο γιατί περνάτε περισσότερο χρόνο μαζί, αλλά γιατί καλείστε να ανταπεξέλθετε στις απαιτήσεις της εργασίας σας μαζί και έτσι βλέπετε το επίπεδο συνεργασίας σας και τα όριά σας.

Για να θέλετε όμως, να εργαστείτε μαζί και να περνάτε όλο τον χρόνο σας μαζί, χρειάζεται να ξεπερνάτε τον εαυτό σας κάθε ημέρα, όπως είπαμε στο προηγούμενο κεφάλαιο. Όταν και οι δύο σας ξεπερνάτε κάθε ημέρα τον εαυτό σας, δε θα έχετε κανέναν λόγο να θέλετε να είστε χώρια. Θα έχετε πολλούς λόγους για να μην ξεκολλάτε ο ένας από τον άλλον, γιατί θα ενώνεστε όλο και περισσότερο. Έτσι, θα θέλετε να εργάζεστε και να κάνετε οτιδήποτε άλλο μαζί. Μ' αυτόν τον τρόπο, αξιοποιείτε τον χρόνο σας εποικοδομητικά.

Οι σύντροφοι που βιώνουν αλληλοπληρότητα είναι βέβαιο ότι θα θέλουν να εργάζονται και να κάνουν τα πάντα από κοινού. Επίσης, ένα ζευγάρι που βιώνει αλληλοπληρότητα έχει άψογη συνεργασία. Οπότε, αν προτιμάτε να εργάζεστε μόνοι σας και δε συνεργάζεστε πολύ καλά με τον σύντροφό σας, τότε χρειάζεται να επανεξετάσετε και να αξιολογήσετε ξανά τη σχέση σας, γιατί υπάρχουν πιθανότητες να είναι απλά μία τυπική σχέση συμβιβασμού και όχι αγάπης.

Βέβαια, η συνεργασία σας μπορεί να μην είναι άψογη ακόμη, όμως αυτό δε σημαίνει ότι δεν αγαπάτε ο ένας τον άλλον ή ότι είστε αποσυνδεδεμένοι. Σημαίνει ότι έχετε πολλά περιθώρια για βελτίωση και αυτό ισχύει για όλους μας. Έτσι, όσο περισσότερο καιρό εργάζεστε μαζί, τόσο πιο πολύ θα βελτιώνεστε, γιατί θα περάσετε από πίεση, άγχος και κοινές δυσκολίες στην εργασία σας και έτσι θα τα διαχειριστείτε όλα αυτά μαζί και δε θα τα βγάζετε ο ένας πάνω στον άλλον. Θα δείτε δηλαδή, πώς μπορείτε να διαχειριστείτε δύσκολες καταστάσεις, που περιλαμβάνουν και άλλους ανθρώπους εκτός από τον σύντροφό σας, όταν είστε έξω από τη ζώνη άνεσης και την ασφάλεια του σπιτιού σας. Εκεί είναι που θα γνωρίσετε ακόμα πιο βαθιά τον σύντροφό σας. Θα πάρετε πολλά μαθήματα όσο εργάζεστε μαζί και θα γίνετε καλύτεροι άνθρωποι αναπτύσσοντας τη σχέση σας. Έτσι, η επαγγελματική εργασία σας θα γίνει απόλαυση και θα πάψει να είναι καταπίεση.

Ακόμη κι αν τώρα βρίσκεστε σε μία κατάσταση όπου δεν μπορείτε να εργαστείτε μαζί εύκολα, καλό είναι να αρχίσετε να κινείστε προς την πορεία της κοινής εργασίας. Μπορεί στην αρχή να χρειαστεί να θυσιάσετε χρόνο μαζί ή να συνεχίσετε να εργάζεστε χώρια για κάποιο χρονικό διάστημα μόνο και μόνο για να μπορέσετε όμως να χτίσετε μία ζωή στην οποία θα κάνετε τα πάντα μαζί, θα έχετε τις ίδιες εμπειρίες, θα ενωθείτε σε κάθε επίπεδο της ύπαρξής σας και θα βιώνετε καθημερινά πραγματική πληρότητα και αγάπη.

Φυσικά, υπάρχουν πολλές παράμετροι που μπορεί να δυσκολέψουν κάτι τέτοιο, όπως τα παιδιά, δύο πολύ διαφορετικά επαγγέλματα, αλλά δεν υπάρχουν δικαιολογίες, παρά μόνο προκλήσεις για βελτίωση. Μπορείτε να τα καταφέρετε, αν όντως το επιθυμείτε και αγαπάτε πραγματικά ο ένας τον άλλον. Να απολαμβάνετε ο ένας τον άλλον κάθε ημέρα, σε κάθε στιγμή, κάνοντας το οτιδήποτε. Να εργάζεστε μαζί, να διασκεδάζετε μαζί, να ψυχαγωγείστε μαζί, να γυμνάζεστε μαζί, να χαλαρώνετε μαζί, να δημιουργείτε μαζί, να εκπαιδεύεστε μαζί, να προοδεύετε μαζί και να ζείτε ουσιαστικά τη ζωή μαζί και όχι χώρια.

Βέβαια, ο ποιοτικός χρόνος είναι αυτός που μετράει περισσότερο, αλλά παίζει τεράστιο ρόλο και ο ποσοτικός χρόνος. Γιατί, αν έχετε μία ώρα ποιοτικού χρόνου την ημέρα, δέκα ώρες χώρια και τρεις ώρες τυπικού χρόνου, δεν μπορείτε να ενωθείτε πολύ. Αν όμως, μετατρέψετε τις τρεις ώρες τυπικού χρόνου σε ποιοτικό και τις δέκα ώρες χώρια σε χρόνο μαζί (είτε είναι ποιοτικός, είτε όχι), κατανοείτε πόσο περισσότερο θα μπορέσετε να ενωθείτε και να απολαύσετε ο ένας τον άλλον. Στην ουσία αυτό που όλοι μας χρειαζόμαστε είναι ποσοτικός χρόνος, ο οποίος είναι παράλληλα εξαιρετικά ποιοτικός.

Οπότε, αν δε δουλεύετε μαζί ακόμη, αξιοποιήστε τον χρόνο σας μαζί ποιοτικά. Μάθετε για παράδειγμα ο ένας τη δουλειά του άλλου, δημιουργήστε κάτι μαζί, ξεκινήστε μία επιχείρηση μαζί. Υπάρχουν πολλές λύσεις αν όντως θέλετε να βιώνετε πραγματικά μαζί τη ζωή, και όχι απλά να συνδέετε τις δύο διαφορετικές ζωές σας τα απογεύματα και τα σαββατοκύριακα.

Η αλληλοπληρότητα δημιουργείται όταν κάνουμε τα πάντα μαζί με τον πλήρη αντανακλαστικό εαυτό μας, γιατί έτσι μόνο μπορούμε να ενωθούμε ολικά και απόλυτα σε κάθε επίπεδο της ύπαρξής μας. Όταν δηλαδή, ο χρόνος μας μαζί είναι και ποιοτικός και ποσοτικός. Οπότε, το να ζούμε ολικά κάθε στιγμή μαζί με τον σύντροφό μας είναι μονόδρομος, αν θέλουμε να βιώνουμε αλληλοπληρότητα...

Ώρα για ενδοσκόπηση

- Εσείς πόσο χρόνο περνάτε με τον σύντροφό σας; Πόσο ποιοτικό χρόνο περνάτε μαζί; Κάνετε τα πάντα μαζί ή όχι; Αν ναι, γιατί; Αν όχι, γιατί;
- Πόση αξία έχει για εσάς ο χρόνος με τον σύντροφό σας;
- Θέλετε να είστε μόνο λίγες ώρες μαζί με τον σύντροφό σας ή συνέχεια; Αν θέλετε να είστε μόνο λίγες ώρες, γιατί το θέλετε; Δεν αγαπάτε ο ένας τον άλλον; Αν θέλετε να είστε συνέχεια, τι σας εμποδίζει να το πετύχετε; Τι χρειάζεται να κάνετε για να το πετύχετε;

4.3.3 Γάμος και αλληλοπληρότητα

Όπως είπαμε παραπάνω, η αλληλοπληρότητα είναι η κατάσταση της ολικής ένωσης με τον σύντροφό μας σε κάθε επίπεδο της ύπαρξής μας, και επομένως και η πνευματική σύνδεση και ένωση μεταξύ μας. Σύνδεση και ένωση ταυτότητας, αξιών, αρχών και σκοπού ύπαρξης. Οπότε, είναι πολύ πιθανό ένα ζευγάρι που βιώνει αλληλοπληρότητα να έρθει και σε γάμο. Τι είναι όμως ο γάμος;

Πολλοί άνθρωποι πιστεύουν ότι άπαξ και παντρευτούν αλλάζει όλη η ζωή τους και πολλοί μάλιστα λένε ότι τότε αρχίζουν τα βάσανα και οι δυσκολίες της ζωής. Θεωρούν ότι ο γάμος είναι ένα τόσο σοβαρό γεγονός, που χρειάζεται να το γιορτάζουμε, αλλά παράλληλα ότι ο άνθρωπος παύει να είναι «ελεύθερος» μετά τον γάμο. Αυτές όμως, οι εγκλωβιστικές και ρηχές πεποιθήσεις αφορούν κυρίως ανθρώπους που έχουν τυπικές σχέσεις συμβιβασμού και προχωρούν απλά σε έναν γάμο συμβιβασμού καθοδηγούμενοι από τα παροδικά συναισθήματά τους και όχι από την αγάπη. Αφορούν δηλαδή, ανθρώπους που βλέπουν τη ζωή από μία πολύ ανούσια και θολή οπτική γωνία.

Η αλήθεια όμως είναι ότι ο γάμος δεν είναι τίποτα παρά μόνο δύο υπογραφές σε χαρτιά. Η ουσία είναι να είμαστε πνευματικά συνδεδεμένοι και ενωμένοι με τον σύντροφό μας και όχι να θεωρούμε ότι η σχέση μας αλλάζει, επειδή υπογράφουμε κάποια χαρτιά. Όταν είμαστε πνευματικά ενωμένοι με τον πλήρη αντανακλαστικό εαυτό μας, τότε είναι που είμαστε πραγματικά ελεύθεροι. Δηλαδή, το αντίθετο από αυτό που πιστεύει η πλειοψηφία των ανθρώπων. Η δέσμευση και η αφοσίωση στον πλήρη αντανακλαστικό εαυτό μας είναι η πραγματική ελευθερία. Αντιθέτως, η μοναξιά, η αποτυχία ένωσης με τον σύντροφό μας και η συνεχής αλλαγή ερωτικών συντρόφων είναι η πραγματική ανελευθερία.

Επομένως, αν δεν είμαστε πνευματικά παντρεμένοι πριν τις υπογραφές, τότε είναι καλύτερο να μην υπογράψουμε, γιατί θα καταλήξουμε είτε σε διαζύγιο, είτε σε έναν γάμο συμβιβασμού, τον οποίο θα μετανιώσουμε και αυτό θα το πληρώσουν ακριβά και τα παιδιά, που ίσως κάνουμε στο μέλλον.

Τα παραδείγματα ανθρώπων που έφτασαν σε διαζύγιο ή κατέληξαν να συμβιβαστούν με έναν σύντροφο, που δεν είναι ο πλήρης αντανακλαστικός εαυτός τους, είναι αμέτρητα. Μάλιστα, πολλές είναι οι φορές που τέτοιοι άνθρωποι κάνουν παιδιά και προξενούν τεράστια ζημιά στα παιδιά αυτά. Είναι σίγουρο ότι γνωρίζετε πολλούς ανθρώπους που βρίσκονται ή έχουν βρεθεί σε ανάλογες καταστάσεις...

Αν δε βιώνουμε πνευματικό γάμο από την αρχή της σχέσης, τότε κατά πάσα πιθανότητα η σχέση δε θα έχει θετική εξέλιξη. Αυτή είναι η απλότητα και η ομορφιά του γάμου: η πνευματική ένωση. Όχι το πανηγύρι, το καρναβάλι και η συνάθροιση του κάθε τυχαίου ανθρώπου από τον κοινωνικό και μη περίγυρό μας για να «πανηγυρίσουμε» αυτό το γεγονός και την πιθανή ζωή συμβιβασμού που έρχεται.

Επιπλέον, ο γάμος δεν είναι ούτε και οι όρκοι που δίνουμε, ειδικά όταν δεν έχουμε την παραμικρή ιδέα της ουσίας αυτών των όρκων. Το να πούμε κάποια λόγια εκείνη τη στιγμή, όπως «θα είμαστε για πάντα μαζί στα εύκολα και στα δύσκολα» δεν έχουν καμία προοπτική, αν δεν προηγείται πνευματική ένωση.

Επίσης, δεν υπάρχει νόημα να μοιραστούμε τη «χαρά» του γάμου μας με κανέναν, γιατί δεν υπάρχει καμία χαρά να γιορτάσουμε. Προσοχή όμως, δεν εννοούμε ότι ο γάμος δεν μπορεί να είναι ένα χαρμόσυνο γεγονός, αλλά εννοούμε ότι δεν είναι κάτι τόσο σπουδαίο, καθώς η ουσία βρίσκεται στη δημιουργία πνευματικής ένωσης, η οποία είναι κρίσιμο να υπάρχει πολύ καιρό πριν γίνει ο γάμος.

Όπως εξηγήσαμε παραπάνω, η αγάπη δεν είναι κάτι που γιορτάζεται μία μόνο ημέρα. Γιορτάζεται και βιώνεται έμπρακτα και καθημερινά από το ζευγάρι. Οπότε, δεν υπάρχει καμία απολύτως ανάγκη για μία ειδική περίσταση και κάποιον εορτασμό. Δεν υπάρχει κάτι καινούριο. Δε δημιουργήθηκαν νέα συναισθήματα, που δεν είχαμε παλιά, επειδή παντρευόμαστε. Δεν άλλαξε τίποτα στη σχέση μας. Ήμασταν από πολύ παλιότερα παντρεμένοι πνευματικά και δεν αλλάζει κάτι στη ζωή μας. Η ζωή μετά τον γάμο είναι υγιές να εξελίσσεται, όπως εξελισσόταν και πριν από αυτόν. Αυτή είναι η αλληλοπληρότητα στη σχέση και σε έναν πνευματικό γάμο. Οι σύντροφοι ήταν απόλυτα ενωμένοι πριν τον γάμο και συνεχίζουν να είναι απόλυτα ενωμένοι και μετά τον γάμο.

Ο γάμος είναι μία συνειδητή επιλογή του ζευγαριού και μάλιστα κάτι περισσότερο κοινωνικό και τυπικό. Όχι κάποιο σπουδαίο γεγονός ή κάτι τυχαίο. Οπότε, με λίγα λόγια, ένα ζευγάρι δε χρειάζεται να παντρευτεί για να αποδείξουν οι σύντροφοι στον εαυτό τους ή και σε άλλους ανθρώπους ότι αγαπιούνται.

Η ουσία λοιπόν, βρίσκεται στην αγάπη και όχι στην παρερμήνευση της αγάπης, στα παροδικά συναισθήματα, στην άγνοια και στις τυπικές γιορτές. Δηλαδή, αν ο γάμος σχετίζεται με την παρερμήνευση της αγάπης, όπως εξηγήσαμε προηγουμένως στην ενότητα της αγάπης, αν οι σύντροφοι νομίζουν ότι αγαπιούνται επειδή είναι απλά ερωτευμένοι και νιώθουν πού και πού όμορφα, αν οι σύντροφοι δεν αναπτύσσουν συνεχώς την αυτογνωσία τους και χαίρονται με τυπικές γιορτές και επιφανειακά πράγματα χωρίς ουσία, τότε πώς ο γάμος θα είναι ουσιαστικός και πνευματικός;

Αν ο γάμος δεν είναι πνευματικός και δε βασίζεται σε πραγματική αγάπη και αλληλοπληρότητα, τότε είναι πιθανό ότι δε θα διαρκέσει. Γι' αυτόν τον λόγο, άνθρωποι που είναι είκοσι και τριάντα χρόνια παντρεμένοι καταλήγουν να παίρνουν διαζύγια. Γιατί ποτέ δεν ήταν πνευματικά παντρεμένοι. Το μόνο που έκαναν ήταν να στολιστούν και να ντυθούν επίσημα μία ημέρα, να καλέσουν κάθε γνωστό και άγνωστο στον γάμο τους και να υπογράψουν μία ζωή συμβιβασμού.

Αυτό ακούγεται σκληρό, αλλά δυστυχώς είναι η αλήθεια και γι' αυτόν τον λόγο χρειάζεται μεγάλη προσοχή, υπευθυνότητα και αυτογνωσία στην απόφαση του γάμου. Βέβαια, αν το ζευγάρι θέλει να γιορτάσει τον γάμο με φίλους και συγγενείς, δεν είναι καθόλου κακό και μάλιστα μπορεί να είναι κάτι πολύ όμορφο και ουσιαστικό, όμως είναι κρίσιμο να προηγείται η πνευματική ένωση και οι σύντροφοι να ξέρουν ότι βιώνουν αγάπη, όχι να το νομίζουν.

Όλα αυτά τα λέμε με αυστηρότητα για να ξεφύγουμε επιτέλους ως ανθρωπότητα από το επιφανειακό, το ρηχό, το «φαίνεσθαι» και το ανούσιο και να βιώσουμε πραγματική αγάπη με ουσία. Οπότε, είναι σημαντικό να έχουμε μία ρεαλιστική και ουσιαστική οπτική για τον γάμο, η οποία να βασίζεται στην πνευματική ένωση και στην αλληλοπληρότητα, όχι στις φαινομενικές γιορτές, στα φανταχτερά φορέματα και στην κάλυψη κατώτερων αναγκών επιβεβαίωσης. Όταν ο γάμος είναι πνευματικός, η σχέση θα διατηρηθεί για πάντα και θα ανθίσει μέσα από την αλληλοπληρότητα...

Ώρα για ενδοσκόπηση

- Εσείς τι πιστεύετε για τον γάμο; Ποια είναι η αλήθεια και η ουσία του γάμου;
- Προτιμάτε έναν γάμο τυπικό, επιφανειακό και ρηχό ή έναν γάμο με γερά θεμέλια ανιδιοτελούς αγάπης, επίγνωσης, εμπιστοσύνης και αλληλοπληρότητας;
- Αν είστε παντρεμένοι, είναι ο γάμος σας τυπικός και γάμος συμβιβασμού ή είναι γάμος αγάπης;
- Αν δεν είστε παντρεμένοι, θα παντρευόσασταν λόγω αγάπης ή δεν ξέρετε καν τον λόγο;
- Τι έχει για εσάς σημασία, η αγάπη και η πνευματική ένωση ή τα πανηγύρια, οι γιορτές και τα παροδικά συναισθήματα;
- Αναλογιστείτε όλα αυτά για να αξιολογήσετε τη σχέση σας με τον γάμο, καθώς και τις αλλαγές στον τρόπο σκέψης και ζωή σας, που θα χρειαστεί να κάνετε, για να βιώσετε ουσία και να μην πορεύεστε στη ζωή με επιφανειακό τρόπο.

4.3.4 Η αλληλοπληρότητα και η απουσία ανάγκης άλλων ανθρώπων

Ως άνθρωποι θέλουμε από τη φύση μας να συναναστρεφόμαστε με άλλους ανθρώπους και η κοινωνικότητα είναι πολύ σημαντική για τον κάθε έναν από εμάς. Άρα, δεν προοριζόμαστε να ζούμε τη ζωή μόνοι μας κλεισμένοι σε κάποια σπηλιά χωρίς καμία ανθρώπινη επαφή, όσο ικανοποιημένοι κι αν είμαστε με τον εαυτό μας. Όμως, αυτό δε σημαίνει ότι προοριζόμαστε να διατηρούμε επιφανειακές ανθρώπινες σχέσεις και να σπαταλάμε τον χρόνο μας με τον οποιονδήποτε, και ειδικά με ανθρώπους που δεν ταιριάζουμε και οι οποίοι πορεύονται σε ένα διαφορετικό μονοπάτι από εμάς. Προοριζόμαστε να ζούμε με αλληλοπληρότητα με τον πλήρη αντανακλαστικό εαυτό μας.

Όταν φτάσουμε σε επίπεδο αλληλοπληρότητας με τον πλήρη αντανακλαστικό εαυτό μας, παύουμε να έχουμε ανάγκη για άλλους ανθρώπους στη ζωή μας, όπως εξηγήσαμε και παραπάνω στην αγάπη. Αυτό δε συμβαίνει γιατί χάνουμε την κοινωνικότητά μας ή ότι ντρεπόμαστε ή ότι απαξιούμε άλλους ανθρώπους ή ότι κλεινόμαστε σε μία φούσκα με τον σύντροφό μας ή ότι δε συμπαθούμε κανέναν άλλον άνθρωπο ή οτιδήποτε άλλο μπορεί να σκεφτεί κανείς. Συμβαίνει πολύ απλά, γιατί ο πλήρης αντανακλαστικός εαυτός μας γίνεται η ίδια η ζωή μας. Γίνεται και ο γονιός μας, και ο καλύτερος και πιο αληθινός φίλος μας, και ο αδερφός ή η αδερφή μας, και ο συνάδελφός μας και ο συνεργάτης μας και η οικογένειά μας. Γίνεται τα πάντα για εμάς και εμείς τα πάντα γι' αυτόν.

Δε χρειαζόμαστε την επιβεβαίωση από κανέναν άνθρωπο, ούτε να έχουμε κοινωνικές σχέσεις με πολλούς ανθρώπους για να νιώσουμε ότι είμαστε άξιοι. Όλα αυτά έχουν εξαλειφθεί από μέσα μας. Πριν φτάσουμε σε αλληλοπληρότητα, οι σχέσεις που είχαμε με άλλους ανθρώπους ήταν κυρίως σχέσεις κάλυψης αναγκών σύνδεσης, αποδοχής, επιβεβαίωσης ή αναγνωρισιμότητας.

Για παράδειγμα, ένα παιδί έχει ανάγκη τους γονείς του, για να καλύψει ανάγκες αποδοχής και αυτό είναι φυσιολογικό και αναγκαίο να επιτευχθεί στην παιδική ηλικία. Ένας γονιός μπορεί να έχει ανάγκη το παιδί του για να νιώσει άξιος και αυτό δεν είναι υγιές. Κάποιοι φίλοι κάνουν παρέα για να καλύψουν ανάγκες επιβεβαίωσης, επειδή αυτές δεν καλύφθηκαν από τους γονείς τους όταν ήταν παιδιά. Όταν λοιπόν βιώνουμε αλληλοπληρότητα, όλα αυτά είναι παρελθόν.

Έτσι, οι σχέσεις που έχουμε με άλλους ανθρώπους ως ζευγάρι είναι λίγες και ποιοτικές, με σκοπό πάντα τη βοήθεια και τη στήριξη. Δεν έχουμε κοινωνικές σχέσεις επειδή το έχουμε ανάγκη, αλλά επειδή το θέλουμε. Επειδή θέλουμε να βοηθήσουμε αυτούς τους ανθρώπους (γονείς, φίλους, συγγενείς κτλ.) και να προσφέρουμε μαζί ως ζευγάρι.

Είμαστε επιλεκτικοί και αυστηροί στις κοινωνικές σχέσεις μας, γιατί αναγνωρίζουμε την αξία μας και δε θέλουμε να σπαταλάμε τον χρόνο μας με ανθρώπους, που δεν ανταποκρίνονται στα υψηλά μας πρότυπα (στάνταρντ). Αυτό βοηθάει και στην εξέλιξή μας ως ζευγάρι, αλλά και στην εξέλιξη των άλλων ανθρώπων γύρω μας, καθώς όλοι δίνουμε την ενέργειά μας σε ποιοτικές ανθρώπινες σχέσεις και όχι σε σχέσεις κάλυψης κατώτερων αναγκών.

Ώρα για ενδοσκόπηση

- Εσείς έχετε ανάγκες επιβεβαίωσης; Αν ναι, γιατί; Αν όχι, γιατί; Οι ανθρώπινες σχέσεις που έχετε είναι γιατί θέλετε αυτούς τους ανθρώπους στη ζωή σας ή γιατί έχετε ανάγκη την αποδοχή τους;
- Είστε πλήρως ικανοποιημένοι από τη σχέση με τον σύντροφό σας; Αν ναι, γιατί; Αν όχι, γιατί;
- Τι χρειάζεται να κάνετε για να μην έχετε εσωτερική ανάγκη άλλων ανθρώπων στη ζωή σας και να γίνετε δυνατοί άνθρωποι μαζί με τον σύντροφό σας;

4.3.5 Αλληλοπληρότητα και αλληλοεξάρτηση

Πολλοί άνθρωποι επειδή δεν έχουν βιώσει ποτέ κάτι που να πλησιάζει τα υψηλά επίπεδα της αλληλοπληρότητας και δεν έχουν γνωρίσει πραγματική αγάπη, μπορεί να μπερδέψουν την αλληλοπληρότητα με την αλληλοεξάρτηση. Συνήθως, όταν οι άνθρωποι ακούν από ένα ζευγάρι ότι θέλουν να είναι συνέχεια μαζί και να κάνουν τα πάντα μαζί, ή ζηλεύουν για τη σχέση τους ή νομίζουν ότι το ζευγάρι αυτό βρίσκεται σε μία σχέση αλληλοεξάρτησης. Ειδικά, όταν ακούν ότι οι σύντροφοι σε αυτήν τη σχέση είναι ο ένας για τον άλλον και ο γονιός, και ο καλύτερος φίλος κτλ., συμπεραίνουν ότι οι σύντροφοι είναι αλληλοεξαρτώμενοι.

Αυτό γιατί, δεν μπορούν να διανοηθούν ότι δύο άνθρωποι μπορούν να είναι τόσο δεμένοι και αγαπημένοι μεταξύ τους, γιατί οι ίδιοι τους γνωρίζουν μόνο συμβιβασμούς, μιζέρια και εξαρτήσεις κάθε είδους στη σχέση και στη ζωή τους. Έτσι, κρίνουν άλλους αγαπημένους και βαθιά ενωμένους ανθρώπους με βάση τις δικές τους περιοριστικές εμπειρίες συμβιβασμού και εξάρτησης.

Όμως, η αλληλοπληρότητα δεν έχει καμία απολύτως σχέση με την αλληλοεξάρτηση. Στην περίπτωση της αλληλοεξάρτησης, οι σύντροφοι έχουν την ανάγκη να είναι μαζί, γιατί εξαρτώνται ο ένας από τον άλλον και παρακινούνται από ανασφάλεια, κατώτερες ανάγκες αποδοχής και επιβεβαίωσης και όχι από αγάπη. Οπότε, κατανοείτε πως η αλληλοπληρότητα είναι το άκρως αντίθετο της αλληλοεξάρτησης.

Η αλληλοεξάρτηση είναι μία κατάσταση άγνοιας, αδυναμίας και ανασφάλειας, ενώ η αλληλοπληρότητα είναι μία κατάσταση επίγνωσης, δύναμης, ένωσης και αγάπης. Μία σχέση αλληλοεξάρτησης αφορά την επιβίωση του ζευγαριού μέσα σε έναν κόσμο γεμάτο απαιτήσεις, δυσκολίες και προκλήσεις. Έτσι, για να μπορέσουν οι σύντροφοι να ανταπεξέλθουν σε όλα αυτά και να επιβιώσουν, χρειάζονται ο ένας την επιβεβαίωση του άλλου. Μία σχέση αλληλοπληρότητας όμως, δεν αφορά την επιβίωση, αλλά την εξέλιξη του ζευγαριού σ' αυτόν τον κόσμο με απαιτήσεις, δυσκολίες και προκλήσεις, καθώς οι σύντροφοι επιλέγουν συνειδητά να είναι αδιάσπαστοι μαζί. Αντί να εξαρτηθούν ο ένας από τον άλλον, στέκονται γεροί και δυνατοί δίπλα-δίπλα. Φυσικά, η αλληλοεξάρτηση δεν είναι μία μόνιμη κατάσταση και μπορεί να διορθωθεί. Κάθε άνθρωπος που παρακινείται από τον φόβο (αλληλοεξάρτηση) μπορεί να βρει τη δύναμη μέσα του και να βιώσει πραγματική αγάπη (αλληλοπληρότητα).

Ας δούμε λοιπόν, τις κυριότερες διαφορές της αλληλοεξάρτησης και της αλληλοπληρότητας, για να μπορέσετε να ελευθερωθείτε από την αλληλοεξάρτηση, αν αυτή διακατέχει τη σχέση σας:

ΑΛΛΗΛΟΕΞΑΡΤΗΣΗ	ΑΛΛΗΛΟΠΛΗΡΟΤΗΤΑ
Θυσία του αυθεντικού εαυτού, λόγω φόβου απόρριψης από τον σύντροφο. Αποκρύπτουν την αλήθεια ή λένε ψέματα.	Και οι δύο σύντροφοι είναι αυθεντικοί και απόλυτα ειλικρινείς μεταξύ τους. Δε λειτουργούν με φόβο, αλλά με αγάπη. Απογυμνώνονται συνέχεια ο ένας μπροστά στον άλλον.
Δεν ξέρουν ποια είναι τα «θέλω», οι ανάγκες και οι αξίες τους. Αν πάλι ξέρουν ποια είναι, τα θυσιάζουν για να ευχαριστήσουν τον σύντροφό τους.	Ξέρουν ξεκάθαρα ποια είναι τα «θέλω», οι ανάγκες και οι αξίες τους, καθώς και του συντρόφου τους, και παίρνουν αποφάσεις μαζί. Μάλιστα, φτάνουν σε επίπεδο όπου έχουν κοινά «θέλω», κοινές ανάγκες και κοινές αξίες.

Φοβούνται τη σύγκρουση με τον σύντροφό τους. Έχουν συνέχεια προβληματική επικοινωνία και δεν αναπτύσσουν τις επικοινωνιακές δεξιότητές τους.

Έχουν χαμηλή αυταξία, αυτοεκτίμηση και αυτοπεποίθηση. Χρειάζονται τον σύντροφό τους για να νιώθουν άξιοι.

Λειτουργούν με κατώτερες ανάγκες αποδοχής. Ζητούν συνέχεια επιβεβαίωση από τον σύντροφό τους σε οτιδήποτε και να κάνουν. Αν δεν πάρουν την έγκριση του συντρόφου, δεν μπορούν να πάρουν αποφάσεις.

Είναι ανασφαλείς και αγχώδεις. Έχουν έντονη ανάγκη για καθησύχαση από τον σύντροφό τους. Χρειάζονται τον σύντροφό τους, γιατί δεν μπορούν να είναι μόνοι τους.

Έχουν παιδική νοοτροπία και είναι μόνο ηλικιακά ενήλικες. Συμπεριφέρονται ανώριμα, συναισθηματικά και χωρίς αυτοέλεγχο.

Έχουν σχέση με τον σύντροφό τους, μόνο και μόνο για να προσπαθήσουν να καλύψουν τα τεράστια εσωτερικά κενά τους. Νιώθουν «άδειοι» και προσπαθούν να «τραφούν» συναισθηματικά από τον σύντροφό τους. Η σχέση τους είναι μία «προστασία» από τη φοβισμένη ύπαρξή τους.

Αγκαλιάζουν τη σύγκρουση με τον σύντροφό τους, όταν αυτή είναι υγιής και αποσκοπεί στη βελτίωσή τους. Αναπτύσσουν διαρκώς τις επικοινωνιακές δεξιότητές τους και έχουν ατελή, αλλά ξεκάθαρη επικοινωνία.

Έχουν υψηλή αυταξία, αυτοεκτίμηση και αυτοπεποίθηση με ρεαλισμό. Δε χρειάζονται τον σύντροφό τους για να νιώθουν άξιοι. Είναι άξιοι ατομικά και λόγω αγάπης επιλέγουν να ενωθούν με τον σύντροφό τους.

Δε λειτουργούν με κατώτερες ανάγκες αποδοχής, αλλά με τις αξίες και την αλήθεια του εαυτού τους. Είναι αποφασιστικοί και δυνατοί. Παίρνουν εύκολα αποφάσεις ατομικά, αλλά επιλέγουν να αποφασίζουν μαζί με τον σύντροφό τους, για τη ζωή τους, ως ισάξιοι άνθρωποι.

Είναι σίγουροι για την ταυτότητά τους και τη σχέση με τον σύντροφό τους. Δεν έχουν καμία ανάγκη για καθησύχαση. Βοηθούν ο ένας τον άλλον από αγνή αγάπη και όχι από φόβο ή ανάγκη.

Είναι πνευματικοί ενήλικες, πραγματικά ώριμοι άνθρωποι και υπεύθυνοι για τον εαυτό τους. Έχουν υγιή αυτοέλεγχο και δεν ελέγχονται από τα παροδικά συναισθήματά τους.

Είναι πλήρεις ατομικά και επιλέγουν να εξελιχθούν μαζί με τον σύντροφό τους. Η σχέση είναι ένα μονοπάτι προόδου και εξέλιξης για το ζευγάρι.

Δέχονται να είναι σε σχέση με τον οποιονδήποτε, γιατί φοβούνται να είναι μόνοι τους και φοβούνται την απόρριψη.

Δέχονται να είναι σε σχέση αποκλειστικά και μόνο με τον πλήρη αντανακλαστικό εαυτό τους. Έχουν ακλόνητη πίστη στη σχέση τους και απολαμβάνουν τη συντροφική μοναχικότητά τους.

Έχουν άγνοια του εαυτού και του συντρόφου τους. Δεν έχουν εργαστεί εσωτερικά με τον εαυτό τους και έτσι δε γνωρίζουν ποιοι είναι. Αυτό οδηγεί σε κτητικότατα και εξάρτηση.

Αναπτύσσουν συνεχώς την αυτογνωσία και την επίγνωσή τους. Εργάζονται καθημερινά ατομικά και συντροφικά. Γνωρίζουν τον σύντροφό τους τόσο βαθιά, όσο γνωρίζουν και τον εαυτό τους. Αυτό οδηγεί σε πνευματική ένωση.

Βλέπετε ότι η αλληλοεξάρτηση είναι μία κατάσταση ανισόρροπη και προβληματική, ενώ η αλληλοπληρότητα μία κατάσταση υγείας, ισορροπίας και ανιδιοτελούς αγάπης. Στην κατάσταση της αλληλοπληρότητας οι σύντροφοι είναι μαζί, όχι γιατί δεν μπορούν να λειτουργήσουν ατομικά, όπως συμβαίνει στην αλληλοεξάρτηση, αλλά γιατί επιλέγουν να θριαμβεύσουν μαζί ως ένα. Κατανοούν δηλαδή, ότι δεν είναι ένα απλό ζευγάρι, αλλά μία ασταμάτητη δύναμη αγάπης...

Ώρα για ενδοσκόπηση

- Εσείς βιώνετε μία από αυτές τις καταστάσεις; Αν ναι, ποια; Αν βιώνετε αλληλοεξάρτηση, ποια από τα παραπάνω στοιχεία εκδηλώνετε στη σχέση σας; Τι χρειάζεται να κάνετε για να βελτιωθείτε;
- Είστε σε σχέση με τον πλήρη αντανακλαστικό εαυτό σας ή με έναν απλό ερωτικό σύντροφο; Αν είστε σε σχέση αλληλοεξάρτησης με έναν απλό ερωτικό σύντροφο, γιατί επιλέγετε να παραμείνετε σ' αυτήν; Αν είστε σε σχέση με τον πλήρη αντανακλαστικό εαυτό σας και όμως βιώνετε αλληλοεξάρτηση, τι χρειάζεται να κάνετε για να ξεφύγετε από την κατάσταση της αλληλοεξάρτησης και να βιώσετε αλληλοπληρότητα;

4.3.6 Το μοντέλο της αλληλοπληρότητας

Μέχρι στιγμής έχετε δει πολλές πτυχές της αλληλοπληρότητας και μπορείτε να κατανοήσετε σε ποιον βαθμό υπάρχει και αναπτύσσεται στη σχέση σας ή όχι. Εδώ, θα δούμε πώς μπορείτε να ενωθείτε με τον σύντροφό σας μέσω των θηλυκών και αρσενικών στοιχείων σας.

Η αλληλοπληρότητα λοιπόν με τον σύντροφό μας είναι φανερή, όταν τα στοιχεία του θηλυκού και αρσενικού εαυτού μας και του συντρόφου μας ενώνονται με αρμονία και εναλλάσσονται με ισορροπία. Όπως εξηγήσαμε στο πρώτο κεφάλαιο, στο μοντέλο του θηλυκού και αρσενικού εαυτού, όλοι μας έχουμε και θηλυκά και αρσενικά στοιχεία μέσα μας. Αυτά μπορούν πολύ εύκολα να συγκρουστούν και εσωτερικά μας, δηλαδή μέσα στον ίδιο τον εαυτό μας, αλλά και να συγκρουστούν με τα αντίστοιχα στοιχεία του συντρόφου μας.

Για παράδειγμα, αν ο ένας σύντροφος είναι θυμωμένος (αρσενικό στοιχείο) και ο άλλος θυμώσει (πάλι αρσενικό στοιχείο) λόγω του θυμού του συντρόφου του, τότε θα συγκρουστούν. Όταν όμως οι σύντροφοι φτάσουν σε επίπεδο αλληλοπληρότητας, μπορούν να αξιοποιούν τις δυναμικές των θηλυκών και αρσενικών στοιχείων τους με τέτοιον τρόπο που τους βοηθάει να εξελιχθούν και να στηρίζουν αποτελεσματικά ο ένας τον άλλον. Έτσι, όταν ο ένας σύντροφος είναι θυμωμένος, ο άλλος συνδέεται μαζί του και δε συγκρούεται. Αυτό τι σημαίνει; Σημαίνει ότι θα εκφράσει ένα θηλυκό στοιχείο του εαυτού του, όπως είναι η κατανόηση, για να βοηθήσει τον σύντροφό του να ηρεμήσει, και όχι ένα αρσενικό, όπως είναι ο θυμός, που θα δημιουργήσει περισσότερη ένταση.

Δηλαδή, μέσα σε μία σχέση, όταν τα θηλυκά ή αρσενικά στοιχεία του ενός συντρόφου είναι έντονα, όπως έντονος θυμός (αρσενικό) ή έντονη λύπη (θηλυκό), είναι κρίσιμο ο άλλος σύντροφος να εκφράζει αντίθετα στοιχεία από αυτά του συντρόφου του, για να μην προκληθεί ένταση και φασαρία. Αυτό δε σημαίνει βέβαια ότι, όταν εκφράζονται ίδια στοιχεία μεταξύ των συντρόφων, θα υπάρχει πάντα κάποιος καβγάς. Εξαρτάται από το ποια είναι αυτά τα στοιχεία και πώς αξιοποιούνται από το ζευγάρι.

Αυτό μπορείτε να το συνδέσετε και με το μοντέλο της βελτίωσης των αρνητικών συμπεριφορών του δεύτερου κεφαλαίου και να δείτε πώς μπορείτε να αξιοποιήσετε με υγιή τρόπο την εναλλαγή των θηλυκών και αρσενικών στοιχείων σας, όταν φαίνεται πως πρόκειται να προκληθεί μία διαμάχη με τον σύντροφό σας. Μπορείτε να διαβάσετε ξανά το μοντέλο του θηλυκού και αρσενικού εαυτού (σελ. 74) και το μοντέλο της βελτίωσης των αρνητικών συμπεριφορών (σελ. 142), για να θυμηθείτε κάποια πολύ σημαντικά πράγματα, όπως τους τρόπους με τους οποίους συνδέονται ή συγκρούονται τα θηλυκά και αρσενικά στοιχεία, πριν προχωρήσετε παρακάτω.

Πώς λοιπόν οι δυναμικές των θηλυκών και αρσενικών στοιχείων μας εκφράζονται στην αλληλοπληρότητα; Ας δούμε το μοντέλο της αλληλοπληρότητας, που δημιουργήσαμε εμείς, όσο εξετάζαμε τον εαυτό μας και τη συσχέτιση και σύγκρουση των θηλυκών και αρσενικών στοιχείων στη σχέση μας, καθώς και όσο παρατηρούσαμε ανθρώπους γύρω μας και προσπαθούσαμε να κατανοήσουμε τις δικές τους σχέσεις. Έτσι, θα δείτε πώς εκφράζονται αυτά τα στοιχεία.

Τα θηλυκά και αρσενικά στοιχεία τα ονομάζουμε εδώ δυνάμεις, καθώς είναι στην ουσία δυνάμεις που μας κινητοποιούν στη ζωή, ανάβουν τη φλόγα στη σχέση μας, αναζωπυρώνουν τον έρωτα, τον πόθο και το υγιές πάθος μας και μας οδηγούν παράλληλα σε γαλήνη, όταν βέβαια αναπτύσσουμε την αυτογνωσία μας και γνωρίζουμε πώς να αξιοποιήσουμε αυτά τα στοιχεία. Όταν όμως, δε γνωρίζουμε πώς να αξιοποιήσουμε αυτά τα στοιχεία, τότε μπορούν να βλάψουν τη σχέση μας και να χρησιμοποιηθούν ως δυνάμεις καταστροφής, όπως στο παράδειγμα που δώσαμε παραπάνω με τον θυμό. Με λίγα λόγια, οι θηλυκές και αρσενικές δυνάμεις που έχουμε μέσα μας μπορούν να είναι είτε θετικές και βοηθητικές, είτε αρνητικές και επιζήμιες.

Αυτό εξαρτάται:

1. από την ίδια τη φύση των δυνάμεων, δηλαδή αν τείνουν στο θετικό ή στο αρνητικό (π.χ. η ανασφάλεια είναι μία εξορισμού αρνητική θηλυκή δύναμη, η συμπόνια είναι μία εξορισμού θετική θηλυκή δύναμη, η αλαζονεία είναι μία

εξορισμού αρνητική αρσενική δύναμη, η υπευθυνότητα είναι μια εξορισμού θετική αρσενική δύναμη),

2. από την επίγνωση που έχουμε γι' αυτές, δηλαδή αν γνωρίζουμε ότι υπάρχουν, ποιες είναι με ακρίβεια (ξεκάθαρος προσδιορισμός τους) και τι επιρροή έχουν επάνω μας,

3. από το πώς τις αξιοποιούμε (στη σχέση με τον εαυτό μας και στη σχέση με τον σύντροφό μας). Κάθε δύναμη που είναι αρνητική μπορεί να αξιοποιηθεί για να βελτιωθούμε, όπως και κάθε θετική, και δε σημαίνει ότι μπορεί να φέρει μόνο προβλήματα και δυσκολίες. Για παράδειγμα, η ανασφάλεια ναι μεν είναι αρνητική από τη φύση της, αλλά αν έχουμε επίγνωση αυτής, τότε μπορούμε να διδαχτούμε από αυτήν και να την αντιμετωπίσουμε ή να μας κινητοποιήσει να εξελιχθούμε. Να την αξιοποιήσουμε δηλαδή, για να γίνουμε ασφαλείς με την ταυτότητά μας αξιοποιώντας λόγου χάρη μία άλλη θετική δύναμή μας, όπως την υπευθυνότητα.

Ας αναλύσουμε το μοντέλο της αλληλοπληρότητας για να κατανοήσουμε αυτές τις δυνάμεις και τις δυναμικές τους καλύτερα.

Όπως βλέπουμε στο παρακάτω σχήμα, κάθε άνθρωπος έχει στον πυρήνα του είτε θηλυκή, είτε αρσενική δύναμη, η οποία συμβολίζεται με τον εσωτερικό κύκλο, και το ίδιο έχει και στην εξωτερική επιφάνειά του, που είναι ο εξωτερικός κύκλος. Ο ενδιάμεσος κύκλος αποτελεί όμως την ακριβώς αντίθετη δύναμη.

Έτσι, μία μέση γυναίκα έχει θηλυκή δύναμη στον πυρήνα και στην εξωτερική επιφάνειά της, ενώ αρσενική δύναμη ανάμεσα στον πυρήνα και στην εξωτερική επιφάνειά της. Δηλαδή, έχει κατά κύριο λόγο θηλυκές δυνάμεις μέσα της και αυτές εκφράζει περισσότερο και σε άλλους ανθρώπους. Έχει όμως και αρσενικές δυνάμεις, που τις εκφράζει απλά σε μικρότερη συχνότητα.

Από την άλλη, ένας μέσος άνδρας έχει αρσενική δύναμη στον πυρήνα και στην εξωτερική επιφάνειά του, ενώ έχει θηλυκή δύναμη ανάμεσα στον πυρήνα και στην εξωτερική επιφάνειά του. Δηλαδή, κατά κύριο λόγο έχει αρσενικές δυνάμεις μέσα του και αυτές εκφράζει περισσότερο και σε άλλους ανθρώπους. Έχει όμως, και θηλυκές δυνάμεις, που τις εκφράζει απλά σε μικρότερη συχνότητα.

Με λίγα λόγια, ο πυρήνας δείχνει ποια δύναμη (θηλυκή ή αρσενική) υπερισχύει βαθιά μέσα μας. Η εξωτερική επιφάνεια δείχνει ποια δύναμη συνήθως εκφράζουμε στις σχέσεις μας με άλλους ανθρώπους και συνήθως είναι ίδια με τη δύναμη του πυρήνα. Ο ενδιάμεσος κύκλος (ο εσωτερικός ενδιάμεσος χώρος) δείχνει την αντίθετη από την επικρατούσα δύναμη που έχουμε μέσα μας και είναι όμως εξίσου ισχυρή και μπορεί να εκφράζεται επίσης πάρα πολλές φορές.

Το μοντέλο της αλληλοπληρότητας

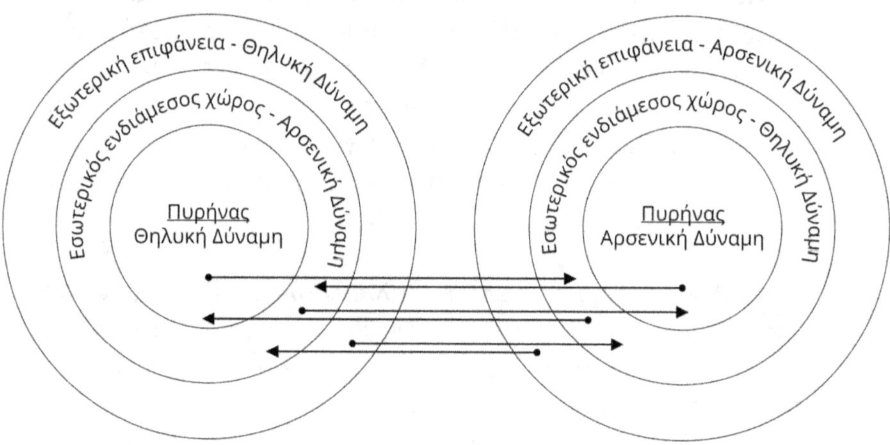

Βέβαια, αυτό το μοντέλο το δημιουργήσαμε για να κατανοήσει κανείς πώς περίπου κινούνται οι δυνάμεις του θηλυκού και αρσενικού εαυτού του μέσα του και πώς αυτές αλληλεπιδρούν με τις δυνάμεις του συντρόφου του. Αυτό σημαίνει, ότι δεν είναι κάτι απόλυτο, αλλά κινείται σε γενικές γραμμές. Δηλαδή, οι δυνάμεις αυτές μπορούν να εναλλάσσονται συνεχώς μεταξύ τους και να μην είναι απόλυτα σταθερές και αμετακίνητες.

Έτσι για παράδειγμα, μία γυναίκα που έχει θηλυκή δύναμη στον πυρήνα της και είναι ευαίσθητη και συμπονετική, μπορεί να εκφράζει στις σχέσεις της με άλλους ανθρώπους κυρίως αρσενική δύναμη, όπως δυναμισμό και επιβλητικότητα και μάλιστα με αρνητική χροιά, και όχι θηλυκή δύναμη, όπως είναι το αναμενόμενο.

Αυτό μπορεί να συμβαίνει για διάφορους λόγους. Ένας λόγος μπορεί να είναι η ανασφάλεια και ο φόβος (θηλυκές δυνάμεις), που δημιούργησε όταν ήταν παιδί, λόγω ακάλυπτων αναγκών επιβεβαίωσης από τους γονείς (βλ. σελ. 119). Η ανασφάλεια και ο φόβος την οδηγούν στο να θέλει να δείχνει δυνατή και ανεξάρτητη σε άλλους ανθρώπους, γιατί φοβάται μήπως πληγωθεί ξανά, όπως πληγώθηκε όταν ήταν παιδί. Έτσι, ο πυρήνας της αποτελείται από αγνή θηλυκή δύναμη (συμπόνια), όμως αντί να εκφράζει συμπόνια, εκφράζει αρσενική δύναμη σε άλλους ανθρώπους (επιβλητικότητα και αυστηρότητα), κυρίως με αρνητική φόρτιση (όπως αλαζονεία). Αυτό γιατί, αν εκφράσει συμπόνια (θετική θηλυκή δύναμη) ή φόβο και ανασφάλεια (αρνητική θηλυκή δύναμη), θεωρεί ότι θα φανεί αδύναμη λόγω εγκλωβιστικών πεποιθήσεων. Επομένως, οι αρσενικές δυνάμεις βγαίνουν στην εξωτερική επιφάνεια ως άμυνα. Και φυσικά, λόγω αυτού του εσωτερικού εγκλωβισμού, θα βγουν ευκολότερα στην εξωτερική επιφάνεια οι αρνητικές αρσενικές δυνάμεις και όχι οι θετικές. Αυτό την οδηγεί στο να βλάπτει τις σχέσεις της με άλλους ανθρώπους και κυρίως τη σχέση με τον σύντροφό της, καθώς εκεί εκφράζονται πιο έντονα αυτές οι δυνάμεις με αρνητικό τρόπο.

Βλέπετε λοιπόν, πώς οι δυνάμεις αυτές μπορούν να εναλλάσσονται μέσα μας και να μας οδηγούν σε σύγχυση και αρνητικές συμπεριφορές...

Ας δώσουμε ένα ακόμα παράδειγμα. Ένας άντρας που έχει στον πυρήνα του αρσενική δύναμη θάρρους και δυναμισμού, εκφράζει σε άλλους ανθρώπους αρνητικές θηλυκές δυνάμεις ντροπής και φόβου και έτσι δε μιλάει αυθεντικά και με δυναμισμό, κάτι που αντικρούεται με το ποιος είναι βαθιά μέσα του. Αυτό μπορεί να συμβαίνει, γιατί δημιούργησε αρνητικές αρσενικές δυνάμεις θυμού και έντασης όταν ήταν παιδί, λόγω ακάλυπτων αναγκών. Επειδή όμως κατακρίθηκε για τον θυμό του, διδάχτηκε ότι δεν πρέπει να θυμώνει μπροστά σε άλλους ανθρώπους και ότι πρέπει να είναι το «καλό παιδί», οδηγήθηκε σε ανασφάλεια. Επομένως, σταμάτησε και να εκφράζεται αυθεντικά σε άλλους ανθρώπους.

Έτσι, παρόλο που είναι βαθιά μέσα του θαρραλέος και δυναμικός (θετικές αρσενικές δυνάμεις), δεν εκφράζει θάρρος και δυναμισμό και εκδηλώνει ντροπή και φόβο (αρνητικές θηλυκές δυνάμεις), γιατί έχει καταπιέσει τον θυμό του (αρνητική αρσενική δύναμη), και αυτό οδήγησε σε ανασφάλεια (αρνητική θηλυκή δύναμη).

Ο θυμός, σ' αυτήν την περίπτωση, καταπιέζεται και πνίγεται εσωτερικά, με αποτέλεσμα να οδηγεί σε μία παθητική και όχι ενεργητική έκφρασή του. Αποτέλεσμα είναι η ντροπή και ο φόβος. Έτσι, αυτός ο άνθρωπος αδυνατεί να είναι ο αυθεντικός δυναμικός εαυτός του, όταν βρίσκεται με άλλους ανθρώπους, και επομένως δεν μπορεί να δημιουργήσει μία υγιή σχέση και με τον σύντροφό του.

Βλέπουμε εδώ, ότι παρόλο που συνήθως θα εκφράζουμε τις δυνάμεις που έχουμε στον πυρήνα μας και κάποιες φορές τις αντίθετες που έχουμε στον εσωτερικό ενδιάμεσο χώρο, δε συμβαίνει πάντα έτσι. Οι θηλυκές και οι αρσενικές δυνάμεις μπορούν να μπλέκονται πάρα πολύ και να γίνονται ένα μεγάλο μπέρδεμα. Παράλληλα, κατανοούμε ότι αυτό το μπέρδεμα και κάθε αρνητική έκφραση των θηλυκών και αρσενικών δυνάμεών μας έχει μία μικρή ή μεγάλη σχέση με την ανασφάλεια και τις κατώτερες ανάγκες μας. Γι' αυτό, είναι σημαντικό να ερευνούμε συνέχεια τον εαυτό μας με προσοχή, για να μη βρισκόμαστε σε ένα χάος, αλλά σε μία ισορροπία. Βλέπουμε επίσης, πώς συνδέονται όλα όσα έχουμε πει μέχρι στιγμής σ' αυτό το βιβλίο και κυρίως το μοντέλο του θηλυκού και αρσενικού εαυτού, το μοντέλο του αντιδραστικού εαυτού, οι εγκλωβιστικές πεποιθήσεις, οι αρνητικές συμπεριφορές και καταστάσεις, όπως οι συμπεριφορές που προέρχονται από το παρελθόν (εξάρτηση και αποφυγή σύνδεσης) και φυσικά η αλληλοπληρότητα...

Η αλληλοπληρότητα καλλιεργείται και αναπτύσσεται όταν και οι δύο σύντροφοι έχουν πολύ καλή γνώση των θηλυκών και αρσενικών δυνάμεών τους και τις συνδέουν με έναν υγιή τρόπο. Έτσι, μία γυναίκα με θηλυκό πυρήνα, θηλυκή εξωτερική επιφάνεια και αρσενικό εσωτερικό ενδιάμεσο χώρο, συνδέεται και ενώνεται με τα ακριβώς αντίθετα και ίδια στοιχεία του συντρόφου της, ο οποίος έχει αρσενικό πυρήνα, αρσενική εξωτερική επιφάνεια και θηλυκό εσωτερικό ενδιάμεσο χώρο. Δηλαδή, ο θηλυκός πυρήνας και η θηλυκή εξωτερική επιφάνεια της γυναίκας συνδέονται με τον θηλυκό εσωτερικό ενδιάμεσο χώρο του άντρα, και ο αρσενικός πυρήνας και η αρσενική εξωτερική επιφάνεια του άντρα συνδέονται με τον αρσενικό εσωτερικό ενδιάμεσο χώρο της συντρόφου του.

Μ' αυτόν τον τρόπο, συνδέονται οι όμοιες δυνάμεις του ζευγαριού, που υπάρχουν σε διαφορετική ένταση και ποσότητα στον κάθε σύντροφο. Οι αντίθετες δυνάμεις (θηλυκές με αρσενικές) του ζευγαριού συνδέονται με τον τρόπο που εξηγήσαμε παραπάνω και στο μοντέλο του θηλυκού και αρσενικού εαυτού, που όταν ο ένας σύντροφος εκφράζει αρσενικό στοιχείο, ο άλλος είναι πολλές φορές βοηθητικό να εκφράζει κάποιο θηλυκό στοιχείο και το αντίθετο.

Εδώ, κατανοείτε ότι ο κάθε σύντροφος είναι πλήρης και ολόκληρος από μόνος του. Δηλαδή, έχει πλήρη και γεμάτο και τον πυρήνα του, και την εξωτερική επιφάνειά του και τον εσωτερικό ενδιάμεσο χώρο του (είναι πλήρης) και μάλιστα με εντελώς μοναδικό τρόπο (είναι ολόκληρος). Η σπουδαιότητα και η ομορφιά της αλληλοπληρότητας βρίσκεται στο ότι ο κάθε σύντροφος μπορεί να ενώσει τον μοναδικό και πλήρη πυρήνα του, τη μοναδική και πλήρη εξωτερική επιφάνειά του και τον μοναδικό και πλήρη εσωτερικό ενδιάμεσο χώρο του, με τα αντίστοιχα του πλήρους αντανακλαστικού εαυτού του, που είναι επίσης πλήρης και ολόκληρος...

Αυτή είναι μία από τις πολλές μορφές έκφρασης της αλληλοπληρότητας. Οι δυνάμεις του κάθε συντρόφου ενώνονται ως μία τεράστια δύναμη μεταξύ τους. Τα λίγα θηλυκά στοιχεία του ενός συντρόφου ενώνονται με τα πολλά θηλυκά στοιχεία του άλλου συντρόφου. Τα λίγα αρσενικά στοιχεία του ενός συντρόφου ενώνονται με τα πολλά αρσενικά στοιχεία του άλλου συντρόφου. Ο κάθε σύντροφος γίνεται η καθαρότερη αντανάκλαση του συντρόφου του. Το ζευγάρι γίνεται ένα και το αυτό.

Στην αλληλοπληρότητα οι φράσεις «τα ετερώνυμα έλκονται» και «τα ομώνυμα έλκονται» είναι εξίσου σωστές, καθώς το ζευγάρι συνδέεται και ενώνεται, και μέσω των διαφορετικών στοιχείων του, αλλά και μέσω των όμοιων στοιχείων του. Έτσι, ενώνουν τόσο τις διαφορετικές δυνάμεις του θηλυκού και αρσενικού εαυτού τους, όσο και τις όμοιες. Επίσης, ενώνουν και τις όμοιες αξίες τους, τις όμοιες αρχές, τον κοινό σκοπό ύπαρξής τους και άλλα πολλά στοιχεία του εαυτού τους, που εξηγήσαμε κυρίως στο πρώτο κεφάλαιο.

Άρα, με βάση όλα τα παραπάνω, ένα ζευγάρι με αλληλοπληρότητα αξιοποιεί τα διαφορετικά στοιχεία του θηλυκού και αρσενικού εαυτού με έναν υγιή τρόπο ένωσης. Για παράδειγμα, αν μία γυναίκα που έχει στον πυρήνα της θηλυκές δυνάμεις, για κάποιον λόγο θυμώσει και έτσι εκφράσει αρσενικά στοιχεία θυμού στον άντρα της, ο οποίος έχει αρσενικά στοιχεία στον πυρήνα του, κατά πάσα πιθανότητα θα συγκρουστούν.

Αν όμως, ο άντρας εκείνη τη στιγμή διαχειριστεί με ωριμότητα και αυτοέλεγχο την κατάσταση, δε θα εκφράσει κι αυτός αρσενικά στοιχεία, παρόλο που αυτά υπερισχύουν μέσα του, αλλά θα διαχειριστεί με υγιή τρόπο τις αρσενικές δυνάμεις της γυναίκας του, εκφράζοντας θηλυκές δυνάμεις εξισορρόπησης και γαλήνης που αυτός έχει στον εσωτερικό ενδιάμεσο χώρο του.

Έχοντας ως πρώτη προτεραιότητα τη σύντροφό του και τη σχέση τους, ο άντρας μπορεί να μιλήσει ευγενικά στη σύντροφό του και με κατανόηση, να την αγκαλιάσει, να τη φιλήσει και να τη βοηθήσει να ηρεμήσει.

Αυτός είναι ο τρόπος με τον οποίο συνδέονται και ενώνονται με υγεία και ισορροπία οι δυνάμεις του θηλυκού και αρσενικού εαυτού μέσα σε μία σχέση με αλληλοπληρότητα. Δε σημαίνει ότι το ζευγάρι είναι τέλειο και δε θα κάνει λάθη ή δε θα ξεσπάσει κάποια στιγμή. Σημαίνει, ότι οι σύντροφοι γνωρίζουν πώς να διαχειρίζονται αποτελεσματικά τις δυνάμεις αυτές, όταν προκαλείται ένταση, και βάζουν την αγάπη τους πάντα πρώτη. Έτσι, ξεπερνούν κάθε δυσκολία και νικούν τα πάντα μαζί.

Οι δυνάμεις του θηλυκού και αρσενικού εαυτού παίζουν πολύ μεγάλο ρόλο και στην ερωτική έλξη του ζευγαριού. Εδώ είναι σημαντικό, οι δυνάμεις που εκφράζει το ζευγάρι να είναι κυρίως αντίθετες για να υπάρχει σεξουαλική έλξη. Δηλαδή, αν σε ένα ζευγάρι και η γυναίκα και ο άντρας εκφράζουν αρσενικά στοιχεία, είναι πολύ πιθανό να μην έχουν θέληση για σεξουαλική επαφή. Το ίδιο συμβαίνει όταν και οι δύο σύντροφοι εκφράζουν θηλυκά στοιχεία. Όταν όμως οι σύντροφοι εκφράζουν διαφορετικά στοιχεία, τότε είναι που υπάρχει έρωτας, πόθος, πάθος και έλξη μεταξύ τους.

Φυσικά, όλα αυτά δεν ισχύουν μόνο για ετερόφυλα ζευγάρια, καθώς η αλληλοπληρότητα δεν έχει να κάνει με τη σύνδεση των δύο αντίθετων φύλων, αλλά με την ολική σύνδεση και ένωση δύο ανθρώπων που αγαπούν ο ένας τον άλλον με όλο τους το «είναι». Αυτό σημαίνει, όπως ήδη έχουμε πει, ότι οι σύντροφοι ενώνονται σε επίπεδο πνεύματος και ταυτότητας και σε επίπεδο θηλυκών και αρσενικών στοιχείων, που υπάρχουν σε όλους τους ανθρώπους, ανεξαρτήτως φύλου και σεξουαλικής προτίμησης.

Έτσι, όπως και να χαρακτηρίζεται κάποιος άνθρωπος ανάλογα με το φύλο του και τις ερωτικές προτιμήσεις του, δεν έχει καμία απολύτως σημασία, καθώς η αγάπη και η αλληλοπληρότητα δε γνωρίζουν κανόνες, περιορισμούς, φύλα, εθνικότητες και θρησκευτικές, πολιτικές ή όποιου άλλου είδους πεποιθήσεις και προκαταλήψεις. Η αγάπη και η αλληλοπληρότητα μάς απελευθερώνουν από μικρότητες και μας αποκαλύπτουν την αλήθεια και την πραγματική δύναμή μας.

Όταν φτάσουμε σε επίπεδο αλληλοπληρότητας είναι σαν να ξαναγεννιόμαστε, καθώς ξεριζώνουμε από πάνω μας τα σκουπίδια του παρελθόντος και ξεκινάμε να βιώνουμε μία πολύ αγνότερη και καθαρότερη κατάσταση, από αυτήν που βιώναμε προηγουμένως. Αυτή η κατάσταση είναι κατάσταση αυτογνωσίας, επίγνωσης και αγάπης. Κατά την αλληλοπληρότητα αγκαλιάζουμε τη φύση μας - που είναι φύση διαρκούς θετικής αλλαγής και αγάπης - και έτσι προοδεύουμε ραγδαία και με τεράστια δύναμη μαζί με τον πλήρη αντανακλαστικό εαυτό μας κάθε ημέρα, όντας ελεύθεροι και δημιουργικοί.

Μέσω της αλληλοπληρότητας σπάμε λοιπόν τους κανόνες, διαλύουμε τους ψεύτικους περιορισμούς της κοινωνίας, άλλων ανθρώπων και του εαυτού μας και κάνουμε το βήμα της πραγματικής και ουσιαστικής ένωσης με τον πλήρη αντανακλαστικό εαυτό μας.

Εσείς μπορείτε να ενωθείτε μ' αυτόν τον τρόπο με τον σύντροφό σας, αν εργαστείτε μαζί με πάθος, αφοσίωση, δέσμευση και αγάπη πάνω σε οτιδήποτε αναπτύξαμε σ' αυτό το βιβλίο...

Ώρα για ενδοσκόπηση

- Εσείς με ποιον τρόπο αξιοποιείτε και διαχειρίζεστε τις δυνάμεις του θηλυκού και αρσενικού εαυτού σας μέσα στη σχέση σας;
- Έχετε γνώση αυτών των στοιχείων του εαυτού σας; Έχετε γνώση των στοιχείων του συντρόφου σας; Συγκρούονται αυτά τα στοιχεία ή συνδέονται αρμονικά; Βοηθάτε ο ένας τον άλλον όταν εκφράζει έντονα κάποιο θηλυκό ή αρσενικό στοιχείο του ή συγκρούεστε;
- Τι παρατηρείτε ότι κάνετε, όταν εκφράζετε θηλυκά στοιχεία; Πώς συμπεριφέρεται ο σύντροφός σας, όταν εσείς εκφράζετε θηλυκά στοιχεία;
- Τι παρατηρείτε ότι κάνετε, όταν εκφράζετε αρσενικά στοιχεία; Πώς συμπεριφέρεται ο σύντροφός σας, όταν εσείς εκφράζετε αρσενικά στοιχεία;
- Τι παρατηρείτε ότι κάνει ο σύντροφός σας, όταν εκφράζει θηλυκά στοιχεία; Πώς συμπεριφέρεστε εσείς, όταν ο σύντροφός σας εκφράζει θηλυκά στοιχεία;
- Τι παρατηρείτε ότι κάνει ο σύντροφός σας, όταν εκφράζει αρσενικά στοιχεία; Πώς συμπεριφέρεστε εσείς, όταν ο σύντροφός σας εκφράζει αρσενικά στοιχεία;
- Τι χρειάζεται να κάνετε για να ενώσετε τα δικά σας θηλυκά και αρσενικά στοιχεία με αυτά του συντρόφου σας και να μην τα συγκρούετε;

4.3.7 Η δύναμη της αλληλοπληρότητας

Είδαμε τη φύση και τη σπουδαιότητα της αλληλοπληρότητας. Είδαμε τη σχέση της με τον χρόνο, τον γάμο, την απουσία ανάγκης άλλων ανθρώπων, την αλληλοεξάρτηση και την αντιμετώπισή της, καθώς και την ένωση μέσω των θηλυκών και αρσενικών δυνάμεων των συντρόφων. Έτσι, ευελπιστούμε ότι κατανοείτε καλά την τεράστια δύναμή της. Για να κατανοήσετε όμως, ακόμα περισσότερο τη δύναμη της αλληλοπληρότητας, αν δε βιώνετε ήδη κάτι παρόμοιο με τον σύντροφό σας, θα σας πούμε κάποια πράγματα από τη ζωή μας:

Όταν κάναμε σχέση ήμασταν πολύ νέοι και αγαπηθήκαμε από την πρώτη στιγμή. Έτσι, θέλαμε και να συγκατοικήσουμε άμεσα, γιατί θέλαμε να ξεζουμίσουμε κάθε στιγμή της ζωής μαζί. Όμως, υπήρχαν οικονομικές δυσκολίες και ενστάσεις από μέλη των οικογενειών μας, καθώς και ανωριμότητα από τη μεριά μας. Δεν τα παρατήσαμε όμως, και κάναμε οτιδήποτε μπορούσαμε για να μένουμε μαζί και να εξελιχθούμε.

Σ' αυτήν την πορεία είχαμε στήριξη από κάποια μέλη της οικογένειάς μας, ενώ καθόλου από κάποια άλλα. Μάλιστα, κάποιοι «κοντινοί» άνθρωποι στη ζωή μας ήθελαν να πεινάσουμε, να μείνουμε στον δρόμο και να υποφέρουμε, αντί να μείνουμε μαζί. Έτσι, αυτό έγινε σε έναν βαθμό. Υπήρχαν στιγμές, που κυριολεκτικά δεν είχαμε να φάμε επαρκώς και καταλήξαμε να χάσουμε γύρω στα είκοσι κιλά ο καθένας. Μάλιστα, δουλεύαμε πολύ σκληρά για ψίχουλα και πολλές φορές απλήρωτοι, βιώνοντας για πολύ μεγάλο χρονικό διάστημα τρομερά μεγάλο άγχος, που δύσκολα περιγράφεται.

Δεν τα παρατήσαμε όμως ποτέ. Δεν υποκύψαμε ποτέ. Αυτό γιατί συνεχίσαμε να βάζουμε τη σχέση και την αγάπη μας ως πρώτη προτεραιότητα και δε δεχόμασταν να μην είμαστε μαζί εξαιτίας κανενός ανθρώπου ή οποιουδήποτε άλλου λόγου.

Έτσι, μέσα από αυτές τις δυσκολίες και την αντιμετώπισή τους λόγω της αγάπης μας, ξεκίνησε να γεννιέται η ιδέα και η αλήθεια της αλληλοπληρότητας. Βάζοντας την αγάπη μας πρώτη, καταφέραμε να βρούμε μια εργασία που λατρεύουμε και να βελτιωθούμε οικονομικά. Μάλιστα, καταφέραμε να εργαζόμαστε και μαζί, παρόλο που κι εκεί αντιμετωπίσαμε δυσκολίες και αρνήσεις στην αρχή, γιατί δεν επιτρεπόταν να εργαστούμε μαζί ως ζευγάρι στη συγκεκριμένη εργασία.

Γι' αυτόν τον λόγο, πολλοί θεωρούσαν ότι ήταν αδύνατον. Πάλι όμως, εμείς δεν το βάλαμε κάτω και μέχρι σήμερα εργαζόμαστε μαζί σε όλες τις δουλειές μας. Έτσι, μέσα από όλη αυτήν την εξέλιξη, βελτιώσαμε και την υγεία μας, πήραμε πίσω τα κιλά μας και αναπτυχθήκαμε σε κάθε τομέα της ζωής μας. Αυτό συνέβη, γιατί βάλαμε το «μαζί» πάνω από οτιδήποτε άλλο στη ζωή μας και φυσικά πάνω από το «εγώ» άλλων ανθρώπων. Έτσι, μέχρι σήμερα, δεν μπαίνει τίποτα και κανείς ανάμεσά μας, είμαστε σταθεροί στην αγάπη μας και τίποτα δε μας σταματά. Από τον πάτο ανεβήκαμε μαζί στην κορυφή και κάθε ημέρα εξελισσόμαστε όλο και περισσότερο φτάνοντας ακόμα πιο ψηλά.

Αυτή λοιπόν, είναι η δύναμη της αλληλοπληρότητας και είναι κάτι που μπορείτε να βιώσετε κι εσείς ή να εξελίξετε ακόμα περισσότερο, αν ήδη βιώνετε μεγάλη σύνδεση με τον σύντροφό σας. Όλοι μας αξίζουμε μια ζωή και σχέση με αγάπη, αλληλοπληρότητα, υγεία και ειρήνη και κανείς δεν μπορεί να μας το στερήσει ποτέ, αν είμαστε δυνατοί και υπεύθυνοι άνθρωποι, που έχουμε την αγάπη και τη σχέση με τον πλήρη αντανακλαστικό εαυτό μας συνέχεια ως πρώτη προτεραιότητα.

Αναπτύσσοντας την αλληλοπληρότητα στη σχέση μας μπορούμε να βοηθήσουμε πολλούς ανθρώπους στη ζωή, γιατί είμαστε δυνατοί και αδιάσπαστοι με τον πλήρη αντανακλαστικό εαυτό μας. Έτσι, μπορούμε να προσφέρουμε τη γνώση, τις εμπειρίες και τα δώρα μας στον κόσμο. Μπορούμε ως ζευγάρι να βοηθήσουμε και να εμπνεύσουμε και άλλους ανθρώπους και ζευγάρια να εξελιχθούν και να δημιουργήσουμε έτσι μία κληρονομιά πραγματικής αγάπης και βοήθειας.

Αναπτύσσοντας την αλληλοπληρότητα, οι σύντροφοι μπορούν να πάρουν την τεράστια ευθύνη και να κάνουν παιδιά, γιατί τότε μόνο θα μπορέσουν να τα μεγαλώσουν με τον καλύτερο δυνατό τρόπο και να τους προσφέρουν με υγεία όλα όσα χρειάζονται, βοηθώντας τα να γίνουν υγιείς και υπεύθυνοι ενήλικες, οι οποίοι δεν είναι εξαρτημένοι από τους γονείς τους, αλλά είναι ικανοί να ζήσουν τη δική τους ζωή. Μέσα από την αλληλοπληρότητα, οι σύντροφοι μπορούν να κάνουν θαύματα και να πετύχουν οποιονδήποτε στόχο θέτουν μαζί. Η αλληλοπληρότητα είναι δύναμη μέσω της οποίας το ζευγάρι γίνεται φως βοήθειας και εξέλιξης στον κόσμο με κάθε τρόπο που μπορεί να προσφέρει...

Ώρα για ενδοσκόπηση

- Εσείς έχετε βιώσει παρόμοια δύναμη στη ζωή σας; Αν ναι, τι ακριβώς συνέβη; Τι πετύχατε; Αν όχι, γιατί;
- Βελτιώθηκε ποτέ η ζωή σας, επειδή επιλέξατε να είστε μαζί με τον σύντροφό σας και να βάζετε την αγάπη σας πάντα πρώτη;

- Έχετε καταφέρει να ξεπεράσετε πολύ δύσκολες καταστάσεις με τον σύντροφό σας, λόγω της δύναμης της αγάπης σας; Αν ναι, πώς ακριβώς; Αν όχι, γιατί δεν το έχετε κάνει;

4.4 Διαφορές μίας τυπικής ερωτικής σχέσης και μίας σχέσης με αλληλοπληρότητα

Για να κατανοήσετε ακόμα καλύτερα τη φύση της αλληλοπληρότητας, παραθέτουμε τις διαφορές ανάμεσα σε μία τυπική ερωτική σχέση, που συνήθως υπάρχουν συμβιβασμοί και άγνοια, και σε μία σχέση με αλληλοπληρότητα, επίγνωση και αγάπη.

ΤΥΠΙΚΗ ΕΡΩΤΙΚΗ ΣΧΕΣΗ	ΣΧΕΣΗ ΑΛΛΗΛΟΠΛΗΡΟΤΗΤΑΣ
Οι σύντροφοι έχουν ως προτεραιότητα την ικανοποίηση των δικών τους αναγκών και όχι των αναγκών του συντρόφου τους. Υπερισχύει το «εγώ». Αυτό μπορεί να γίνεται είτε ασυνείδητα, είτε συνειδητά.	Υπάρχει ανιδιοτελής αγάπη μεταξύ των συντρόφων. Αυτό σημαίνει ότι βοηθούν ο ένας τον άλλον με κάθε δυνατό τρόπο και είναι ίσοι στη σχέση. Υπερισχύει το «μαζί».
Έχουν άγνοια του εαυτού τους και του συντρόφου τους.	Γνωρίζουν σε βάθος τον εαυτό τους και τον σύντροφό τους.
Η σχέση ή/και ο γάμος δεν είναι η πρώτη προτεραιότητα των συντρόφων.	Η σχέση ή/και ο γάμος είναι σε κάθε περίπτωση πρώτη προτεραιότητα στη ζωή.
Δεν έχουν κοινή πορεία στη ζωή. Απλά συνδέουν τις δύο διαφορετικές ζωές τους με το να συγκατοικούν. Πολλές φορές μπορεί να πηγαίνουν όπου φυσάει ο άνεμος. Είναι δύο διαχωρισμένοι άνθρωποι.	Έχουν ξεκάθαρη και κοινή πορεία στη ζωή με ίδιο σκοπό ύπαρξης (σκοπός ζωής, σκοπός σχέσης, κληρονομιά και όραμα). Είναι δύο ηγέτες απόλυτα ενωμένοι μεταξύ τους. Ο ένας είναι η ζωή του άλλου.
Υπάρχει ενθουσιασμός και έρωτας μόνο στην αρχή της σχέσης και μετά σβήνει.	Οι σύντροφοι παραμένουν ερωτευμένοι, γιατί αγαπιούνται πραγματικά χωρίς όρους και όρια.
Κάθε σύντροφος συνήθως δεν αγαπά τον ίδιο του τον εαυτό, οπότε δεν μπορεί να αγαπήσει πραγματικά και τον σύντροφό του.	Κάθε σύντροφος αγαπά ολικά τον εαυτό του και έτσι αγαπά με κάθε κύτταρό του και τον σύντροφό του.

Παρερμηνεύουν και μπερδεύουν την αγάπη με απλά παροδικά συναισθήματα.

Ξέρουν ότι αγαπούν και πως η αγάπη χρειάζεται συνεχή ατομική και συντροφική εργασία.

Δε δίνουν ιδιαίτερη σημασία στη σωματική, συναισθηματική και πνευματική υγεία τους.

Η σωματική, συναισθηματική και πνευματική υγεία είναι υψίστης σημασίας για το ζευγάρι.

Έχουν απαιτήσεις και προσδοκίες από τον σύντροφό τους. Περιμένουν ο σύντροφός τους να κάνει το καλύτερο για τη σχέση. Όταν προσφέρουν κάτι στον σύντροφό τους συνήθως περιμένουν αντάλλαγμα.

Δίνουν συνέχεια οτιδήποτε μπορούν στον σύντροφό τους χωρίς να περιμένουν αντάλλαγμα. Κάνουν μαζί το καλύτερο για τη σχέση τους. Βιώνουν πληρότητα όταν προσφέρουν στον σύντροφό τους.

Υπάρχει κριτική. Κατηγορούν εύκολα τον σύντροφό τους και δεν παίρνουν πάντα την ευθύνη του εαυτού τους. Δεν παραδέχονται εύκολα τα λάθη τους. Είναι συνήθως σωματικά ενήλικες, αλλά πνευματικά ανώριμα παιδιά.

Υπάρχει κατανόηση. Παίρνουν ολική ευθύνη για τις σκέψεις, τα συναισθήματα, τις πράξεις, τα λόγια τους και τον ρόλο που παίζουν στην πρόκληση μιας φασαρίας. Παραδέχονται τα λάθη τους και δρουν για να μην τα επαναλάβουν. Είναι πνευματικοί ενήλικες, ώριμοι και υπεύθυνοι άνθρωποι.

Λένε ψέματα μεταξύ τους ή κρύβουν την αλήθεια ο ένας από τον άλλον, γιατί δεν αντέχουν την αλήθεια. Δεν εμπιστεύονται ολικά ο ένας τον άλλον.

Δε δέχονται τίποτα άλλο εκτός από την ωμή αλήθεια και ειλικρίνεια, παρόλο που μπορεί να «πονάει». Υπάρχει αγνή και δυνατή ριζωμένη εμπιστοσύνη και συνεχής απογύμνωση στη σχέση.

Θεωρούν ότι έχουν πάντα δίκιο και θέλουν να γίνεται το δικό τους τις περισσότερες φορές. Νομίζουν ότι οι πεποιθήσεις τους είναι η μοναδική αλήθεια.

Κατανοούν ότι δεν έχουν πάντα δίκιο και συζητούν με τον σύντροφό τους, για να βρουν ποια είναι η καλύτερη απόφαση μαζί. Είναι αναζητητές της αλήθειας.

Συμβιβάζονται με τα αρνητικά στοιχεία του συντρόφου τους και τις συμπεριφορές του και δεν τον βοηθούν να βελτιωθεί. Δεν ασχολούνται ουσιαστικά με τη σχέση τους και τη βελτίωσή τους.

Αποδέχονται τον σύντροφό τους με τις ατέλειες και τα ελαττώματά του και δρουν μαζί για να βοηθήσουν ο ένας τον άλλον. Δεν αποδέχονται όμως τον συμβιβασμό, τη στασιμότητα και την αναβλητικότητα και βοηθούν ο ένας τον άλλον για να τα ξεπεράσουν αυτά, αν συμβούν. Διορθώνουν τις αρνητικές συμπεριφορές τους με σεβασμό. Αξιολογούν τη σχέση και τον εαυτό τους συνεχώς για να βελτιώνονται όσο περισσότερο μπορούν.

Δεν ξέρουν τι θέλουν και τι δε θέλουν από τη σχέση ή/και τον γάμο τους. Δεν ξέρουν γιατί είναι σε σχέση/γάμο.

Είναι απολύτως ξεκάθαροι με το τι θέλουν στη σχέση τους, καθώς και με το τι δεν αποδέχονται για κανέναν λόγο. Γνωρίζουν ότι προορίζονται να είναι μαζί και εργάζονται συνεχώς γι' αυτό.

Πεισμώνουν και παραπονιούνται πολύ συχνά.

Συγχωρούν και εστιάζουν στο καλύτερο, σε κάθε ομορφιά της ζωής τους και στην αγάπη. Είναι ευγνώμονες.

Ζουν κατά κύριο λόγο κολλημένοι είτε στο παρελθόν, είτε στο μέλλον και σπάνια ζουν στο παρόν.

Ζουν μαζί στο παρόν και απολαμβάνουν την κάθε στιγμή μαζί, παίρνοντας μαθήματα από το παρελθόν και κάνοντας σχέδια για το μέλλον.

Θέλουν να περνούν χρόνο χώρια και μάλιστα το επιδιώκουν πολύ συχνά, γιατί η σχέση τους δεν είναι δεμένη. Οι συζητήσεις τους είναι τις περισσότερες φορές επιφανειακές και τυπικές.

Δε διανοούνται να μην είναι μαζί και ειδικά να μην περνούν ποιοτικό και ουσιαστικό χρόνο. Συζητούν πολύ συχνά, εποικοδομητικά και ουσιαστικά, γιατί το θέλουν, και αυτό βοηθάει στην εξέλιξη της σχέσης τους. Θέλουν να έχουν χρόνο για χαλάρωση μαζί και αφιερώνονται ολικά ο ένας στον άλλον. Θέλουν να συγκατοικούν και να εργάζονται μαζί.

Η σχέση πολλές φορές μοιάζει με μια τυπική φιλία, με τη διαφορά ότι μπορεί να υπάρχει και σεξουαλική επαφή. Δεν έχουν ουσιαστική και δεμένη σχέση, αλλά επιφανειακή.

Οι σύντροφοι είναι ολικά ενωμένοι σε κάθε επίπεδο της ύπαρξής τους. Η σχέση τους είναι σχέση βάθους και ουσίας. Βιώνουν τη ζωή ως ένα.

Δε σέβονται πάντα τον σύντροφό τους και δεν τον ακούν ολικά προσηλωμένοι όταν μιλάει.

Είναι ταπεινοί, σέβονται ο ένας τον άλλον και ακούν με προσοχή τον σύντροφό τους.

Είναι παθιασμένοι με το να μαθαίνουν διαρκώς καινούρια πράγματα μαζί και να εξερευνούν τον κόσμο. Αναζητούν προκλήσεις και δεσμεύονται στη θετική αλλαγή. Έχουν τεράστια θέληση για ζωή, δημιουργικότητα και παραγωγικότητα. Η σχέση τους είναι σχέση εξέλιξης και προόδου.

Μένουν στάσιμοι και δεν εξελίσσονται στη ζωή. Θέλουν την ευκολία και κυνηγούν την παροδική χαρά.

Ζουν κυρίως με φόβο, ανασφάλεια, αρνητισμό και απαισιοδοξία. Αποδέχονται πράγματα που δεν τους αξίζουν στη ζωή. Η σχέση είναι ουσιαστικά «νεκρή».	Πορεύονται στη ζωή μαζί και με πίστη. Παίρνουν ρίσκα και τολμούν να κάνουν τα όνειρά τους πραγματικότητα. Η σχέση είναι ζωντανή, φλογερή και ενεργητική. Πιστεύουν ότι τα πάντα είναι εφικτά, όταν είναι μαζί, και αποδέχονται μόνο οτιδήποτε τους αξίζει και όχι κάτι λιγότερο.
α) Είτε μαλώνουν συχνά, γιατί έχουν έλλειψη αυτοελέγχου, και ξεσπούν συναισθηματικά ο ένας στον άλλον, **β)** είτε δε μαλώνουν σχεδόν ποτέ, γιατί είναι τελείως αποξενωμένοι, **γ)** είτε αποφεύγουν την αντιπαράθεση, γιατί φοβούνται.	Όταν βρίσκονται σε ένταση, ο μόνος λόγος είναι η βελτίωση της σχέσης. Μιλούν ωμά και αυστηρά, όμως ταυτόχρονα με σεβασμό και αγάπη με σκοπό τη θετική αλλαγή. Δέχονται την αντιπαράθεση, όταν γίνεται με υγιή τρόπο για την εξέλιξή τους.
Λειτουργούν κατά κύριο λόγο συναισθηματικά, χωρίς παράλληλα να κατανοούν πλήρως τα συναισθήματά τους και τα συναισθήματα του συντρόφου τους.	Λειτουργούν κυρίως με βάση τα ποιοτικά χαρακτηριστικά γνωρίσματά τους και κατανοούν ότι τα συναισθήματά τους δεν είναι μόνιμες καταστάσεις. Έτσι, εργάζονται για την αλληλοπληρότητα, αναπτύσσοντας παράλληλα τη συναισθηματική νοημοσύνη τους.
Κρίνουν τον εαυτό τους και τον σύντροφό τους με βάση το τι κάνουν, πόσο καλά το κάνουν και τους κοινωνικούς τους ρόλους.	Λειτουργούν με βάση την αλήθεια του ποιοι πραγματικά είναι βαθιά μέσα τους και όχι με ταμπέλες.
Συνήθως ο ένας σύντροφος θεωρείται «ανώτερος» και ο άλλος «κατώτερος».	Υπάρχει ισότητα και θαυμασμός μεταξύ των συντρόφων. Οι σύντροφοι πιστεύουν ο ένας στον άλλον και στη σχέση τους με όλο τους το «είναι».
Οι διαφορές μεταξύ των συντρόφων θεωρούνται συνήθως ως προβλήματα και όχι ως μέσα βελτίωσης.	Ο ένας βοηθάει τον άλλον με βάση τα δυνατά του στοιχεία. Έτσι, οι διαφορές τους γίνονται κοινές δυνάμεις.
Θέλουν να «διορθώσουν» τον σύντροφό τους και να τον «φτιάξουν» σύμφωνα με τις δικές τους προσδοκίες.	Κατανοούν ότι κανείς δε χρειάζεται «διόρθωση» και ότι το μονοπάτι της συνεχούς βελτίωσης είναι κοινή επιλογή τους.
Ψάχνουν άλλους ανθρώπους, εξωτερικές καταστάσεις και πράγματα για να νιώσουν ασφαλείς. Παράλληλα, μπορεί να παρουσιάσουν αλαζονεία.	Είναι σίγουροι για την ταυτότητά τους και δεν έχουν ανάγκη άλλους ανθρώπους και εξωτερικές καταστάσεις για να νιώσουν ασφάλεια. Παράλληλα, είναι ταπεινοί.

Επηρεάζονται από άλλους ανθρώπους, εξωτερικές καταστάσεις και τα συνεχώς εναλλασσόμενα συναισθήματά τους, λόγω εσωτερικής ανισορροπίας.

Ζουν τη ζωή εσωτερικά και πνευματικά και δεν επιτρέπουν σε εξωτερικές καταστάσεις, άλλους ανθρώπους και τα συναισθήματά τους να τους ελέγξουν.

Δεν επιλέγουν σοφά τους ανθρώπους που έχουν στη ζωή τους (φίλους, γνωστούς, συγγενείς κτλ.) ως ζευγάρι.

Επιλέγουν σοφά με ποιους ανθρώπους συναναστρέφονται ως ζευγάρι, γιατί δε δέχονται να σπαταλούν τον χρόνο τους σε μη υγιείς κοινωνικές σχέσεις.

Έχουν αστάθεια στη σχέση τους και αποφεύγουν παράλληλα την αλλαγή.

Είναι συνειδητοποιημένοι και σταθεροί στη σχέση τους, όμως ανοιχτοί σε κάθε θετική αλλαγή.

Έχουν συνήθως υψηλές προσδοκίες και χαμηλά πρότυπα (στάνταρντ) στη ζωή και στη σχέση τους.

Έχουν υψηλά πρότυπα (στάνταρντ) στη ζωή τους και χαμηλές έως μηδαμινές προσδοκίες.

Όταν ο ένας «πέφτει» συναισθηματικά, «πέφτει» μαζί του και ο άλλος, γιατί επηρεάζεται ή δεν τον βοηθάει ουσιαστικά.

Όταν ο ένας «πέφτει» συναισθηματικά, ο άλλος παραμένει γερός βράχος για να τον βοηθήσει.

Πολλές φορές υπάρχει ανταγωνισμός και ζήλια ανάμεσα στο ζευγάρι.

Κάθε σύντροφος χαίρεται με τα κατορθώματα του συντρόφου του και τον βοηθάει να πετύχει ακόμα περισσότερο σε οτιδήποτε κάνει.

Συνήθως οι υποχρεώσεις δε μοιράζονται δίκαια και ισάξια ανάμεσα στο ζευγάρι.

Οι σύντροφοι βοηθούν ο ένας τον άλλον σε υποχρεώσεις και έτσι απολαμβάνουν ακόμα και αυτόν τον χρόνο τους μαζί.

Στην επικοινωνία τους υπονοούν πράγματα και περιμένουν από τον σύντροφό τους να φανταστεί τι τους ενοχλεί.

Μιλούν ξεκάθαρα μεταξύ τους χωρίς να περιμένουν να βγάλει ο ένας συμπεράσματα για τον άλλον.

Βυθίζονται στις δυσκολίες και τα παρατούν πολύ εύκολα.

Ξεπερνούν κάθε δυσκολία και πρόβλημα μαζί. Είναι μαζί και στις εύκολες και στις δύσκολες στιγμές.

Οι σύντροφοι δε γνωρίζουν πώς να διαχειριστούν τις δυναμικές των θηλυκών και αρσενικών στοιχείων τους και έτσι συγκρούονται συχνά.

Οι δυνάμεις του θηλυκού και αρσενικού εαυτού τού κάθε συντρόφου εκφράζονται και ενώνονται με αρμονία.

Δεν απολαμβάνουν τη ζωή ολικά και ζουν με παροδικές στιγμές χαράς. Δεν είναι πλήρεις ατομικά και συντροφικά. Νιώθουν πολύ συχνά καταπιεσμένοι στη ζωή και στη σχέση με τον σύντροφό τους.

Είναι ευγνώμονες που ζουν και που είναι μαζί. Απολαμβάνουν τη ζωή μαζί και με γαλήνη, γιατί είναι πλήρεις ατομικά και πλήρεις μεταξύ τους. Είναι ελεύθεροι και ισορροπημένοι στη ζωή και στη σχέση τους.

Αυτές είναι οι βασικές διαφορές ανάμεσα σε μία τυπική ερωτική σχέση και σε μία σχέση με αλληλοπληρότητα. Φυσικά, δε σημαίνει ότι κάθε τυπική σχέση έχει όλα τα χαρακτηριστικά που αναφέραμε ή ότι μία σχέση αλληλοπληρότητας είναι τέλεια. Εμείς παραθέτουμε αυτά τα χαρακτηριστικά που παρατηρούμε πολύ συχνά σε πολλές τυπικές ερωτικές σχέσεις άλλων ανθρώπων, τα στοιχεία που συχνά παρουσιάζουν σύντροφοι που είναι πολύ δεμένοι μεταξύ τους, καθώς και αυτά τα στοιχεία που παρουσιάζουμε εμείς στη δική μας σχέση με αλληλοπληρότητα. Τώρα, είναι η ώρα να ασχοληθείτε εσείς με κάθε ένα από αυτά τα χαρακτηριστικά και να δείτε αν και ποια διέπουν τη σχέση σας...

Ώρα για ενδοσκόπηση

- Με βάση αυτόν τον πίνακα, πιστεύετε ότι η σχέση σας είναι μία τυπική σχέση ή μία σχέση αλληλοπληρότητας;
- Παρουσιάζετε μόνο χαρακτηριστικά μίας τυπικής σχέσης ή και χαρακτηριστικά μίας σχέσης με αλληλοπληρότητα;
- Παρουσιάζετε περισσότερα χαρακτηριστικά μίας τυπικής σχέσης ή περισσότερα χαρακτηριστικά μίας σχέσης αλληλοπληρότητας;
- Τι θα κάνετε για να αλλάξετε και να βελτιώσετε τα χαρακτηριστικά της τυπικής σχέσης που παρουσιάζετε;
- Τι θα κάνετε για να ενισχύσετε τα χαρακτηριστικά της σχέσης αλληλοπληρότητας που παρουσιάζετε;

4.5 Ανακεφαλαίωση

Φτάσαμε στο τέλος του κεφαλαίου και πλέον έχετε οτιδήποτε χρειάζεστε για να δημιουργήσετε και να βιώσετε αλληλοπληρότητα με τον πλήρη αντανακλαστικό εαυτό σας. Μιλήσαμε για τον έρωτα και την αγάπη, την ατομική πληρότητα και τα στάδιά της, καθώς και για τη φύση της αλληλοπληρότητας και πώς αυτή εκφράζεται στη σχέση με τον σύντροφό μας.

Με πολύ απλά λόγια και με βάση οτιδήποτε αναπτύξαμε σ' αυτό το κεφάλαιο, μπορούμε να πούμε ότι η αλληλοπληρότητα είναι:

- μία κατάσταση ανεξίτηλης αγάπης και απόλυτης ένωσης του ζευγαριού,
- μία διαδικασία συνεχούς εξέλιξης του ζευγαριού με διαρκή απογύμνωση,
- ένα μόνιμο βίωμα γαλήνης στη ζωή,
- η υγιής και η απόλυτη ένωση των θηλυκών και αρσενικών στοιχείων των συντρόφων,
- ένας τρόπος ζωής που το «μαζί» είναι πρώτη προτεραιότητα σε κάθε περίπτωση,
- ένας διευρυμένος τρόπος θέασης της συντροφικής σχέσης και του γάμου, που στηρίζεται στη βαθιά κατανόηση των συντρόφων και
- κατ' επέκταση, μία μέθοδος βελτίωσης των συντροφικών σχέσεων.

Μία σχέση αλληλοπληρότητας δεν είναι μία σχέση που οι σύντροφοι είναι ο ένας το «μισό» του άλλου, καθώς αυτό προέρχεται από ανασφάλεια και αδυναμία. Δεν είναι μία σχέση που οι σύντροφοι είναι απλά ο ένας το «ολόκληρο» του άλλου και απλά κατάφεραν να κρατήσουν τον γάμο τους για χρόνια συνδέοντας τις διαφορετικές ζωές τους τα απογεύματα και τα σαββατοκύριακα (δηλαδή αυτό που η κοινωνία θεωρεί επιτυχημένη σχέση και γάμο, ενώ στην ουσία είναι κάτι επιφανειακό και ρηχό).

Μία σχέση αλληλοπληρότητας είναι ωμή απογύμνωση, κατά την οποία οι σύντροφοι γνωρίζουν σε βάθος ο ένας τον άλλον και εργάζονται καθημερινά για τη βελτίωσή τους και αυτή η απογύμνωση τούς ωθεί όλο και περισσότερο να είναι μαζί.

Μπορείτε να κατανοήσετε λοιπόν ότι βιώνετε αλληλοπληρότητα, όταν για τον πλήρη αντανακλαστικό εαυτό σας κάνετε τα πάντα και προσφέρετε ό,τι έχετε και δεν έχετε στη σχέση σας με απόλυτη αγνότητα.

Όταν το να βλέπετε την ευτυχία στα μάτια του είναι ο μοναδικός λόγος της δικής σας ευτυχίας.

Όταν ερωτεύεστε κάθε ημέρα ξανά και ξανά το χαμόγελο, το βλέμμα, τις σκέψεις, τα λόγια, την προσωπικότητα, την ταυτότητα και όλο το «είναι» του πλήρους αντανακλαστικού εαυτού σας.

Όταν τον γνωρίζετε και τον κατανοείτε απόλυτα και σε βάθος.

Όταν τον αποδέχεστε ολικά, όπως ακριβώς είναι, και κάνετε οτιδήποτε περνά από το χέρι σας για να τον βοηθήσετε, όταν το χρειάζεται.

Όταν απογυμνώνεστε ο ένας μπροστά στον άλλον και αποκαλύπτετε κάθε σκοτεινό και ντροπιαστικό στοιχείο σας, χωρίς να δέχεστε κανένας είδους κριτικής και γνωρίζοντας ότι ο πλήρης αντανακλαστικός εαυτός σας βλέπει τη ζωή μέσα από τα μάτια σας.

Όταν η ύπαρξή του είναι αγνή έμπνευση ζωής και δημιουργίας για εσάς.

Όταν είστε ευγνώμονες για κάθε δευτερόλεπτο που είστε μαζί του.

Όταν κάνετε τα αδύνατα δυνατά για να είστε συνέχεια μαζί και να βιώνετε κάθε στιγμή της ζωής μαζί.

Όταν αντιμετωπίζετε κάθε δυσκολία και κάθε πρόβλημα μαζί και δεν τα παρατάτε ποτέ.

Όταν μαζί είστε απολύτως ελεύθεροι και γαλήνιοι απολαμβάνοντας κάθε πτυχή της ζωής...

Επίλογος

Η μέθοδος της αλληλοπληρότητας, ως μέθοδος βελτίωσης των συντροφικών σχέσεων, ξεκινά με την εργασία του κάθε συντρόφου πάνω στα μοντέλα του εαυτού ή στα οκτώ βήματα της επίγνωσης. Συνεχίζει με τον εντοπισμό και την επίλυση των αρνητικών συμπεριφορών και την κατανόηση της ένωσης των δυναμικών των θηλυκών και αρσενικών στοιχείων τους. Έπειτα, προχωρά στην περεταίρω ανάπτυξη της υπευθυνότητας, της ευγνωμοσύνης, της συγχώρησης, της ισότητας και της εμπιστοσύνης και ολοκληρώνεται με την ανιδιοτελή αγάπη και την αλληλοπληρότητα, που το ζευγάρι βρίσκεται πλέον στην απόλυτη ικανοποίηση στη ζωή και στη σχέση τους, θέτοντας και υλοποιώντας τους στόχους τους μαζί.

Μπορούμε να δημιουργήσουμε και να ζήσουμε με αλληλοπληρότητα, είτε αφού γίνουμε πλήρεις ως άνθρωποι ατομικά και μετά να κάνουμε σχέση, είτε να είμαστε ήδη σε σχέση και μέσα από αυτήν να γίνουμε πλήρεις ατομικά, όπως έγινε στη δική μας περίπτωση, όπου και δημιουργήσαμε τη μέθοδο της αλληλοπληρότητας για τη βελτίωση των συντροφικών σχέσεων. Αυτό εξαρτάται από την πορεία του κάθε ανθρώπου και ζευγαριού στη ζωή. Κάθε περίπτωση είναι θετική, αν όντως οι σύντροφοι προορίζονται ο ένας για τον άλλον.

Για να συνοψίσουμε οτιδήποτε έχουμε πει μέχρι τώρα, ας δούμε τα στοιχεία πάνω στα οποία είναι χρήσιμο να εργαστείτε ως ζευγάρι, και τα οποία αποτελούν επιγραμματικά τη μέθοδο της αλληλοπληρότητας για τη βελτίωση των συντροφικών σχέσεων:
1. Περιορισμένος εαυτός και αρχή της ανάπτυξης της αυτογνωσίας
2. Απεριόριστος εαυτός
3. Ισορροπημένος εαυτός
4. Εξελιγμένος εαυτός
5. Υπαρξιακός εαυτός
6. Αντιδραστικός εαυτός
7. Θηλυκός και αρσενικός εαυτός
8. Σεξουαλικός/Ερωτικός εαυτός
9. Πλήρης αντανακλαστικός εαυτός

10. Αρνητικές συμπεριφορές και αιτίες
11. Εγκλωβιστικές καταστάσεις και αιτίες
12. Τα βήματα της επίγνωσης
13. Συντροφική μοναχικότητα
14. Ζώνη της επίγνωσης
15. Τα στάδια της υπευθυνότητας
16. Πνευματική ωριμότητα
17. Ευγνωμοσύνη και συγχώρηση
18. Ισότητα
19. Θαυμασμός και πίστη
20. Εμπιστοσύνη
21. Συνεχής βελτίωση και εξέλιξη
22. Έρωτας, πόθος και πάθος
23. Ανιδιοτελής αποδοχή
24. Πραγματική και ανιδιοτελής αγάπη
25. Ατομική πληρότητα και Αλληλοπληρότητα

Εργαζόμενοι μαζί σε όλα τα παραπάνω με δέσμευση, αφοσίωση και αγάπη είναι σίγουρο ότι θα πετύχετε οτιδήποτε θέλετε στη ζωή και στη σχέση σας. Το ταξίδι της εξέλιξης δεν τελειώνει όμως εδώ. Στον δεύτερο τόμο του βιβλίου, αναπτύσσουμε ακόμα περισσότερο όλα τα παραπάνω. Σας δίνουμε τα ακριβή βήματα που μπορείτε να ακολουθήσετε για την ανακάλυψη, ανάπτυξη και εξέλιξη του εαυτού, του συντρόφου και της σχέσης σας, μέσω απλών, αλλά πολύ δυνατών και ουσιαστικών ασκήσεων ενδοσκόπησης και πράξης για την καθημερινότητά σας. Στον δεύτερο τόμο σάς δίνουμε όλα τα εργαλεία που χρειάζεστε για να σας βοηθήσουμε να απογυμνωθείτε ολικά με τον σύντροφό σας και εκεί θα δείτε στην πράξη τη δύναμη της απογύμνωσης και της αλληλοπληρότητας.

Να θυμάστε ότι βρισκόμαστε στη ζωή για ένα πολύ μικρό χρονικό διάστημα και κάποια στιγμή όλοι μας θα φύγουμε από αυτόν τον κόσμο χωρίς να ξέρουμε πότε θα γίνει αυτό. Οπότε, είναι επιλογή μας αν θα συνεχίσουμε να βιώνουμε τη ζωή με βάση τον περιορισμένο εαυτό μας, τις αρνητικές συμπεριφορές και τις κακές συνήθειές μας και να σπαταλάμε τον χρόνο μας νευριάζοντας, κάνοντας παράπονα και μαλώνοντας με άλλους ανθρώπους ή αν θα ζήσουμε με βάση την αλήθεια του εαυτού μας, τη διαρκή βελτίωσή μας και την αγάπη με τον πλήρη αντανακλαστικό εαυτό μας.

Είναι επιλογή μας αν θα ζήσουμε τη ζωή που εμείς θέλουμε και όχι τη ζωή που θέλουν άλλοι άνθρωποι για εμάς. Είναι επιλογή μας αν θα ζήσουμε μία ζωή με ουσία και αξία. Είναι επιλογή μας αν θα αξιοποιήσουμε τον χρόνο μας βοηθώντας άλλους ανθρώπους και προσφέροντας στον κόσμο. Είναι επιλογή μας αν θα είμαστε το φωτεινό παράδειγμα για όσους θέλουν να βελτιωθούν. Επιλέξτε σοφά και με αγνότητα.

Αυτό είναι ένα βιβλίο αγάπης και αλήθειας με σκοπό να διαδώσει την αγάπη και την αλήθεια. Αυτό δε σημαίνει βέβαια πως οτιδήποτε λέμε στο βιβλίο είναι απαράβατοι κανόνες και πως πρέπει να ζείτε με βάση αυτούς. Εμείς εκφράζουμε με ειλικρίνεια όλα όσα βιώνουμε και έχουν θεαματικά αποτελέσματα εξέλιξης στη ζωή και στη σχέση μας.

Οτιδήποτε λέμε για την αγάπη, τη συγχώρηση, την ευγνωμοσύνη, την υπευθυνότητα, την πληρότητα και οτιδήποτε άλλο, μας έχει βοηθήσει σε πολύ μεγάλο βαθμό και μας έχει προσφέρει ισορροπία, αρμονία και γαλήνη στη ζωή και στη σχέση μας.

Αντιθέτως, έχουμε δει πολλά ζευγάρια διάφορων ηλικιών που δεν ακολουθούν παρόμοιο μονοπάτι στη ζωή και δεν απολαμβάνουν τη σχέση τους. Οπότε, εσείς είναι χρήσιμο να αξιολογήσετε όλα όσα λέμε, να τα δοκιμάσετε και να αξιοποιήσετε όσα όντως βοηθούν στην ατομική και συντροφική ανάπτυξή σας.

Τελειώνοντας, εμείς έχοντας γνωρίσει πάρα πολλούς ανθρώπους από πολλές χώρες, με διαφορετικές πεποιθήσεις και εντελώς διαφορετικό τρόπο ζωής μεταξύ τους, έχουμε δει ότι ελάχιστοι, μετρημένοι στα δάκτυλα του ενός χεριού, είναι βαθιά συνδεδεμένοι με τον σύντροφό τους και αυτό για εμάς είναι θλιβερό. Αυτό θέλουμε να το αλλάξουμε με όποιον τρόπο μπορούμε και να βοηθήσουμε ανθρώπους και ζευγάρια να ζήσουν μία πανέμορφη ζωή με τον σύντροφό τους.

Πιστεύουμε και γνωρίζουμε ότι η συντροφική σχέση είναι η βάση για έναν καλύτερο κόσμο και αυτό γιατί, όταν οι σύντροφοι βιώνουν αλληλοπληρότητα, τότε μπορούν να μεγαλώσουν υγιή παιδιά, τα οποία θα δημιουργήσουν μία σχέση αλληλοπληρότητας στο μέλλον με τον σύντροφό τους και θα μεγαλώσουν με τον ίδιο υγιή τρόπο τα δικά τους παιδιά και ούτω καθεξής. Ακόμη κι όταν αρχίσουμε να ασχολούμαστε σε βάθος με τον εαυτό μας, πάλι θα ανακαλύπτουμε ακόμα περισσότερες πτυχές του μέσα από τη σχέση με τον πλήρη αντανακλαστικό εαυτό μας. Οπότε, σ' αυτήν τη σχέση χρειάζεται να δώσουμε όλο το «είναι» μας.

Έτσι, μ' αυτόν τον τρόπο, σχέσεις κατώτερων αναγκών επιβεβαίωσης και αποδοχής και σχέσεις ψεμάτων και υποκρισίας θα ελαττωθούν και κάθε άλλη ανθρώπινη σχέση θα είναι πιο όμορφη, ουσιαστική και αληθινή.

Πάμε να το πετύχουμε αυτό μαζί, γιατί μαζί μπορούμε να κατορθώσουμε τα πάντα. Διαδώστε αυτό το βιβλίο παντού και συμβάλλετε στο να γίνει ο κόσμος ένα ομορφότερο μέρος.

Σας ευχόμαστε λοιπόν, από καρδιάς και ειλικρινά, να είστε υγιείς και πλήρεις στη ζωή σας και να έχετε κάθε καλό εσείς, η οικογένειά σας και κάθε αγαπημένο σας πρόσωπο.

Σας ευχόμαστε να βιώσετε πραγματική αγάπη και αλληλοπληρότητα με τον πλήρη αντανακλαστικό εαυτό σας και να διαδώσετε κι εσείς πραγματική αγάπη και αλήθεια στον κόσμο. Ζήστε τη ζωή με έρωτα και ανέσπερη φλόγα και αγαπήστε ανιδιοτελώς.

Σας αξίζει!

Λίγα λόγια για τους συγγραφείς...

Ο Παναγιώτης Ιωαννίδης γεννήθηκε στη Θεσσαλονίκη τον Ιούνιο του 1994, όπου και μεγάλωσε. Από το 2012 και για 5 χρόνια εργαζόταν ως μουσικός. Έχει συμμετάσχει σε τρεις δισκογραφικές δουλειές με τρία διαφορετικά συγκροτήματα και έχει περιοδέψει σε πολλές πόλεις της βορείου και νοτίου Ελλάδος. Το διάστημα αυτό ασχολήθηκε ενεργά με το YouTube για έναν χρόνο και ήταν υπεύθυνος για τη μουσική σύνθεση, την ηχογράφηση και μίξη του ηχητικού υλικού για ένα κανάλι, καθώς και για το video editing.

Τον Δεκέμβριο του 2017 έκανε αλλαγή στην καριέρα του και ξεκίνησε να εργάζεται ως κλινικός φροντιστής στην Αγγλία, όπου και παρακολούθησε αντίστοιχη εκπαίδευση, ακολουθώντας το πάθος του για την υποστήριξη και τη φροντίδα ανθρώπων που έχουν ανάγκη.

Τον Μάιο του 2019 ξεκίνησε την ενασχόλησή του με το life coaching, καθώς ήταν το μεγάλο του όνειρο. Παρακολούθησε εκπαιδευτικά προγράμματα πιστοποίησης από την Academy of Modern Applied Psychology πάνω στο life coaching, τον νευρογλωσσικό προγραμματισμό, την υπνοθεραπεία, τη γνωστική συμπεριφορική θεραπεία, την ενσυνειδητότητα και την ψυχολογία. Παράλληλα, παρακολούθησε μαθήματα πάνω στο relationship και couple coaching, την επιστήμη των σχέσεων, τον καθορισμό στόχων στις ερωτικές σχέσεις και τη θεραπεία ζεύγους από τις ακαδημίες Transformation Academy, KEW Training Academy και International Open Academy.

Έχει παρακολουθήσει επίσης μαθήματα ψυχολογίας από το Πανεπιστήμιο του Yale και μαθήματα για την επιστήμη των σχέσεων από το Πανεπιστήμιο του Toronto. Κατέχει διπλώματα στην ψυχολογία των σχέσεων και στη θεραπεία ζεύγους και οικογένειας από το Centre of Excellence και πιστοποίηση NLP (εκπαίδευση από τον Matthew Barnett) στα πρότυπα του American Board of NLP. Επιπλέον, έχει παρακολουθήσει διαδικτυακά μαθήματα marketing and communications και strategy and operations από το International Business Management Institute. Έχει παρακολουθήσει εκπαιδευτικά προγράμματα από το Εθνικό και Καποδιστριακό Πανεπιστήμιο Αθηνών σχετικά με τη φιλοσοφία και τη σεξουαλικότητα και τη διαπαιδαγώγηση στη σχολική ηλικία.

Τέλος, έχει εκπαιδευτεί ως life coach με τις προδιαγραφές του Association for Coaching στο Εθνικό και Καποδιστριακό Πανεπιστήμιο Αθηνών και κατέχει δίπλωμα στο relationship coaching από την SALUS Academy πιστοποιημένο από τον International Coach Federation. Σήμερα συνεχίζει τις σπουδές του στο life coaching και στην προσωπική και συντροφική ανάπτυξη με πληθώρα εκπαιδευτικών προγραμμάτων.

Η Δέσποινα Τσουνάκα γεννήθηκε στην Καβάλα τον Δεκέμβριο του 1997 και μεγάλωσε στην Ξάνθη. Το 2016 μετακόμισε στη Θεσσαλονίκη και ξεκίνησε να σπουδάζει γραφιστική εντύπου και ηλεκτρονικών μέσων στο ΙΕΚ Δέλτα. Παράλληλα, παρακολούθησε πολλά διαδικτυακά μαθήματα πάνω στη γραφιστική και το UX design. Το διάστημα αυτό ασχολήθηκε ενεργά με το YouTube για έναν χρόνο και ήταν υπεύθυνη για τη δημιουργία illustration, τα storyboards, το SEO, τα voiceover και το video editing.

Τον Απρίλιο του 2018 ξεκίνησε να εργάζεται ως κλινική φροντίστρια στην Αγγλία, όπου και παρακολούθησε αντίστοιχη εκπαίδευση, ακολουθώντας και αυτή το πάθος της για την υποστήριξη και τη φροντίδα ανθρώπων. Όταν ολοκλήρωσε τις σπουδές της στη γραφιστική συνέχισε με τον τρίτο χρόνο εξειδίκευσης στον τομέα του 3D medical motion graphics, στο ΙΕΚ Δέλτα. Παράλληλα, παρακολούθησε διαδικτυακά μαθήματα στο web και app development από τη London App Brewery. Έχει παρακολουθήσει μαθήματα στο life coaching από την Academy of Modern Applied Psychology, relationship coaching από την Transformation Academy και μαθήματα για την επιστήμη των σχέσεων από το Πανεπιστήμιο του Toronto. Κατέχει διπλώματα στην ψυχολογία των σχέσεων και στη θεραπεία ζεύγους και οικογένειας από το Centre of Excellence. Τέλος, κατέχει δίπλωμα στο relationship coaching από την SALUS

Academy πιστοποιημένο από τον International Coach Federation. Σήμερα συνεχίζει την εκπαίδευσή της στους παραπάνω τομείς.

Η Δέσποινα και ο Παναγιώτης έχουν μεγάλο πάθος για τις ερωτικές σχέσεις και τη βελτίωσή τους. Είναι επίσης παθιασμένοι για τη συγγραφή βιβλίων και άρθρων και τη συνεχή μάθηση και εξέλιξή τους. Έχουν πιστοποιηθεί ως μέντορες γάμου από τους Drs Les and Leslie Parrott. Από το ξεκίνημα της σχέσης τους και μέσα από τις δυσκολίες που αντιμετώπισαν και ξεπέρασαν μαζί, ήθελαν να εμπνεύσουν και άλλους ανθρώπους να ξεπεράσουν τις δικές τους δυσκολίες με αποτελεσματικό τρόπο. Είναι ιδρυτές της fulfilledlove.com, όπου βοηθούν ζευγάρια να βελτιώσουν τη σχέση τους και προωθούν την αυτοβελτίωση προκαλώντας τους ανθρώπους να δρουν καθημερινά για να εξελίσσονται και να ζουν τη ζωή όπως τους αξίζει. Επινόησαν τους όρους «αλληλοπληρότητα» και «πλήρης αντανακλαστικός εαυτός», όροι που δηλώνουν τη μεγαλύτερη ένωση μεταξύ δύο ανθρώπων και τη μεγαλύτερη έκφραση της αγάπης. Μέσα από τα βιβλία τους και την fulfilledlove.com αναλύουν την αλληλοπληρότητα και διαδίδουν το έργο τους για την αγάπη στη συντροφική σχέση, με σκοπό να βοηθήσουν όσα περισσότερα ζευγάρια μπορούν να βιώσουν γαλήνη, πληρότητα και ανιδιοτελή αγάπη στη σχέση τους.